# 맥도날드
## 그리고
# 맥도날드화

최신 개정 8판

# 맥도날드
## 그리고
# 맥도날드화

## The McDonaldization of Society

조지 리처George Ritzer 지음

김종덕·김보영·허남혁 옮김

풀빛

크고 무한한 사랑을 담아,
말리 카야 리처에게 이 책을 바칩니다.

# 최신 개정 8판 한국어 출간 서문

*The McDonaldization of Society*의 최신 개정 8판 한국어 번역본에 서문을 쓰게 되어 기쁘다. 1993년에 출간된 이 책 초판은 미국 독자를 염두에 두고 썼다. 그러나 '맥도날드화'라는 개념 정의가 명료해지면 명료해질수록 미국뿐 아니라 전 세계 대부분의 나라에서 맥도날드화 과정이 퍼져 나가고 있음을 깨닫게 되었다. 맥도날드화의 전형인 맥도날드는 120개국에 존재하며, 맥도날드의 파생물이나 복제품이 있는 나라까지 합하면 그 수는 훨씬 더 늘어난다. 게다가 초·중·고등학교, 대학교, 종교단체, 의료 서비스 등 외식업 외의 많은 부문에서도 의도적으로 또는 부지불식간에 맥도날드 모델을 채택해왔다.

한국을 포함하여 아시아 여러 국가들을 방문했을 때, 나는 아시아 사회에서 맥도날드화가 진전된 정도를 보고 충격을 받았다. 서울에 패스트푸드점이 엄청나게 많았던 것을 기억한다. 세븐일레븐도 서울 시내 어디에서나 볼 수 있었다. 2016년 말, 싱가포르와 상하이에서 강연을 한 적이 있다. 싱가포르는 고도로 맥도날드화되어 있으리라는 점은 충분히 예상할 수 있었지만, 상하이도 그렇게까지 맥도날드화되었으리라고는 생각하지 못했기에 무척 놀랐다. 중국, 특히 그중에서도 상하이가 얼마나 빠르게 발전하고 있는지는 익히 알고 있다. 그러나 개발 수준이 미

맥도날드 그리고 맥도날드화

약했던 1988년의 상하이, 그리고 개발이 한창 진행 중이던 2000년의 상하이를 방문했던 기억 때문에 더 놀랐던 것이다. 변화는 깜짝 놀랄 만한 정도였고, 특히 어마어마하게 많아진 패스트푸드점이 눈에 띄었다. 켄터키 프라이드 치킨도 성업 중이지만 중국에서 만들어진 토착 패스트푸드점이나 맥도날드화의 여러 요소를 갖추고 있는 다른 부문의 업체들도 매우 많다는 점이 더욱 놀라웠다.

이 책이 한국어로 다시 번역되어 출간된다는 점과 지금 영문본 9판 작업이 진행되고 있다는 점만 보더라도 맥도날드화라는 개념은 여전히 유효하다. 하지만 이 책 내용의 상당 부분은 물리적인 실체가 중심이 되는 맥도날드화 시대에 쓰였다. 지금 우리는 점차 디지털 시대로 들어가고 있으며, 맥도날드화된 부문에서든 다른 부문에서든 우리 삶은 상당 부분 온라인으로 옮겨가고 있다. 온라인 삶의 맥도날드화 정도가 오프라인에서의 삶보다 크다는 것(즉 더 효율적이고, 더 예측가능하고, 더 계산가능하고, 더 통제된다는 것)은 분명 흥미로운 사실이지만 놀랄 일은 아니다. 이러한 변화는 여러모로 환영할 만하다. 그러나 이와 더불어 맥도날드화에 수반되는 여러 문제, 특히 합리성의 불합리성과 같은 문제도 크게 증가하게 될 것이다.

앞으로 나올 이 책의 새 버전도 한국어로 번역되기를 기대하며, 한국의 독자들로부터 이 책에 관한 열린 의견과 함께 한국 사회의 맥도날드화가 어떠한 상태에 있고 어떻게 변화하고 있는지에 관한 의견도 받게 되기를 고대한다.

2017년 3월
플로리다 주 새러소타에서
조지 리처

## 최신 개정 8판 서문

2012년 패스트푸드 노동자들을 필두로 다시 불붙은 최저임금 인상 운동이 이 책을 대폭 개정하게 된 계기가 되었다. 이 사회운동을 '맥도날드화'라는 맥락에서 논의할 필요성이 분명해졌기 때문이다. 이에 관해서는 8장에서 맥도날드화, 특히 맥도날드화로 인해 발생하는 불합리성에 대응하는 방법을 논의하면서 주로 다루었다. 최저임금 인상을 주장하는 사람들이 불평등 심화라는 사회적 쟁점을 어떻게 바라보는지에 관해서도 8장에서 논의했다. 패스트푸드 업계의 일자리는 대개 맥잡<sup>McJob</sup>이다. 7장에서는 이 맥잡에서 나타나는 불합리성을 다루며, 이는 8장의 논의로 이어진다. 저임금(많은 패스트푸드 노동자들이 최저임금, 또는 기껏해야 그보다 아주 약간 높은 임금을 받는다)뿐만 아니라 이러한 불합리성도 최저임금 인상 운동을 일으킨 동력이다.

이와 더불어 책의 구성도 개편했다. 이전 개정판에서는 맥도날드의 주요 특성(효율성, 계산가능성, 예측가능성, 통제)을 각각 논의하면서 그 속에서 노동자와 소비자를 함께 다루었다. 그러나 패스트푸드 노동자와 관련된 최근의 동향으로 인해 노동자와 소비자를 명확히 구분하여 논의할 필요성이 느껴졌다. 이에 따라 맥도날드의 특성들을 다루는 장이 두 장에서 네 장으로 늘어났다. 앞의 두 장(3장과 4장)은 소비자, 뒤의 두 장(5장과 6

장)은 노동자와 그들의 '맥도날드화'된 일, 특히 '맥잡'에 관해 다룬다. 이와 같은 장 구성은 맥도날드화가 노동자와 소비자에게 영향을 미치는 (때로는 매우 상이한) 방식을 선명히 보여준다.

(2장에서 논의한) 맥도날드화된 영역에서 노동자와 소비자는 분리되어 있기도 하고 다양한 방식으로 연관되어 있기도 하다. 예를 들어, 노동자와 소비자가 한 장소에 공존하는 패스트푸드점에서 맥도날드화된 환경은 노동자와 소비자 모두 맥도날드화된 방식으로 행동하게 만든다. 또한 어느 한쪽이 맥도날드화된 행동을 하면 다른 쪽도 유사하게 행동해야 한다.

또 한 가지 주된 변경 사항으로, 7장에 대규모 공개 온라인 수업, 즉 무크MOOC(Massive Open Online Courses)의 사례를 추가하고 특히 그 불합리성을 조명했다. 무크는 분명 바람직한 측면을 많이 갖고 있지만, 고등교육 영역에서 맥도날드화를 확장하고 가속화할 위험도 야기한다.

이와 같은 큰 변경 사항 외에, 맥도날드화 사례에 관한 데이터를 업데이트하는 등 소소한 수정이 많았다. 또한 프로슈머(고객에게 일을 시키는 패스트푸드 음식점 등)에 더 주목하고, 아직은 맥도날드화되지 않은 (또는 영원히 맥도날드화되지 않을 것 같은) 에베레스트 산 등정에서 발생한 최근(2014)의 사망 사고, 컨베이어 벨트로 음식을 전달하는 초밥 체인점, 인체가 필요로 하는 모든 영양분을 공급해준다는 음료수 '소일렌트Soylent', 영화 〈싸이코〉의 또 다른 속편(정확하게는 프리퀄)인 TV 시리즈 〈베이츠 모텔〉, 패스트푸드점에서 최근에 문제가 된 대장균, 에어비앤비Airbnb를 통한 공간 임대, 맥도날드에서 장시간 눌러앉아 있는 (결국 매장 관리자가 경찰을 부르게 만든) 노인의 사례 등, 본문 곳곳에 내용이 조금씩 추가되었다.

# 옮긴이 서문

이 책은 조지 리처<sup>George Ritzer</sup>의 *The McDonaldization of Society*의 번역본이다. 원저의 초판은 1993년에 나왔고, 여러 번의 개정을 거쳐 2014년에 8판이 출간되었다. 이번에 번역한 8판은 이 책의 최신 개정판이다. 우리나라에서는 1996년 개정판이《맥도날드 그리고 맥도날드화》(시유시, 1999)로 번역되어 출판되었고, 이어 2000년에 발간된 뉴 센추리판도《맥도날드 그리고 맥도날드화-뉴 센추리판》(시유시, 2003년)으로 번역 출간되었다.

사회학 저서로서 이 책만큼 주목을 받은 책도 많지 않다. 이 책은 발간부터 크게 주목을 받았고, 이 책으로 인해 '맥도날드화<sup>Mcdonaldization</sup>'라는 용어가 사회학을 포함한 여러 학문과 일상생활에 자리 잡게 되었다. 이 책은 미국에서만도 200여 개 대학에서 교재로 채택되었고, 전 세계 12개국에서 번역되었다. 이처럼 이 책은 미국을 넘어 전 세계에서 주목의 대상이 되었다. 우리나라에서도《맥도날드 그리고 맥도날드화》가 사회학은 물론이고 사회학 이외의 다른 학문 분야에서도 교재로 사용되고 있고, 책의 지문이 대학입학 논술시험에서도 몇 차례 출제된 바 있다.

옮긴이가 이 책을 처음 접한 때는 초판이 발간된 이듬해인 1994년이다. 책이 제시하는 바와 미국 사회의 여러 모습을 연관시키며 매우 인상

깊게 읽었다. 현대사회에 대한 저자의 사회학적 통찰과 문제의식에 공감했고, 그의 주장이 미국 사회에 국한되지 않고 우리나라를 포함한 다른 나라에도 충분히 적용될 수 있다는 사실을 깨달았다. 더욱이 우리의 주변에서 일어나고 있는 일을 중심으로 비교적 평이한 수준으로 논지를 펴기 때문에, 사회학 전공자가 아닌 일반 독자들도 쉽게 접근할 수 있다는 점이 마음에 와 닿았다. 때문에 이 책을 1999년에 번역해《맥도날드 그리고 맥도날드화》로 국내에 소개했다.

1996년 개정판, 2000년 뉴 센추리판을 번역할 때도 마찬가지였지만, 이번 8판을 번역할 때는 이 책의 주장이 더더욱 현재 우리나라에서 일어나고 있는 사회 변화를 읽고 이해하는 데 도움이 된다는 생각이 들었다. 단기간에 농업사회에서 산업사회로 나아간 압축적 성장을 거치며 그동안 숨 돌릴 새 없이 앞만 보고 질주해온 우리로서는, 우리가 서 있는 지점이나 나아가고 있는 방향에 대해 생각해볼 겨를이 없었다. 이 책은 우리가 현재 놓여 있고 또 나아가고 있는 방향을 비판적으로 직시하고 성찰하는 데 있어 중요한 사회학적 통찰력을 제공한다.

《맥도날드 그리고 맥도날드화》는 합리화와 그것이 가져오는 불합리성에 대한 막스 베버Max Weber의 이론을 들어 미국 사회의 여러 측면을 분석하고 있다. 이 책에서 저자는 패스트푸드는 물론이고, 의료, 교육, 여가, 스포츠, 영화, 기업, 노동, 섹스, 쇼핑, 마케팅, 출생, 죽음 그리고 죽음 이후의 영역에서 이루어지는 합리화 현상과 그로 인해 오는 불합리성을 분석한다. 저자의 견해에 따르면, 현대사회에서 합리화가 이루어지고 있지 않은 영역은 거의 존재하지 않는다. 따라서 이 책에서 다루지 않은 영역에 그의 논의를 적용하는 것도 가능하다고 생각한다. 또 저자는 후기 산업사회의 특징에 초점을 맞춘 포스트모더니즘, 포드주의, 포스트포드주의에도 기본적으로 맥도날드화가 이루어지고 있다고 본다.

물론 저자가 주로 분석하고 있는 사회는 미국이다. 그가 제시하는 많은 예들도 주로 미국 사회에서 일어나는 일들을 대상으로 한다. 그러나 이 책에서 다루는 사례와 현상이 우리에게 낯설지 않다. 우리나라에도 이미 일어나고 있는 일들이기 때문이다. 그간의 빠른 변화와 맥도날드화의 진행으로 인해, 이제는 이 책을 처음 번역할 때보다 이 책의 논지가 우리 사회를 분석하고 파악하는 데 더 타당해 보인다. 특히 맥도날드화된 환경에서 태어나 그 속에서 생활하고 있는 젊은 독자일수록, 여기서 다루고 있는 내용이 미국인이 아니라 자신의 이야기라고 느낄 것이다.

우리 사회에서는 효율성과 합리성이라는 명분하에 합리화가 진전되어 왔고, 앞으로도 더욱 가속화될 전망이다. 또한 현재 여러 방면에서 맹위를 떨치는 신자유주의도 효율성의 이름으로 합리화를 부추기고 있다. 또한 다른 나라보다 더 빠르게 정규직 고용을 줄이고 비정규직 고용을 늘리는 등, 이 책에서 다룬 '맥잡'이 보편화되고 있다. 이러한 사태의 진전은, 베버가 우려했고 이 책의 저자도 우려했던 불합리성, 특히 비인간화와 인간소외를 가져오고 있다. 이 책은 우리의 생활 전반에서 진행되고 있는 합리화가 과연 우리에게 어떠한 의미와 결과를 가져오는지를 근본적으로 생각해보게 한다. 한마디로 사회학적 통찰을 통해 우리가 살고 있는 사회와 삶에 대해 생각하고 살펴보게 한다.

저자는 현대문명에 대한 비판의 차원에서 합리화, 즉 맥도날드화를 다루는 데 그치지 않고, 현대사회에 살고 있는 사람들이 인간성을 회복하기 위해 실천할 수 있는 맥도날드화에 대한 대응 방안을 제안한다. 이러한 사항들의 일부는 전 지구적 차원의 거창한 것이기도 하지만, 대부분은 우리의 소소한 일상생활과 관련된 것들이다. 우리가 마음만 먹는다면 얼마든지 실천할 수 있는 제안들이다. 현재 진행되고 있는 합리화에 대해 대안을 찾는 사람들이라면, 분명 이 책에서 탈맥도날드화와 관련해 중요한 단서를 찾을 수 있다. 그러나 저자는 아무리 사람들이 맥도날드를 문제 삼고 항의하더라도 맥도날드화는 더욱 심해질 것이라고 전망하고 있다.

이 책이 현대 미국 사회에서 벌어지는 일들을 다루고 있어, 미국 사회에 대한 지식이 부족한 옮긴이들로서는 번역이 쉽지 않았다. 힘든 작업이었지만, 우리 사회에서 현재 다양한 형태로 진행되고 있는 효율성에 대한 강조, 합리화와 그 문제점을 이 책을 통해 많은 독자가 다시 한 번 생각해 보는 계기가 된다면, 옮긴이들로서 더 바랄 것이 없겠다. 끝으로 꼼꼼한 교열과 멋진 편집으로 좋은 책을 만들어준 풀빛출판사 편집부 여러분께 이 자리를 빌려 감사드린다.

2017년 3월
옮긴이를 대표하여 김종덕 씀

차례

최신 개정 8판 한국어 출간 서문 _ 6
최신 개정 8판 서문 _ 8
옮긴이 서문 _ 10

1 **맥도날드화란 무엇인가**
미국의 표상이자 전 세계의 표상이 된 맥도날드 _ 30
맥도날드화의 광범위한 영향력 _ 35
맥도날드화의 특성 _ 42
맥도날드화에 대한 비판: 합리성의 불합리성 _ 46
이케아를 통해서 본 맥도날드화의 특성 _ 48
맥도날드화의 이점 _ 52
맥도날드화되지 않은 것은 무엇인가? _ 54
이 책의 구성 _ 65

2 **맥도날드화의 과거와 현재 그리고 미래:**
**쇠 감옥에서 패스트푸드 공장 그리고 그 너머로**
관료제화: 더 합리적인 삶을 위하여 _ 69
대학살: 죽음의 대량생산 _ 75
과학적 관리: 오직 하나뿐인 최선의 방법을 찾아서 _ 78
조립 라인: 로봇이 되어가는 노동자 _ 80
레빗타운: 주택 건설 붐 _ 83
쇼핑센터: 미국의 쇼핑몰화 _ 85
맥도날드: '패스트푸드 공장'의 탄생 _ 87
맥도날드화와 현대사회 변화의 양상들 _ 94

**3** **효율성과 계산가능성: 소비자 1**
효율성: 드라이브스루와 핑거푸드 _ 113
계산가능성: 빅맥과 리틀칩 _ 137

**4** **예측가능성과 통제: 소비자 2**
예측가능성: 언덕 위 동네에는 비가 내리지 않는다 _ 148
통제: 인간 로봇과 무인 로봇 _ 164

**5** **효율성과 계산가능성: 맥잡 그리고 맥도날드화된 다른 직업들 1**
맥잡과 맥도날드화의 특성들 _ 183
효율성: 숭배의 대상 _ 184
계산가능성: 속도를 향한 열망 _ 188

**6** **예측가능성과 통제: 맥잡 그리고 맥도날드화된 다른 직업들 2**
예측가능성: 대본대로 움직이는 직원들 _ 204
통제: 통제권을 잃은 조종사 _ 213

7 **합리성의 불합리성: "해피 트레일즈"의 교통 체증**

비효율성: 계산대에서 지루하게 줄 서기 _ 233

고비용: 집에 있는 편이 낫다 _ 237

거짓 친근감: "그동안 잘 지내셨죠?" _ 238

탈주술화: 마법은 어디로 사라졌는가? _ 240

건강과 환경에 대한 위협: 하루치 열량이 들어 있는 패스트푸드 한 끼 _ 243

획일화: 파리에 가도 마찬가지다 _ 248

비인간화: 여물통과 맥주 _ 250

비인간화된 죽음: 기계와 낯선 사람들 사이에서의 임종 _ 265

맥잡의 불합리성: 맥잡, 맥노동자, 맥과업 _ 267


8 **맥도날드화에 대한 대응: 실용적 지침**

'이성적인' 대안 창출: 때로는 규칙을 깰 필요도 있다 _ 279

집단적인 반격: 심장, 정신, 미각 그리고 스페인 광장을 구하라 _ 282

개인적인 대응: '스컹크 웍스', 아이들 눈 가리기, 판타지 세계 _ 302

작은 결론: 맥도날드화에 대한 대응 _ 315


9 **글로벌라이제이션 그리고 탈맥도날드화의 가능성**

글로벌라이제이션과 맥도날드화 _ 319

사회의 탈맥도날드화 _ 333

인터넷과 탈맥도날드화 _ 344

웹은 탈맥도날드화되고 있는가? _ 353


주 _ 359

참고문헌 _ 397

색인 _ 408

일러두기

1. 외국어 인명 및 상호, 지명은 대체로 국립국어원의 외래어표기법을 따랐으나, 국내에서 운영되고
   있는 회사명과 브랜드명은 자체 표기와 띄어쓰기를 따랐다.
2. 본문의 볼드고딕체는 원서에서 저자가 이탤릭체로 강조한 부분이다.
3. 원서의 주는 모두 미주에 실었고, 옮긴이 주는 괄호 안에 (   -옮긴이)로 표기했다.
4. 단행본은《  》, 학술지, 잡지, 신문, 영화 제목, 예술 작품은 〈  〉, 논문이나 기사 제목은 큰따옴표(" ")
   로 구분했다.
5. 본문에 쓰인 [    ] 안의 내용은 원서에서 저자가 추가한 부분을 옮긴 것이다.
6. 미주 중에서 현재 접속 가능하지 않은 사이트여도 정보를 위해 원서에 기재된 URL을 그대로 실었다.

# 1

## 맥도날드화란
## 무엇인가

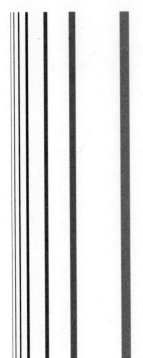

맥도날드 프랜차이즈를 이끈 천재 레이 크록[Ray Kroc](1902~1984)은 시야가 넓고 포부가 큰 사람이었다. 그러나 자신의 창조물이 얼마나 엄청난 영향을 미칠지는 알지 못했다. 맥도날드는 현대사회에서 가장 영향력이 큰 발전 양상 중 하나를 이끈 단초가 되었다. 그 반향은 미국 사회와 패스트푸드 산업이라는 애초의 범위를 넘어 폭넓게 확산되었고 세계 곳곳의 광범위한 분야에, 그리하여 사실상 사람들의 삶의 방식에까지 영향을 미쳤다. 그리고 그 영향은 21세기에도 지속적으로 확장될 것으로 보인다.[1]

그러나 이 책의 주제는 맥도날드가 아니며 패스트푸드 산업도 아니다.[2] 물론 이 두 소재가 자주 언급되기는 할 것이다. 그러나 내가 맥도날드에 (또한 맥도날드가 속해 있고, 맥도날드가 그 태동에 핵심적인 역할을 했던 패스트푸드 산업에) 주목하는 까닭은, 그것이 **맥도날드화**[McDonaldization]라고 내가 이름 붙인 광범위한 과정의 주요 사례이자 하나의 패러다임이 되었다는 점에 있다.[3] 이 책의 주제는 맥도날드화라는 과정 그리고 그 과정에 영향을 받은 여러 현상들이다. 맥도날드화란 "패스트푸드점의 원리가 미국을 비롯하여 전 세계에서 점점 더 많은 부문을 지배하게 되는 과정"이다.[4]

맥도날드화가 거역할 수 없는 과정이라는 징후는 무수히 많으며, 침투할 수 없을 듯하던 제도(예컨대 종교)나 지역(예컨대 프랑스 같은 유럽 국가들)까지도 휩쓸었다.[5]

맥도날드는 두말할 나위 없이 성공한 기업이다. 1955년 창업 이래 1994년까지 990억 개의 햄버거를 팔아치웠고 2013년에는 3천억 개를 넘어섰다.[6] 그해 매출액은 281억 달러(이는 에콰도르의 국내총생산[GDP]보다 큰 액수다[7]), 순수익은 56억 달러였다.[8] 맥도날드는 전 세계 128개국에 있으며, 매장수는 3만 5천 개가 훨씬 넘고, 일일 평균 방문 고객 수는 7천만 명에 달한다.[9] 한 컴퓨터 프로그래머가 미국에 있는 모든 맥도날드 매장 위치(2013년 기준 만 4천 개를 약간 넘었다)를 화면에 표시하고, 맥도날드를 지나치지 않고 갈 수 있는 가장 긴 거리가 185km라고 밝힌 적도 있다. "맥도날드 없는 최장거리 지점[McFarthest Spot]"은 네바다 주에 있었다.[10] 영국의 논평가 마틴 플리머[Martin Plimmer]는 장난스럽게 다음과 같이 지적하기도 했다. "맥도날드는 어디에나 있다. 당신 가까이에도 있고, 그보다 더 가까이에 또 하나가 지어지고 있다. 지금과 같은 속도로 늘어난다면, 곧 당신의 집 안에도 맥도날드가 하나 생길 것이다. 어느 날 침대 밑에서 로날드 맥도날드의 부츠나 빨간 피에로 가발이 튀어나올지도 모른다."[11]

맥도날드는 맥카페[McCafé]의 확장에도 주력하고 있다. 2014년 말 기준으로 유럽에 있는 맥카페 매장은 4500개 이상이다.[12] 맥도날드는 2007년에 자체 스페셜티 커피 라인을 출시하면서 스타벅스(스타벅스에 관해서는 9장에서 자세히 논의할 것이다)와 경쟁을 시작했고, 얼마 지나지 않아 이른바

'커피 전쟁'이 일어났다.

맥도날드는 그 위상을 유지하기 위해 21세기의 테크놀로지도 활용했다. 미국의 경우 현재 만 천 개 이상의 매장에서 와이파이 접속 서비스를 제공하고 있다. 일본에서는 고객 수백만 명이 판촉 이메일을 받아보고 있는데, "종래의 종이 쿠폰보다 효과적"이다. 맥도날드는 '크루'라 불리는 점원들의 온라인 커뮤니티 '스테이션M'과 블로그, 그 밖의 커뮤니케이션 도구를 활용해 직원들이 서로 "경험을 공유"하도록 했다.[13] 또한 매장들을 대폭 리모델링하여 첨단 드라이브스루 통로와 대화면 텔레비전, 비디오 게임, 실내 사이클까지 구비하고 있다.

맥도날드와 맥도날드화가 외식업, 더 일반적으로 모든 형태의 프랜차이즈에 영향을 끼쳤다는 점은 명백하다.

1. 미국에서 2014년 한 해 동안 프랜차이즈 매장들이 올린 매출액은 약 2조 1천억 달러다. 이들은 850만 명 이상을 고용했다.[14] 프랜차이즈는 급속히 성장하고 있으며,[15] 맥도날드 매장의 80% 이상이 프랜차이즈 가맹점이다(2006년에는 57%였다). (스타벅스가 프랜차이즈 방식을 거부하고 독립 사업자에게 라이선스를 부여하는 방식을 취하고 있다는 점은 흥미롭다.) 맥도날드의 2008년 연차 보고서에는 이런 언급이 있다. "우리는 각 지역에서 점주들이 소유하고 운영하는 가맹점들이 우리가 가진 경쟁 우위의 핵심이라고 믿는다. 그들은 우리가 글로벌 브랜드일뿐 아니라 지역 기반의 브랜드이기도 하게 만들기 때문이다."[16]

2. 버거킹이나 웬디스 같은 햄버거 프랜차이즈뿐 아니라 그 외의 여러 패스트푸드 업체들도 맥도날드 모델을 채택했다. 2013년 기준으로 얌브랜즈Yum! Brands, Inc.(전 세계에서 다양한 패스트푸드점을 운영하는

외식업체-옮긴이)는 128개국에서 4만 개 이상의 매장을 운영하고 있으며,[17] 가장 유명한 브랜드는 피자헛, KFC, 타코벨Taco Bell이다. 얌브랜즈의 총매출(2013년 기준, 연간 111억 달러)이나 당기순이익(11억 달러)은 맥도날드와 격차가 크지만, 매장 수는 오히려 맥도날드보다 많다.[18] 서브웨이(106개국에 4만 2천 개에 이르는 매장이 있으며 그중 2만 6628개는 미국에 있다[19])는 가장 빠르게 성장하고 있는 패스트푸드 업체 중 하나로, 세계에서 가장 큰 식당 체인이 될 것이라고 주장하는 데 충분히 그럴 법하다.[20] 일례로 오하이오 주 클리블랜드에 가보면 구석구석 서브웨이가 없는 곳이 없으며, 심지어 유대인 커뮤니티센터 안에도 매장이 있다.[21] 치폴레, 칙필라, 던킨도너츠, 파이어하우스서브, 파이브가이즈, 지미 존스 등 성공적으로 운영되고 있는 패스트푸드 체인은 그 외에도 많다. 뉴욕의 중동 거리 음식 패스트푸드점 할랄가이즈까지도 5년 안에 미국과 캐나다, 중동에 100개의 간판을 걸겠다는 계획을 발표했다. 할랄가이즈의 한 컨설턴트(파이브가이즈가 네 개의 매장에서 출발해 2013년 1200개 이상의 매장 수를 갖기까지 그 성장을 도왔던 인물이다)에 따르면, "할랄가이즈는 중동 음식계의 치폴레(멕시코 음식 체인점-옮긴이)가 될 것이다."[22]

3. 맥도날드 모델은 더 높은 가격대의 음식점 체인에까지 확장되었다. 쉐이크쉑과 그 대표 메뉴인 '쉑버거'가 그 예다. 이 회사는 2004년 노점으로 시작해 2014년 46개의 매장을 운영하고 있으며, 개점 예정인 매장도 많다. 쉐이크쉑은 10주년 기념으로 한정판 버거를 판매했는데, 뉴욕에서는 이 햄버거 하나를 먹기 위해 1500명이 줄을 섰고 일곱 시간이나 기다린 사람도 있었다.[23] 고급 식당 체인들(아웃백스테이크하우스, 칠리스, 올리브 가든, 치즈케이크 팩토리, 레드 랍스터 등)이 내놓고 있는 메뉴는 매우 다양하다. 한층 더 고급스럽고 가격

도 더 비싼 스테이크 전문점 모턴스Morton's 역시 명백히 맥도날드를 모델로 삼았다. "모턴스는 친절한 서비스와 다양한 종류의 와인을 제공하면서도, 통일성uniformity, 원가관리cost control, 1인분 양 규정portion regulation 등 미국 패스트푸드 체인이 세계를 지배할 수 있게 만든 원칙들을 따른다."[24] 실제로 여러 개의 웬디스 가맹점을 소유했던 모턴스의 CEO는 "웬디스 매장을 운영했던 경험이 모턴스 창업에 도움이 되었다"는 점을 인정한다.[25] 통일성을 확보하기 위해 종업원들은 "매뉴얼에 따라야" 하며, 이 매뉴얼에는 "각 재료를 다룰 때 모턴스에서 사용하는 조리 도구, 소스, 가니시 등의 세부 사항이 그림과 함께 정확하게 설명되어 있다. 모든 모턴스 매장의 주방에 일렬로 걸려 있는 컬러사진들은 각각의 메뉴가 어떤 모습으로 만들어져야 하는지를 보여준다."[26, 27] 모턴스 매장에는 "최신식 고화질 텔레비전 방송수신, 대형 스크린, 영화관 수준의 서라운드 음향, 와이파이, 벨로시티 사의 방송 시스템"을 갖춘 표준화된 회의실도 있다.

4. 다른 업종들에서도 각자의 필요를 충족하기 위해 패스트푸드 산업의 원칙을 적용하는 경우가 점점 더 늘고 있다. 토이저러스Toys'R'Us 부회장은 "우리는 장난감 업계의 맥도날드로 여겨지기를 바란다"고 말하기도 했다.[28] (흥미롭게도 현재 토이저러스는 더 '맥도날드화'된 월마트의 장난감에 밀려 하향세에 있다.) 키드스포츠 펀 앤 피트니스 클럽Kidsports Fun and Fitness Club 창업자도 "놀이방과 피트니스 업계의 맥도날드가 되고 싶다"는 소망을 피력했다.[29] 유사한 포부를 가진 다른 체인으로 갭(의류 회사-옮긴이), 지피 루브, AAMCO 트랜스미션, 마이더스 머플러 앤 브레이크 숍(이상 자동차 정비 회사-옮긴이), 그레이트 클립스(미용실-옮긴이), H&R 블록(세무법인-옮긴이), 펄 비전(안경점-옮긴이), 밸리스(호텔 및 카지노-옮긴이), 캠프그라운드 오브 아메리카(이

른바 "캠핑 업계의 맥도날드"[30]), 킨더케어("켄터키 프라이드 칠드런"이라는 별명이 있다[31]), 홈 디포(주택용품 판매 회사-옮긴이), 펫스마트(반려동물 용품 소매업체-옮긴이), 제니 크레이그(다이어트 제품 회사-옮긴이), 커브스(자칭 세계 최대 여성 전용 피트니스 센터 체인[32]) 등을 들 수 있다. 유럽 저가 항공사 라이언에어는 맥도날드 모델을 모방해 '라이언화'라는 업무 프로세스를 만들었다.[33]

5. 맥도날드는 국제 무대에서도 성공했다. 맥도날드 매장의 약 60%는 미국 외 지역에 있으며(1980년대 중반에는 단 25%만이 해외에 있었다),[34] 신규 매장 대부분이 해외에서 개장되고 있다.[35] 2014년에는 호치민 시에 베트남 최초의 맥도날드 매장을 오픈했다.[36] 맥도날드의 해외 영업 수익은 전체 수익의 절반이 훨씬 넘는다. 2014년 기준으로 그 중 가장 큰 비중을 차지하는 국가는 3096개의 매장이 있는 일본이다.[37] 중국에는 1800개의 맥도날드 매장이 있으며 앞으로도 빠르게 늘어날 전망이다.[38] (얌브랜즈는 중국에 4600개가 넘는 KFC 매장을 갖고 있다. 중국인들이 쇠고기보다 닭고기를 훨씬 더 선호하기 때문인지,[39] 대체로 중국에서는 얌브랜즈가 맥도날드보다 더 빠르게 성장하고 있다.[40]) 고급 요리의 요새라 일컬어지는 프랑스는 맥도날드가 세계에서 두 번째로 높은 수익성을 거두는 시장(첫 번째는 미국이다)이 되었다.[41] 2013년 기준으로 러시아에는 맥도날드 매장이 414개 있으며, 러시아는 맥도날드가 가장 급속도로 성장하고 있는 시장이다.[42] 동유럽은 패스트푸드점의 침략에 속수무책인 광활한 신천지다. 맥도날드는 동유럽과 구소련 지역에 더 많은 매장을 열 계획을 가지고 있다. 실제로 러시아에서는 다른 많은 패스트푸드점이 성업 중이며, 러시아인들은 미국 패스트푸드를 무척 좋아하는 것 같다.[43] 최근 영국에서 맥도날드가 부진을 겪고 있기는 하지만 영국은 여전히 "유럽 패스트

푸드의 수도"이며,[44] 여러 쇼핑몰에 "에이스 하드웨어, 토이저러스, 오피스 디포, TCBY"가 입점해 있는 이스라엘 역시 "맥도날드화"되었다는 말을 듣고 있다.[45]

6. 패스트푸드 산업 영역 밖에서도 고도로 맥도날드화된 많은 기업들이 세계적인 성공을 거두고 있다. 세계 최대 소매업체인 월마트는 220만 명의 직원(미국에 140만 명)을 고용하고 있으며 2013년 매출액은 4190억 달러를 넘었다. 월마트 매장 가운데 약 5천 개는 미국에 있다(2014년 기준). 월마트는 1991년 첫 해외 매장(멕시코)을 열었으며, 지금은 아르헨티나, 브라질, 캐나다, 칠레, 중국, 코스타리카, 엘살바도르, 과테말라, 온두라스, 인도, 일본, 멕시코, 니카라과, 푸에르토리코, 영국 등 27개국에 6천 개 이상의 매장이 있다.[46] 한 주에 2억 4500만 명의 고객이 전 세계의 월마트 매장을 방문한다.[47]

7. 다른 나라들도 맥도날드의 자국판이라고 할 수 있는 체인점을 발전시켰다. 캐나다에는 2014년 기준으로 3500개 이상(이 중 600개는 미국에 있다)의 매장을 가진 팀 호턴스<sup>Tim Hortons</sup>라는 커피숍 체인이 있다(1995년에 웬디스와 합병, 2014년 버거킹에 매각되었다).[48] 이 회사는 캐나다 최대의 외식업체로 패스트푸드 시장의 42%를 점유하고 있으며, 캐나다에서 영업 중인 매장 수는 맥도날드의 두 배에 달한다. 팀 호턴스는 캐나다 커피 산업을 장악하고 있다. 스타벅스가 2위지만 격차가 크다.[49] 파리는 고급 정찬을 사랑하는 도시여서 패스트푸드에 대해 면역력이 있으리라고 생각하기 쉽지만, 파리에도 수많은 크루아상 전문 패스트푸드점이 있다. 프랑스인들이 그토록 자랑스러워하던 빵까지도 맥도날드화된 것이다.[50] 프랑스에서도 자체 주방에서 만든 음식이 아니라 산업적으로 생산된 음식을 내놓는 식당이 점점 더 늘고 있다. 2013년에는 최초로, 프랑스인들이 전통적

인 식당보다 패스트푸드점에서 더 많은 돈을 쓴 것으로 나타났다.[51] 인도에는 양고기 버거(인도인의 약 80%는 힌두교도로, 쇠고기를 먹지 않는다)와 인도 음식을 파는 니룰라Nirula's라는 패스트푸드점 체인이 있다.[52] 모스 버거는 8개국에 1700개 이상의 점포를 둔 일본 체인인데,[53] 일반적인 패스트푸드 외에 데리야키 치킨 버거, 라이스 버거, '현미 떡을 넣은 팥죽(오시루코)'을 판다.[54] 전쟁으로 파괴된 1984년의 베이루트에서 자생적으로 패스트푸드점이 나타나리라고는 상상조차 하기 힘들지만, 맥도날드의 황금 아치 대신 무지개를, 로날드 맥도날드 대신 어릿광대 J. B.를 내세운 패스트푸드점 주시 버거Juicy Burger가 생겼다. 그 소유주들은 주시 버거가 "아랍권의 맥도날드"가 되기를 바랐다.[55] 2003년 이라크 침공이 일어나기가 무섭게 햄버거와 감자튀김, 심지어 황금 아치까지 갖춘 맥도날드 유사 점포들('마도날'이나 '매트백스'같이 이름도 흉내 내서 지은)이 이라크에서 문을 열었다.[56]

8. 그리고 이제 맥도날드화는 한 바퀴를 돌아 본거지로 돌아오고 있다. 다른 나라에서 고유한 방식으로 발전한 맥도날드화 기업들이 미국에 진출하고 있는 것이다. 영국의 환경친화적 화장품 체인인 더바디샵The Body Shop은 2012년 기준으로 60개국에 2500개 이상의 매장이 있는데,[57] 그중 300개가 미국에 있다. 배스 앤 바디 웍스 같은 미국 기업들이 오히려 이 영국 체인점을 모방했다.[58] 역시 영국에서 시작된 샌드위치 전문 체인점 프레타망제(흥미롭게도 맥도날드는 2001년에 프레타망제 지분의 33%를 사들였으나 2008년에 처분했다. 프레타망제에 관해서는 뒤에 다시 논의할 것이다)는 300개가 넘는 직영점을 가지고 있는데, 그 대부분은 영국에 있지만 지금은 미국(38개)과 프랑스에도 직영점이 있다.[59] 뽀요 깜뻬로Pollo Campero는 1971년 과테말라에서 창업

했고 2011년 기준으로 라틴아메리카 및 그 밖의 7개국에 300개 이상의 식당을 갖고 있다.[60] 미국에서 운영되고 있는 뽀요 깜뻬로 매장은 50개가 넘는다. 필리핀 패스트푸드 체인점인 졸리비Jollibee의 매장은 800개가 넘는데 그중 29개가 미국에 있다.[61] 뽀요 깜뻬로는 미국인이 소유하고 있는 폴로 트로피컬Pollo Tropical(총 125개 이상의 매장이 있는데, 그 대부분은 미국과 푸에르토리코에 있으며 그 외 라틴아메리카 국가에도 몇몇 매장이 있다[62])보다 미국 내 매장 수가 적지만, 해외 체인점이 패스트푸드의 본산인 미국 시장을 뚫었다는 점에서 의미가 깊다. 미국에서는 햄버거 업체들조차도 해외로부터 밀려 들어오는 경쟁에서 자유롭지 못하다. 최근의 한 예가 버거퓨얼BurgerFuel이다. 버거퓨얼은 2014년 기준 57개 매장을 가진 뉴질랜드의 소규모 고급 버거 체인점으로, 서브웨이와 새롭게 제휴를 맺고 미국에서 입지를 확장하고자 야심 찬 계획을 세우고 있다.[63]

9. 스웨덴을 근거지로 하는(소유주는 네덜란드의 재단이다) 홈 퍼니싱 회사 이케아IKEA(이케아는 매우 중요한 사례로 뒤에 다시 논의할 것이다)의 2013년 수익은 약 285억 유로였으며, 26개국 303개 매장에 6억 8400만 명 이상이 방문했다.[64] 29개의 언어로 된 62종의 카탈로그는 2억 1200만 부가 인쇄, 배포되었다.[65] 이케아 카탈로그는 연간 발행 부수가 세계에서 두 번째로 많은 출판물로 유명하다. 첫 번째는 성경이다.[66] 2013년 한 해 동안 12억 명이 이케아 웹사이트를 방문한 것으로 기록된다.[67] 이케아는 유럽에서 매우 대중적이어서 "열 명 중 한 명은 이케아 침대에서 만들어진다는 말이 있을 정도"다.[68] 앞으로 몇 년 동안 주목해볼 만한 또 하나의 국제적 체인은 H&M으로, 이 회사는 1947년 창업해 2014년 현재 54개국에 3200개의 의류 매장을 가지고 있다.[69] 종업원 수는 11만 6천 명 이상이

맥도날드 그리고 맥도날드화

고 2014년 1/4분기 매출액은 약 321억 4300만 크로나다.[70] 1975년 첫 번째 매장을 연 자라<sup>Zara</sup>는 현재 90개국에 1800개가 넘는 매장을 가지고 있다. 자라는 스페인의 대규모 패션 소매업 그룹 인디텍스 Inditex에 속한 브랜드다. 인디텍스는 아홉 개 브랜드를 운영하고 있으며, 이를 모두 합하면 87개국에 6300개 매장이 있다.[71] 인디텍스의 2013년 연간 총수익은 1760억 유로에 육박한다.[72]

10. 지금까지 설명한 내용 대부분은 공간적인 확장을 강조했지만, 맥도날드와 맥도날드화된 산업은 시간적으로도 확장되어왔다. 맥도날드는 사업의 장소를 추가해나가는 데에 그치지 않고 기존의 사업 지역에서도 시간을 늘려나간다. 이윤을 극대화하기 위해서다. 예를 들어, 초기 맥도날드에는 아침 메뉴가 없었지만 지금은 맥모닝이 제공되는 시간이 하루 중 가장 중요해졌고, 맥도날드는 패스트푸드 아침 식사 시장을 장악하고 있다(스타벅스가 아성을 무너뜨려 보려 했지만 역부족이었다). 365일 24시간(24/7) 영업을 지향하는 움직임도 여전하다. 2002년에는 24시간 연중무휴로 영업하는 맥도날드 매장이 미국 내 매장의 1% 미만이었지만, 2009년에는 거의 40%가 논스톱으로 운영되고 있다. 게다가 그렇지 않은 매장도 이제는 대개 오전 5시에 영업을 개시한다.[73] 공간과 마찬가지로 시간 역시 맥도날드 및 맥도날드의 확산에 장벽이 되지 못한다.

11. 이 책의 뒷부분에서도 계속 확인하게 되겠지만, 광범위한 영역에서 최근에 일어나고 있는 여러 현상들은 맥도날드 모델(그리고 맥도날드화)에 의해 직간접적으로 영향받고 있다. 문자메시지, 멀티태스킹, 아이폰, 아이팟, 페이스북, 유튜브, 이베이<sup>eBay</sup>, 크레이그리스트<sup>Craigslist</sup>(개인 광고, 주택, 일자리 등 안내 광고 웹사이트-옮긴이), 세컨드라이프<sup>Second Life</sup>(인터넷 기반 가상현실 게임-옮긴이), 온라인 데이트(매치

Match.com 등), 비아그라, 가상 휴가, 익스트림 스포츠 등이 그러한 현상의 예다.

## 미국의 표상이자
## 전 세계의 표상이 된 맥도날드

맥도날드는 산업에서뿐 아니라 미국과 전 세계의 대중문화에서도 중심적인 지위를 차지하게 되었다.[74] 작은 마을에 맥도날드 매장이 새로 생기면 그 자체로 마을에서 중요한 사건이 된다. 맥도날드의 개점을 두고 메릴랜드의 한 고등학생은 "데일 시에서 이렇게 신나는 일은 처음"이라고 말하기도 했다.[75] 중앙 일간지도 패스트푸드 업계의 발전을 앞다투어 보도하기는 마찬가지다.

패스트푸드점들은 텔레비전 프로그램이나 영화에서도 상징적인 역할을 맡는다. 전설적인 텔레비전 프로그램 〈새터데이 나이트 라이브 Saturday Night Live〉는 스카치테이프만 파는 한 프랜차이즈를 콩트로 묘사하며 전문 체인점을 풍자한 바 있다. 영화 〈에디 머피의 구혼 작전 Coming to America〉(1988)에서 에디 머피가 분한 아프리카 왕자는 '맥도웰'이라는 패스트푸드점에서 일하면서 미국 사회에 관해 처음 경험하게 되는데, 이 가게 이름이 맥도날드를 빗댄 것임을 누구든 알 수 있다. 영화 〈폴링 다운 Falling Down〉(1993)에서 마이클 더글라스는 번번이 황당한 규칙으로 고객을 난감하게 하는 패스트푸드점에서 현대사회에 대한 분노를 터뜨린다. 영화 〈슬리퍼 Sleeper〉(1973)의 우디 앨런은 미래 세계에서 깨어나서도 여전히 맥도날드와 마주친다. 영화 〈캐딜락 공방전 Tin Men〉(1987) 마지막 장면에서 1960년대 초를 살아가는 주인공들은 저 멀리 빛나는 거대한 황금 아치를 향해, 그것이 상징하는 미래를 향해 차를 몰고 떠난다. 〈스코틀랜드 PA Scotland, PA〉(2001)는 셰익스피어의 《맥베스*Macbeth*》를 1970년대 펜실베이니아로 옮겨 온다. 그 유명한 살해 장면이 이 영화에서는 도넛 킹의 머리를 튀김기 속 끓는 기름에 처박는 장면으로 변주되며, '맥베스(McBeth)' 부부는 훔친 돈을 써서 킹의 싸구려 식당을 '맥베스' 햄버거 체인점으로 탈바꿈시킨다. 영화 〈패스트푸드 네이션*Fast Food Nation*〉(2006)은 가상의 패스트푸드 체인 '미키스'와 그 히트 상품인 '빅 원' 버거, 육류 가공 공장 그리고 거기에서 일하는 멕시코 출신 불법 이민자에 초점을 맞춘다. SF의 고전인 〈지구가 멈추는 날*The Day the Earth Stood Still*〉의 2008년 리메이크작(한국에서 1951년 원작은 〈지구 최후의 날〉, 2008년 리메이크작은 〈지구가 멈추는 날〉로 소개되었다-옮긴이)에서는 영화의 중심축이라 할 중요한 한 만남이 맥도날드에서 이루어진다. 수십 년 전부터 지구에 머물렀던 외계인이 지구에 막 도착한 외계인을 맥도날드에서 만나, 자기는 인간들을 사랑하게 되었다면서 인류 파괴 계획을 만류한다.

레이 크록이 세운 최초의 맥도날드 매장을 철거하려는 계획이 진행 중일 때 맥도날드 본사로 수백 통의 편지가 날아들었는데, 그중 하나를 인용하면 다음과 같다. "제발 부수지 마십시오! … 현대 문화의 주요 상징물인 맥도날드 1호점을 부수는 것은 귀사에 대한 세계인들의 믿음을 깨뜨리는 일이나 다름없습니다."[76] 결국 그 매장은 최초의 청사진에 따라 복원되어 박물관으로 만들어졌다.[77] 맥도날드의 한 임원은 그 상황을 "맥도날드는 이제 … 미국을 이루는 한 부분이 된 것"이라는 한마디로 설명했다.

이렇게 느낀 것은 미국 사람들만이 아니다. 모스크바에 맥도날드가 처음 개점할 때 한 신문기자는 이 프랜차이즈가 "미국의 궁극적인 표상"이라고 표현했다.[78] 1990년 모스크바에 피자헛 매장이 생겼을 때 한 러시아 학생은 피자를 먹으며 "이것은 미국의 한 조각(piece)이다"라고 말하기도 했다.[79] 브라질 피자헛 중역 한 사람은 그 나라에서 패스트푸드점이 성장해온 과정을 회고하면서, 브라질이 "미국 것에 대한 열광을 경험하고 있다"고 말했다.[80] 말레이시아 KFC 소유주는 말레이시아에서 KFC가 인기 있는 이유에 관해 "이곳 사람들은 서양 것이라면, 특히 미국 것이라면 뭐든 좋아한다. … 사람들은 미국과 어떻게든 관련되기를 원한다"고 말했다.[81]

조금 과장해서 말하면, 적어도 몇몇 측면에서는 미국보다 맥도날드가 더 중요해진 것 같다. 다음은 예루살렘에서 첫 맥도날드가 개점할 때 맥도날드의 황금 아치가 새겨진 야구 모자를 쓰고 행사를 주재했던 전 주이스라엘 미국 대사 이야기다.

이스라엘의 십 대 소년 한 명이 인디크 대사에게 다가와 맥도날드 모자와 펜을 내밀며 물었다.

"대사님이시죠? 사인 좀 해주세요."

인디크 대사가 멋쩍게 대답했다.

"그러지요. 누가 나한테 사인해달라고 하는 건 처음이네요."

그가 사인을 하려고 펜을 들었을 때 소년이 말했다.

"와, 전 세계 어디든 맥도날드 개점 행사마다 참석하는 맥도날드 대사라는 거죠?"

인디크 대사가 이스라엘 소년을 보고 말했다.

"아니, 아니에요. 나는 맥도날드 대사가 아니고 미국 대사입니다."

인디크 대사는 그다음에 일어난 일을 다음과 같이 설명했다.

"'내가 미국 대사라서 사인을 원치 않을 것 같은데?'라고 묻자, 소년은 '네, 필요 없어요' 하고는, 모자를 받아 들고 나가버리더군요."[82]

맥도날드(또는 맥도날드화)의 중요성을 보여주는 두 지표도 언급할 필요가 있다. 첫째는 명망 있는 잡지 〈이코노미스트The Economist〉가 매년 다소 풍자적인 시각으로 발표하는 '빅맥 지수Big Mac index'(버거노믹스burgernomics의 지표)다. 이것은 국가별 빅맥 가격을 달러로 환산하여 전 세계의 각 통화가 갖는 구매력을 나타낸다. 빅맥 가격을 이용하는 까닭은 빅맥이 수많은 국가에서 팔리는 단일 상품이기 때문이다. 2013년 조사에서 미국의 평균 빅맥 가격은 4.20달러였고, 중국은 2.44달러, 스위스는 6.81달러였다.[83] 이 수치는 대략적으로나마 각국의 생계비 수준뿐 아니라 어떤 통화가 저평가되었으며(중국) 어떤 통화가 고평가되었는지도(스위스) 보여준다. 〈이코노미스트〉가 빅맥 지수를 아주 진지하게 다루고 있다고 볼 수는 없지만, 이를 통해 맥도날드가 전 세계적으로 얼마나 구석구석까지 퍼져 있고 얼마나 중요한지 알 수 있다.[84] 또한 〈이코노미스트〉는 빅맥 하나를 구입할 수 있는 돈을 벌기 위해 평균적으로 소요되는 노동시간을 도시별로 비교함으로써 경제적 격차를 측정했다. 시카고에서는 그 시간이 가장 짧아 12분이었던 데 비해, 나이로비의 노동자가 빅맥 하나를 사려면 160분 가까이 일해야 한다.[85]

맥도날드가 세계에서 차지하는 위치를 보여주는 두 번째 지표는 "맥도날드가 있는 두 나라가 맥도날드 진출 이후 서로 전쟁을 벌인 경우는 없다"는, 토머스 프리드먼Thomas Friedman의 이론이다. 프리드먼은 이를 "분쟁 예방의 황금 아치 이론Golden Arches Theory of Conflict Prevention"이라고 칭했다.[86] 이 역시 우스갯소리 같지만, 맥도날드가 끊임없이 국제적으로 확산되는 가운데 세계 평화로 가는 길이 나타날 수도 있다는 주장이다. 불행히도 1999년 NATO가 세르비아를 폭격함으로써 이 이론은 깨졌다. 당시 세르비아에는 맥도날드가 들어와 있었다.

전 세계 많은 사람들에게 맥도날드는 일종의 신성한 장소가 되었다.[87]

모스크바에 맥도날드가 생겼을 때, 한 노동자는 "마치 샤르트르 대성당처럼 … '천국의 기쁨'을 맛볼 수 있는 장소"라고 찬양했다.[88] 코윈스키Kowinski는 패스트푸드점들과 그 외의 프랜차이즈 점포들로 가득한 쇼핑몰을 두고, 사람들이 "소비교(consumer religion)"에 예배드리러 가는, "소비를 위한 현대판 대성당"이라고 일컬었다.[89] 이와 비슷하게 맥도날드화된 사회의 또 다른 핵심 요소인 월트디즈니월드[90]에 놀러 가는 것을 "중산층이라면 태양이 작열하는 성도를 의무적으로 방문해야 하는, 일종의 성지순례"라고 묘사한 이도 있다.[91]

맥도날드의 위상이 오늘날처럼 높아진 것은 사실상 모든 미국인과 많은 다른 나라 사람들이 '황금 아치'(또는 드라이브스루 통로)를 부지런히 들락거린 덕분이다. 더욱이 우리 대부분은 시청자들의 다양한 기호에 맞추어 맥도날드의 미덕을 칭송하는 광고의 홍수 속에서 살아가며, 새로운 메뉴, 새로운 이벤트, 새로운 사은품이 등장할 때마다 광고가 바뀐다. 이렇게 항상 우리 곁에 존재하는 광고는 차를 타고 가든 걸어가든 맥도날드 광고를 보지 않고 거리를 지나기가 불가능할 정도로 많으며, 맥도날드를 대중의 의식 속에 깊이 새겨 넣는다. 학령기 아동을 대상으로 실시한 한 여론조사에 의하면, 96%의 아동이 로날드 맥도날드가 누구인지 알고 있었다. 산타클로스 다음으로 높은 인지도다.[92]

맥도날드는 오랜 기간에 걸쳐 여러모로 좋은 인상을 심어왔다. 깔끔한 식당, 신선하고 영양가 있는 음식, 젊고 성실한 종업원, 상냥하고 배려심 많은 매니저, 음식을 먹는 즐거움 등의 이미지가 만들어진 것이다. 사람들은 맥도날드에서 먹으면 간접적으로나마 로날드맥도날드하우스Ronald Mcdonald House 같은 자선기관에 기부하게 된다고 믿기까지 한다.

### 맥도날드화의
### 광범위한 영향력

　　　　　　　　　맥도날드는 미국 사회 안팎으로 영역을 확장하느라 끊임없이 노력해왔다. 이는 맥도날드 회장의 다음과 같은 말에서 잘 나타난다. "우리의 목표는 전 세계의 패스트푸드 산업 전체를 지배하는 것이다. … 나는 맥도날드가 업계를 완전히 점령하기를 바란다."[93]

　　맥도날드는 원래 대도시 외곽이나 중소도시를 겨냥해 출발했지만, 최근에는 도무지 장사가 될 성싶지 않던 작은 마을과 맥도날드에서 끼니를 때우기에는 시민들 취향이 너무 세련되었다고 여겨지던 많은 대도시까지, 세계 곳곳에 들어서고 있다.[94] 이제는 뉴욕의 타임스스퀘어에서도 패스트푸드점을 볼 수 있다. 심지어 쿠바의 관타나모 미해군기지나 펜타곤에도 맥도날드가 있다. 본격적인 매장을 열기 힘든 지역에서는 소규모 간이 점포, 분점, 배달 전문점 등의 형태가 빠르게 확산되고 있다. 대도시의 작은 상점 전면이나 박물관, 백화점, 주유소,[95] 심지어 학교와 같이 전통적으로 맥도날드가 들어서지 않던 곳에도 모습을 드러내기 시작했다. 이러한 간이 점포는 일반적으로 메뉴가 한정되어 있으며, 음식의 저장이나 준비는 더 큰 가맹점에 의존하는 경우가 많다.[96] 맥도날드 확산의 결정판은 최근 보스턴의 새 연방 법원에 들어선 맥도날드다.[97]

　　맥도날드는 파리의 샹젤리제 거리뿐 아니라[98] 루브르박물관 안에도 있다. 모스크바 푸시킨 광장에 있는 맥도날드는 1992년 개점 직후 하루에 3만 개 가까이 햄버거를 팔았으며, 계산대마다 단 두 명만 배정했는데도 젊은 종업원을 무려 1200명이나 고용했다.[99, 100] 1992년 초 베이징에는 좌석이 700개, 계산대 29개에, 종업원 수는 만 명을 육박하는 세계 최대의 맥도날드(지금도 전 세계 맥도날드 매장 중 가장 크다)가 생겼는데, 개점 첫날 손님이 약 4만 명이나 찾아와 일일 내점객 최고 기록을 세웠다.[101] 맥도날드 매장이 있는 더 놀라운 곳들도 있다. 맥도날드는 그랜드캐니언에도 있고 한때 세계 최고층 빌딩이었던 말레이시아의 페트로나스 타워와 영국 슈루즈베리의 13세기 건축물에도 있으며 스웨덴의 스키장에는 스키스루<sup>ski-through</sup>매장이 있다.

이제 패스트푸드점들은 여러 대학가를 지배하는 것만으로 만족하지 못하고 대학 캠퍼스 안으로까지 파고들기 시작했다. 그 첫 사례는 1973년 신시내티 대학교였다. 오늘날 대학의 구내식당은 쇼핑몰에 있는 푸드코트처럼 보인다(대학교 구내식당의 시장 규모가 연간 수십억 달러 규모라는 점을 생각하면 놀랄 일도 아니다).[102] 메리어트<sup>Marriott</sup>는 피자헛이나 서브웨이 같은 다양한 '유명 브랜드 협력사'와 제휴해 많은 대학에 패스트푸드를 공급하고 있다.[103] 이러한 현상은 대학 당국이 인정한 식당이라는 인상을 주면서 패스트푸드점이 젊은 세대에게 미치는 영향력을 더욱 확대한다.

이제는 고속도로를 벗어나지 않고도 패스트푸드를 빠르고 쉽게 구입할 수 있다. 고속도로 휴게소에도 패스트푸드점이 있기 때문이다. 잠시 들러 햄버거라는 연료를 주입하고 가던 길을 가자. 새로운 도시에 도착하면 출발했던 도시에서 보던 패스트푸드점들을 그대로 보게 될 것이다. 호텔[104]이나 기차역, 공항에서 이용할 수 있는 패스트푸드점도 계속 늘어나고 있다.

패스트푸드점이 다른 영역들에 어떤 영향을 주는지 감지하기란 쉽지 않지만, 그렇다고 해서 그 영향력이 적다고 볼 수는 없다. 이제는 고등학교나 직업학교 학생식당에서도 맥도날드 같은 패스트푸드가 제공되며, 50% 이상의 학생식당에서 적어도 일주일에 한 번은 맥도날드, 피자헛, 타코벨 등 인기 있는 브랜드의 패스트푸드가 나온다.[105] 미국학교급식협회 영양분과장은 "요즘 아이들은 패스트푸드가 삶의 일부가 된 세계에서 살고 있다. 따라서 아이들을 먹게 하려면 아이들에게 익숙한 메뉴를 제공할 수밖에 없다"고 말한다.[106] 패스트푸드점이 학내에 있는 초등학교나 중학교는 아직 거의 없지만, 많은 학교가 급식 메뉴와 조리법을 패스트푸드 방식으로 바꾸고 있다.[107] 사과, 요구르트, 우유는 쓰레기통으로 직행하기 일쑤인 데 반해 햄버거, 감자튀김, 셰이크는 인기가 대단하다. 패스트푸드점도 학교 인근에 밀집해 있다.[108] 아이들을 패스트푸드에 길들이려는 노력은 맥도날드가 'A 받고 치즈버거 먹자(A for Cheeseburger)'라는 이벤트를 운영했던 일리노이의 한 예에서 정점을 찍었다. 평점 A를 받은 학생에게 공짜로 치즈버거를 주는 이 이벤트는 성공적인 학교생활과 맥도날드를 연결 짓게 하려는 시도였다.[109] 호주에서는 세 살밖에 안 된 아이들을 겨냥하여 "모형 감자튀김, 직접 만드는 빅맥, 밀크셰이크, 치킨 맥너겟, 사과파이, 미니 쿠키"가 포함된 장난감 맥도날드 세트가 시판되었다.[110] 많은 이들은 그런 장난감을 가지고 놀면 진짜 맥도날드 음식에 대한 관심도 높아질 것이라며 우려한다.

최근에는 군대에서도 지상기지나 해군함정 등에서 패스트푸드를 제공하고 있다. 의사와 영양사들의 비판에도 불구하고 종합병원과 아동 전문병원 내 패스트푸드점도 늘어만 간다.[111] 아직 집 안에 맥도날드 매장이 생기지는 않았다 해도, 집에서 먹는 끼니마저 패스트푸드점 음식을 닮아 가고 있다. 패스트푸드점에서 파는 메뉴와 놀랄 만큼 꼭 닮은 냉동식품, 전자레인지용 식품, 가공식품이 종종 저녁 식탁에까지 오른다. 심지어 집에서 '진짜' 패스트푸드를 만들 수 있다고 말하는 《패스트푸드 비밀 레시피Secret Fast Food Recipes》도 나왔다.[112] 이에 더해, 특히 도미노가 혁명적인 배달 붐을 일으킨 이후로는 피자를 비롯하여 여러 가지 패스트푸드를 배달시켜 먹을 수도 있게 되었다.

또 한 가지 유형의 확장으로 "수직적 맥도날드화"가 있다.[113] 이는 에릭 슐로서<sup>Eric Schlosser</sup>의《패스트푸드의 제국*Fast Food Nation*》에 잘 기록되었듯
이, 패스트푸드 산업이 그 채울 수 없는 욕구를 충족하기 위해 공급자들
에게도 맥도날드화를 강요한다는 것이다. 감자 생산과 가공, 목축, 양계,
도축 및 가공 등이 모두 각각의 운영과 공정을 맥도날드화해야 했고, 그
결과 극적인 생산량 증대가 이루어졌다. 단, 그러한 성장은 비용 증가 없
이 이루어져야 했다.

영화 〈푸드 주식회사*Food, Inc.*〉(2008)(영화의 내용을 더욱 깊이 있게 다룬
동명의 책《식품주식회사》(에릭 슐로서 지음, 박은영 옮김, 따비, 2010)도 참조할 수
있다-옮긴이)에서 볼 수 있듯이, 질병 감염률이 높은 쇠고기와 닭고기의
경우 소규모 생산자와 목장주들(대개 맥도날드화되지 않은)은 업계에서 퇴
출되었고, 이 때문에 수백만 명이 인간적인 대우를 받지 못하며 힘들고
때로는 극도로 위험하기까지 한 저임금 일자리로 내몰렸다. 육가공 산업
을 예로 들면, 예전에는 스위프트<sup>Swift</sup>나 아머<sup>Armour</sup>(19세기 말에 육가공업체를
창업한 기업가들의 이름이자 회사명이다-옮긴이)처럼 집안의 성을 딴 이름을
지닌 기업에서 고임금을 받으며 상대적으로 안전하고 감당할 수 있는 만
큼의 일을 할 수 있었다. 노동조합도 결성되어 있는 안정적인 일자리였
다. 그런데 이제는 누구 것인지도 모를 기업을 위해 위험하고 감당할 수
없을 만큼의 일을 저임금을 받으며 해야 하고, 노동조합도 없으며 불안정
한 일자리로 대체되었다. 간혹 수직적 맥도날드화로부터 막대한 이익을
얻는 사람(주로 기업 소유주, 경영자, 주주)도 있지만, 대부분은 그 산업에서
주변적인 존재로 밀려났다.

맥도날드는 많은 다른 업종에서도 맥(Mc)으로 시작하는 별칭을 차용
할 정도로 대표적인 모델이 되었다. 그 예로 가벼운 증상이 있을 때 신속
하고 효율적으로 진료를 받을 수 있도록 고안된 드라이브인 병원 체인
을 뜻하는 '맥치과<sup>McDentist</sup>'와 '맥닥터<sup>McDoctor</sup>',[114] 킨더케어<sup>KinderCare</sup> 같은 '맥어

린이집<sup>McChild</sup>', 전국에 퍼져 있는 웨인 루카스의 경주마 훈련장인 '맥훈련장<sup>McStable</sup>', 〈USA투데이〉를 일컫는 '맥신문<sup>McPaper</sup>'[115] 등이 있다. 최근 스트립댄스의 맥도날드화를 설명하면서 '맥섹시(McSexy)'라는 용어를 사용한 학자도 있다.[116]

맥도날드 사는 '맥'이라는 접두사를 여기저기 가볍게 붙이는 것을 달가워하지 않는다. 샌프란시스코에서 여섯 개의 식당을 운영하고 있는 일식집 체인 '위 비 스시<sup>We Be Sushi</sup>'의 사례가 이를 말해준다. 이 식당 메뉴판 뒷면에는 '맥스시(McSushi)'라는 이름을 쓸 수 없었던 사연이 다음과 같이 적혀 있다.

> 원래 우리 식당의 상호는 '맥스시'였습니다. 간판도 걸고 개업 준비가 완료된 상태였습니다. 그런데 문을 열기 직전, 매우 공식적인 편지 한 통을 받았습니다. 짐작하시겠지만, 맥도날드 본사의 변호사가 보낸 편지였습니다. 맥도날드는 맥베이글에서부터 맥타코에 이르기까지 식품명에 '맥'을 붙인 모든 이름에 대해 상표권을 다 사들였나 봅니다. 그들은 우리가 '맥스시'라는 이름을 사용하면 맥도날드의 이미지가 흐려진다는 이유를 달았습니다.[117]

맥도날드화의 위력 덕분에 그 파생물들도 나름의 독자적인 영향력을 갖게 된다. 대표적인 예로 〈USA투데이〉의 성공 이후 국내외 많은 신문사들이 기사 분량을 줄이고 일기예보 지도를 컬러로 넣는 〈USA투데이〉식 편집을 따라 했다. 〈USA투데이〉의 한 편집자는 "우리를 맥신문이라 조롱하던 신문사들이 우리의 맥너겟<sup>McNugget</sup>('너겟(Nugget)'은 음식 이름이기도 하지만 '가치 있는 정보'라는 뜻으로도 쓰인다-옮긴이)을 훔쳐가고 있다"고 말했다.[118] 〈뉴욕타임스〉나 〈워싱턴포스트〉같이 진지한 저널리즘에 입각한 신문들조차도 〈USA투데이〉의 성공을 보고 컬러 지면 활용 등에서 변화를 꾀했다. 미국 전역의 많은 지역신문에서는 〈USA투데이〉의 영향이 더 노골적으로 드러난다.[119] 〈USA투데이〉처럼 기사가 한 페이지를 넘어가는 일이 거의 없다. 많은 중요 세부 사항, 사건의 배경에 관한 내용 대부분, 주요 인물이 말한 내용 중 상당 부분이 알아볼 수 없이 잘려 나가거나 아예 생략된다. 가벼운 뉴스와 컬러 그래픽을 강조하다 보니 신문의 주요 기능이 오락성에 있는 것으로 보인다.

사실상 모든 사회 영역이 맥도날드화되어왔듯이, 섹스도 맥도날드화되고 있다.[120] 뉴욕의 한 공무원은 어느 3층짜리 포르노 영화관을 두고 "일률적인 청결함과 준법성" 면에서 "섹스의 맥도날드" 같다고 말하기도 했다.[121] 영화 〈슬리퍼Sleeper〉에서 우디 앨런이 창조한 미래 세계에서는 맥도날드가 매우 중요하고 가시적인 요소이며, 한편 번거롭고 호들갑스러운 성관계 대신 '오르가스매트론orgasmatron'이라는 기계장치에 들어가 오르가즘을 경험할 수 있다.

포르노 사이트 '레드튜브RedTube'는 유튜브의 표준화된 인터페이스를 흉내 내서 다양한 카테고리의 성인 콘텐츠를 제공한다. 사용자들은 이 사이트에서 콘텐츠를 볼 수도 있고 개인 웹페이지에 보관해둘 수도 있다. 인터넷에는 영상채팅 사이트가 넘쳐난다. 사용자들은 그런 사이트에서 여러 가지 섹스 행위를 요청할 수 있다. 크레이그리스트 사이트Craigslist.org의 '가벼운 만남' 게시판은 중앙집중식 인터페이스를 통해 섹스 파트너를 찾는 세계 각지의 사람들을 보여준다. 성인용품 산업에서 '텔레딜도닉스teledildonics'라고 불리는 여러 장치는 사람들이 컴퓨터 네트워크를 통해 서로를 자극할 수 있게 해준다. 3필3Feel은 사용자들이 실시간으로 상호작용하며 성행위를 나눌 수 있는 가상의 3D 환경이다(텔레딜도닉스를 사용할 수도 있고 사용하지 않을 수도 있다).[122] 우디 앨런이 오르가스매트론이라는 장치를 통해 예견했듯이, "서로 한 번도 만나거나 접촉하지 않고도 오르가

맥도날드 그리고 맥도날드화

슴을 느낄 수 있다."[123]

> 편리함이 최고인 세상에서 신체 접촉 없는 섹스는 매력적이다. 안락한 집을 벗어나지 않아도 된다. 전화기만 들거나 컴퓨터만 켜라. 접속만 하면 당신의 눈앞에 성적 환희의 신세계가 펼쳐질 것이다.[124]

이러한 사례들은 이제 삶의 어떤 측면도 맥도날드화에서 벗어날 수 없음을 시사한다.

여러 약물도 섹스의 맥도날드화에 연관된다. 남성의 성기능을 더 예측 가능하게 만들어주는 비아그라(그리고 시알리스와 같은 유사 약제들)가 그 예다. 게다가 이런 약물들은 효과가 빨리 나타나고 오래간다고 주장한다. MDMA(엑스터시)는 그 효과가 여덟 시간이나 지속되며, 감각 정보의 강도를 높이고 다른 사람들과 성적으로 연결되어 있는 느낌도 강화한다.

맥도날드화의 광범위한 영향력을 생각하면 상기한 예들은 빙산의 일각에 불과하다. 다음은 맥도날드화의 영향 아래 있는 그 밖의 영역들이다.[125]

- 야외 여가 활동,[126] 특히 (가이드북에 의존해 등산로를 정하는) 등산,[127] 직업으로서의 스포츠[128]
- 경찰[129]과 형사 사법 시스템(프로파일링, '삼진아웃제')[130]
- 가족(가정 문제를 신속히 해결해주는 책과 TV 프로그램)[131]
- 맥스쿨 그리고 학교의 맥도날드화에 기여하는 정책[132]
- 대학교,[133] 이러닝,[134] 특히 '대규모 공개 온라인 수업MOOC(Massive Open Online Course; 7장 참조)',[135] 신체운동학kinesiology 같은 학문 영역 ('맥키네시올로지'[136])

- 의료 행위[137]
- 이슬람 사회에서의 장례 행위[138]를 포함하여, 사망과 임종
- 체중 감량 그리고 신체의 맥도날드화[139]
- 맥도날드화가 이루어지는 현장이 된 인터넷(그리고 탈맥도날드화, 이에 관해서는 9장 참조)[140]
- 농장 그리고 농장의 슈퍼사이즈화[141]
- 종교 그리고 교리의 맥도날드화[142]
- 은행 업무[143]
- 맥집McJob(5, 6장 참조)[144]
- 정치('차가운' 정치 대 '뜨거운' 정치, "드라이브스루 민주주의")[145]
- 과학 연구[146]

## 맥도날드화의 특성

맥도날드는 왜 그렇게까지 거부할 수 없는 모델이 된 것일까? 무엇보다도 맥도날드에서 패스트푸드를 먹는다는 것은 분명 시대에 뒤처지지 않고 현대적인 라이프스타일을 따르고 있다는 '표식'이 되었다.[147] 맥도날드의 음식이나 맥도날드가 조성하는 환경에는 일종의 마술이나 강화 장치도 존재한다. 그러나 여기서는 맥도날드 모델 그리고 좀 더 일반적으로 맥도날드화를 성공으로 이끈 핵심 요소 네 가지에 초점을 맞추고자 한다. 요약하자면, 맥도날드는 소비자, 노동자, 경영자에게 효율성efficiency, 계산가능성calculability, 예측가능성predictability, 통제control를 제공함으로써 성공했다.[148]

### 효율성(Efficiency)

맥도날드를 성공하게 만든 주요 요소 중 하나는 **효율성**이다. 효율성이란 어느 한 지점에서 다른 지점으로 이행하는 최적의 방법을 택하는 것을 말한다. 맥도날드는 소비자에게 배고픈 상태에서 배부른 상태로 이행하는 가장 편한 방법(드라이브스루가 좋은 예다)을 제공한다. 다른 욕구들을 충족하는 데 있어서도 패스트푸드 모델은 효율적인 방법을 제공하거나 적어도 그렇게 보인다. 우디 앨런의 오르가스매트론은 사람들에게 무감각한 상태에서 성적 희열의 상태로 나아가는 데 효율적인 방법을 제공한다. 맥도날드 모델을 본뜬 다른 업종들도 운동을 하거나 살을 빼거나 자동차를 정비하거나 새 안경 또는 콘택트렌즈를 맞추거나 소득신고서를 작성하기 위한 가장 효율적인 방법을 제공한다. 그들의 고객과 마찬가지로 맥도날드화된 시스템에서 일하는 노동자들도 정해진 절차를 따름으로써 직무를 효율적으로 수행한다.

### 계산가능성(Calculability)

**계산가능성**은 판매되는 상품(1인분의 양, 원가)과 서비스(상품을 취하는 데까지 걸리는 시간)의 양적 측면을 강조하는 개념이다. 맥도날드화된 시스템에서 양은 질과 등가적이어서, 양이 많거나 빨리 나오는 제품이 곧 좋은 제품이다. "우리는 대체로 '클수록 좋다'고 굳게 믿으려는 경향이 있다."[149] 사람들은 양과 개수를 헤아리면서 푼돈만 지불하고 풍족하게 먹었다고 느낀다(맥도날드의 '달러 메뉴(Dollar Menu)'가 대표적인 예다).[150] 데니스 Denny's(미국의 패밀리 레스토랑 체인-옮긴이) 광고의 등장인물은 "나는 과식할 예정이지만 절대 과소비하지는 않을 것"이라고 말한다.[151] 그러나 이런 계산법은 중요한 점을 놓치고 있다. 패스트푸드 체인의 높은 수익을 볼 때 이익을 본 쪽은 소비자가 아니라 기업주인 것이다.

또 사람들은 차를 타고 맥도날드에 가서 음식을 먹고 다시 집에 돌아오는 데 걸릴 시간을 계산해보고 난 뒤, 그 시간을 집에서 음식을 만드는 데 소요되는 시간과 비교한다. 경우에 따라 맞기도 하고 틀리기도 하지만, 흔히들 패스트푸드점에 다녀오는 편이 집에서 해 먹는 것보다 시간이 덜 걸린다는 결론을 내린다. 이런 식의 계산 덕택에 도미노피자, 파파존스처럼 시간 절약을 내세우는 배달 전문 체인들이 번창한다. 주목할 만한 시간 절약형 프랜차이즈의 다른 예로 '속성 안경 맞춤, 한 시간 내 완성'을 약속하는 렌즈크래프터스<sup>LensCrafters</sup>(미국 최대의 안경 체인점-옮긴이)를 들 수 있으며, '패스트패션'으로 잘 알려진 H&M도 있다.

맥도날드화된 업체들은 시간과 돈을 연계하는 전략을 쓰기도 한다. 도미노피자는 30분 내 배달을 약속하며, 약속을 지키지 못했을 경우 피자값을 받지 않기도 했다. 피자헛에서도 1인분 팬피자를 시키면 5분 이내에 나온다고 장담하며, 역시 그렇게 하지 못하면 돈을 받지 않겠다고 말한다.

맥도날드화된 시스템에서 일하는 노동자들도 업무 수행의 질보다는 양을 강조한다. 작업의 질 변화는 거의 허용되지 않으므로, 얼마나 빨리 작업량을 완수할 수 있는가에 집중한다. 고객들이 '많이 빨리 값싸게' 제공받고 싶어 하는 것처럼, 종업원들에게 기대되는 바 역시 '많이 빨리 값싸게' 일하는 것이다.

### 예측가능성(Predictability)

맥도날드는 **예측가능성**도 제공한다. 예측가능성이란 제품과 서비스가 언제 어디서나 동일할 것이라는 확신을 말한다. 뉴욕의 에그 맥머핀이나 시카고, 로스엔젤레스의 에그 맥머핀은 거의 똑같다. 다음 주나 내년에 먹을 에그 맥머핀도 오늘 먹은 에그 맥머핀과 똑같을 것이다. 고객들은 맥도날드라면 의외의 제품을 제공받을 일이 없으리라는 점을 대단히 편안하게 여긴다. 사람들은 다음번에 먹을 에그 맥머핀이 그렇게 형편없는 맛도, 그렇다고 대단한 맛도 아닐 것임을 안다. 맥도날드 모델의 성공은 대부분의 사람들이 놀라운 변화가 없는 세계를 선호하게 되었음을 증명한다. 이를 관찰한 영국의 한 논평가가 "[맥도날드가] 다른 어떤 가치보다 개인주의를 존중하는 문화에서 태어났다는 점은 정말 이상하다"고 지적하기도 했다.[152]

맥도날드화된 시스템에서 일하는 사람들도 예측가능한 방식으로 행동한다. 그들은 회사의 규칙과 관리자의 지시에 따라 움직인다. 많은 경우 그들의 행동 그리고 그들의 말까지도 매우 예측가능하다.

### 통제(Control)

맥도날드를 성공시킨 네 번째 요소는 **통제**다.[153] 통제 대상은 맥도날드의 세계에 들어가는 사람들이다. 줄을 서야 하고, 메뉴는 한정적이며, 선택의 여지가 거의 없고, 의자가 딱딱하다는 것, 이 모두는 고객들로 하여금 경영진이 원하는 행동 양식대로 움직이도록, 즉 빨리 먹고 나가도록 만든다. 먹지도 말고 바로 나가게 하는 시스템인 드라이브스루 창구도 있다. 도미노피자 모델에서는 고객이 점포에 들어올 일이 아예 없다.

맥도날드화된 조직에서 일하는 사람들도 고도의 통제를 받으며, 그들에게는 고객들의 경우보다 더 노골적이고 직접적인 통제가 이루어진다. 그들은 제한된 수의 과업을 정확하게 지시받은 대로 수행하도록 훈련받는다. 사용되는 기술과 조직의 구성 방식이 이러한 통제를 강화한다. 종업원들이 지침대로 하고 있는지는 지배인과 감독관이 확인한다.

## 맥도날드화에 대한 비판:
## 합리성의 불합리성

맥도날드화는 막강한 이점을 갖고 있다. 사실 효율성, 예측가능성, 계산가능성, 무인 테크놀로지(사람들이 제어하는 기술이 아니라 사람들을 제어하는 기술)를 통한 통제는 합리적인 시스템의 기본 구성 요소일뿐만 아니라[154] 그러한 시스템의 강력한 장점으로 여겨질 수도 있다. 그러나 합리적인 시스템은 필연적으로 불합리한 결과를 초래한다. 맥도날드화의 부정적인 이면에 관해서는 7장에서 '합리성의 불합리성'이라는 제목 아래 체계적으로 다룰 것이다. 그런데 역설적이게도, 합리성의 불합리성은 사실상 맥도날드화의 다섯 번째 특성이다.

맥도날드화된 세계의 모든 면면이 비판의 대상이 될 수 있다. 일례로, 유로디즈니Euro Disney가 개장했을 때 프랑스의 한 정치가는 "패스트푸드가 미각에 해독을 끼치는 것처럼, 이 뿌리 없는 창조물도 프랑스를 폭격해 문화에 해독을 끼칠 것"이라고 개탄했다.[155] 맥도날드나 그 밖의 패스트푸드 모델 공급자들은 그들의 시스템이 지닌 이점을 부각하는 데 해마다 수십억 달러를 지출한다. 그러나 이러한 체계를 비판하는 사람들은 자신의 견해를 알릴 기회가 거의 없다. 예를 들어, 토요일 아침 텔레비전 만화영화 중간광고 중 어린이들에게 패스트푸드점의 위험성을 경고하는 광고는 전혀 없다.

물론 맥도날드화에 대한 이러한 비판에도 마땅히 이러한 의문을 제기할 수 있다. 그런 비판이 과거에 대한 낭만적인 회고, 이제는 존재하지 않는 세계로 돌아가고자 하는 불가능한 소망에서 비롯된 것은 아닐까? 어떤 비판자들은 삶이 지금보다 느리게 돌아가고 예기치 못한 일은 더 많이 일어나던 시절, 적어도 일부 (경제적인 형편이 지금보다 나았던) 사람들은 지금보다 더 자유로웠고, 로봇이나 컴퓨터가 아니라 사람들을 상대하는 일이 더 많았던 시절에 대한 향수 때문에 맥도날드화를 비판하는 것이 사실이다.[156] 물론 일리는 있지만 이런 식의 비판은 맥도날드 없는 세상의 긍정적인 면을 과장하고 있음에 틀림없으며, 그들은 분명 이전 시대의 문제점들을 망각하고 있는 것으로 보인다. 여러 면에서 미국보다 수십 년 뒤처져 있는 쿠바의 아바나에서 한 피자 가게를 방문한 사람의 다음과 같은 일화에서 그러한 망각이 나타난다.

말도 안 되는 피자였다. 도우는 눅눅하고, 토마토 소스는 슬쩍 묻히기만 한 것 같았다.

저녁 7시 반쯤이었는데, 여느 때처럼 서서 먹는 자리밖에 없었다. 자리가 나면 두 명이 한 자리를 차지하려고 마구 밀쳐대고, 기다리는 줄은 인도에까지 이어졌다.

메뉴는 빈약하기 이를 데 없고 … 마실 거라고는 수돗물밖에 없다. 그게 다다. 탄산음료나 맥주나 커피도 없고, 토핑도 없으며 소금이나 후추도 없다. 특별 주문도 물론 불가능하다.

정작 먹고 있는 사람은 극소수이고 나머지는 모두 기다리고 있다. … 손가락은 테이블을 두드리고, 파리 떼는 윙윙거리고, 시계는 째깍거린다. 웨이터의 바지춤에도 시계가 있지만 별 소용이 없다. 시간은 그의 주요 관심사가 아니니까. 이러고 있자니 신경이 날카로워지기 시작한다.

이제 8시 45분이다. 고작 피자 두 쪽을 사겠다고 한 시간 15분이나 기다리고 있는 것이다.[157]

빠르고 친절하며 메뉴도 다양한, 말하자면 피자헛 같은 식당보다 이곳을 더 좋아할 사람은 거의 없을 것이다. 그러나 과거를 동경하는 비판자들이 우리가 그런 세상으로 돌아갈 수 없음을 깨닫지 못하고 있는 것 같다는 점이 더 중요하다. 사실 아바나에도 이미 패스트푸드점이 등장하기 시작했고, 피델 카스트로 사후에는 아마도 패스트푸드점이 더 빠르게 증가할 것이다(카스트로는 2016년 11월 25일 사망했다-옮긴이).[158] 인구 증가로 인한 지구의 과밀화, 기술 변화의 가속화, 점점 더 바빠지는 생활, 이 모두가 집에서 만든 음식, 전통 음식점에서의 저녁 식사, 고급 음식, 탄성을 자아내는 요리, 창의성을 유감 없이 발휘하는 주방장이 있는 식당 등이 존재하는 세상(그런 세상이 존재한다면)으로 돌아가는 길을 가로막고 있다.

따라서 과거보다는 미래에 대한 상상에 바탕을 두고 맥도날드화를 비판하는 관점이 더 타당하다.[159] 맥도날드화된 시스템의 구속에서 벗어나되 그 체계 덕분에 발전한 기술을 활용한다면, 사람들은 지금보다 더 사려 깊고, 유능하며, 창조적이고, 다재다능해질 가능성이 있다. 요컨대, 세계가 덜 맥도날드화된다면 사람들은 잠재력을 더 잘 발휘할 수 있을 것이다.

우리는 맥도날드화가 가져다주는 '가능성(enabling)'과 '제약(constraining)'을 모두 보아야 한다.[160] 맥도날드화된 시스템 덕분에 우리는 과거에 할 수 없던 많은 것들을 할 수 있게 되었다. 그러나 맥도날드화된 시스템 탓에, 그 체계가 없었을 때에는 가능했던 것들을 하지 못하게 되기도 했다. 맥도날드화는 '양날의 검'을 가진 현상이다.

## 이케아를 통해서 본
## 맥도날드화의 특성

이케아IKEA는 흥미로운 맥도날드화 사례 중 하나다. 이케아가 미국이 아닌 스웨덴에 뿌리를 둔 기업이라는 점에서 특히 흥미롭다.[161] 사실 이케아는 매우 중요해서, "프랑스의 이케아화IKEAization"에 대한 연구도 있을 정도지만,[162] 지금 하려는 이야기는 사회의 이케아화를 넘어서는 내용이다. 이케아의 인기는 그 유명한 스웨덴 디자인의 최신 유행 가구를 매우 저렴하게 살 수 있다는 점에 기인한다. 이케아는 전 세계에 걸쳐 다수의 충성도 높은 고객을 확보하고 있다. 이 책에서 주목하는 이케아의 흥미로운 지점은, 이케아가 맥도날드의 특성에 매우 잘 부합한다는 점에 있다. 그러나 유사성은 이에 그치지 않는다. 예를 들어, 맥도날드 신규 매장이 개점될 때처럼 특정 지역에 처음 이케아 매장이 생길 때도 사람들은 기대감으로 부푼다. 오하이오 주 데이턴 시에서는 이케아 매장이 들어온다는 소문만 있었을 뿐인데도 "우리 가족 모두 무척 흥분한 상태로 이케아의 공식 발표를 기다리고 있다"는 반응이 나타났다.[163] 이케아는 전 지구적인 현상으로, 여러 나라에서 자사 대표 상품들과 지역 맞춤형 상품 몇 가지를 함께 판매한다(예를 들어, 중국 이케아에서는 젓가락을 판다).[164]

**효율성**이라는 측면에서 보면, 이케아에서는 놀랍도록 광범위한 가구류를 원스톱으로 쇼핑할 수 있다. 매장마다 거대한 창고가 딸려 있고 거의 모든 상품의 재고가 충분히 구비되어 있어서, 구매를 위해 기다릴 일이 없다. 이케아의 효율성은 대체로 고객이 할 일이 많다는 사실에서 비롯된다.

- 맥도날드와 달리, 어느 나라에든 이케아 매장은 많지 않은 편이다. 따라서 고객들은 수시간 동안 장거리를 운전해서 매장에 오는 경우가 많다. "이케아 자동차 여행(roadtrip)"이라는 말이 생겼을 정도다.[165]
- 고객들은 입구에서 매장 안내도를 집어 들고, 의도적으로 미로처럼 만든 광대한 매장을 스스로 찾아다녀야 한다. (이케아는 마치 라스베이거스 카지노들처럼 고객이 미로에서 길을 '잃고' 몇 시간 동안 방황하며 계

속 돈을 쓰기를 바란다.) 안내해주는 직원은 거의 없지만 대신 바닥에 화살표가 그려 있어서 고객들이 알아서 다닐 수 있다.

- 입구에서 연필과 주문서를 가져가 구매하고 싶은 대형 품목의 진열대 번호를 적는 일도 고객 몫이며, 작은 제품들을 넣을 노란 쇼핑백도 가져가야 한다. 고객이 매장에서 헤매 다닐 때 도움을 받을 길이 거의 없다. 쇼룸을 거쳐 홈 퍼니싱 액세서리 매장에 들어가면 쇼핑백을 쇼핑카트로 바꾸고 소품들을 골라 담을 수 있다.
- 카페테리아를 이용할 때에도 먹고 난 후 고객이 손수 테이블을 치워야 한다. 심지어 이런 안내문도 붙어 있다. "식사 후 식기를 직접 반납해주셔야 합니다. 여러분의 수고가 이케아 가격을 저렴하게 만듭니다."
- 대부분의 가구는 조립되지 않은 상태로 납작한 상자에 들어 있으며 (예외적으로 큰 품목을 제외하면) 대개 고객이 직접 자기 차에 실어야 한다. 집에 도착하면 포장을 풀고 (포장재도 버려야 하고) 조립을 해야 한다. 차에 들어가지 않으면 현장에서 트럭을 빌려 집으로 가져가거나 배송시킬 수도 있지만, 그렇게 하면 비용이 많이 올라간다. 가구를 위해 지불한 가격과 비교하면 더욱 비싸게 느껴질 것이다.[166]
- 카탈로그를 받아보려면[167] 온라인 회원 가입을 해야 한다.

이와 같이 이케아는 고객이 무보수로 노동하게 만든다.

**계산가능성**은 이케아의 핵심적인 특징이다. 특히 초저가라는 개념에서 두드러진다. "이케아는 커다란 통에 일부러 여러 제품들을 섞어서 잔뜩 쌓아두는 '불라불라(bulla bulla)'라는 기법을 이용하여 많은 양을 싸게 살 수 있다는 인상을 준다."[168] 방을 가득 채울 만큼, 때로는 심지어 집 전체

맥도날드 그리고 맥도날드화

를 가득 채울 만큼 많은 가구를, 맥도날드의 '달러 메뉴'처럼 초저가에 살 수 있다. 이케아의 고객들은 맥도날드의 세트 메뉴를 먹을 때처럼 돈을 절약했다고 느끼게 된다. (넓은 카페테리아에서는 이케아의 대표 상품 중 하나인 스웨덴식 미트볼(매시 포테이토를 곁들인 미트볼 15개가 4.99달러다)과 99센트짜리 조식 등을 싼값에 먹을 수 있다.) 그러나 맥도날드화된 환경에서 제공되는 상품이 언제나 그렇듯 싼값이란 대개 품질이 떨어진다는 것을 뜻하며, 이케아 제품은 상대적으로 얼마 못 가 망가진다. 또한 이케아는 방대한 매장 규모를 자랑하는데, 대개 3만 m², 축구장 네다섯 개 규모에 달한다(이케아 광명점은 13만 m²로 2016년 기준 세계 최대 규모다-옮긴이). 이러한 매머드급 규모 때문에 고객들은 거기에 가면 가구를 많이 볼 수 있을 것이고(실제로도 그렇다) 브랜드의 명성이 있으니만큼 거기서 파는 제품은 저렴할 것이라고 믿게 된다.

물론 **예측가능성**도 매우 높다. 어느 이케아 매장에 가든 넓은 주차장과 어린이를 위한 안전한 놀이 공간(이케아는 놀이방에 지도 교사를 배치하고 있는데, 법적 의무 때문이기도 하고 그렇게 해야 부모가 더 긴 시간 동안 안심하고 쇼핑하며 돈을 쓸 수 있기 때문이기도 하다), 값싼 소품, 스웨덴풍 디자인의 가구가 있을 것이고, 창고와 계산대를 지나면 출구가 나올 것이며, 그러고 나면 박스들을 집에 싣고 가 조립해야 할 것이다.

이케아는 고도로 **통제**된 환경이다. 이는 미로 같은 매장 구조로 인해 사실상 고객들이 매장 안의 모든 코너를 둘러보고 모든 제품을 볼 수밖에 없게 된다는 점에서 가장 잘 드러난다. 이케아가 설정한 경로를 벗어나 다른 길로 가려고 하면 필시 길을 잃거나 방향감각을 상실하게 될 것이다. 계산대를 통과하지 않고서는 밖으로 나갈 방법이 없어 보이며, 거기서 지갑을 열게 되어 있다.

이케아의 합리성은 여러 측면에서 **불합리성**을 야기한다. 그중 가장 주목할 만한 것은 품질이 대체로 형편없다는 점이다. 이케아 가구는 조립하기 쉽다고 알려져 있지만 "조립이 불가능하다"고 생각되는 제품도 많다.[169] 또 멀리 있는 매장까지 가서, 매장을 다 둘러보고, 다시 집에 돌아와 조립도 해야 하므로 이 모든 과정에 너무 긴 시간을 허비하게 된다.

## 맥도날드화의 이점

지금까지 논의한 맥도날드화의 기본적인 특징들은 맥도날드가 그 불합리성에도 불구하고 경이로운 성공을 거두어온 데에 타당하고 견고한 이유가 있음을 선명히 보여준다. 경제 평론가 로버트 새뮤얼슨Robert Samuelson을 비롯해 맥도날드의 사업 모델을 강력하게 지지하는 지식인도 여럿 있다. 새뮤얼슨은 "공개적으로 맥도날드를 숭배한다"고 밝히며, 맥도날드가 "역사상 가장 위대한 음식점 체인"이라고 말한다.[170] 또한 맥도날드는 중증 소아 환자가 치료 기간 동안 부모와 함께 지낼 수 있게 해주는 로날드맥도날드하우스, 청소년을 위한 직업 훈련 프로그램, 종업원 학업 지원 프로그램, 장애인 채용 및 훈련, 고령은퇴자 재취업을 위한 맥마스터McMasters 프로그램, 사회적 약자의 고용과 승진에 대한 배려, 환경 및 동물 복지 개선을 목표로 하는 사회적 책임 프로그램 등 칭찬받아 마땅한 많은 프로그램을 운영하고 있다.[171]

맥도날드화 과정이 극적이라고 할 만큼 거침없이 진행되어온 이유가 그로 인한 긍정적인 영향에 있다는 점에는 의심할 여지가 없다.[172] 그러한 긍정적인 변화의 구체적인 사례를 몇 가지 꼽아보면 다음과 같다.

- 그 어느 때보다도 많은 사람들이 더 다양한 상품과 서비스를 이용할 수 있게 되었다.

- 이전보다 상품과 서비스를 이용하는 데 있어 시간적, 지리적 제약이 훨씬 덜하다. 한밤중에도 문자메시지, 이메일, 온라인 데이트 약속, 온라인 쇼핑, 소셜네트워크상의 대화 등 전에는 할 수 없던 일들을 할 수 있다.
- 사람들이 원하거나 필요로 하는 것을 거의 즉시 그리고 예전보다 훨씬 더 간편하게 얻을 수 있다.
- 상품과 서비스의 질이 한층 더 균일해졌다. 적어도 일부 사람들은 맥도날드화 이전보다 더 나은 상품과 서비스를 누린다.
- 고가의 맞춤형 상품이나 서비스 대신 훨씬 더 경제적인 대안들을 폭넓게 이용할 수 있게 되었다. 다시 말해, 예전 같으면 살 수 없을 것들을 이제는 살 수 있다(예를 들어 수제 가구 대신 이케아 가구를 살 수 있다).
- 근무시간이 길어 짬을 내기 어려운 사람들이 신속하게 그리고 효율적으로 상품과 서비스를 이용할 수 있다.
- 낯설고 적대적으로 보이며 급속하게 변하는 세계에서, 맥도날드화된 시스템은 상대적으로 친숙하고 안전하며 안정적인 환경을 제공해 편안한 느낌을 준다.
- 정량화 덕분에 소비자는 경쟁 상품들을 더 쉽게 비교할 수 있다.
- 주도면밀하게 통제, 관리되는 시스템 덕분에 특정 상품들(예컨대 운동이나 다이어트 프로그램)은 더욱 안전해졌다.
- 인종이나 성별, 성적 취향, 사회적 계급과 관계없이 비슷한 처우를 받을 확률이 높아졌다.
- 조직과 기술의 혁신이 동질적인 운용자들의 네트워크를 통해 더욱 빠르고 쉽게 확산된다.

## 맥도날드화되지 않은 것은
## 무엇인가?

이 장에서는 맥도날드화의 의미 그리고 이 책에서 논의할 현상의 범위를 제시해야 할 것이다. 사실 맥도날드화와 연계된 현상의 범위는 너무나 넓어서, 도대체 '맥도날드화되지 않은 것은 무엇인가'라는 의문이 들 수 있다. 맥도날드화는 근대성<sup>modernity</sup>의 등가물인가? 현대의 모든 것은 맥도날드화되고 있는 것일까?

세계의 대부분이 맥도날드화되고 있기는 하지만, 적어도 현대사회의 세 가지 측면은 맥도날드화로부터 상당히 벗어나 있다.

- 예전, 즉 '전근대<sup>premodern</sup>' 시대부터 이어온 분야. 가족이 경영하는 동네 식료품점이 그 좋은 예다.
- (최소한 부분적으로) 맥도날드화에 대한 반작용으로 새롭게 생겼거나 확대된 사업. 예를 들어 홀리데이 인<sup>Holiday Inn</sup>이나 모텔 식스<sup>Motel6</sup> 같은 맥도날드화된 모텔에 넌더리가 난다면, 가정집 분위기인 방과 주인이 직접 만든 조식이 제공되고 손님 각각에 대해 관심을 기울여주는 민박(bed-and-breakfast)에 묵거나(8장 참조), 인터넷에서 에어비앤비<sup>Airbnb</sup>를 이용해 전 세계 어느 곳에서든 개인 소유 아파트를 빌릴 수도 있다.
- 새로운 시대, 즉 '탈근대<sup>postmodern</sup>' 시대로의 진입과 관련된 분야. 예를 들어 탈근대사회에서는 '근대적인' 고층 아파트 단지 대신 살기 좋은 저층 주거단지가 선호된다.

이처럼 아무리 맥도날드화가 도처에 일어난다고 해도 여전히 맥도날드화의 경계 바깥에 존재하는 것들이 있다. 맥도날드화는 매우 중요한 사회적 현상이지만, 맥도날드화가 현대사회를 변형시키는 유일한 프로세스라고 보아서는 안 된다.

### 인앤아웃 버거와 프레타망제는 맥도날드화의 안티테제인가?

맥도날드화에도 정도의 차이가 있다. 즉, 맥도날드화된 것과 맥도날드화되지 않은 것, 이렇게 양분되지 않는다.[173] 패스트푸드점이라고 해서 모두 맥도날드만큼 맥도날드화된 것도 아니다. 사실 패스트푸드 자체는 문제가 아니다. 대부분의 사회는 오래전부터 온갖 형태의 패스트푸드를 만들어왔고, 그 자체로 문제된 적은 없었다. 미국에나 다른 나라에나 (그중 소수는 대규모 체인에 속해 있지만) 멋진 패스트푸드점도 많다. 뉴욕 같은 대도시에는 훌륭한 패스트푸드와 저렴한 가격으로 고객들을 줄 세우는 최고의 푸드트럭도 있다. 실제로 뉴욕에는 최고의 길거리 음식 노점상에 수여하는 '벤디Vendy 어워드'라는 상도 있다.[174]

그러나 이 절에서 우리는 비교적 작은 두 패스트푸드 체인, 인앤아웃 버거In-N-Out Burger와 프레타망제Pret A Manger에 주목하고자 한다. 이 두 브랜드는 고도로 맥도날드화된 다른 체인들에 비해 훨씬 덜 맥도날드화되었다. 이들은 팬층이 두터우며, 그러한 충성도 높은 고객들은 맥도날드화되지 않은 그들의 품질을 좋아한다. 그렇다면 이 체인들을 맥도날드화된 시스템의 안티테제라고 볼 수 있을까?

#### 인앤아웃 버거

인앤아웃 버거는 미국 서부에 있는 상대적으로 작은 패스트푸드 체인으로, 가맹점 수는 약 300개다. 맥도날드나 다른 패스트푸드 체인과 마찬가지로 인앤아웃 버거 역시 20세기 초 캘리포니아 남부에서 처음 생겼다. (인앤아웃 버거는 1948년에 영업을 시작했다.) 인앤아웃 버거는 맥도날드나 다른 주요 패스트푸드 체인들과는 달리 기업 공개를 하지 않았고, 공개 기업으로 전환하거나 매각하라는 압박이 있었음에도 여전히 개인 기업으로 남아 있다. 시간이 흐르면서 점차 매장 수를 늘리기는 했지만 적어도 지금까지는 미국 전역으로의 확산이나 다국적 사업체로의 확장에 대한 압박과 유혹을 이겨냈다. 스테이시 퍼먼Stacy Perman은 이런 이유에서 (다른 이유도 있지만) 인앤아웃 버거가 "맥도날드의 안티테제"라고 주장했다.[175] 퍼먼의 책 부제에서도 인앤아웃을 가리켜 "모든 규칙을 깨트리는 패스트푸드 체인"이라고 말한다. 여기서 '모든 규칙'이란 이 책에서 말하는 맥도날드화의 원칙들이라고 볼 수 있는데, 적어도 퍼먼의 시각에서 인앤아웃 버거는 그러한 원칙을 따르지 않으므로 맥도날드에 대한 안티테제라는 것이다. 이 절에서는 그러한 주장이 옳은지 검토해보고자 한다.

맥도날드화된 다른 모든 시스템과 마찬가지로, 인앤아웃 버거 역시 틀림없이 여러 방식으로 효율성을 강조해왔다. 대표적으로, 인앤아웃 버거는 최초의 드라이브스루 매장으로 고객이 차에서 내리지 않고 매우 신속하게 음식을 사 갈 수 있다는 점을 자랑했다. 사실 퍼먼도 인앤아웃 버거가 스스로를 "캘리포니아 최초의 드라이브스루"라고 홍보하고 있다고 언급했고, 여기서 한 걸음 더 나아가 "뿐만 아니라 미국 최초일 개연성이 매우 높다"고 주장한다.[176] 이름 자체('인앤아웃')도 고객이 차에서 내리는 비효율이나 불편함 없이 음식을 사 갈 수 있는 효율성(과 신속함)을 함의한다. 게다가 인앤아웃 버거의 초기 모토는 "이제 기다리지 마세요(NO DELAY)"였다.[177]

또한 인앤아웃 버거는 매우 한정적인 메뉴만을 제공함으로써 효율성을 극대화했다. "세 가지 햄버거, 감자튀김, 탄산음료, 레모네이드, 밀크셰이크"가 전부로, 맥도날드에 비해 가짓수가 훨씬 적다. '공개된' 인앤아웃 버거 메뉴는 수십 년 동안 거의 변하지 않았고, 단지 탄산음료 종류만 늘었을 뿐이다. 고도로 한정적인 메뉴는 고객(고르는 시간이 줄어든다)과 종업원(조리할 메뉴가 줄어든다) 모두에게 효율적이다. 실제로 인앤아웃 버거의 슬로건 중 하나는 '1, 2, 3만큼 쉬운 주문'이다. 이후 다시 살펴보겠지만, 흥미롭게도 이른바 '비밀 메뉴' 때문에 효율성에 한계가 있기는 하다. 비밀 메뉴는 메뉴 가짓수를 크게 늘리고, 따라서 효율성을 저해하기 때문이다. 이제는 인앤아웃 버거에서 이를 '비밀 아닌 비밀 메뉴(not-to-secret menu)'라고 부르며 웹사이트 등에 공개하고 있다. 비밀 메뉴는 효율성을 낮추는 기제이기는 해도 큰 이점을 주는 다른 여러 기능을 가지며, 이에 관해서는 아래에서 다시 설명할 것이다.

인앤아웃 버거는 또한 여러 면에서 고도로 예측가능하다. 예를 들어, 어느 고객은 "인앤아웃은 언제나 같은 맛이다"라고 말하기도 했다.[178] 최근에 생긴 매장들에는 좌석이 있지만 그들이 기본적으로 취하고 있는 드라이브스루 방식은 고객의 행동을 고도로 예측가능하게 만든다. 고객이 매장에 들어올 수 없으면 매장에서 예기치 않은 행동을 할 수도 없기 때문이다. 드라이브스루 창구에서는 종업원이 (최소한 고객에게) 할 수 있는 말과 행동도 제한된다. 그러나 더는 비밀이 아니게 된 비밀 메뉴는 예측불가능성을 높였다. 초기에는 그러한 추가 메뉴를 단골 고객들만 알고 그 비밀이 입소문으로만 퍼졌는데, 이제는 비밀 메뉴가 공개되었고 비밀 메뉴에 속하는 다양한 품목을 모두가 알게 되었다. 이에 따라 인앤아웃 버거는 비밀 메뉴에 대해서도 예측가능성을 높일 방법을 찾고 있다.

계산가능성 측면을 보자면, 한정적인 메뉴 덕분에 (비밀 메뉴가 있기는 해도) 고객들이 더 쉽게 한 끼 식사 비용을 예측할 수 있다. 또한 모든 패스트푸드 체인이 그렇듯 가격이 저렴하고, 고객들은 푼돈으로 많은 양을 먹을 수 있음을 안다(또는 적어도 그렇게 믿는다). 음식의 조리와 서빙은 신속히 이루어지지만 맥도날드에 비하면 어림없는데, 주문을 받은 후 조리를 시작하기 때문이다. 예를 들어 채소가 든 햄버거 하나를 만드는 데 12분이나 걸린다. 전반적으로 인앤아웃 버거는 양적인 측면보다 품질에 더 집중한다. 이러한 점은 이 회사가 초기에 재료로 사용하는 쇠고기를 묘사한 다음과 같은 문구에서도 드러난다.

> 모든 햄버거는 어떠한 첨가물, 필러, 방부제도 들어 있지 않은 신선한 쇠고기로만 만들어졌다. … 인앤아웃의 도축업자는 갈빗살과 어깨살을 발골하여 손으로 잘라내며 … 다른 부위는 전혀 사용하지 않았다. … 고기를 갈아 패티로 만들어 신선한 상태로 각 매장으로 보냈다.[179]

다음은 이후에 회사와 시설 규모가 더 커진 뒤의 묘사다.

> 특별히 선별된 암소와 수소 목심이 살균제로 소독한 작업장에 도착했다. 인앤아웃 버거는 "신선하고 품질이 좋은 쇠고기 목심을 구입하기 위한 추가 금액"을 지불했다고 자랑스럽게 말했다. … 인앤아웃의 품질 기준을 더 잘 지키게 하기 위해 재료를 인수하기 전 검사를 거친다. 검사 후에는 전문 도축업자 팀이 발골 작업을 한다.[180]

어휘 선택이 대단히 조심스럽다는 점이 흥미로운데, 여기에는 이면의 함의가 있다. 이에 관해서는 다시 논의할 것이다.

인앤아웃에도 통제는 있다. 그러나 맥도날드보다는 훨씬 덜하다. 드라이브스루는 직원과 고객의 접촉을 제한하므로 고객뿐 아니라 직원에 대해서도 상당한 통제 장치가 된다. 단, 한 가지 측면에서 인앤아웃 버거가 맥도날드보다 더 통제적이다. 맥도날드는 많은 프랜차이즈를 두고 있고, 따라서 그들을 통제하기 위한 시스템을 가동하지만 프랜차이즈 가맹점들에게도 자율성을 행사할 수단이 있으므로 회사가 제재하지 않는 방식이라면 자율적으로 행위할 수 있다. 그러나 인앤아웃 버거는 프랜차이즈 방식의 운영을 거부해왔다. 프랜차이즈가 "품질 관리 실패의 지름길"이라고 보았기 때문이다.[181] 모든 매장이 직영이므로 인앤아웃의 통제력이 더 크게 작용하는 것이다.

이와 같이 여러 측면에서 인앤아웃 버거 역시 맥도날드화되어 있으며, 이 때문에 (다른 이유도 있지만) 인앤아웃 버거에도 불합리한 면이 많다. 예를 들어 드라이브스루나 매장 좌석을 이용하려면 한참을 기다려야 하는 등, 인기가 높고 단골 고객층이 두텁다는 점이 비효율성의 원인이 되기도 한다. 신선한 쇠고기와 생감자를 쓰면 냉동 쇠고기나 냉동 감자를 쓸 때보다 예측불가능성이 높아질 수도 있다. 생고기와 신선한 감자의 관리는 냉동육과 냉동 감자 관리보다 훨씬 더 어렵다. 맥도날드는 감자 껍질의 냄새와 처리 문제 때문에 이미 수십 년 전 생감자 사용을 포기했다.

인앤아웃 버거는 품질을 내세우지만 실제로 품질이 높은지는 분명하지 않다. 위에서 언급한 쇠고기를 예로 들어보자. 회사 측에서는 쇠고기를 위해 '추가 금액'을 지불하고 있으며, 그 '품질이 좋고', '특별히 선별'했고, 검사를 거쳐, 살균제로 소독한 작업장에서 가공하고, 손으로 자르며, 어떠한 첨가물이나 방부제, 필러도 넣지 않고, 완성된 패티를 신선한 상태로 매장까지 수송한다고 말한다. 그러나 정작 중요한 쇠고기의 국가 품질등급에 관해서는 어떠한 언급도 없다. 최상급 쇠고기는 '프라임' 또는 '초이스' 등급인데, 회사의 설명에서 이런 단어가 한 번도 쓰이지 않은 것으로 보아 그보다 낮은 등급의 쇠고기를 사용하고 있음을 유추할 수 있다. 더구나 그들은 '암소'를 사용한다는 점을 인정한다. 가장 좋은 쇠고기는 수송아지에서 나오며, 자부심 강한 스테이크 전문점에서는 절대 암소 스테이크를 팔지 않는다.

이와 같이 인앤아웃 버거는 여러 측면에서 맥도날드화된 모습을 보여준다. 그러나 인앤아웃 버거에서 가장 흥미로운 점은 맥도날드화되지 않은 정도, 또는 적어도 맥도날드에 비해 덜 맥도날드화된 부분에 있다. 그중 몇 가지는 이미 앞에서 눈치챘을 것이다. 예를 들어 신선한 쇠고기와 감자를 사용한다는 점은 냉동 쇠고기와 감자를 사용하는 경쟁업체들에 비해 덜 합리화된 방식으로 경영하고 있음을 뜻한다. 일례로 신선한 감자를 수송하고 보관하려면 냉동 감자를 이용할 때보다 효율성이 낮아진다. 손으로 깎고 손으로 썬 감자를 튀기면 기계로 썬 감자튀김보다 덜 균일해질 것이다. 손으로 손질한 양상추는 공장에서 가공한 양상추만큼 모양이 고를 수 없다. 인앤아웃 버거는 다른 체인들에 비해 무인 테크놀로지보다 인간 테크놀로지에 더 많이 의존한다.

인앤아웃 버거는 매장 업무가 지나치게 맥도날드화되어 이른바 '맥잡'(5장과 6장 참조)이 되지 않게 하려고 분투해왔다. 종업원의 급여와 복리후생 제도에서 이 점이 분명히 드러난다. "창업 당시부터 인앤아웃은 다른 곳보다 높은 임금을 지급했고(인앤아웃 직원들은 법정 최저임금보다 최소 2~3달러 많이 받는다) 일찍이 수익 분배를 실천했으며, … 폭넓은 복리후생 제도를 갖추어, 시간제 노동자들에게 무상 식사, 유급휴가, 퇴직연금(401(k) 플랜), 유연근무제가 주어졌다. 상근직 직원은 의료보험, 치과보험, 안과보험, 생명보험, 여행자 보험의 혜택도 받는다."[182]

이러한 정책의 결과, 인앤아웃 버거는 패스트푸드 업계에서 이직률이 가장 낮다. 다소 과장된 표현 같기는 하지만, 퍼먼은 인앤아웃 버거가 "아침에 일어나 출근하는 게 진심으로 즐거운 직장"이었다고까지 말한다.[183] 이를 뒷받침하는 데이터는 제시되지 않았다. 적어도 종업원들 중 일하러 가기 싫고 업무가 마음에 들지 않고, 그래서 그만둔 사람들도 있다는 점은 분명하다. 더구나 업무 자체가 맥도날드보다 더 힘들고 더 많을지도 모른다.

인앤아웃 버거의 고객들은 다른 주요 패스트푸드 체인의 고객들보다 인앤아웃에서 먹는 것을 더 좋아하는 듯하다. 사실 많은 고객들이 충성도가 매우 높아 보인다. 퍼먼은 이에 관해 많은 이야기를 하고 있지만, 역시 구체적인 데이터 없이 일화에 가까운 증거들만 제시할 뿐이다. 그러나 인앤아웃 버거가 맥도날드보다 더 충성도 높은 고객층을 지녔다는 점은 사실인 것 같다. 인앤아웃 버거는 단순히 수백만 명의 고객이 아니라 헌신적인 팬들을 확보하고 있으며, 덕분에 이 체인점은 "컬트의 지위에 올랐다."[184]

인앤아웃 버거 고객들의 충성과 헌신은 마법 같은, 또는 적어도 그렇게 보이는 능력에 기인한다. 인앤아웃 버거에는 패스트푸드 업계의 다른 기업들이 따라올 수 없는 마술, 미스터리, "신비감"[185]이 있다. 그 가장 좋은 예가 처음에는 '아는 사람들만 아는' 메뉴였던 '비밀 메뉴'다. 하지만 언급했듯이 이제는 비밀이 공개되어버렸다(진짜 비밀이었던 적이 있었는지는 모르지만 이제는 정말 비밀이 아니다). 그래도 비밀 메뉴라는 것이 존재한다는 사실은 (적어도 초기에는) 인앤아웃 버거에 마법 같은 힘을 불어넣었다. 어쨌든 '더는 비밀이 아닌 메뉴'는 다음과 같다.

- 더블 미트
- 그릴드 치즈
- 3×3 (쇠고기 패티 3장과 치즈 3장)
- 4×4 (쇠고기 패티 4장과 치즈 4장)
- 단백질 스타일 (빵 대신 양상추로 덮여 있는 버거)
- 애니멀 스타일 (머스터드를 넣은 쇠고기 패티)

몇 가지는 독자적인 메뉴이지만(특히 맨 아래 두 메뉴), 절반쯤은 다른 많은 패스트푸드 체인에서 볼 수 있는 슈퍼사이즈 메뉴일 뿐이다.

### 프레타망제

프랑스어로 된 상호를 갖고 있기는 하지만 프레타망제는 영국 회사다. 프레타망제(prêt-à-manger)는 프랑스어로 '바로 먹을 수 있는'이라는 뜻이다. 1968년 런던에서 창업했고 여전히 근거지는 영국이지만 거의 70개에 달하는 매장이 미국에 있으며(뉴욕, 워싱턴 D.C., 시카고, 보스턴) 앞으로 더 확장할 계획이다.[186] 이 책이 쓰인 시점을 기준으로 전 세계에 335개의 프레타망제 매장이 있다.[187] 인앤아웃이나 맥도날드와 달리 프레타망제에서는 **햄버거를 팔지 않는다.** 프레타망제에는 다양한 메뉴(샐러드, 수프, 랩샌드위치, 디저트 등)가 있지만 그중에서도 '발사믹 치킨과 아보카도'나 '에그 샐러드와 아루굴라' 같은 고급 샌드위치가 가장 유명하다. 인앤아웃처럼 프레타망제도 방부제나 화학물질을 사용하지 않는다. 주문 후 샌드위치를 만들지는 않고 하루 수차례 매장에서 만들어 공급한다. 당일 판매되지 못한 샌드위치나 그 밖의 음식들은 자선단체로 보낸다.

프레타망제는 여러 방식으로 맥도날드의 안티테제가 되고자 분투했으나, 2001년 회사 지분의 3분의 1이 맥도날드에 매각되었다. 이에 따라 (아마도 지나치게) 광범위한 확장을 지향하는 맥도날드 모델을 따르도록 압박당했고 이는 매출 하락과 매장 폐업으로 이어졌다. 맥도날드는 2008년에 지분을 처분했고 현재는 사모펀드 회사가 최대 주주다. 그때 이후로 프레타망제는 다시 한 번 틈새시장을 찾아내 그들만의 차별화된 품질을 유지하며 확장해나가고 있다.

그럼에도 불구하고, 인앤아웃이 그렇듯이 프레타망제도 맥도날드화의 기본 특징을 보여준다.

- 효율성과 신속성을 강조한다. 그들의 목표는 60초 내에 고객에게 음식을 내는 것이다. 샌드위치는 하루에 수차례 신선하게 만들지만 고객이 직접 골라 매장에서 먹거나 사 들고 나갈 수 있게(가져가는 경우가 더 많다) 포장 후 진열대에 쌓아놓는다. 이 회사 CEO는 신속성에 관해 이렇게 말했다. "프레타망제는 '기다린다(ready to wait)'는 뜻이 아니라 '바로 먹을 수 있다(ready to eat)'는 뜻이다!"[188] 수프는 주방장이 끓이지 않고 미리 만들어져 플라스틱 포장된 상태로 매장으로 운송된다."[189]

- 직원들에 대한 통제는 매장을 방문해 종업원들을 평가하는 비밀조사원mystery shopper에 의해 이루어진다. 또한 두꺼운 매뉴얼에 직원들이 해야 할 일이 지시되어 있다. "예를 들어, 매장 직원들은 '바쁘게 움직이며 활기 있는 모습이라야' 하고 '따분한 표정으로 우두커니 서 있어서는 안 된다'고 써 있다. 또한 이따금 단골손님들에게 공짜 커피나 케이크를 건네고, 고객을 '가식적으로 대하지' 말라고도 권고한다."[190] 이보다 더한 통제는 입사 후 3개월 내에 프레타망제의 기본 업무 처리 절차에 관한 시험에 통과해야 한다는 점이다. 조리 담당자는 임의로 오븐 온도를 설정할 수 없으며 "오븐마다 품목별 온도와 시간이 사전에 입력되어 있다."[191] 고객에게도 여러 방법으로 통제가 작동한다. 샌드위치가 모두 이미 만들어져 있어서, 앞에 줄 서 있던 사람이 무엇을 더 넣고 무엇을 더 빼달라는 둥의 요청으로 흐름을 늦추기란 불가능하다.[192]

- 예측가능성은 직원들에게 각 품목별로 무엇이 들어가야 하고 어떻게 조리해야 하는지에 대한 레시피 카드를 제공함으로써 확보된다. 조리가 완료되었을 때 샌드위치가 어떤 모양이어야 하는지를 보여주는 사진도 제공된다. 사진을 그대로 모방함으로써 고도로 예측가

능한 샌드위치가 고객에게 제공될 수 있다.

- 프레타망제의 여러 측면은 수량화되어 있다. 예를 들어, 주방 훈련 감독관은 "1분 17초 안에 그래놀라 여섯 그릇, 6분 2초 안에 풋콩 24팩, 6분 17초 안에 허니 그래놀라 20통 등의 목표를 세운다. 베리볼, 뮤즐리 볼, 오트밀 토핑 등 목록은 계속 이어질 것이다. 모든 음식은 조리가 끝나자마자 매장으로 가져가야 한다."[193]

- 프레타망제에는 불합리성이 있다. 대부분의 음식은 열량, 염분, 당분이 높다. 신선한 자연 재료를 강조하므로 건강에 좋은 음식처럼 보이지만, 실상 프레타망제에서 판매되는 많은 품목은 건강에 상당히 좋지 않다. 예를 들어 영국의 한 신문 기사에 따르면 '포시 체다 치즈와 피클 바게트'라는 샌드위치는 "열량이 거의 800칼로리에 달하며 포화지방이 15.6g이나 들어 있어서 … 빅맥과 중간 사이즈의 감자튀김을 먹는 것과 다르지 않다."[194]

프레타망제 역시 인앤아웃과 마찬가지로 여러 측면에서 그리고 적어도 어느 정도까지는 맥도날드화되어 있지만, 맥도날드 모델과 다른 점도 많다. 무엇보다 음식 대부분의 품질이 높고 직원들의 만족도가 높으며 비교적 이직률이 낮다. 또한 인앤아웃처럼 프레타망제도 열렬한 팬층이 있고 일종의 컬트가 되었다.

분명 인앤아웃이나 프레타망제와 맥도날드처럼 고도로 맥도날드화된 체인 사이에는 중요한 차이점이 있다. 그러나 차이점보다는 유사점이 훨씬 더 많으며 그들 역시 맥도날드화의 기본 원칙을 따르고 있다는 결론에 이르게 된다. 따라서 인앤아웃과 프레타망제가 여러 면에서 다르다고 해도, 맥도날드 그리고 고도로 맥도날드화된 다른 시스템들에 대한 안티테제는 분명 아니다.

## 이 책의
## 구성

이 책은 사회과학서이므로, 맥도날드화가 사회 전체에 확산되고 있다는 주장만이 아니라 그 주장을 뒷받침하는 근거를 제시해야만 한다. 각 장에서 다루는 다양하고 풍부한 사례들은 맥도날드화가 사회에 어느 정도로 침투했는지, 그러한 침투가 얼마나 빨라지고 있는지를 입증한다.

이 책 전체를 관통하는 주제는 맥도날드화된 시스템이 사람들에게, 특히 그 시스템 안에 있는 소비자와 노동자에게 미치는 영향이다. 따라서 우선 2장에서 맥도날드화의 과거, 현재, 미래에 관해 논의한 후, 3장과 4장에서는 맥도날드화된 환경에 놓인 소비자에게 집중할 것이다. 이때 1장에서 개괄한 맥도날드화의 기본적인 네 가지 특성인 효율성, 계산 가능성, 예측가능성, 통제 및 그러한 특성이 소비자에게 미치는 영향에 초점을 맞출 것이다. 5장과 6장에서는 맥도날드화된 환경에서 맥도날드화된 직업, 특히 맥잡을 가진 노동자, 즉 생산자에게로 초점을 옮긴다. 이 부분에서도 소비자에 관해 다룰 때와 마찬가지로 맥도날드화가 지닌 네 가지 특성이라는 관점에서 논의할 것이다.

이 책의 나머지 부분은 좀 더 분석적이다. 7장에서는 맥도날드화의 다섯 번째 특성이자 역설적 요소인 '합리성의 불합리성'을 살펴본다. 이 책의 내용 대부분이 맥도날드화에 대한 비판이지만, 특히 7장에서는 다양한 불합리성, 그중에서도 가장 중요한 비인간화에 관해 논의함으로써 가장 직접적이고 선명하게 맥도날드화를 비판할 것이다. 8장은 맥도날드화에 대해 격분해 있거나, 그 정도까지는 아니더라도 맥도날드화를 갑갑해하는 소비자와 노동자 개개인이나 집단, 조직이 점점 더 맥도날드화되는 세계에 대처할 방법을 제시한다. 끝으로 9장에서는 주로 글로벌라이제이션이라는 이름 아래 이루어지는 맥도날드화의 지속적인 팽창에 관해 살펴본다. 또한 스타벅스화[Starbuckization], 이베이화[eBayization], 웹 2.0 확산(예를 들어 페이스북이나 트위터 같은 소셜네트워크서비스)처럼, 맥도날드화와 대조되는 것처럼 보이는 현상의 형태로 탈맥도날드화 과정이 진행될 가능성에 대해 논의할 것이다. 결론부터 말하자면, 탈맥도날드화가 일어나고 있다는 몇몇 증거가 있기는 하지만, 맥도날드화가 종말에 가까워졌다고 볼 수는 없다. 탈맥도날드화는 오히려 맥도날드화 과정이 갖는 더 미묘한 의미에 주목하게 한다.

# 2
맥도날드화의
과거와
현재
그리고
미래

쇠 감옥에서
패스트푸드 공장
그리고
그 너머로

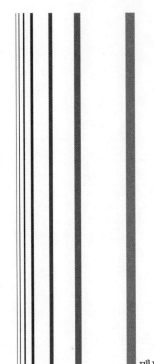

맥도날드화는 결코 진공 상태에서 출현하지 않았다. 맥도날드화에 앞서 맥도날드화를 예견하게 한 일련의 사회경제적 발전이 있었기에 1장에서 다룬 맥도날드의 기본 특성들 중 많은 부분이 가능했다.[1] 2장 전반부에서는 이러한 몇몇 발전에 대해 간략하게 살펴보고자 한다. 우선 관료제의 개념 그리고 관료제 및 그보다 더 넓은 범위의 합리화 과정에 대한 막스 베버Max Weber의 이론을 검토할 것이다. 그다음으로 나치의 유대인 대학살Holocaust을 다룬다. 이 대량 살상 방식은 합리화 및 관료제화bureaucratization와 관련해 베버가 우려했던 바의 논리적 극단이라고 할 수 있다. 또한 20세기 초에 프레더릭 W. 테일러Frederick W. Taylor가 창안한 과학적 관리와 헨리 포드Henry Ford의 조립 라인, 교외 대규모 주택단지인 레빗타운Levittown, 쇼핑몰, 레이 크록의 맥도날드 체인 창업에 이르기까지 서로 관련된 몇몇 사회경제적 발전을 살펴본다. 이들은 맥도날드화 현상의

맥도날드 그리고 맥도날드화

전신이며, 역사적으로 흥미로울뿐 아니라 대부분 오늘날까지 의미 있는 것들이다.

이 장의 후반부에서는 초점을 이동해 현 시점 그리고 미래의 맥도날드화에 대해 다룬다. 먼저 오늘날 맥도날드화를 견인하는 몇 가지 힘으로부터 시작한다. 맥도날드화가 수익을 증대하고, 가치가 있으며, 진행 중인 사회 변화에 알맞다는 점 등이 그러한 힘에 속한다. 그다음에는 우리 시대에서 가장 중요한 세 가지 사회적 변화인 탈산업화, 포스트포디즘, 탈근대 사회의 출현과 맥도날드화의 관계를 검토한다. 이 장 마지막 부분에서는 한층 더 구체적인 쟁점으로 논의를 이동한다. 그 쟁점은 에베레스트 산 등정의 맥도날드화로, 미래의 맥도날드화 확산에 한계가 없음을 보여준다.

## 관료제화:
### 더 합리적인 삶을 위하여

관료제란 부서들의 위계로 구성된 대규모 조직을 말한다. 각 부서의 사람들은 특정한 책임을 맡고, 규칙이나 문서화된 규정, 더 직위가 높은 사람이 행사하는 강제 수단에 따라 행동해야 한다.

관료제는 대체로 근대 서구 세계의 산물이다. 이전 사회에도 조직의 구조는 있었지만 효과성 면에서 관료제에 한참 미치지 못했다. 예를 들어 전통 사회에서 관료들은 지도자에 대한 개인적인 충성심 때문에 과업을 수행했다. 당시 관료들은 객관적인 규칙이 아니라 사사로운 변덕에 따라 행동했다. 부서별 권한 영역이 명확히 규정되어 있지 않았고 직위 간 위계도 분명하지 않았으며, 어떤 지위를 얻기 위해 특별히 기술적인 훈련을 받을 필요도 없었다.

궁극적으로 관료제를 예전 업무 조직화 방법들로부터(얼마간은 소비의 조직화 방법으로부터도) 차별화하는 점은 무엇보다도 효율성을 극대화하는 조직 구조에 있다. 제도화된 규칙과 규정은 관료제에 속한 사람들이 (그들로부터 서비스를 받는 사람들도 일정 정도) 목적을 이루는 데 가장 좋은 수단을 택하도록 유도하고, 심지어는 강제한다. 주어진 업무는 세분화되고, 규모가 큰 업무라면 부서별로 정해진 부분을 나누어 맡는다. 각 부서 담당자들은 사전에 정해진 규칙과 규정에 따라 맡은 부분의 업무를 처리하며, 일의 순서까지도 사전에 결정되어 있는 경우가 많다. 각각의 담당자들이 맡은 임무를 제대로 처리하면 전체 업무가 완결된다. 이와 같은 방식으로 업무를 처리하면서, 관료제는 바람직한 결과를 얻는 최선의 방법임이 이미 검증된 수단만을 사용한다.

### 베버의 합리성 이론

관료제에 대한 근대사상은 19세기에서 20세기로 넘어가던 시기에 활동했던 독일 사회학자 막스 베버의 저술에 뿌리를 둔다.[2] 관료제에 관한 그의 생각은 합리화 과정rationalization process에 대한 그의 방대한 이론에 포함되어 있다. 그는 합리화 이론을 통해 근대 서구 세계가 점차 합리화된 과정, 즉 효율성, 예측가능성, 계산가능성, 인간을 통제하는 무인 테크놀로지에 의해 지배되어온 과정을 기술했다. 또한 그는 서구 외의 나머지 지역이 대체로 합리화에 실패한 이유에 대해서도 검토한다.

맥도날드화는 베버의 합리화 이론을 확대, 연장하고 특히 그 이론을 소비 환경에 적용하기 위한 개념이다. 베버에게 관료제가 합리화의 모델이었다면, 나에게는 패스트푸드점이 맥도날드화의 전형적인 예다.[3]

베버는 근대 서구 세계가 독특한 종류의 합리성을 만들어냈음을 입증했다. 어느 사회에나 다양한 유형의 합리성이 존재했지만, 그 어느 사회도 베버가 '형식합리성formal rationality'이라고 이름 붙인 유형의 합리성을 낳지는 못했다. 맥도날드화 또는 일반적으로 합리화 과정에 관해 논의할 때 이 책에서 가리키는 합리성은 바로 형식합리성이다.

베버에 따르면 형식합리성이란 사람들이 주어진 목표에 도달하는 최적의 수단을 추구할 때, 규칙, 규제, 더 넓게는 사회구조가 그러한 수단 선택을 결정함을 의미한다. 개개인은 주어진 목적을 성취하기 위한 최선의 수단을 찾을 때 자기 나름의 방책을 이용하도록 방치되지 않는다. 베버는 이러한 유형의 합리성을 세계 역사상 중요한 발전 중 하나라고 보았다. 이전에 사람들은 그러한 메커니즘을 스스로 찾거나, 광범위한 가치 체계(예를 들어 종교 같은)에 의한 모호하고 일반론적인 안내에 의존해야 했다.[4] 그러나 형식합리성이 발달한 후에는 무엇을 해야 할지 결정할 때 제도화된 규칙의 도움을 받을 수 있게 되었고, 심지어 때로는 그러한 규칙이 지시하는 대로 따라야 한다. 형식합리성이 갖는 중요한 측면 중 하나는 개인에게 목표에 이르는 수단을 선택할 여지를 거의 허용하지 않는다는 점이다. 형식합리성의 시스템 내에서는 사실상 모든 사람이 동일한 최적의 선택을 할 수 있고, 해야만 한다.

베버는 형식합리성의 전형적인 예인 관료제가 사람들이 최적의 목표 달성 수단을 찾아내고 실행하도록 돕는 데 있어서 다른 메커니즘들에 비해 이점이 많다고 칭송한다. 그 가장 중요한 이점들이 바로 합리화(그리고 맥도날드화)의 네 가지 기본 특성이다.

첫째, 베버는 많은 양의 서류 작업을 요구하는 다수의 업무를 처리할 때 관료제 구조가 가장 효율적이라고 보았다. 베버는 다른 어떤 구조로도 관료제 조직처럼 수백만 건에 달하는 소득 신고를 처리할 수 없으리라는 점에서 국세청[IRS]을 예로 들었다.

둘째, 관료제에서는 가능한 한 많은 요소를 수량화하는 것이 중요하다. 업무를 수량화할 수 있는 일련의 과업들로 쪼개면 성과 측정이 용이

하다. 예를 들어 어느 IRS 직원이 매일 일정 수의 소득 신고 건을 처리하게 되어 있다고 하자. 그 숫자보다 적게 처리하면 저성과, 그보다 많이 처리하면 고성과라고 평가할 수 있을 것이다. 그런데 이러한 양적 접근에는 한 가지 문제가 있다. 실질적인 업무의 질이 거의 또는 전혀 고려되지 않는다는 점이다. 일을 얼마나 잘 처리했는지가 아니라 일을 끝내는 것만이 중요하다. 일례로, 많은 양의 소득 신고 건을 처리해 상관에게 긍정적인 평가를 받는 IRS 직원이라 할지라도 실제로는 각 건을 부실하게 처리할 가능성이 있고, 그러면 징수하지 못한 세금 때문에 정부가 수천에서 많게는 수백만 달러까지 손해를 볼 수도 있다. 또한 양적으로 높은 평가를 받는 직원이라 해도 너무 공격적인 방식으로 근무하면 납세자들이 격분하거나 반감을 가질 수 있다.

셋째, 견고한 규칙과 규제가 있으므로 관료제의 작동 방식은 고도로 예측가능하다. 특정 부서의 담당자들은 다른 부서의 담당자들이 어떻게 업무를 처리할지 확신할 수 있고 언제 어떤 업무를 어떤 상태로 받게 될지 안다. 관료제 조직으로부터 서비스를 제공받는 외부인들도 무엇을 언제 받게 될지 확실히 예측할 수 있다. 다시 베버의 예를 인용해 말하자면, 사회보장국에서 연금 수표를 받는 수백만 명의 수혜자들은 언제 얼마를 받게 될지 정확히 안다.

마지막으로, 관료제는 인간이 판단하는 대신 규칙, 규제, 구조가 지시하도록 함으로써 인간에 대한 통제를 강화한다. 직원들은 각 부서에 제한된 수만큼 정해진 업무가 할당되는 식의 분업에 의해 통제된다. 담당자들은 조직이 규정한 방식대로 주어진 임무만을 수행할 뿐, 다른 일에 관여할 수 없다. 대부분의 경우, 자기만의 방식을 고안하여 업무를 처리해도 안 된다. 더 나아가 사람들은 스스로 판단할 일이 거의 없으므로, 로봇이나 컴퓨터를 닮아가기 시작한다. 이제 관료제 조직은 인간을 기계로 대체

맥도날드 그리고 맥도날드화

하는 데 대해 고려할 수 있다. 이러한 대체는 이미 어느 정도 실현되었다. 이미 여러 영역의 관료제 조직에서 예전에 사람들이 하던 업무를 컴퓨터가 하고 있다. 이와 마찬가지로 고객들도 통제당한다. 고객들은 특정 방식으로 적절한 서비스를 제공받으며, 다른 방식으로 제공받기란 불가능하다. 예를 들어 복지 수당은 수표나 자동이체로만 받을 수 있고 현금으로는 받을 수 없다.

### 불합리성과 '쇠 감옥'

이러한 이점에도 불구하고 관료제에는 합리성의 불합리성이라는 난제가 있다. 패스트푸드점이 그렇듯 관료 조직도 노동자나 소비자 모두에게 비인간적인 장소일 수 있다. 로널드 다카키$^{Ronald\ Takaki}$는 합리화된 환경이란 "자아가 갇히고 감정이 통제되며 영혼이 억눌리는" 장소라고 말한다.[5] 다시 말해, 합리화는 인간이 인간으로서 행동할 수 없게 만드는, 즉 인간이 비인간화되는 환경을 만든다.

관료제의 불합리성은 비인간화에 그치지 않는다. 관료제가 그 효율성을 유지하지 못하고, 행정적인 요식 행위를 비롯한 병리 현상 때문에 점점 더 비효율적으로 될 가능성도 있다. 수량화를 강조하기 때문에 업무량만 많고 질은 낮은 경우가 많다. 또한 직원들은 직원들대로 각자 맡은 바를 정확히 파악하지 못하고, 고객들은 고객들대로 기대하는 서비스를 받지 못해 관료제가 예측불가능해지는 경우도 있다. 이러한 문제점 때문에 관료제는 점차 직원과 고객에 대해 통제력을 잃게 된다. 직원들이 인간을 대체하는 무인 테크놀로지에 분노하여 그러한 기술 적용을 약화하거나 파괴하기도 한다. 결국, 고도의 합리적 운영을 위해 고안한 장치가 오히려 불합리성으로 귀결되는 경우가 생긴다.

베버는 형식합리성 시스템이 지닌 불합리성에 관해서도 우려했지만,

그보다는 그가 합리성의 '쇠 감옥<sup>iron cage</sup>'이라 지칭한 개념에 더 집중했다. 베버가 보기에, 관료제는 사람들을 가두고 그 안에서 사람들의 기본적인 인간성이 부정된다는 점에서 감옥이다. 베버는 관료제가 점점 더 합리화되고 합리성의 원리가 점점 더 많은 사회 영역을 지배하게 되리라는 점을 가장 두려워했다. 그는 사람들이 일련의 합리적 구조에 갇혀 하나의 합리적 시스템에서 나온다 해도 또 다른 합리적 시스템으로 들어가게 되는 사회를 예견했다. 그러한 사회에서 사람들은 합리화된 교육기관을 졸업하면 합리화된 직장에 들어가고, 합리화된 여가 환경에서 빠져나오면 합리화된 가정으로 이동한다. 사회는 결국 합리화된 구조들의 촘촘한 그물망에 다를 바 없고, 탈출할 길은 없다.

베버가 두려워한 상황을 잘 보여주는 예가 현대의 합리화된 여가 활동이다. 여가는 반복적인 일상의 합리화에서 벗어날 수 있는 탈출구라고 생각될지도 모른다. 그러나 그러한 탈출구 자체도 오랜 시간에 걸쳐 합리화되면서, 관료제 및 패스트푸드점과 동일한 원리를 담게 되었다. 여가의 합리화를 보여주는 사례는 많지만[6] 그중에서도 크루즈 여행,[7] 캠핑장 체인, 패키지 여행이 대표적이다. 7일짜리 지중해 크루즈 여행을 예로 들어보자. 배는 지중해를 항해하며 남유럽 해안의 주요 관광 명소와 여러 도시에 짧게 머무른다. 이와 같은 여행을 통해 관광객들은 7일 동안 최대한 많은 곳을 훑을 수 있다. 특별히 흥미롭거나 중요한 명소에서는 몇 시간 동안 정박하므로, 사람들은 내려서 지역 음식을 재빨리 맛보고 기념품을 사고 사진을 찍을 수 있다. 크루즈 여행객들은 도시와 도시 사이를 이동하면서 배에서 자고 식사도 대개 배에서 한다. 아침에 잠을 깨면 멋진 아침 식사를 하고 다른 도시에서 다시 내린다. 이 모두 매우 효율적이다. 여가 활동조차도 합리화된 오늘날의 사람들은 베버가 말한 합리성의 쇠 감옥 속에서 살아가는 셈이다.

맥도날드 그리고 맥도날드화

## 대학살:
## 죽음의 대량생산

베버는 1900년대 초 합리화와 관료제화의 쇠 감옥에 관한 책을 썼다. 지그문트 바우만<sup>Zygmunt Bauman</sup>은 그때 베버가 우려한 최악의 모습이 1920년 그가 사망한 후 몇십 년 지나지 않아 시작된 유대인 대학살에서 현실화되었다고 주장한다.

바우만은 "유대인 대학살<sup>Holocaust</sup>을 근대 관료제적 합리성의 전형으로 볼 수 있다"고 주장한다.[8] 관료제가 그렇듯 유대인 대학살도 서구 문명의 독특한 산물이었다. 바우만은 유대인 대학살이 정상 궤도로부터의 일탈이 아니라 "우리의 문명을 이끈 정신과 우선순위, 내재적 세계관 등, 서구 문명에 관해 우리가 알고 있는 모든 것에 들어맞는다"고 역설한다.[9] 즉 유대인 대학살은 근대 세계의 합리성을 필요로 했던 것이다. 유대인 대학살은 덜 합리화된 사회, 즉 전근대사회에서는 일어날 수 없었다.[10] 사실 전근대사회에서 일어난 집단 학살은 지극히 비효율적이어서, 유대인 대학살 때처럼 수백만 명을 체계적인 방식으로 살해할 수 없었다.

유대인 대학살은 완벽하게 합리적인 사회 건설을 목표로 하는 근대적 사회공학의 한 예라고 할 수 있다. 나치에게 완벽한 사회란 유대인이 없는 사회, 집시, 게이, 레즈비언, 장애인도 없는 사회였다. 히틀러 스스로가 유대인을 나치 사회에서 제거해야 할 질병, 즉 '바이러스'로 규정하기도 했다.

유대인 대학살은 합리화(와 맥도날드화)의 기본 특징을 모두 갖추었다. 우선 그것은 대량 인명 학살을 위한 효과적인 메커니즘이었다. 예를 들어 초기 실험에서 총살의 비효율성을 깨달은 나치는 마침내 가스가 가장 효율적인 살상 수단이라고 판단했다. 또한 나치는 자신들이 수행해야 하는 다양한 업무(예컨대 다음 희생자 집단의 선정)를 유대인 공동체의 일원에게 시키는 것이 더 효율적임을 알았다.[11] 많은 유대인이 협조했는데, 그렇게 해야 '합리적'이라고 (그리고 어쩌면 다른 사람이나 스스로를 살릴 수도 있겠다고) 여겼기 때문이다.

유대인 대학살에서는 얼마나 많은 사람을 가장 짧은 시간에 죽일 수 있는지와 같은, '수량'이 중요했다.[12] 유대인들을 가스실에 무자비하게 끌고 갈 때, 그들의 삶 또는 죽음의 질적인 측면에 전혀 관심이 없었음은 분명하다.

또 한 가지 수량화의 의미로 볼 때에도 유대인 대학살은 가장 극단적인 형태의 대규모 학살이라는 불명예를 안고 있다.

> 합리적이고, 계획적이고, 과학적이며, 전문성이 있고, 효율적으로 관리되고, 잘 조율된, 즉 근대적인 방식으로 행해지는 다른 모든 것과 마찬가지로 유대인 대학살 역시 … 전근대적인 다른 등가물(집단 학살 – 옮긴이)을 능욕하며 예전 방식이 얼마나 원시적이고 낭비적이며 효과도 낮았는지 드러냈다. … 유대인 대학살은 … 과거의 집단 학살 사례들을 압도한다.[13]

유대인 대학살에는 대량 살상을 일정한 절차로 만들려는 노력이 있었다. 그 전 과정은 조립 라인의 속성을 띠었다. 기차가 집단수용소에 들어오면 희생자들이 줄지어 서서 일련의 절차를 밟았다. 과정이 일단락되면 수용소 근무자들이 체계화된 처리를 위해 시체를 층층이 쌓았다.

끝으로, 유대인 대학살의 희생자들은 거대한 무인 기술 장치에 의해 관리되었다.

> [아우슈비츠는] 근대 공장 시스템의 평범한 연장이기도 했다. 상품을 생산하는 대신 인간을 원자재로 삼아 죽음이라는 최종 제품을 생산했고, 엄청난

양의 일일 작업량이 관리자의 생산현황표에 꼼꼼히 기록되었다. 근대 공장 시스템의 상징인 굴뚝은 인간의 살점이 타면서 생긴 매캐한 연기를 내뿜었다. 근대 유럽의 훌륭한 철도망은 새로운 종류의 원자재를 공장으로 실어 날랐다. 다른 화물이 수송되는 방식과 다르지 않았다. … 엔지니어들은 시체 소각장을 설계했고, 관리자들은 열의를 가지고 효율적으로 일하게 하는 관료제 시스템을 설계했다.[14]

말할 것도 없이 유대인 대학살은 극단적인 합리성의 불합리성을 보여준다. 무엇보다, 그런 기계적인 방식으로 수백만 명을 살해하는 것보다 더 비인간적인 일이 있을까? 더구나 살상을 위해 희생자들은 우선 비인간화, 즉 "일군의 정량적인 측정치로 환산되어야" 했다.[15] 총체적으로 말하자면, "독일의 관료제 장치가 이해할 수 없이 불합리한 목표를 위해 동원되었다."[16]

일부 독자는 맥도날드화라는 맥락에서 유대인 대학살을 논의하는 것이 과도하다고 느낄 수도 있다. 분명 패스트푸드점을 유대인 대학살과 동일선상에서 논할 수는 없다. 인류 역사상 그처럼 극악무도한 범죄는 없었다. 그러나 유대인 대학살을 맥도날드화의 전신으로 제시하는 데에는 강력한 근거가 있다. 첫째, 유대인 대학살은 형식합리성 원리에 따라 조직화되었으며, 전반적으로 형식합리성의 전형인 관료제에 의존했다. 둘째, 유대인 대학살은 또한 공장 시스템에 연관되어 있는데, 공장 시스템은 곧이어 살펴볼 맥도날드화의 또 다른 전신과 관련된다. 마지막으로, 오늘날 맥도날드화 과정을 통해 일어나고 있는 형식합리성의 확산은, 유대인 대학살과 유사한 일이 다시 일어날 수 있다는 바우만의 시각을 뒷받침한다.

## 과학적 관리:
### 오직 하나뿐인 최선의 방법을 찾아서

앞의 예보다 덜 극적이기는 하지만 그에 못지않게 중요한 맥도날드화의 또 한 가지 전신은 '과학적 관리'의 발전이다. 실제로 베버도 합리화 과정을 논의하면서 몇 차례 과학적 관리에 대해 언급한 적이 있다.

과학적 관리는 19세기 말부터 20세기 초 사이 프레더릭 W. 테일러가 창안했다. 그의 아이디어는 20세기 전반에 걸쳐 작업 환경 형성에 결정적인 역할을 했다.[17] 테일러는 작업의 합리화를 위해 고안한 일련의 원칙을 개발했고, 여러 대기업(예를 들면, 베들레헴 철강회사)이 그 아이디어를 공장에 적용하고자 테일러를 고용했다.

테일러는 미국 사회가 거의 모든 일상적 활동에서 "비효율" 때문에 어려움을 겪고 있고, "국가 효율성을 제고"할 필요성이 있다는 믿음에 고취되었다. 이후 테일러의 추종자들은 "효율성 전문가"로 알려진다. 그는 당시 만연했던 비효율적인 "주먹구구식" 방법을 작업 목표를 달성할 최적의 수단, 즉 "오직 하나뿐인 최선의 방법"으로 대체하기 위해 "시간동작(time-and-motion)" 연구를 실시했다.[18] 테일러는 연구 절차를 다음과 같이 개괄한다. 먼저 숙련 노동자를 찾는다. 그들의 요소 동작들(그들이 사용하는 공구와 장비를 포함해)을 연구한다. 각 동작을 완료하는 가장 효율적인 방법을 찾기 위해 각 단계에 소요되는 시간을 측정(계산가능성)한다. "모든 잘못된 동작이나 느린 동작, 불필요한 동작"을 제거한다. 마지막으로, "오직 하나뿐인 최선의 작업 방법"을 만들어내기 위해 가장 효율적인 동작들(과 공구)을 조합한다.[19]

과학적 관리 역시 예측가능성을 매우 강조한다. 테일러가 한 작업을 수행하는 최선의 방법을 이끌어내기 위해 노동자 모두가 이용할 수 있는 방법을 찾아내려 했다는 점은 분명하다. 테일러는 또한 노동자들에게 나름의 작업 도구와 작업 방식을 선택하게 하면 생산성과 품질이 저하될 수 있다고 생각했다. 테일러는 도구와 작업 과정의 완벽한 표준화를 추구했다. 또한 테일러는 같은 작업을 하는 모든 노동자가 완전히 동일한 방식으로 일하도록 하고, 따라서 일관성 있게 높은 수준으로 작업할 수 있도록 하는 분명하고 상세한 표준을 원했다.

종합적으로, 과학적 관리는 노동자들에 대한 강력한 통제력을 행사하는 무인 테크놀로지를 낳았다고 볼 수 있다. 고용주들은 테일러의 방법론을 따르면 노동자들이 훨씬 더 효율적으로 일하며, 모두 동일한 절차에 따라 일하고(이는 그들의 작업이 예측가능하다는 사실을 보여준다), 급여를 조금만 올려주어도 훨씬 더 많은 일을 한다는(계산가능성을 강조하는 또 다른 예다) 사실을 깨달았다. 기업들에게 테일러의 방법론은 이윤 증대를 의미했다.

다른 모든 합리적 체계와 마찬가지로, 과학적 관리에도 불합리성이 존재한다. 무엇보다도, 과학적 관리는 인간을 소모품으로 간주하고 취급하는 비인간적인 체계였다. 더욱이 이 시스템에서는 노동자들이 하나 또는 소수의 업무만을 담당하기 때문에 그들이 지닌 숙련 기술과 역량 중 상당 부분은 이용하지 않게 된다.

근래에는 테일러주의, 효율성 전문가, 시간동작 연구 같은 말들을 거의 들을 수 없지만, 그 영향은 맥도날드화된 사회에서 여전히 강하게 느껴진다. 예를 들어 햄버거 체인은 햄버거 패티를 굽고, 감자를 튀기고, 셰이크를 만들며, 고객을 응대하는 "오직 하나뿐인 최선의 방법"을 열심히 찾고 실행한다. 다양한 업무를 처리하는 가장 효율적인 방법들은 교육 매뉴얼에 항목별로 실리고, 관리자에게 교육되고, 다시 관리자에 의해 신입 종업원에게 전달된다. 패스트푸드점의 설계와 그들이 활용하는 다양한 테크놀로지는 다수의 고객에게 음식을 제공한다는 목적을 가장 효율적으로 달성할 수 있는 수단을 취하기 위해 마련된다. 다시 말하지만, 맥도날드가 이러한 구상을 처음 한 것은 아니다. 그러나 맥도날드는 이 아이디어를 관료제의 원리 및 조립 라인과 결합해 맥도날드화의 탄생에 기여했다.

## 조립 라인:
### 로봇이 되어가는 노동자

현대 관료제나 과학적 관리와 마찬가지로 조립 라인 역시 20세기 초에 처음 선을 보였다. 조립 라인이 처음 도입된 것은 자동차 산업에서였다. 조립 라인이라는 아이디어는 관료제화 및 과학적 관리와 결합되어 자동차 산업 형성에 중요한 역할을 했다. 헨리 포드는 시간과 에너지 그리고 돈을 절약하기를(즉 더 큰 효율성을) 바랐으며, 이것이 자동차 조립 라인을 개발한 주된 이유였다. 월등히 높아진 효율성은 포드 자동차Ford Motor Company의 가격 인하, 판매 증가, 이윤 증대로 이어졌다.[20]

포드는 당시 시카고 육가공 공장에서 소 정육에 사용하던 천장형 이송 설비에서 자동차 조립 라인의 아이디어를 얻었다. 이 장치를 따라 소가 움직이면 고도의 전문성을 갖춘 정육 기술자들이 일렬로 늘어서서 각자 맡은 임무를 수행하고, 조립 라인의 끝에 이르면 소 한 마리의 정육이 완벽하게 끝났다. 모든 정육 업무를 한 명이 관장하는 것보다 확실히 효율적인 시스템이었다.

포드는 이러한 관찰과 자동차 사업에 대한 지식을 바탕으로 자동차 조립 라인의 원리를 개발했다. 이 원리는 현재까지도 효율성의 모델로 간주되고 있으며 다음과 같은 내용을 포함한다. 우선 작업 관련 동작을 절대적으로 최소화한다. 조립 과정에서 필요한 부품들은 가능한 한 최단거리로 이동시키며, 조립 과정 중 한 단계에서 다음 단계로 차체(또는 부품)를 이동시킬 때 (인력이 아닌) 기계를 사용한다. 복잡한 동작을 제거해 노동자들이 "가능한 한 한 번 움직일 때 한 가지 일만" 수행하도록 한다.[21]

일본은 2차 세계대전 후 미국의 조립 라인 기술을 도입했고, 여기에 그들만의 효율성 강화 방법을 더했다. 예를 들어, 일본은 미국의 '상황대비(just-in-case)' 시스템을 '적기공급생산(just-in-time)' 시스템으로 대체했다. 두 시스템 모두 제조 공정에 필요한 부품 공급 방식을 가리킨다. 미국 시스템은 필요한 상황에 대비해 부품을 공장에 저장해두는 방식이다. 이 시스템은 한동안 쓰지 않을 부품을 구매하고 저장하는(따라서 비용이 높다) 등 비효율성을 야기한다. 이러한 비효율성을 극복하기 위해 일본은 적기공급생산 시스템을 개발했다. 이 방식에서는 자동차(다른 제품의 경우에도 마찬가지다)가 만들어질 때 필요한 부품들이 차체에 조립되어야 하는 바로 그 시점에 조립 라인에 도착한다. 사실상 일본 회사의 부품 공급자들도 조립 공정의 일부가 되는 것이다.

두 방식 중 무엇을 택하든 조립 라인은 공정의 여러 요소들을 정량화할 수 있게 하며, 자동차 등 제품 생산량을 극대화한다. 생산 라인에서 각 노동자가 하는 일, 가령 타이어 휠을 장착하는 일은 고도로 예측가능하며 동일한 최종 제품을 만들어낸다.

조립 라인은 노동자들에 대한 통제를 극대화하는 무인 테크놀로지다. 어떤 한 노동자가 요구되는 작업을 수행하지 못하면 이 점이 바로 드러난다. 예를 들어 타이어 휠이 장착되지 않은 차체가 다음 단계로 이동한 상황을 상상해보라. 각 작업에 할당된 시간이 제한되어 있기 때문에 특정 작업에 혁신적인 방식을 적용해볼 여지는 거의, 또는 전혀 허용되지 않는다. 따라서 숙련이 덜 된 소수 인력으로 자동차를 제조할 수 있다. 더 나아가 각 업무의 전문화로 인해 인력을 로봇으로 대체할 수 있게 된다. 실제로 오늘날 조립 라인에서 이루어지는 일 중 기계 로봇이 맡는 작업이 점점 늘어나고 있다.

많은 관찰자들이 자세히 다룬 바와 같이, 조립 라인은 그 자체로 불합리성이 많다. 예를 들어 조립 라인은 비인간적인 작업 환경일 수 있다. 광범위한 숙련과 능력을 지닌 인간에게 제한된 수의 매우 단순한 업무만을 반복 수행하라고 요구하기 때문이다. 즉 인간이 일을 하면서 능력을 발휘하도록 하기보다는 인간성을 거부하고 로봇처럼 행동하도록 강요한다.

그러한 결함에도 불구하고 조립 라인은 생산 합리화에 주목할 만한 진전을 가져왔으며, 제조업계 전반에 걸쳐 광범위하게 활용되었다. 관료제, 유대인 대학살과 마찬가지로 자동차 조립 라인 역시 형식합리성의 기본 요소들을 잘 보여주고 있다.

조립 라인은 패스트푸드점의 발전에 깊은 영향을 끼쳤다. "패스트푸드점의 선구자들은 포드의 조립 라인 방식을 숭배했다."[22] 가장 명백한 예는 버거킹에서 햄버거를 만들 때 사용하는 컨베이어 벨트다(5장 참조). 그만큼 뚜렷하지는 않더라도, 패스트푸드점에서는 매우 간단한 요소들로 나누어 조립 라인 방식으로 수행하는 업무가 많다. 예를 들어 '햄버거 만들기'란 패티 굽기, 빵 사이에 패티 끼우기, 특제 소스 바르기, 양상추와 토마토 얹기, 포장재로 싸기를 의미한다. 심지어는 고객도 조립 라인의 일부가 되는데, 두 단계(주문과 계산)로 구성되는 드라이브스루 창구가 가장 명백한 예다. 한 관찰자가 주목했듯이 "공장의 기본 요소가 패스트푸드 현상에 그대로 도입되고 있다. 기계가 음식을 먹여주는 셈이다."[23]

'음식을 먹여주는 기계' 같은 조립 라인의 한 흥미로운 예를 '요!스시Yo! Sushi'(70개 매장을 지닌 글로벌 체인)에서 찾아볼 수 있다. 요!스시는 컨베이어 벨트로 차별화를 꾀했다. 여기서는 컨베이어 벨트를 타고 자기 자리 앞을 지나가는 음식을 소비자가 선택한다. 소비자가 자기만의 식단을 만들

맥도날드 그리고 맥도날드화

수 있게 설계된 조립 라인(버거킹 같은 곳에서는 노동자들이 조립 라인을 이용하는 데 반해)이라고 할 수 있다.[24]

자동차 조립 라인은 맥도날드화의 전신일 뿐만 아니라, 다른 방식으로도 맥도날드화의 토대가 되었다. 대량생산 덕분에 많은 사람들이 자동차를 살 수 있게 되었고, 이는 고속도로망의 대대적인 확충과 주변 관광산업의 발전으로 이어졌다.[25] 이에 따라 발달한 음식점, 호텔, 캠핑장, 주유소 등은 오늘날 맥도날드화된 사회의 핵심에 있는 여러 프랜차이즈의 선례가 되었다.[26]

### 레빗타운:
### 주택 건설 붐

자동차 보급은 패스트푸드점뿐 아니라 교외 생활양식, 특히 레빗 앤 선즈<sup>Levitt & Sons</sup> 사가 선도했던 대규모 교외 주택단지 개발에도 도움이 되었다. 이 회사는 1947년부터 1951년 사이 감자 농장이었던 뉴욕 주의 한 부지에 1만 7447호의 주택을 건설했고, 이는 7만 5천 명이 거주하는 롱아일랜드 레빗타운이 되었다.[27] 펜실베이니아의 1차 레빗타운 단지는 1958년에 분양되었다. 이 두 레빗타운은 수많은 현대 교외 주택단지 개발 사업에 모델을 제시했다. 교외 거주자들은 자동차를 필요로 했고 자동차를 살 수 있었다. 그러면서 자연스럽게 패스트푸드점, 특히 드라이브스루 창구의 단골 고객층이 되었다.

레빗 앤 선즈 사는 건설 현장을 조립 라인 테크놀로지를 사용하는 거대한 공장으로 보았다. "우리가 해야 할 일은 디트로이트 자동차 공장의 조립 라인을 뒤집어놓는 것이었다. … 자동차 공장에서는 노동자들이 각자 위치에서 대기하고 차체가 이동한다. 주택 건설 현장에서는 노동자들이 움직인다. 그들은 다른 위치로 이동해 동일한 작업을 한다."[28]

자동차 조립 라인의 노동자들과 마찬가지로 건설 노동자들도 제각기 분업화된 업무를 수행했다. "매일 같은 사람이 같은 일을 한다. 심리학자들은 이 점을 우려한다. 지루하고 힘든 일이다. 금전적인 보상이 그나마 작업의 지루함을 완화하는 듯하다."[29] 포드가 자동차 생산 노동자들의 작업을 합리화한 만큼 레빗은 건설 노동자의 작업을 합리화했고, 그들이 노동자를 대하는 태도 역시 동일했다.

작업 방식뿐 아니라 주택 건설 현장도 합리화되었다. 레빗 사는 건설현장 안이나 주변에 창고, 목공 작업장, 배관 작업장, 모래나 자갈, 시멘트 공장을 지었다. 따라서 다른 곳에서 구입해 건설 현장으로 수송할 필요 없이, 자재와 서비스를 현장에서 조달하고 그 과정을 레빗 사가 통제할 수 있었다. 가능한 경우 사전 제작된 조립식 제품을 활용하기도 했다. 단, 완전 조립식 주택은 부분 조립식 주택보다 건설 효율성이 떨어진다고 보았다.

주택 하나하나를 건설할 때마다 엄격히 규정되고 합리화된 일련의 절차를 따라야 했다. 예를 들어 벽체를 세울 때 노동자들은 치수 측정이나 절단 작업을 하지 않는다. 자재들이 이미 꼭 맞게 절단되어 있기 때문이다. 예전 같으면 작은 판자 570장이 필요했을 외벽에 컬러베스토스 Colorbestos라는 외장용 광폭 패널 제품 73장을 이용했다. 외벽은 고압분사기를 사용해 아이보리색 바탕에 녹색, 두 색으로만 칠했다. 따라서 "일단 기초공사만 끝나면, 집들이 거침없이 쑥쑥 올라간다."[30] 그 결과 거의 똑같은 수많은 집들이 적은 비용으로 빠르게 지어졌다.

양적 요인의 강조는 주택의 물리적 건축에 국한되지 않았다. 레빗타운 주택 분양 광고는 "주택의 규모와 가치"를 강조했다.[31] 다시 말해 이후 합리화의 대열에 뒤따라 선 여러 다른 예와 마찬가지로, 레빗타운 역시 소비자들에게 가장 적은 돈으로 가장 많은 것을 얻고 있다는 확신을 주려

했다.

저가 주택에서만 활용되었던 이 원리는 이후 고급 주택에도 적용되었다. 크고 사치스럽게 꾸민 공장 생산형 모듈 주택은 '맥맨션McMansion'이라고 불리곤 한다.[32]

고도로 합리화된 주거단지에서 사람들은 모두 똑같이 생긴 집에 산다. 이런 삶을 비판한 사람도 많았다. 초기의 한 비평에서는 교외 주택을 "이중의 덫"이라고 묘사하면서, 교외의 삶(suburbia)을 "불안한 삶(Disturbia)"으로 칭하기도 했다.[33] 그러나 교외의 합리화를 긍정적으로 볼 수도 있다. 예를 들어 요즘은 레빗타운의 많은 거주자들이 나름대로 집을 꾸미기 때문에 예전처럼 천편일률적으로 보이지 않는다.[34] 레빗타운을 비롯한 교외 거주의 이점에 대한 의견도 많다. 허버트 갠스Herbert Gans도 뉴저지에 지어진 세 번째 레빗타운에 관한 연구의 결론에서 "미비한 점이 있기는 해도 레빗타운은 살기 좋은 곳"이라고 말했다.[35] 그러나 살기 좋은 곳이든 아니든, 레빗타운이 합리화된 장소라는 점은 분명하다.

## 쇼핑센터: 미국의 쇼핑몰화

자동차 및 교외 주택단지가 보급되면서 발달한 합리화된 사회의 또 한 가지 구성 요소는 외부와 완전히 단절된 형태의 쇼핑몰이다.[36] 이탈리아 밀라노의 비토리오 에마누엘레 갈레리아(1877년 완공) 같은 아케이드, 미국 최초의 옥외 쇼핑센터(1916년 일리노이 주 레이크포리스트에 건설) 등 근대적 쇼핑몰의 전신이 있지만, 외부로부터 완전히 단절된 최초의 쇼핑몰은 미네소타 주 에디나 시의 사우스데일 센터다. 이 쇼핑몰은 레이 크록이 처음 맥도날드 매장을 연 뒤 얼마 지나지 않아 1956년 문을 열었다. 오늘날 미국에는 쇼핑몰 수만 개가 있고 매월 수억 명이 쇼핑몰을 찾는다. 미국 최대 쇼핑몰은 펜실베이니아 주에 있는 킹 오브 프러시아 몰이고, 미네소타 주 블루밍턴(에디나보다 약간 남쪽)에 있는 몰 오브 아메리카는 그보다 조금 작지만 더 유명하며, 1992년에 개장했다. 몰 오브 아메리카에는 백화점 3개, 전문 매장 520개(대부분이 체인점이다), 음식점 50개가 있으며, 24개의 놀이기구가 있는 테마파크 니켈로디언Nickelodeon도 있다.[37] 거대 쇼핑몰은 전 지구적인 현상이 되었다. 실제로 현재 세계 10대 초대형쇼핑몰(mega-mall) 중 여덟 개는 아시아에 있다.[38] 현재 세계 최대 쇼핑몰은 중국 둥관시에 있는 신화난몰로, 그에 비하면 캐나다나 미국의 초대형쇼핑몰들이 왜소해 보일 정도로 큰 규모를 자랑한다. 캐나다의 웨스트에드먼턴몰은 35만 $m^2$, 몰 오브 아메리카는 26만 $m^2$인데, 신화난몰의 면적은 66만 $m^2$에 달한다. 단, 신화난몰에 있는 점포 1500개 중 문을 연 곳은 몇 안 되어, '죽은 쇼핑몰(dead mall)'로 여겨지고 있다(이후에 이에 관해 설명할 것이다). 세계 최대 쇼핑몰 중 다수가 중국에 있지만 초대형쇼핑몰은 필리핀, 두바이, 터키, 쿠알라룸푸르, 콜롬비아, 태국, 브라질에도 있다. 이런 쇼핑몰에는 테마공간, 스키장(심지어 사막 지대의 쇼핑몰에도!), 스케이트장, 아쿠아리움, 초고층 호텔 등이 들어서 있다.

쇼핑몰과 맥도날드화된 체인점들은 훌륭한 상호보완 관계에 있다. 쇼핑몰은 각 체인점에 예측가능하고 통일성 있으며 수익성이 높은 입지를 제공한다. 쇼핑몰 입장에서는 체인점이 없다면 공실률이 높아지고 생존 자체가 힘들어질 것이다. 신속한 이동이 가능한 자동차 시대가 낳은 두 산물인 쇼핑몰과 체인점은 서로를 먹여 살리며 맥도날드화를 촉진한다.

역설적으로, 오늘날 쇼핑몰은 젊은 세대나 나이 든 세대 모두에게 일종의 커뮤니티센터가 되었다. 노인들은 운동을 하거나 친구를 만나는 장소로 쇼핑몰을 이용하고, 청소년들은 방과 후나 주말에 쇼핑몰을 배회하며 새로운 친구를 사귀거나 패션, 대중문화의 최신 동향을 살핀다. 부모들이 자녀를 데리고 쇼핑몰에 "놀러" 가기도 하므로, 쇼핑몰은 이제 놀이터(입장료만 내면 무료로 비디오게임이나 영화를 즐길 수 있는 할인점과 무료 공간도 있다)나 다름없다.[39] 사회의 맥도날드화에 기여하는 다른 요인들과 마찬가지로, 쇼핑몰 역시 소비자들을 요람에서 무덤까지 유혹한다.

윌리엄 코윈스키는 쇼핑몰이 "근사하고 매혹적인 아메리칸드림의 절정이며, 전후 낙원의 실현이자 모델"이라고 주장한다.[40] 코윈스키처럼 쇼핑몰에 역점을 두고 '미국의 쇼핑몰화'를 논할 수도 있겠지만, 나는 패스트푸드점이 더 크고 강력한 영향을 끼쳤다고 본다. 그러나 어쨌든, 맥도날드화도 쇼핑몰처럼 "근사하고 매혹적"으로 보일 수 있다.

2007년 말 '대불황Great Recession'이 시작된 이래 미국 전역의 쇼핑몰이 빈 점포가 늘어나 애를 먹었다(쇼핑몰이 망해가는 모습은 그들이 꿈꾸었던 모습에 상처를 냈다). 폐업한 매장 중 다수는 체인점으로, 체인점들은 사업 규모를 줄이거나 사업 자체를 그만두었다. 문 닫은 점포는 쇼핑몰 소유주의 수익 감소를 의미하며, 쇼핑몰의 생존 자체를 어렵게 만든다. 불황의 결과 많은 쇼핑몰들이 폐점 위기에 있거나 폐점 과정 중이거나 이미 폐점했으며,[41] 그 결과 오하이오 주 클리블랜드 외곽의 랜들 파크 몰 같은 '죽은 쇼핑몰'(www.deadmalls.com을 보라)이 급증하고 있다. 최근에는 상점가나 대형 할인매장도 어려움을 겪고 있다.

## 맥도날드:
### '패스트푸드 공장'의 탄생

맥도날드의 기본적인 운영 방식을 만든 이들은 1937년 캘리포니아 주 패서디나에 첫 매장을 연 맥 맥도날드와 딕 맥도날드 형제였다.[42] 그들은 빠른 속도, 많은 양, 저렴한 가격을 원칙으로 삼았다. 혼란을 피하기 위해 메뉴 수는 최소화했다. 개별화된 서비스와 전통적인 조리법 대신 조립 라인을 이용해 음식을 조리하고 서빙했다. "메뉴 수가 적어 조리 과정을 단순 반복 업무들로 나눌 수 있었고, 따라서 음식점 주방에 처음 발을 들여놓은 사람이라도 일을 금방 익힐 수 있었으므로" 숙련된 요리사를 둘 필요가 없었다.[43] 그들은 '굽기 담당', '셰이크 담당', '튀김 담당', '드레싱 담당'(버거에 부재료를 넣고 포장하는 사람)과 같은 분업화를 최초로 시도했다. 종업원들이 해야 할 일과 심지어 해야 할 말까지도 지시하는 규정도 개발했다. 이렇게 해서 맥도날드 형제는 합리화된 "패스트푸드 공장"의 발전을 이끌었다.[44]

레이 크록은 맥도날드의 원리를 만들지도 않았고 프랜차이즈 개념을 창안하지도 않았다. "프랜차이즈는 하나의 큰 기업이 여러 작은 업체에 제품의 유통권이나 상표 및 공정 사용권을 부여하거나 판매하는 … 시스템이다. … 프랜차이즈 가맹점은 법적으로 독립적이지만 모회사가 설계하고 시행하는 상세한 운영 표준을 따라야 한다."[45] 남북전쟁 후 싱어 소잉 컴퍼니Singer Sewing Company가 프랜차이즈를 처음 시도했으며, 20세기에 들어서는 자동차 제조업체와 탄산음료 회사들이 프랜차이즈를 도입했다. 프랜차이즈는 그 후 1930년대에 이르기까지 웨스턴 오토Western Auto(미국 자동차 부품 소매점 회사-옮긴이), 렉살Rexall 약국, IGA 식료품점 같은 소매업으로 확산되었다.

사실 1950년 초 크록이 등장하기 전에도 외식업을 프랜차이즈화하려는 시도는 많았다. 최초의 외식업 프랜차이즈인 A&W 루트비어A&W Root Beer 노점은 1924년에 등장했다. 하워드 존슨Howard Johnson은 1935년에 아이스크림 가게와 음식점을 프랜차이즈화하기 시작했다. 1944년 첫선을 보인 데어리퀸Dairy Queen은 전국적인 프랜차이즈 망을 시도해, 1948년 2500개의 가맹점을 거느리게 된다. 다른 유명 프랜차이즈 음식점들도 맥도날드보다 먼저 시작했다. 빅보이**Big Boy**는 1930년대 말, 버거킹(당시 이름은 '인스타버거 **Insta-Burger**'였다)과 켄터키 프라이드 치킨**KFC**은 1954년에 프랜차이즈를 시작했다. 따라서 1955년 4월 15일에 문을 연 크록의 첫 번째 맥도날드 매장은, 소매업 전반의 프랜차이즈에서나 외식업 부문 프랜차이즈에서나 상대적으로 후발주자였다.

1954년 레이 크록이 처음 맥도날드를 방문했을 때, 맥도날드는 캘리포니아 주 샌버너디노 시(아이러니하게도 글렌 벨**Glen Bell**이 타코벨을 창업한 곳과 같은 도시다[46])의 드라이브인**drive-in** 햄버거 노점 하나에 불과했다. 그때 이미 맥도날드 형제는 오늘날 맥도날드를 상징하는 기본 메뉴, 영업 방식, 심지어 일부 운영 기법까지 활용하고 있었다. 맥도날드 형제는 지역에서 유명해진 정도로 만족했다. 그들은 이미 상당한 돈을 벌었고, 프랜차이즈를 가늠해보고는 있었지만 원대한 야망이 있는 것은 아니었다. 대신 거대한 야망을 품은 레이 크록이 맥도날드 형제의 프랜차이즈 대행자가 되어 맥도날드 프랜차이즈 제국을 건설했다. 처음에는 맥도날드 형제와 동업자 관계로 일했지만, 1961년 270만 달러에 맥도날드를 매입한 후에는 독자적으로 사업을 펼쳐나갔다.

크록은 맥도날드 형제가 개발한 제품과 운영 기법을 채택하되 다른 프랜차이즈들(외식업과 다른 부문의)이 사용하는 원리, 즉 관료제, 과학적 관리, 조립 라인을 결합했다. 크록의 천재성은 잘 알려져 있던 개념과 기법들을 가져와 패스트푸드 사업에 적용했다는 점, 그리고 자신의 야망을 더해 프랜차이즈화함으로써 맥도날드를 전국적인 기업, 더 나아가 국제적인 기업으로까지 변모시켰다는 점에 있다. 맥도날드와 맥도날드화는 갑자기 나타난 것이 아니라 20세기 전반에 걸쳐 일어난 일련의 합리화 과정이 절정에 이르렀음을 표상한다.

크록은 다른 무엇보다도 맥도날드 형제의 운영 방식이 가진 효율성과 그러한 시스템을 많은 음식점에 적용할 경우 엄청난 수익을 낳을 잠재력을 인상 깊게 보았다. 크록은 맥도날드 시스템을 본 첫인상을 스스로 이렇게 묘사하기도 했다. "나는 그 시스템의 단순성과 효율성에 매료되었다. … 메뉴가 한정적이었고 각 생산 단계는 핵심만 남기고 간소화되어 최소한의 노력으로 완수할 수 있다. 그들은 햄버거와 치즈버거만 팔았다. 두 품목은 동일한 방식으로 조리되었다."[47]

크록은 맥도날드를 알기 전부터도 공정 간소화라는 문제에 사로잡혀 있었다. 음식점에 블렌더를 납품하던 때에 그는 음식점의 비효율성 때문에 짜증을 내곤 했다. "비효율성, 낭비, 변덕스러운 요리사, 엉성한 서비스와 음식. 게다가 음식의 질에 일관성이라곤 없다. 처음부터 끝까지 **간소화된** 절차에 따라 단순한 제품을 만들어야 한다."[48]

크록은 맥도날드 햄버거를 효율성의 모델로 삼기 전, 외식업 운영 절차를 간소화할 다른 대안들도 생각해보았다. "핫도그도 고려 대상이었지만 곧 생각을 접었다. 핫도그는 종류가 너무 많았다. … 핫도그를 만들 때에는 종류에 따라 삶기, 굽기, 꼬치구이, 숯불구이 등 갖은 방법이 동원된다. … 햄버거는 단순했다. … 소스는 조리 과정 도중에 넣는 것이 아니라 다 만들어진 패티 위에 뿌리기만 하면 된다. 햄버거 패티를 만드는 방법은 오직 하나, 그릴에 굽는 것뿐이다."[49]

크록과 동료들은 햄버거를 만들고 서빙하는 과정을 더 효율적으로 만들기 위해 각 구성 요소를 실험했다. 예를 들어 처음에는 잘려 있지 않은 채 판지 상자에 담겨 공급되는 빵을 이용했다. 그런데 그 경우 굽기 담당 종업원들이 상자를 개봉하고 빵을 분리해 절반으로 자르고 포장용지와 상자를 처리하는 데 시간이 걸렸다. 결국 맥도날드는 완전히 반으로 잘라져 하나하나 분리된 빵을 재사용 가능한 상자로 받으면 더 효율적이라는 사실을 알게 되었다. 고기 패티에도 주목했다. 예를 들어, 패티 사이에 끼우는 종이에 적당량의 왁스 처리가 되어 있다면, 패티가 종이에서 더 잘 떨어져 바로 그릴에 올릴 수 있을 터였다. 이러한 혁신을 통해 크록이 추구한 목표는 효율성 제고였다. "이 모든 개량의 목적은 … 굽기 담당 종업원의 일을 더 쉽게 만들어 더 빨리, 더 잘할 수 있도록 하는 것이다. 비용 절감, 재고 관리 등 다른 고려 사항들도 물론 중요하지만, 그릴 위에서 일어나는 일에 비하면 부수적이다. 이것이 우리 **조립 라인**의 핵심이다. 우리 제품들이 그 조립 라인을 따라 거침없이 흐를 수 없다면 공장 전체가 불안정해질 것이다."[50] 이때까지 맥도날드는 효율성에 가장 주목했다. 예를 들어, 워싱턴 D.C.에서 맥도날드의 "종업원들은 효율성을 위해 설계된 조립 라인에서 일했다."[51]

그러나 크록의 주된 혁신은 그가 맥도날드를 프랜차이즈화한 방식에 있었다. 그는 하나의 가맹점이 해당 지역 매장 모두를 지배하는 지역 프랜차이즈를 허용하지 않았다. 다른 프랜차이즈 기업들은 지역 프랜차이즈 가맹점들이 너무 막강해진 나머지 회사의 기본 원칙을 뒤엎음으로써 침몰하곤 했다. 크록은 한 번에 하나씩의 가맹점 권리만 부여하고 특정 개인에게 둘 이상의 가맹점을 허용하지 않는 방식으로 중앙의 통제를 극대화했고, 이를 통해 시스템 전체의 통일성을 기했다. 또한 크록은 가맹점의 재산에 대한 통제권을 얻고 그로부터 나오는 수익을 취했다.[52] 크록이 이룬 또 한 가지 혁신은 프랜차이즈 가맹비를 최저가인 950달러로 책정한 것이다. 다른 프랜차이즈 기업들은 가맹비를 매우 높게 책정했고 수익 대부분을 가맹점 개설 때 얻었다. 그 결과 그들은 가맹점의 지속적인 생존에 관심을 기울이지 않는 경향이 있었다. 그러나 맥도날드는 높은 초기 가맹비를 통해서가 아니라 가맹점에게 매출액의 1.9%를 내게 함으로써 수익을 올렸다. 크록의 성공, 그리고 맥도날드의 성공은 가맹점의 번창에 달려 있었다. 이러한 상호보완적 이해관계는 크록이 프랜차이즈 업계에 끼친 가장 큰 공헌이었으며 맥도날드 및 그 가맹점(많은 가맹점주가 백만장자가 되었다)에 성공을 가져다준 핵심 요인이기도 했다.

크록은 시스템의 통일성을 부여하고 강제하는 한편, 가맹점들이 자체 운영뿐 아니라 시스템 전체를 강화할 혁신안을 제안하도록 고무했다. 제품 혁신을 예로 들어보자. 크록 본인은 상품 개발에 그리 뛰어나지 못했다. 그의 가장 악명 높은 실패작 중 하나는 구운 빵에 두 장의 치즈를 넣고 그 사이에 구운 파인애플 조각을 끼운 '훌라 버거'였다. 생선 샌드위치('필레오피시Filet-O-Fish'), 맥모닝 메뉴인 에그 맥머핀, 심지어 빅맥에 이르기까지, 성공을 거둔 많은 메뉴가 가맹점에서 나온 아이디어였다. 이와 같이 맥도날드는 중앙집중적 통제와 가맹점의 독립성 사이에서 균형점을 찾아냈다.

크록은 패스트푸드 사업을 합리화하는 일련의 노력에서 항상 선봉에 있었다.[53] 그중 하나는, 그가 "모든 매장의 통일성, 즉 표준화된 메뉴, 단일한 1인분 양, 동일 가격, 동일 품질에 관해" 설교하면서 (자기도 모르게) 합리화 원리의 전도자나 치어리더 역할을 했다는 점이다.[54] 이러한 통일성 덕분에 맥도날드는 음식의 일관성이 떨어지기 마련이던 다른 경쟁사들과의 차별화에 성공했다. 맥도날드는 메뉴 수 제한(처음에는 단 열 개의 메뉴만 있었다), 햄버거 패티의 지방 함량에 대한 엄격한 기준 수립, 냉동 패티 및 감자튀김 사용, 통일성과 규정 준수에 대한 검사 제도 시행, 1961년 업계 최초의 전일제 훈련 센터(일명 '햄버거 대학교'로, '햄버거학 학위'를 수여한다) 설치 등을 통해서도 업계를 선도했다. 지금까지 8만 명 이상의 맥도날드 매니저가 졸업한(매년 5천 명의 학생이 입학한다) 햄버거 대학교Hamburger University는 현재 일리노이 주 오크브루크에 만 2천 m²의 최첨단 시설을 갖춘 캠퍼스를 가지고 있으며, 맥도날드의 사업 범위가 국제적인 까닭에 통역가와 전자 설비를 갖추어 교수진이 동시에 28개 언어로 가르치고 소통

할 수 있다.[55] 또한 맥도날드는 호주, 브라질, 중국, 영국, 독일, 일본의 햄버거 대학교를 포함해 일곱 개의 훈련 센터를 운영한다.[56]

맥도날드는 1958년에 프랜차이즈 가맹점 경영 방법을 상세히 설명한 운영 매뉴얼을 발간했다. 이 매뉴얼에는 패스트푸드점 운영을 위한 여러 원칙이 규정되어 있다.

> 밀크셰이크를 따르는 방법, 햄버거 패티 굽는 방법, 감자 튀기는 방법에 대해 **정확히** 설명되어 있다. 전 제품의 **정확한** 조리 시간과 모든 장비의 온도 설정에 관해서도 **정확히** 명시하고 있다. 모든 품목의 정량 **표준**이 정해져 있어서, 햄버거 패티 하나당 양파 **4분의 1온스**(약 7g-옮긴이)를 올려야 하고, 1파운드(약 450g-옮긴이)짜리 치즈 덩어리에서는 슬라이스 치즈 **32장**이 나와야 하며, 튀김용 감자는 **1인치의 32분의 9** 두께(약 7mm-옮긴이)로 썰어야 한다는 것까지 정해져 있다. 조리 후 **10분**이 넘은 육류 및 감자 제품의 처리 방법을 포함해 품질 **통제** 방법도 규정되어 있다.
>
> 굽기 담당자는 … 왼쪽에서 오른쪽으로 움직이는 그릴에 **가로세로 각각 여섯 개씩** 패티를 올려놓아야 한다. 맨 위의 두 줄은 불에서 가장 멀리 떨어져 있으므로, 세 번째 줄의 패티를 먼저 뒤집고, 네 번째, 다섯 번째, 여섯 번째 줄을 뒤집은 다음 맨 위 두 줄을 뒤집어야 한다고 써 있다(이는 지금까지도 유효한 규정이다).[57]

이보다 더 합리적인 시스템을 상상하기 어렵다.

이제 이와 같은 역사를 염두에 두고 맥도날드와 맥도날드화의 현재를 살펴본 후, 미래에 어떤 일이 일어날지 전망해보자.

## 맥도날드화와
## 현대사회 변화의 양상들

이 절에서는 맥도날드화를 추동하는 힘, 맥도날드화와 관련된 주요 사회 변화, 그리고 맥도날드화의 미래에 관해 다루고자 한다.

### 맥도날드화의 동력: 돈이 되고, 가치가 있고, 변화에 맞는 맥도날드

맥도날드화 원리가 지닌 매력과 이점은 현대사회에서 맥도날드화가 이룬 성공과 확산을 설명해준다. 그러나 맥도날드화가 점점 더 보편화하고 있는 현상을 이해하는 데 있어서 다른 세 요소 또한 중요하다. 세 요소란 (1)물질적인 이익, 특히 경제적인 목표와 열망, (2)맥도날드화 자체의 가치를 인정하는 미국 문화, (3)맥도날드화가 사회 내에서 일어나는 중요한 변화에 발맞추어 간다는 점이다.

#### 수익 증대와 비용 절감

영리 기업은 비용을 낮추고 수익을 높이는 데 도움이 되기 때문에 맥도날드화를 추구한다. 효율성을 높이고 무인 테크놀로지를 더 많이 사용하려는 이유는 분명 수익성을 높이는 데 있다. 예측가능성을 높이면 조직의 수익성이 올라가고 해마다 꾸준히 수익이 증가하는 데 필요한 최소한의 환경이 조성된다. 계산가능성, 즉 계량화를 중시하면 수익을 창출하고 증대하기 위한 의사결정에 도움이 되며, 수익성을 추산할 수 있다. 요컨대, 사람들과 조직들은 맥도날드화를 통해 막대한 수익을 얻을 수 있고, 따라서 공격적으로 점점 더 넓은 범위에 맥도날드화를 적용하고자 한다.

수익을 지향하지 않는 비영리 조직도 실질적인 이유 때문에 맥도날드화를 강행한다. 좀 더 구체적으로 말하자면, 맥도날드화가 가져다주는 비용 절감 효과는 대체로 재정적으로 여유가 없는 비영리 단체들의 유지, 그리고 심지어 확장도 가능케 한다.

### 맥도날드화 그 자체의 추구

맥도날드화의 기저에 경제적인 요인이 놓여 있기는 하지만, 맥도날드화가 일종의 바람직한 변화 과정으로 여겨지면서 많은 사람들과 기업들이 그 자체를 목적으로 삼게 되었다. 많은 이들이 효율성, 계산가능성, 예측가능성, 통제에 높은 가치를 부여하게 되었고, 경제적 이득 여부와 관계없이 이 네 가지를 추구한다. 예를 들어, 패스트푸드점에서 식사를 하거나 집에서 전자레인지로 조리한 저녁을 먹으면 효율성은 높아질지 몰라도 직접 요리해서 먹을 때보다 돈이 더 든다.[58] 그러나 사람들은 효율성에 가치를 두기 때문에 기꺼이 추가 비용을 지불한다.

미국 사람들은 오래전부터 합리화나 효율성에 높은 가치를 부여해왔고, 맥도날드는 그러한 가치 체계에 올라탔을 뿐이다. 더 나아가 맥도날드는 사업이 번창하기 시작한 1950년대 후반부터 막대한 자금과 숱한 노력을 들여 사람들에게 그 가치와 중요성을 믿게 만들었다. 많은 이들이 맥도날드가 미국 전통에 위협이 된다고 믿지만, 맥도날드는 오히려 스스로를 훌륭한 미국 전통의 일부라고 선언한다. 많은 미국인들은 어릴 때부터 맥도날드 햄버거를 먹고, 십 대 때는 친구들과 맥도날드에 가서 놀며, 성인이 된 후에는 아이들을 데리고 맥도날드에 가고, 부모님을 모시고 커피를 마시러 맥도날드에 가기도 한다. 맥도날드는 충성도가 매우 높은 다수의 고객을 창출하기 위해 그런 추억들을 이용한다. 맥도날드는 합리적 이성이라는 원리를 토대로 만들어졌지만, 고객의 충성도에는 감정적인 면이 있다. 따라서 맥도날드화는 두 가지 이유에서 급속하게 진행될 듯하다. 그 하나는 합리성이 지닌 이점이고, 다른 하나는 사람들의 정서적 몰입이다. 정서적으로 몰입하면 맥도날드의 단점을 무시하게 되고, 그렇게 맥도날드를 받아들이고 나면 이 세계는 맥도날드화가 주는 이점들을 더 개방적으로 수용하게 된다.

성인들도 맥도날드에 정서적으로 몰입할 수 있지만, 아이들의 경우 그러한 애착이 더 강력하다.[59] 사실 아이들은 맥도날드의 합리적 측면에 관심이 없고 대체로 광고가 불러일으키는 감정 때문에 맥도날드에 이끌린다. 아이들이 맥도날드를 좋아하는 이유는 실질적인, 특히 경제적인 이점이 아니라 맥도날드 자체의 가치에 있다.

프랜차이즈는 매력적이고 대중적인 사업 방법이 되었고, 따라서 처음 창업하려는 사람들도 프랜차이즈 가맹점에 끌릴 수 있다. 그들은 프랜차이즈 시장이 이미 포화 상태이며, 그런 시장에서 수익을 낼 가능성이 거의 없다는 사실을 간과하곤 한다.

### 맥도날드화와 변화하는 사회

맥도날드화의 빠른 확산을 설명하는 세 번째 요인은 맥도날드화가 미국 사회 그리고 전 세계에서 일어나고 있는 다른 변화와 잘 맞는다는 점이다. 예를 들어, 한부모 가정이나 밖에서 일하는 여성 수가 급증했다. 집 안의 어느 누구도 장을 보고, 재료를 손질하고, 요리하고, 설거지할 시간이 없다. 적어도 주중에는 제대로 된 음식점에서 챙겨 먹을 시간(또는 돈)조차 없을 수도 있다. 패스트푸드의 속도와 효율성은 이러한 현실에 딱 들어맞는다. 맥도날드화된 다른 영역의 기업들도 유사한 이점을 제공한다.

자동차로 대표되는, 이동성을 중시하는 사회일수록 맥도날드가 번창한다. 패스트푸드점의 애호가일 가능성이 높은 미국의(다른 곳에서도 마찬가지겠지만) 청소년과 청년들은 이제 자동차를 더 쉽게 이용할 수 있다. 또한 대도시 중심가가 아닌 한 맥도날드가 먼 곳에 있는 경우가 많아, 자동차가 필요하기도 하다.

좀 더 일반화하자면, 패스트푸드점은 사람들이 더 활동적인 사회에 어울린다.[60] 저녁 외식을 하러 맥도날드에 가는 일(또는 합리화된 다른 활동을 하러 나가는 일)은 그러한 사회의 요구에 부합한다. 드라이브스루 창구를 이용하면 먹으려고 멈출 필요조차 없으므로 더할 나위 없을 것이다. 출장이든 휴가든 여행하는 사람들이 늘어간다는 사실도 맥도날드화를 촉진한다. 여행을 자주 하는 사람들은 전국 (또는 세계) 어디에서나 익숙한 패스트푸드점에 가서 늘 먹던 음식을 먹을 수 있다는 것을 좋아할 것이다.

적어도 일정 비율의 인구가 점점 더 풍족해지고 금전적인 여유가 늘어난 것도 패스트푸드점 성공의 한 요인이다. 금전적인 여유가 있는 사람들은 패스트푸드를 먹는 식습관을 유지할 수 있고 패스트푸드점에 정기적으로 갈 수 있다. 동시에 패스트푸드점 덕분에 빈민들도 가끔 외식을 할 수 있다.

대중매체의 영향력 증대도 패스트푸드점의 성공에 기여한다. 홍수처럼 쏟아지는 광고와 어디서나 볼 수 있는 텔레비전 및 다른 대중매체들이 없었다면, 패스트푸드점이 지금처럼 성공하지 못했을 것이다. 다른 맥도날드화된 시스템들이 활용하는 광범위한 광고 역시 그들을 성공으로 이끌었다.

물론 테크놀로지의 변화가 맥도날드화된 시스템이 성공하는 데 가장 중요한 역할을 했을 것이다. 우선 초기에는 관료제, 과학적 관리, 조립 라인 그리고 그러한 생산 시스템이 낳은 가장 중요한 상품인 자동차, 이 모든 테크놀로지가 패스트푸드 사회의 탄생에 이바지했다. 그 후 시간이 흐르면서 자동 음료 디스펜서, 슈퍼마켓용 바코드 스캐너, 레토르트 식품, 전자레인지, 프로농구의 공격제한시간 알람, ATM, 음성메시지, 내비게이션, 노트북, 스마트폰, 아이팟, (아이패드 등의) PDA를 비롯해 무수히 많은 테크놀로지 발전이 맥도날드화를 촉진했고, 맥도날드화에 의해 촉진되기도 했다. 미래의 테크놀로지는 맥도날드화되어가는 사회의 필요에 의해 출현하고, 또한 새로운 영역에서 맥도날드화를 선도할 것이다.

오늘날 맥도날드화의 성장에 가장 크게 기여하고 있는 테크놀로지는 컴퓨터다.[61] 이와 밀접하게 관련된 인터넷의 폭발적인 확산도 압도적으로 중요하다. 브라우저(예를 들어 인터넷 익스플로러)와 검색엔진(구글이나 야후 같은) 등 인터넷 테크놀로지는 고도로 합리화, 단순화된 인터넷 접속 방법을 제공한다. 오늘날 인터넷은 사용자 친화적이어서, 컴퓨터 테크놀로지나 컴퓨터 프로그래밍을 거의 알지 못하는 수많은 사람들도 활용할 수 있다.[62]

지금까지 살펴본 모든 요인은 현대사회의 '근대성' 및 '근대' 세계로서의 특징과 연관된다. 그러나 우리가 근대 세계를 지나 탈산업화, 포스트포디즘, 탈근대사회로 이행했거나 여러 방식으로 이행하고 있다고 주장하는 사람들도 많다.

### 또 다른 주요 사회 변화: '포스트' 시대의 맥도날드

여기서 논의할 사상들은 맥도날드화와 같은 '근대적' 현상이 곧 사라질 것이라는 전망을 함축한다. 그러나 나는 맥도날드 및 그 근대적 (그리고 산업적, 포디즘적) 성격이 가까운 미래에도 지속될 뿐만 아니라, 사회에 미치는 영향력이 점점 더 커질 것이라는 생각에 변함이 없다. 주목할 만한 탈산업, 포스트포디즘, 탈근대라는 경향이 일어나고 있는 것은 사실이지만, 이러한 관점을 지닌 사상가 중 일부는 근대성의 종말을 지나치게 일찍 선언했다. 적어도 맥도날드화된 형태로서의 근대성에 관해서는 그렇다.

## 탈산업화와 맥도날드화: '복잡화'와 '단순화'

대니얼 벨Daniel Bell(그리고 그 외의 많은 학자들)은 우리가 산업사회에서 새로운 사회, 즉 탈산업사회로 이행했다고 주장한다.[63] 이 변화는 무엇보다 사회의 중심이 상품 생산에서 서비스로 이동했음을 의미한다. 20세기에는 대체로 철강, 자동차 같은 상품의 생산이 미국 경제를 지배했다. 그러나 오늘날은 교육, 컴퓨터, 의료, 패스트푸드 같은 서비스 산업이 미국 경제를 지배하고 있다. 새로운 테크놀로지의 출현과 지식 및 정보 처리 분야의 성장도 탈산업사회의 특징이다. 전문직 종사자, 과학자, 기술자의 수가 늘고 중요해졌다. 이는 맥도날드화된 시스템에서 판에 박힌 듯 일하는 노동자들이 아니라, 창의적인 지식 노동자가 탈산업사회를 주도하리라는 점을 함의한다.

그러나 맥도날드화된 사회의 한가운데 있는 저임금 서비스 직종들은 사라질 기미가 없다. 오히려 그러한 직종이 확대되고 있다. 맥도날드화는 관료제화, 조립 라인, 과학적 관리 등 산업사회의 개념과 시스템을 기반으로 삼는다. 분명 사회는 여러모로 탈산업적인 성격을 나타내고 있으며 지식 노동자들의 중요성이 커졌지만, 맥도날드화의 확산은 산업사회의 몇몇 측면이 여전히 존재하며 앞으로도 한동안 지속되리라는 점을 보여준다.

제럴드 헤이지Jerald Hage와 찰스 파워스Charles Powers는 새로운 탈산업적 조직이 나타났으며, 그러한 조직이 고전적인 산업 조직 그리고 그 밖의 조직 형태와 공존한다고 주장한다.[64] 탈산업적 조직은 여러 특징을 보인다. 위계 구분이 수평적이고, 조직 간 경계가 흐려진다. 조직 구조의 통합성이 늘어나고 분업화가 줄어들며, 규칙에 얽매이지 않는 행동이 증가하고, 창의성을 강조하는 고용 정책을 채택한다. 이와 대조적으로 맥도날드화된 조직은 여전히 위계적이고, 종업원과 관리자의 행동 모두 규칙에 엄격히 매여 있다. 대부분의 채용 과정에서 창의성은 마지막에나 고려되는 사항이다. 헤이지와 파워스는 "업무가 대체로 명확히 규정되어 있고 기술적으로 단순하며 대부분 반복적인" 일자리는 자동화로 인해 사라져가고 있다고 주장한다.[65] 중공업에서는 실제로 그런 일자리들이 상당 부분 사라졌다. 그러나 맥도날드화된 서비스 부문 기업들에서는 여전히 그런 직군이 많을 뿐만 아니라 점점 더 늘어나고 있다.[66] 또한 탈산업적 조직은 맞춤형 작업 및 제품을 특징으로 하지만, 맥도날드화된 환경에서는 표준화된 작업(누구나 동일한 절차와 대본에 따라 행동하고 말하는)과 일률적인 제품이 규범으로 작동한다. 탈산업적 조직이 상승세라는 데에는 의문의 여지가 없지만, 맥도날드화된 조직 역시 확산되고 있다. 현대사회에서는 상반된 두 종류의 조직이 모두 발달하고 있는 것이다.

헤이지와 파워스는 사회 전체의 폭넓은 변화를 전망한다. 그들은 창의적인 사고, 복합적인 자아 그리고 이러한 특징을 갖는 사람들 간 커뮤니케이션이 강조되는 사회가 올 것이라고 본다. 그들은 "복잡성 증가가 탈산업사회의 사회 변화가 갖는 주된 양상"이라고 주장한다.[67] 근대사회의 몇몇 측면은 그러한 이미지에 부합하지만, 맥도날드화는 창의적이지 않은 사고, 단순한 자아, 의사소통의 최소화와 대본, 절차의 준수를 요구한다. 맥도날드화는 '복잡화(complexification)'가 아니라 '단순화(simplification)'를 강조한다.

요컨대, 탈산업 명제는 틀리지 않았지만, 그 지지자들 다수의 믿음보다는 제한적으로만 옳다. 탈산업화는 맥도날드화와 공존한다. 복잡화와 단순화 모두 확산될 것이고, 경제 그리고 더 넓게는 사회 각 영역 중에서 더 복잡해지는 영역과 더 단순해지는 영역이 공존할 것이다.

### 포디즘과 포스트포디즘: 또는 맥도날디즘?

산업이 포디즘<sup>Fordism</sup>에서 포스트포디즘<sup>Post-Fordism</sup>으로 이행해가고 있다고 주장하는 많은 사상가들, 특히 마르크스주의 사상가들에게도 유사한 쟁점이 제기될 수 있다. 포디즘이란 헨리 포드가 창안한 개념과 원리, 시스템을 가리키는데, 이에 관해서는 앞서 논의한 바 있다.

포디즘은 **동일한 제품의 대량생산, 비유연적 테크놀로지, 표준화된 작업 방식(즉 테일러리즘), 생산성 증대를 위한 노력, 대량생산 품목을 팔기 위한 시장** 등의 특징을 갖고 있다. 포디즘은 20세기 내내 성장했지만 1970년대에 절정에 이르고 그 뒤 하강 국면에 들어섰으며, 이러한 추세는 미국 중공업 부문에서 두드러진다. 1973년 석유파동과 그에 따른 미국 자동차 산업 침체가 포디즘 쇠퇴의 주된 요인이었다.

혹자들은 포디즘의 쇠퇴와 함께 포스트포디즘이 동반되었다고 주장한다. 포스트포디즘의 특징은 다음과 같다.

- **대량생산 제품에 대한 관심 하락 및 개인의 요구에 맞추어 전문화된 제품에 대한 관심 증대.** 사람들은 스타일과 품질에 특히 높은 가치를 부여한다. 단조롭고 똑같은 제품들보다 화려하고 쉽게 차별화되는 제품이 선호된다.[68] 포스트포디즘 시대의 소비자들은 차별화되고 품질이 좋은 제품을 위해 기꺼이 더 많은 돈을 지불한다.
- **짧은 생산 주기.** 포스트포디즘 사회에서 요구되는 전문화된 제품은 더 작으면서도 더 생산적인 시스템을 필요로 한다. 여러 제품을 생산하는 작은 공장들이 동일한 제품들을 만들어내던 거대한 공장을 대체한다.
- **유연한 생산.** 유연한 생산방식은 새로운 테크놀로지 덕분에 수익성을 높일 수 있다. 예를 들어, 서로 다른 제품들을 생산할 때마다 다

시 프로그래밍할 수 있는 전산 장비는 종래의 단일 기능 테크놀로지를 대체한다. 이와 같은 새로운 공정은 더 유연한 형태의 관리 등 더 유연한 시스템을 통해 통제된다.

- **더 역량 있는 노동자.** 포스트포디즘 시대의 노동자들은 더 까다롭고 복잡한 테크놀로지를 다루어야 하므로, 더 다양한 기술과 훈련을 필요로 한다. 이러한 새로운 테크놀로지는 더 큰 책임을 감당할 수 있고 더 큰 자율성을 가지고 일할 수 있는 노동자를 요구한다.
- **더 큰 차별화.** 포스트포디즘 시대의 노동자들이 다양해진다는 것은 더 차별화된 상품, 라이프스타일, 문화적 배출구를 원하게 된다는 뜻이다. 다시 말해, 일터에서의 차별화가 사회 전체의 차별화를 이끈다. 그 결과 소비자의 요구가 더 다양해지고 일터에서의 차별화가 더욱더 확대된다.

이와 같이 포스트포디즘의 요소들이 출현하고 있음은 기정 사실이지만, 낡은 스타일의 포디즘 요소들이 여전히 존재하며 사라질 기미도 없다. 포디즘의 역사가 끊어졌다는 증거는 없다. 오히려 포디즘과 공통점이 많은 '맥도날디즘McDonaldism'이라는 현상이 놀라운 속도로 확산되고 있다. 맥도날디즘과 포디즘의 공통점은 다음과 같다.

- 동질적인 제품들이 맥도날드 세계를 지배한다. 빅맥이나 에그 맥머핀, 치킨 맥너겟은 언제 어디를 가나 똑같다.
- 버거킹의 컨베이어 시스템이나 패스트푸드 업계에서 두루 사용되고 있는 감자튀김 기계, 탄산음료 기계는 헨리 포드의 조립 라인 시스템에 활용된 테크놀로지만큼이나 융통성이 없다.
- 패스트푸드점에서의 작업 절차는 고도로 표준화되어 있다. 심지어

종업원이 고객에게 하는 말까지도 규칙으로 정해져 있다.

- 패스트푸드점의 업무들은 탈숙련화되어 있다. 거의 또는 전혀 기술이 없어도 그 일을 할 수 있다.
- 노동자들은 동질적이고 따라서 교체 가능하다.
- 고객의 요구와 행위도 패스트푸드점의 필요에 따라 획일화된다. 감히 패티를 너무 많이 굽지 말아달라고 요청하면 안 된다. 맥도날드화는 소비 대상과 소비 방식을 균일화한다.

포디즘은 상당한 정도로 변형되어 맥도날디즘으로 변모되기는 했어도 여전히 건재하다. 게다가 조립 라인과 같은 고전적인 포디즘도 미국 그리고 세계 산업에서 존재감이 여전하다.

### 탈근대성: 맥도날드화에 대한 위협?

'포스트모더니즘'[69]이라고 알려진 더 일반적인 이론적 관점에서는, 우리가 근대사회와의 급진적인 단절을 표상하는 새로운 사회로 진입했거나 진입하고 있다고 주장한다. 탈근대성은 근대성에 뒤이어 와서 근대성을 대체한다. 근대사회는 고도로 합리적이고 엄격하다고 생각되는 반면 탈근대사회는 덜 합리적이고, 더 불합리하며, 더 유연하다고 간주된다. 탈근대성이 근대성의 자리를 차지했다고 보는 한, 탈근대사회 이론은 맥도날드화 명제에 반대된다. 전자는 불합리성이 늘어난다고 보는 반면 후자는 합리성이 증대된다고 보기 때문이다. 만일 우리가 정말로 새로운 탈근대 시대에 진입했다면 맥도날드화는 강력한 반발에 직면했을 것이다.

그러나 탈근대화에 관해 덜 급진적으로 보는 시각에서는 맥도날드 같은 현상이 근대적 성격과 탈근대적 성격을 동시에 갖는다고 볼 수 있다.[70] 데이비드 하비David Harvey는 근대성과 탈근대성 사이에 존재하는 여러 연속성에 관해 논의한다.[71] 하비의 주장에서 중심 개념은 시공간의 압축이다. 그는 모더니즘이 삶의 속도를 높이고 세계를 오그라들게 만들면서(예를 들어 컴퓨터는 문자메시지를 세계 어디로든 거의 즉시 보낼 수 있게 해준다) 시간과 공간 모두를 압축한다고 보았다. 또한 그 과정이 탈근대 시대에 들어서서 더 가속화되었다고 주장한다.

맥도날드화된 세계의 공간 압축을 보여주는 한 예로, 예전 같으면 외국에 나가거나 대도시에 가야만 먹을 수 있었던 음식을 이제는 미국 전역에서 쉽게 먹을 수 있다. 이탈리아, 멕시코, 케이준 스타일 음식을 먹을 수 있는 패스트푸드점이 확산된 덕분이다. 시간 압축의 경우도 비슷하다. 예전이라면 몇 시간이 걸려야 만들 수 있는 음식을 이제는 전자레인지로 몇 분 안에 만들 수 있고, 슈퍼마켓에서 이미 조리된 음식을 살 수도 있다.

근대성과 탈근대성의 연속성에 관해서는 프레드릭 제임슨Fredric Jameson의 주장이 가장 잘 알려져 있다.[72] 그는 ('근대적' 현상임에 틀림없는) 자본주의가 이제 '후기' 단계에 들어서기는 했지만 여전히 현대 세계를 지배하고 있다고 주장한다. 자본주의의 후기 단계에서는 "지금껏 상품화되지 않은 영역에까지 자본이 마구 확장된다."[73] 제임슨이 보기에 현대 자본주의의 요체는 그 다국적 성격, 그리고 (맥도날드나 이케아 같은) 다국적 기업이 상품의 범위를 방대하게 늘려왔다는 사실에 있다.

맥도날드화가 사라지거나 새로운, 즉 탈근대적인 구조에 자리를 내줄 기미가 없다는 것은 분명하다. 그러나 맥도날드화된 시스템이 근대적 요소(예컨대 시공간 압축과 같은)와 함께 여러 탈근대적 성격을 보여주고 있는 것도 사실이다. 따라서 맥도날드화되고 있는 세계는 근대성과 탈근대성 **모두를** 드러낸다고 말하는 편이 안전하다. 그리고 이 결론은 탈근대성이 맥도날드화를 가로막는 장벽이 되지 못함을 분명히 알려준다.

## 미래: 맥도날드화의 확장에 한계가 있는가?

지금까지 현대 세계에서 맥도날드화가 어떠한 입지를 가지고 있는지, 그리고 현재 일어나고 있는 주요 변화들과 어떠한 관계를 맺고 있는지 살펴보았다. 그 변화 중 무엇도 맥도날드화의 확장에 장애물이 될 수 없으며, 그러한 변화가 오히려 맥도날드화에 박차를 가할 수도 있다. 지금부터 다루려고 하는 에베레스트 산 등정의 예는 미래의 맥도날드화 확장에 한계가 없음을 보여준다.

죽음을 무릅쓴 1996년의 에베레스트 등정기인 존 크라카우어의 《희박한 공기 속으로Into Thin Air》에서 우리는 맥도날드화의 한계라는 쟁점을 읽어낼 수 있다. 일반적으로 말하면 산악 등반과 같은 위험한 행위를,[74] 구체적으로는 에베레스트 등정을 맥도날드화하려는 노력이 지속되어왔다는 점은 분명하다. 그러나 1996년의 등정에서 열두 명이 목숨을 잃었다는 사실을 볼 때, 이러한 "본질적으로 불합리한 행위"[75]를 완전히 합리화하기란 (적어도 지금으로서는) 불가능하다는 점 또한 분명해 보인다. 그 불합리성을 확인하고 싶다면 2014년 4월, 열여섯 명의 셰르파를 죽음에 이르게 한 에베레스트 눈사태를 상기해보라. 크라카우어는 그의 책에서 산악 등반을 맥도날드화하기 위해 수년에 걸쳐 이루어진 다양한 노력을 설명한다.

그 첫 번째는 정교한 암벽 등반 장비, 높은 고도에서 산소를 보충하기 위한 산소통, 등반 출발 지점까지의 이동(예전에는 이 이동에만 한 달 넘게 걸렸다)이나 환자 또는 부상자 구조를 위한 헬리콥터, 추락이나 심한 고산병 등에 관련된 의료 기술(및 의료 인력), 등반 중 연락을 지속할 수 있도록 하는 위성 전화, 컴퓨터, 인터넷, 팩스와 같은 기술적인 진보다. 크라카우어는 사람들이 혼자 힘으로 등반하지 않게 하고 기름칠 잘된 기계같이 잘 가동되도록 설계된 등반대의 조직 구조에 관해서도 언급했다. 그는 한

등반대 대장을 "인상적인 조직 관리 기법"과 "정교한 시스템" 차원에서 칭송하기도 했다.[76]

1996년의 에베레스트 등정 당시 합리화를 위한 노력이 드러난 가장 좋은 예는 "속성 고도 적응fast-track acclimatization" 시스템이다. 이는 심신을 쇠약하게 하는 높은 고도에 빠르게 적응할 수 있게 설계한 시스템으로,[77] 베이스캠프로부터의 왕복을 줄이고 한 번 갈 때마다 정해진 고도까지 트레킹하는 일정으로 구성된다. 즉 해발 5200m에서 4주, 해발 6500m 또는 그 이상의 고도에서 8박을 보낸 후, 해발 7300m에서 단 하룻밤만 지내고 나서 바로 8848m인 에베레스트 등정을 시작한다. 이전의 덜 합리화된 방식에서는 해발 6500m 또는 그 이상의 고도에서 더 많은 시간을 보내고, 정상으로 향하기 전 적어도 한 번 이상 해발 7900m를 올랐다. 크라카우어는 자신이 관찰한 바에 입각하여, "해발 6500~7300m 사이에서 보내는 8~9박의 적응 기간을 더 연장하면 분명 안전성이 높아질 것"이라고 조심스럽게 결론짓는다.[78]

에베레스트 등반을 맥도날드화하고자 했던 사람들은 등반 루트를 편하고 매끄러우며 안전한 "유료 도로"로 만들고 싶었던 것 같다.[79] 에베레스트 등정에서 나타날 수 있는 위험 요소가 통제 가능함을 증명할 수만 있다면, 그들은 더 높은 통행료를 징수하고 더 돈 많은 등반가들을 모집하려고 할 것이다. 한 등반대 대장은 이렇게 말했다. "우리는 빅 E(에베레스트 산을 일컬음-옮긴이)를 속속들이 파악해 완전히 수중에 넣었다. 말하자면 정상까지 노란 벽돌길을 깔아놓은 셈이다."[80]

그러나 에베레스트 원정이 "스위스 산악 열차처럼 달려갈 수 있는 일은 아니"라는 주장은 이러한 노력에 한계가 있음을 보여준다.[81] 또한 에베레스트 등반을 맥도날드화하려는 노력에서도 몇 가지 '합리성의 불합리성'이 나타난다. 우선, 여러 대규모 등반대가 등정을 시도한 까닭에 일종의 교통 체증이 발생하게 되었다. 돈을 내고 등반에 참여하려는 사람들은 훈련과 준비가 부족하고 가이드에게 의존하려는 경향이 있었다. 대부분 서로 낯모르는 사람들이어서, 같이 등반하는 사람들이 산악인으로서 어떤 강점과 한계를 가졌는지 잘 알지 못했다. 그들이 낸 돈 때문에 대장은 등반에 참여시킬 수 없다고 단호하게 말하지 못했다.

합리성의 불합리성을 가장 잘 보여주는 예는 적응 훈련에서 나타난다. 속성 고도 적응 방법은 효율적이며, 덕분에 사람들은 더 높은 곳까지 더 빠르게 오를 수 있고, 결과적으로 정상에 더 빨리 도달할 수 있다. 그러나 이 방법을 이용하려면 높은 고도에서 산소통에 의존해야 했다. 각 고도에서 적절한 적응 기간을 거치지 않았으므로, 1996년의 사고 당시 높은 고도에서 산소를 적절히 공급받지 못하게 된 상황에서 생존이 더 어려워진 것이다.

1996년의 등반이 보여주는 불합리성은 또 있다. 경험이 없는 대원들이 있었고, 가이드 중 한 명은 에베레스트 등반이 처음이었으며, 또 한 가이드는 눈에 띄게 이기적이었다. 한 등반대 대장은 주먹구구식이었고, 대장들 사이에 경쟁적인 라이벌 의식이 있었다. 하산을 시작할 때 한 등반대는 약속한 출발 시간을 어기기도 했다. 이러한 일들은 에베레스트 등반을 위한 노력이나 등반의 합리화 자체에 내재된 불합리성이 아니지만 어느 등반 상황에서든 문제를 일으킬 수 있다.

1996년의 등반에서 나타난 불합리성, 앞에서 본 합리성의 불합리성 외에 에베레스트 등정 자체가 가진 불합리성도 있다. 무엇보다 1921년에 조직적인 등반이 시작된 이래로 에베레스트에서 목숨을 잃은 사람만 200명이 넘는다. 고도가 높은 곳에 오를수록 신체적인 문제가 누적된다. 빙하가 균열되면서 등반대원들이 죽음에 이를 수도 있다. 산에서 바위가 굴러떨어지면 사상자가 발생한다. 에베레스트의 바람은 영하 40℃에 이른다. 가장 큰 불합리성은 날씨다. 1996년에는 전혀 예측하지 못한 폭풍이 정상에 오르려던 등반대원 열두 명의 목숨을 앗아갔다. 2014년에는 적어도 부분적으로는 지구온난화 때문이라 추정되는 갑작스러운 눈사태로 인해 셰르파 가이드 열여섯 명이 목숨을 잃었다(이는 에베레스트 등반 역사상 가장 큰 희생을 낸 단일 사고로 기록된다).

1996년과 2014년에 에베레스트에서 일어난 사고는 사람들이 아무리 최선을 다해 노력한다 해도 맥도날드화에 한계가 있음을 알려준다. 우리는 에베레스트 등반처럼 죽음을 무릅쓴 활동을 절대로 완전히 합리화할 수 없다. 그러나 앞에서 본 것처럼, 맥도날드화는 할 것인가 말 것인가의 이분법으로 볼 수 있는 프로세스가 아니라 정도의 문제다. 따라서 앞으로도 많은 사람들은 산악 등반에서의 불합리성을 최소화하려고 노력할 것이다. 미래의 산악인들은 과거의 재앙으로부터 교훈을 얻어 에베레스트 등반의 위험을 최소화하거나 제거할 방법을 개발할 수 있다. 예기치 않은 폭풍은 앞으로도 가장 큰 위험 요소겠지만, 기상예보 및 감지 장치를 개량하고 배치할 수는 있다.

에베레스트 등정 역사에는 앞으로 더 많은 사고와 희생이 기록되겠지만(갑작스러운 폭풍이나 눈사태는 또 일어날 것이다), 우리는 아마도 에베레스트 '정상에 이르는 노란 벽돌길' 비슷한 무언가를(디즈니가 운영하면 어울리겠다) 보게 될 것이다. 그러나 에베레스트의 매력을 발견했던 무모한 사람들은 그런 때가 오더라도 아직 덜 맥도날드화된 모험을 찾아다니거나 에베레스트 등반을 탈맥도날드화할 새로운 방법을 찾아낼 것 같다.

실제로 최근의 산악 등반은 등반의 맥도날드화를 더디게 하고 모험적인 요소를 강화하는 방향으로 전개되고 있다. 미국산악회 회장이 말했듯 "50년 전 산에서의 모험이란 누구도 가지 않았던 장소에 간다는 것을 뜻했다. … 이제는 그런 장소도 대부분 구석구석까지 탐험되었다. 아마도 모험이라는 말이 다시 정의되어야 할 것 같다."[82] 모험을 새로 정의하는 방식 중 하나로, 등반을 맥도날드화하는 데 도움이 되는 요소들을 제거하려는 사람들도 있다. 예를 들어 '단독자유등반가[free soloist]'라고 불리는 산악인들은 "순수한 등반의 단순성과 몰입"에 집중하기 위해 로프나 하네스 같은 맥도날드화된 안전 장비 사용을 거부한다.[83]

등반의 탈맥도날드화를 추구하며 가능한 한 빠른 등정을 목표로 삼음으로써 등반을 더 위험하게 만드는 사람들도 있다. 예를 들어 3970m인 아이거 산 등정은 1938년에 처음 이루어졌으며 1950년까지도 등정에 18시간이 걸렸다. 그런데 2011년에는 아이거 산 등정에 걸리는 시간이 2시간 28분으로 단축되었다. 이렇게 속도전 위주가 되면 등반을 맥도날드화하기가 더 어려워지며, 따라서 그러한 등반은 더 위험하고 더 모험에 가까워진다. 등반 속도를 높이는 데 주력하면 등반은 덜 맥도날드화되지만, 맥도날드화의 구성 요소 중 하나, 즉 속도 증가에 대한 계산가능성이 더 강조된다는 점은 흥미롭다. 속도를 강조하면 등반의 미학적인 측면은 틀림없이 약화된다. 실제로 속도를 중시하는 한 등반가는 스스로 "나를 훌륭한 등반가라고 볼 수는 없다"고 말하기도 했다.[84]

맥도날드화 과정을 가속화하는 힘은 분명히 존재한다. 그러나 자연적인 한계와 개개인의 관심(산을 빨리 오르는 데 대한)이 맥도날드화에 장애물이 되기도 한다. 자연과 개인 영역에서 여전히 장벽이 있다면, 사회적, 경제적인 영역에는 장애물이 없을까? 즉 미국뿐 아니라 전 세계에서 맥도날드화가 일어나 우리의 사회적인 삶과 경제적인 삶을 송두리째 뒤바꾸어놓는 일을 막을 만한 힘이 있을까? 9장에서 이 질문으로 다시 돌아와 맥도날드화를 가로막는 장애물들이 있음을 보게 될 것이다. 그리고 탈맥도날드화의 가능성에 대해서도 심층적으로 다룰 것이다.

# 3
# 효율성과
# 계산가능성

소비자 1

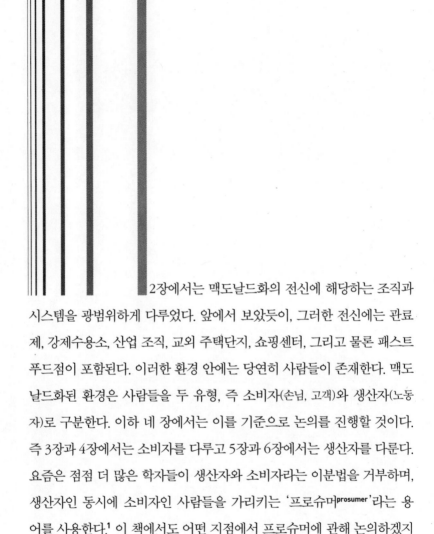

2장에서는 맥도날드화의 전신에 해당하는 조직과 시스템을 광범위하게 다루었다. 앞에서 보았듯이, 그러한 전신에는 관료제, 강제수용소, 산업 조직, 교외 주택단지, 쇼핑센터, 그리고 물론 패스트푸드점이 포함된다. 이러한 환경 안에는 당연히 사람들이 존재한다. 맥도날드된 환경은 사람들을 두 유형, 즉 소비자(손님, 고객)와 생산자(노동자)로 구분한다. 이하 네 장에서는 이를 기준으로 논의를 진행할 것이다. 즉 3장과 4장에서는 소비자를 다루고 5장과 6장에서는 생산자를 다룬다. 요즘은 점점 더 많은 학자들이 생산자와 소비자라는 이분법을 거부하며, 생산자인 동시에 소비자인 사람들을 가리키는 '프로슈머prosumer'라는 용어를 사용한다.[1] 이 책에서도 어떤 지점에서 프로슈머에 관해 논의하겠지만, 지금은 이 개념의 사용을 보류하고 소비자와 생산자를 별도로 다룬다.

이 장에서는 맥도날드화의 기본 특성 네 가지 중 효율성과 계산가능성이라는 두 측면에서 소비자에 관해 다룬다. 4장에서는 맥도날드화의 나머지 두 특성인 예측가능성과 통제라는 측면에서 소비자 문제를 다룰 것이다. 소비자에 초점을 맞추기는 하겠지만 불가피하게 노동자, 즉 생산자도 언급하게 될 것이다.

3장과 4장에서는 관광객, 학생, 야영객, 식당 손님, 환자, 임산부, 쇼핑객(인터넷 쇼핑객을 포함), 다이어트 도전자, 운동하는 사람, 데이트 상대(또는 섹스 상대)를 찾는 사람 등 광범위한 소비자를 다룬다.

## 효율성:
### 드라이브스루와 핑거푸드

아마도 효율성은 맥도날드화의 특성 가운데 현대사회의 속도 증가와 가장 자주 연관시켜 생각하게 되는 특성일 것이다. 효율성 증대는 적기공급생산, 더 빠른 서비스, 간소화된 절차, 빡빡한 일정의 이면에 있는 논리로, 일터에서부터 디즈니월드나 집에 이르기까지 어디에서나 작동한다.

효율성을 나쁘게 보는 사람은 없다. 효율성은 분명 소비자에게 이롭다. 적은 노력으로 더 빨리 필요한 것을 가질 수 있다는 뜻이기 때문이다. 효율적인 노동자는 더 빠르고 더 쉽게 맡은 업무를 수행할 수 있다. 더 많은 일을 처리하면 더 많은 고객을 감당할 수 있고, 그러면 돈을 더 많이 벌 수 있으므로 관리자와 소유주에게도 이득이다. 그러나 맥도날드화 전반이나 각 특성에 관해 살펴본 바와 마찬가지로, 효율성 증대를 좇다 보면 뜻밖의 비효율성, 소비자 및 노동자의 비인간화 등 불합리성이 발생한다.

효율성이란 주어진 목표를 달성하기 위해 최적의 수단을 선택하는 것을 말한다. 그러나 실제로 어떤 목표를 위해 가장 적합한 수단을 찾아내기란 어렵다. 역사적 제약, 재정 상황, 조직이 처한 현실, 인간 본연의 한계 같은 장애 요인들이 있으므로 효율성을 극대화하기란 쉽지 않다.[2] 그럼에도 불구하고 조직들은 효율성을 적어도 지금보다는 높일 수 있으리라는 희망를 갖고 효율성 극대화를 위해 계속해서 노력한다.

맥도날드화된 사회에서는 사람들이 스스로 목표 달성을 위해 최선의 수단을 찾아내려 하는 경우가 드물고, 대신에 이미 발견되어 제도화된 수단에 의존한다. 따라서 새로운 업무를 맡게 된 사람이 스스로 가장 효율적으로 일할 방법을 알아내리라고 기대하지 않는다. 그 대신 훈련을 받게 한다. 훈련은 오랜 시간에 걸쳐 해당 업무를 처리하는 가장 효율적인 방법이라고 밝혀진 내용을 가르치도록 설계된다. 업무를 수행하면서도 더 효율적으로 일하는 약간의 요령을 발견할 수는 있다. 요즘은 그런 경우 새로운 정보를 경영진에게 알려 그 업무를 담당하는 모든 노동자가 더 효율적으로 일할 수 있게 하라고 권장한다. 오랜 시간 동안 이런 방식이 거듭되면서 효율성(그리고 생산성)이 점차 높아졌다. 실제로 20세기 말에서 21세기 초까지 지속된 경제 호황은 효율성 및 생산성이 극적으로 증대해 인플레이션 없는 성장이 가능해졌기에 가능했다. 2007년 말에 시작된 대불황 이후에도 효율성은 높아졌지만, 이때는 고용주들이 새로운 생산방식을 발견해 고용을 축소했다.

분명 패스트푸드점이 효율성에 대한 열망을 만들어낸 것은 아니지만, 효율성을 점점 더 보편적 현실로 만드는 데 패스트푸드점이 이바지했음은 분명하다. 사람들은 패스트푸드점의 드라이브스루 같은 삶에 익숙해졌고, 그들이 요구하는 효율적인 운영을 위해 사회 여러 부문이 변화를 꾀해야 했다. 효율성의 여러 모습 가운데에는 패스트푸드점의 영향을 직접적으로 보여주는 것도 있고, 일부는 더 앞서 나타나 패스트푸드점이 지금과 같은 모양새를 갖추는 데 기여한 것도 있다. 그러나 그 모두 효율성에 대한 몰두를 보여준다는 점에서는 공통적이며 맥도날드화가 그러한 몰두의 동력이라는 점에는 틀림이 없다.

### 절차의 간소화

이번에는 절차의 간소화, 제품의 단순화, 고객에게 일 시키기라는 세 주제로 효율성에 관해 논의해 보자.

#### 패스트푸드 산업: 더 빨리 들어와서 더 빨리 나가게 하라

앞 장에서 지적했듯이, 레이 크록은 맥도날드 매장의 절차를 간소화하여 종업원의 효율성뿐 아니라 손님의 효율성까지 높일 방법을 찾는 데 몰두했다. 예를 들어, 패스트푸드점에 손님이 들어오고 나가는 과정은 여러 방식으로 간소화되었다. 맥도날드는 "들어올 때부터 나갈 때까지 속도를 높이기 위한 모든 수단"을 활용했다.[3] 주차장은 매장에 바로 붙어 있고 언제든 주차할 수 있다. 계산대까지는 몇 걸음 안 되며, 줄을 서서 기다려야 할 때도 있지만 대개는 금방 주문하고 음식을 받고 계산할 수 있다. 다양하게 선택할 수 있는 다른 음식점과 대조적으로 맥도날드는 메뉴도 몇 가지 안 되니 고르기 쉽다. ('분점'이나 '익스프레스' 매장의 메뉴는 일반 매장보다 더 간단하다.) 음식을 받으면 몇 걸음 걸어 테이블로 가서 바로 식사를 시작한다. 오래 머물 이유가 없다. 사람들은 신속하게 먹고 포장용기나 종이를 모아 바로 옆에 있는 쓰레기통에 버리고 차로 돌아가 또 다른 맥도날드화된 활동을 하러 다음 장소로 이동한다.

패스트푸드점 경영자들은 드라이브스루 창구가 이 모든 과정을 훨씬 더 효율적으로 만든다는 사실을 알게 되었다. 이제 손님들은 차를 주차하고, 계산대까지 걸어와 줄을 서서 기다리고, 주문하고, 계산하고, 음식을 테이블로 가져가고, 먹고, 쓰레기를 처리하는 '힘들고 비효율적인' 일을 할 필요가 없다. 창구까지 차를 몰고 가 음식을 받아서 바로 출발하는 간소화된 방법이 생겼기 때문이다. 효율성을 더 높이고 싶다면 운전하면서 먹으면 된다. 드라이브스루 창구는 패스트푸드점 입장에서도 효율적이다. 드라이브스루를 이용하는 사람들이 늘어날수록 주차 공간, 좌석, 종업원 수를 줄일 수 있기 때문이다. 더군다나 소비자가 쓰레기를 가져가 주므로 쓰레기통 개수나 쓰레기통을 주기적으로 비우는 종업원 수도 줄일 수 있다.

근대 테크놀로지는 간소화를 더욱 진전시킨다. 캘리포니아 주의 한 타코벨 매장은 다음과 같이 효율성을 높이고 있다.

> 음식점 안에서는 고객이 터치스크린 컴퓨터에 직접 주문을 입력해서 타코와 브리또를 살 수 있다. 바깥에서는 드라이브스루 고객이 비디오 모니터로 주문 내역에 실수가 없는지 확인한다. 차를 탄 채 업무를 볼 수 있는 은행 서비스를 이용할 때처럼 계산을 하고 나서, '받아가는 곳' 창구에 가면 음식과 거스름돈이 나와 있다. 줄이 너무 길어지면 종업원이 무선 단말기를 들고 나와 주문을 받기도 한다.[4]

이와 유사하게, 맥도날드도 유럽에서 터치스크린을 활용함으로써 계산대에 배치되는 종업원을 없애 주문과 지불 과정을 간소화하려고 계획하고 있다.[5]

점점 더 많은 패스트푸드점에서 신용카드와 직불카드를 받는 것도 효율성을 높이기 위해서다.

**가정식 (그리고 관련된 현상들): "요리할 시간이 없다"**

패스트푸드점의 여명기였던 1950년대 초, 패스트푸드에 대한 주요 대안은 가정식이었다. 가정식이란 대개 다양한 종류의 식료품점이나 초기

형태의 슈퍼마켓에서 사 온 재료로 만들어졌다. 수렵 채취와 같은 더 오래된 방식에 비하면 분명 더 효율적인 음식 준비 방법이었다. 요리책도 가정식을 더 효율적으로 만드는 데 크게 기여했다. 끼니 때마다 새로운 요리를 구상하지 않고 책에 있는 조리법에 따라 더 효율적으로 음식을 만들어낼 수 있었다.

곧 가정용 냉장고가 널리 보급되면서 냉동식품의 생산이 증가했다. 가장 효율적인 냉동식품은 이른바 'TV디너'였다(어떤 사람들에게는 지금도 그렇다). 스완슨Swanson 사는 1953년에 알루미늄 포장 용기에 든 TV디너를 출시했는데, 첫해에만 2500만 개를 팔았다.[6] 대용량 냉장고가 등장하자 조금씩 여러 번 장을 보는 대신 한 번에 많은 양을 구매할 수 있게 되어 또 한 번 효율성이 높아졌다.

그러나 전자레인지용 식품의 발명과 함께 오븐용 냉동식품도 상대적으로 비효율적인 것이 되었다.[7] 전자레인지를 이용하면 오븐보다 더 신속한 조리가 가능하며, 만들 수 있는 음식도 다양하다. 무엇보다 중요한 것은, 전자레인지로 인해 패스트푸드점 음식을 연상시키는 수많은 제품(전자레인지용 수프, 피자, 햄버거, 프라이드 치킨, 감자튀김, 팝콘 등)이 양산되었다는 점이다. 예를 들어 호멜Hormel 사가 만든 최초의 전자레인지용 식품 중 하나는 비스킷으로 만든 아침 식사용 샌드위치였는데, 맥도날드가 대중화한 에그 맥머핀과 유사했다.[8] 한 외식업 전문가의 말처럼 "아침 식사용 샌드위치를 먹으러 굳이 맥도날드에 가지 않아도 집에 있는 냉장고에서 비슷한 것을 꺼내 먹을 수 있다."[9] '집에서 만든' 패스트푸드가 어떤 부분에서는 패스트푸드점 음식보다 더 효율적으로 보인다. 차에 타지 않아도 되고, 매장까지 운전하지 않아도 되며, 집에 다시 돌아오지 않아도 된다. 그저 좋아하는 음식을 전자레인지에 넣기만 하면 되는 것이다. 물론 전자레인지용 음식을 먹으려면 미리 장을 보기는 해야 한다.

집에서 요리를 하고 싶기는 하지만 더 효율적으로 하기를 원하는 사람들을 위한 제품들이 벌써 오래전에 나왔다. 재료를 하나하나 따로 준비할 것 없이 포장되어 있는 각종 베이킹 믹스 제품을 이용하면 '홈메이드' 케이크, 파이, 팬케이크, 와플 등을 쉽게 만들 수 있다. 사실 이제는 집에서 포장을 뜯기만 하면 되는 음식들만으로도 한 끼를 충분히 먹을 수 있다. 딘티 무어<sup>Dinty Moore</sup> 사의 클래식 베이크<sup>Classic Bake</sup> 제품은 너댓 명이 먹을 수 있는 캐서롤 식단(쇠고기 스튜와 빵)으로 한 끼가 충분히 된다. 게다가 "단 몇 분 안에 따끈하고 푸짐한 식사를 편리하게 준비할 수 있다"고 약속한다.

최근에 또 다른 경쟁 제품으로 부각되고 있는 완전 조리 식품도 슈퍼마켓에서 손쉽게 살 수 있다. 사람들은 귀갓길에 슈퍼마켓에 들러 포장되어 있는 메인 요리, 또는 한 끼 전체를 살 수 있다. 어떠한 조리 과정도 없으므로, 포장만 뜯으면 식사 준비가 끝난다.

음식을 준비하고 먹는 일이 맥도날드화되면서 호황을 누리고 있는 다이어트 산업도 영향을 받는다. 체중 감량은 힘들고 시간이 드는 일이기 마련이지만, 다이어트 안내서들은 하나같이 쉽고 빠르게 살을 뺄 수 있다고 장담한다. 저열량식을 만드는 법도 간소화되었다. 다이어트를 하는 사람들은 이제 재료 손질부터 시작할 필요 없이 냉동식품이나 전자레인지용으로 시판되는 다이어트 식품을 구매하면 된다. 다이어트 식단을 따르는 비효율적인 과정을 거치고 싶지 않다면 다이어트 셰이크나 바(예를 들면 슬림패스트) 같은 제품으로 준비와 식사까지 몇 초 안에 해결할 수 있다. 더 높은 효율성을 원한다면 빠르게 체중을 감량하는 약(지금은 금지된 펜펜이나 여전히 시판 중인 제니칼 등)을 복용할 수도 있다. 미용 성형수술이나 더 과격한 위장 축소수술도 있다.

제니 크레이그, 뉴트리시스템,[10] 웨이트 와처스, 커브스(이곳은 고도로 효율적인 30분짜리 운동 방법을 제시하는 피트니스 센터다) 같은 다이어트 센터의 성장에서 볼 수 있듯이, 다이어트라는 쟁점은 집 밖에서 새로운 효율성 문제를 제기한다.[11] (요즘은 스마트폰에서 사용할 수 있는 체중 감량 및 건강 관련 앱도 무척 많아서, 쉽게 접속해 더 효율적으로 살을 뺄 수 있다.) 뉴트리시스템은 다이어트 도전자들에게 실속 있는 가격으로 냉동건조식품을 판다.

### 쇼핑: 더욱 효율적인 판매 기계의 발명

식품만 구매 과정이 간단해진 것이 아니다. 도시와 교외에 흩어져 있는 여러 전문 매장을 돌아다니는 것보다 백화점 쇼핑이 더 효율적이라는 점은 자명하다. 쇼핑몰은 한 건물 안에 여러 백화점과 전문 매장들을 모아놓음으로써 효율성을 높인다.[12] 여러 점포와 백화점이 군집해 있으면 자연히 사람들이 모여들게 되므로('쇼핑몰 시너지 효과'), 쇼핑몰은 소매업자에게 비용 대비 효율적이다. 또한 한곳에서 여러 점포를 방문하고, 푸드코트(대개 여러 패스트푸드 체인이 입점해 있다)에서 점심을 먹고, 영화를 보고, 음료수를 마시고, 운동을 하러 가거나 다이어트 센터에도 갈 수 있다는 점에서 소비자에게도 효율적이다.

쇼핑의 효율성을 재촉하는 노력은 쇼핑몰에서 끝나지 않는다. 세븐일레븐과 그 복제품들(서클케이, 에이엠피엠, 와와 등)은 드라이브스루까지는 아니더라도 차로 입구 바로 앞까지 갈 수 있는 미니 슈퍼마켓이 되었다. 사려는 품목이 몇 개 안 되는 고객에게는 고도로 간소화된, 게다가 출입구 바로 앞에 주차할 수 있는 세븐일레븐(전 세계에 세븐일레븐 매장이 5만 3천 개 있다[13])이 슈퍼마켓보다 (물건 값은 조금 비싸더라도) 훨씬 효율적이다. 드넓은 주차장에 주차할 필요도 없고, 카트를 밀고 필요한 물건을 찾기 위해 수많은 통로 사이를 헤집고 다닐 필요도 없다. 계산대 앞에서 줄을 서거나 산 물건들을 들고 다시 주차장을 가로질러 차를 세워둔 곳(입구에서 멀리 떨어져 있기 일쑤다)까지 가지 않아도 된다. 세븐일레븐은 빵, 우유, 담배,

아스피린, 그리고 뜨거운 커피나 핫도그, 전자레인지용 샌드위치, 탄산음료, 슬러피(세븐일레븐의 슬러시 상품명-옮긴이) 같은 셀프서비스 품목 등 사람들이 자주 찾는 상품들로만 진열대를 채운다. 쉽게 구할 수 없는 많은 품목을 취급하되, 각 품목별로 한 브랜드의 상품만을 판다는 세븐일레븐의 원칙은 그들만의 독특한 효율성을 구축한다.

노스캐롤라이나의 작은 편의점 체인인 브루 스루Brew Thru는 빠르고 편리하며 훨씬 더 효율적이다. 브루 스루에는 차를 탄 채 들어갈 수 있다. 들어서면 좌우에 편의점 상품들이 열을 지어 쌓여 있다. 주력 상품은 와인과 맥주이며, 통 단위로 파는 대용량 맥주도 있다. 점원이 차로 와서 주문을 받아 원하는 물건을 가져다주고 돈을 받아 가면, 곧장 빠져나와 가던 길을 갈 수 있다.[14]

선택의 폭을 넓히고 싶다면 상대적으로 비효율적인 슈퍼마켓에 가야할 것이다. 물론 슈퍼마켓도 편의점에 고객을 빼앗기지 않으려고 자동화된 무인계산대(셀프체크아웃)나 15품목 이하 소량 전용, 수표 결제 불가 계산대 제도를 도입해 쇼핑의 효율성을 높여왔다.

쇼핑몰에 갈 시간이 없는 소비자들은 집에 편히 앉아서 (예를 들어 L. L. 빈이나 랜즈엔드 같은 의류 브랜드의) 카탈로그를 보며 쇼핑할 수 있고, 최근에는 아마존, 오버스탁, 자포스 같은 온라인 사이트도 손쉽게 이용할 수 있다.[15] 또 다른 대안으로 텔레비전 홈쇼핑도 있다. 카탈로그나 TV, 특히 온라인을 통한 쇼핑의 효율성은 페덱스FedEx나 UPS 같은 택배 시스템으로 인해 한층 더 높아졌다.

인터넷은 쇼핑의 효율성 증대에 막대한 영향을 끼친, 가장 중요한 요인이다. 예를 들어, 책 한 권을 사러 (2011년 파산해 문을 닫은 보더스Borders나 경영난을 겪고 있는 반스앤노블Barnes & Noble이 보여주듯 사라질 위기에 처한) 대형 서점에 가거나 (역시 사라져가고 있는) 작은 서점 몇 군데를 전전하는 대신에 아마존닷컴$^{Amazon.com}$에 접속해 손가락만 까딱하면 수백만 종의 책을 찾아볼 수 있다.[16] 원하는 책을 골라 결제하고 가만히 앉아서 배송을 기다리기만 하면 보통 하루나 이틀 안에 받아볼 수 있다. 전자책과 전자책 단말기(아마존 킨들이 대표적이다)의 출현은 서적 구입 과정의 효율성을 극대화했다. 이제는 주문하자마자 책을 다운로드할 수 있다. 실제로 2011년 아마존에서는 킨들용 전자책 판매 부수가 처음으로 인쇄된 책 판매 부수를 넘어섰다.[17] 아이튠스 등을 통해 음원을 다운로드하는 과정도 이와 유사하다.

물론 그 외에도 수많은 인터넷 쇼핑몰(오버스탁 등)이 있으며 이제 인터넷에서 살 수 없는 것이 없다고 해도 과언이 아니다. 판매자와 구매자가 고도로 효율적인 방식으로 거래할 수 있게 해주는 이베이$^{eBay.com}$도 있다. (이베이에 관해서는 9장에서 맥도날드화와 탈맥도날드화에 관해 논의할 때 다시 다룰 예정이다.) "가상 약국"을 이용하면 병원 방문 없이 처방약을 살 수 있고, 인터랙티브MD$^{InteractiveMD}$ 같은 서비스를 이용하면 "온라인 의사"와 상담도 할 수 있다.[18]

온라인 쇼핑의 효율성과 관련해 종종 간과되는 측면 중 하나는 업무 중에도 쇼핑할 수 있다는 사실이다.[19] 고용주는 이 때문에 업무 효율성이 떨어진다고 생각하겠지만, 노동자이자 소비자인 당사자 편에서 보면 분명 매우 효율적이다.

물론 인터넷 쇼핑을 더욱 효율적으로 만들려는 노력은 계속되고 있다. 자동으로 웹에서 특정 제품의 최저가, 최단 시간 배송 쇼핑몰을 찾아주는 쇼핑 로봇, "온라인 가격 비교 서비스"도 있다.[20] 예를 들어 구글에는 "구글 상품 검색" 서비스가 있어서 "의류, 컴퓨터, 꽃 등등 카테고리를 선택하거나 검색어를 입력하면 해당되는 제품 목록을 볼 수 있는데, 제품별로 왼쪽에는 썸네일 사진, 오른쪽에는 간단한 설명, 가격, 판매자 정보가 있다."[21] 그러나 바로 아마존닷컴으로 가는 편이 훨씬 더 효율적이다. 아마존에는 없는 물건이 없고, 온라인 가격 비교 서비스 없이도 저렴한 가격에 판매되는 제품을 볼 수 있기 때문이다.

모든 유형의 쇼핑에 해당되지만 신용카드의 보급은 특히 원거리 주문의 효율성을 한층 높였다.

### 고등교육: 맥유니버시티의 멀티태스킹

현대의 대학교(이른바 "맥유니버시티")[22] 학생들은 노트북과 스마트폰을 활용해 다양한 방식으로 멀티태스킹을 함으로써 더 효율적으로 수업을 듣고자 한다. 강의를 듣다가 관련 내용을 찾아보기 위한 구글 검색은 유익할 수 있지만, 온라인 게임을 하거나 페이스북에 글을 남기거나 스마트폰으로 메시지를 보내는 행위는 수업에 방해만 될 것이다. 학생들이 효율적으로 교수를 평가할 수 있고 다른 학생들이 매긴 점수도 볼 수 있는 레이트마이프로페서RateMyProfessors.com도 주목할 만하다.

위키피디아는 교수와 학생 모두에게 효율적인 정보원이 되었다. 교수들 대부분이 위키피디아 이용을 비판하던 때도 있었지만 점차 그 유용성을 받아들이게 되었다. 교수들은 이제 스스로도 위키피디아를 이용하고 수강생들에게도 위키피디아 이용을 허용하거나 심지어 독려한다.

대학에서 나타나는 쓸모없는 효율성 중 하나는 완성되어 있는 과제물을 온라인으로 구매할 수 있게 되었다는 점이다. 다양한 웹사이트[23]가 "초저가"에, 예를 들면 페이지당 12.99달러만 내면 어떤 주제에 관해서든 베끼지 않은 맞춤형 보고서를 보내주겠다고 약속한다. 맥도날드화에 관한 열 페이지짜리 보고서를 130달러가 채 안 되는 값에 살 수 있는 웹사이트도 있다(물론 추천하지는 않는다!).[24] 부정행위를 할지 말지 결심하지 못하고 머뭇거리다 시간을 다 보낸 학생들을 위한 급행 서비스(48시간 이내에 받아보아야 한다면 페이지당 14.99달러)도 있다. 하지만 표절한 보고서를 찾아내주는 웹사이트(예를 들면 턴잇인닷컴Turnitin.com)도 있어서, 교수들이 표절을 추적하는 효율적 시스템을 무기 삼아 표절로 효율성을 꾀하는 학생들에 맞설 수도 있으니 조심해야 한다.[25]

### 의료: 간이 긴급 진료소

근대적인 의료 서비스와 그 소비자, 즉 환자는 효율성 추구에 대한 면역이 있으며 더 일반적으로 말하자면 합리화 과정과는 무관할 것이라고 여겨질지도 모른다. 그러나 의료 역시 맥도날드화되어 왔다.

의료 행위에서의 효율성 증가를 가장 잘 보여주는 예로, 뉴욕 시의 DR(두에인 리드) 워크인 메디컬 케어DR Walk-In Medical Care처럼 예약 없이 이용할 수 있는 외과 또는 응급 진료 센터가 성장하고 있다는 점을 들 수 있다.[26] '맥닥터' 또는 '간이 긴급 진료소docs-in-a-box'로 불리는 이런 소규모 병원들은 고도로 효율적인 진료를 원하는 환자들에게 서비스를 제공한다. 각 센터는 제한된 수의 간단한 진료만 제공하지만 매우 신속하다. 베인 상처를 꿰매는 일이 햄버거를 사는 것만큼 간단할 수는 없지만, 원리는 많은 면에서 동일하다. 우선 단골 의사에게 진료를 예약하고 기다리기보다는 예약 없이 바로 진료받는 편이 더 효율적이다. 또한 피부가 조금 찢어졌을 때처럼 긴급하기는 하지만 사소한 문제가 생겼다면, 종합병원 응급실까지 찾아가기보다는 맥닥터에게 가는 편이 더 효율적이다. 일부 종합병원은 응급의료 전문의와 의료진을 갖추고 있지만, 대체로 종합병원은 위중한 문제를 주로 다루는 곳이어서 (아직은) 효율성에 가장 큰 비중을 두지 않는다. 또한 간이 긴급 진료소에서는 환자가 개인병원 의사에게 기대하는 종류의 개인적인 (따라서 비효율적인) 배려를 구조적으로 허용하지 않고, 바로 이 때문에 개인병원보다 효율적이다.

더 최근에는 약국(예를 들면 CVS), 그리고 심지어는 슈퍼마켓, 할인점, 대형 마트에도 1분 진료소가 생겼다.[27] 여기에서는 임상 간호사와 의사 보조인력들이 사소한 의료 문제에 대해 효율적으로 도움을 준다고 한다. 동네 약국이나 슈퍼마켓에서 독감 예방주사를 맞는 일도 점점 더 흔해지고 있다. (정육점 옆에서 정육점 주인이 주사를 놓을지도 모른다. 물론 농담이다!)

### 엔터테인먼트: 사람도 쓰레기도 효율적으로 옮긴다

극장에 가서 영화를 보는 것이 비효율적이라고 생각하는 사람들이 많아졌다. 한동안은 DVD와 DVD 대여점이 인기였던 때도 있었다. 한때 미국 최대 비디오 대여점 체인이었던 블록버스터Blockbuster 사는 "비디오 업계의 맥도날드"를 자임했다.[28] 그러나 블록버스터는 2010년 말 파산했다.

비디오 대여 사업은 더 효율적인 대체물로 변신했다. 그 한 예가 비디오 대여 기계다. 한때 맥도날드가 소유했던 레드박스Redbox 사가 이 분야의 선두 주자다. 그러나 넷플릭스Netflix(아마존이나 아이튠스, 블록버스터, 레드박스도 유사한 시스템을 갖고 있다)나 (합법적이든 불법적이든) 무료 스트리밍 서비스를 통해서도 영화를 볼 수 있게 된 것을 생각하면 레드박스의 대여 기계는 한물간 방식이다. 또한 여러 케이블 TV에서는 편당 요금 부과(pay-per-view) 방식으로 주문형 비디오 서비스를 제공한다. 정액 요금을 지불하면 현재 방영 중인 프라임 시간대 TV쇼, 고전 명작 TV 프로그램, 영화, 다큐멘터리 등 카탈로그에 있는 모든 콘텐츠를 다운로드할 수 있는 훌루Hulu.com도 있다.[29] 집에서만이 아니라 모바일 디바이스로 어디에서나 볼 수 있다. TiVo 같은 DVR(디지털비디오녹화기-옮긴이)을 이용하면 TV를 보면서 다른 채널에서 하는 TV쇼를 녹화할 수 있고, 방송 중인 프로그램의 되감기나 잠시 멈춤도 가능하다. 한 프로그램만으로 만족하지 못한다면 '화면 속 화면(picture-in-a-picture)' 기능을 이용해 영화를 보면서 삽입 화면으로 좋아하는 TV쇼도 함께 볼 수 있다. 또한 위성 네트워크 덕분에 몇 개의 축구 경기를 동시에 볼 수도 있다. 디시<sup>DISH</sup> 사의 'NFL 레드존' 서비스는 볼이 상대편의 20야드 라인 내에 들어가면 바로 그 경기 장면을 송신해준다.

엔터테인먼트 세계에 적용된 또 다른 효율성은 근대적 놀이공원, 특히 디즈니랜드와 디즈니월드가 사람들을 이동시키는 방식에서 발견된다.[30] 하루에 수천 대씩 들어오는 차량은 적절히 각 주차 구역에 배치된다. 셔틀 버스는 방문객들을 태워 공원 입구에 풀어놓는다. 공원에 들어서면 자연스럽게 엄청나게 긴 줄에 서게 되는데, 그 줄은 거대한 컨베이어 벨트처럼 사람들을 이 놀이기구에서 다른 놀이기구로 옮겨놓는다. 한 어트랙션에 도착하면 사람들은 자동차나 보트, 잠수함, 비행기, 로켓, 혹은 무빙워크에 실려 신속하게 그곳을 통과해 빠져나가게 된다.

디즈니월드의 성공은 스스로를 괴롭히기도 했다. 고도로 효율적인 시스템으로도 관광객이 가장 많이 몰리는 시즌에는 인파를 감당할 수 없었던 것이다. 이 때문에 디즈니는 1999년부터 패스트패스<sup>FASTPASS</sup> 시스템으로 이 문제를 해결하고자 했다. 패스트패스는 방문객에게 해당 놀이시설을 이용할 수 있는 시간을 미리 지정해주어, 그 시간에 오면 다른 줄보다 훨씬 빠른 패스트패스 줄을 통해 입장하게 하는 제도다. 물론 패스트패스 발행 숫자에는 제한을 둔다. 모든 어트랙션에서 모든 방문객이 패스트패스를 이용한다면 하나 마나 한 일이 될 것이기 때문이다. 디즈니 리조트의 줄은 여전히 길고 패스트패스 줄조차도 그리 짧지 않다. 2014년 디즈니는 대기 시간을 줄이고 효율성을 더 높이기 위해 패스트패스플러스<sup>FastPass+</sup> 시스템을 도입했다. 이번에는 방문객당 최대 세 개의 어트랙션에서만 미리 시간을 예약할 수 있게 했다.[31]

디즈니월드가 효율적으로 관리해야 할 대상은 사람들만이 아니다.[32]

놀이공원에 모여드는 대규모 인파가 먹어치우는 음식(패스트푸드, 특히 정 거푸드가 대부분이다) 양은 엄청나고, 따라서 발생하는 쓰레기의 양도 엄청 나다. 만일 디즈니월드가 폐장 후에만 쓰레기를 치운다면 쓰레기통은 순 식간에 흘러넘칠 것이다. 그런 처참한 광경을 방지하기 위해(무균실 같다 고 말하는 사람도 있을 만큼 질서와 청결은 맥도날드화된 세계 전반, 그리고 특히 디 즈니월드의 핵심 요소이므로, 그런 흉물스러운 모습은 용납할 수 없다) 수많은 직 원들이 끊임없이 쓸고, 줍고, 쓰레기통을 비운다. 구체적인 예로, 디즈니 의 야간 퍼레이드 행렬 뒤에는 항상 청소 담당 직원들이 따라붙어 쓰레 기나 동물의 배설물을 즉시 처리한다. 따라서 불과 몇 분 만에 퍼레이드 가 지나간 흔적조차 사라진다. 또한 디즈니월드 지하에는 정교하게 설계 된 수송관이 설치되어 있다. 쓰레기들은 이 관을 통해 시속 95km의 속도 로 이동해 방문객의 시야 밖에 있는 중앙 쓰레기 처리장에 모인다. 디즈 니월드는 여러 의미에서 '마법의 왕국'이다. 한 작가는 고도로 합리화된 근대적 놀이공원의 다른 예인 부시 가든Busch Gardens을 그 조상격인 지역 축 제나 코니 아일랜드에 비교하면서 이렇게 묘사한다. "먼지 자욱했던 행사 장은 사라졌다. … 그 자리에는 광대하고 자족적인 환경이 들어섰다. … 이 **효율성**을 따라잡을 수 있는 도시는 없다."[33]

### 온라인 및 스마트폰 데이트: "윙크" 하나로 관심을 표현하라

쉽게 같이 어울리거나 시간을 보낼 수 있는 이 시대의 젊은 사람들은 데이트(dating)가 구시대적(dated)이고 비효율적이라고 여기게 되었다. 하 지만 조금 나이가 들면 그저 단순히 어울릴 상대를 찾기가 쉽지 않다. 인 터넷과 이하모니eHarmony.com, 매치Match.com 같은 온라인 서비스를 통해 데이 트 상대를 찾을 수 있게 되면서 데이트라는 비효율적인 과정도 간소화되 어 왔다.[34] (데이트 상대를 효율적으로 찾는 것보다 섹스에 더 관심이 있는 사람은

126　　　맥도날드 그리고 맥도날드화

www.findsex.com 같은 사이트나 크레이그리스트의 '가벼운 만남' 게시판을 이용하면 된다.[35] 클릭 한 번만 하면 가까운 지역에서 (따라서 만나러 가기 위해 먼 길을 갈 필요 없는) 특정 연령대의 남자나 여자를 찾을 수 있다. 그런 사이트는 '매력적인 외모', '활발한 성격' 같은 검색어를 제공하므로, 특정 부류의 사람을 더 쉽게 찾을 수 있다. 기준에 맞는 데이트 상대 후보 프로필 수백 개를 금방 스크롤해 볼 수 있다. 마음에 드는 프로필을 발견하면 클릭 한 번으로 '윙크'를 보낸다. '관심 목록' 저장도 클릭 한 번이면 되며, 그렇게 저장해두면 한 상대와 잘 풀리지 않을 때 금방 다른 상대를 찾아서 연락할 수 있다.

데이트 상대를 찾았다 하더라도 관계가 깨질 가능성은 언제나 있다. 그러면 내가 차버린 상대가 내 프로필을 보지 못하게 차단할 수 있다. 가장 좋은 점은 그 웹사이트에, 또는 이미 추려놓은 관심 목록에 방대한 대안들이 있으므로 금방 또 다른 데이트 상대를 찾을 수 있다는 것이다.

최근에는 스마트폰과 모바일 데이트 서비스, 관련 앱, 위치 정보 테크놀로지로도 상대를 찾을 수 있다. 이제는 컴퓨터 앞에 묶여 있을 필요 없이 이동 중에도 데이트할 사람을 구할 수 있다. 따라서 훨씬 더 신속하게, 그리고 효율적으로 데이트 약속을 할 수 있다.

### 그 밖의 사례: 영적 성숙에 이르는 열 단계

발리 토탈 피트니스, 골드 짐, 24아워 피트니스 같은 근대적인 헬스클럽 체인들도 효율성을 무척 중요하게 여긴다.[36] 헬스클럽에는 운동기구, 러닝 트랙, 수영장 등 고객의 체중 감량과 체형 관리를 위해 필요한 것이라면 무엇이든 있다. 러닝 머신, 스텝 머신, 일립티컬 러너, 누워서 타는 실내 자전거는 심혈관 건강에 도움이 되고 웨이트 기구들은 특정 신체 부위의 근력을 신장시킨다. 그중에는 소모된 열량을 정확히 알려주는 기

구도 많다. 사람들은 운동을 하면서 TV를 보거나 책을 읽거나 음악을 들을 수 있다.[37]

효율성 증대를 위해 간소화를 꾀한 다른 사례도 많다. 드라이브스루 창구와 ATM 덕분에 은행 고객(과 은행 직원)의 거래를 간소화했다. 사람들은 스마트폰으로 사진을 찍어 바로 다른 스마트폰 사용자에게 (또는 이메일로) 전송할 수 있다. 주유소 고객들은 카드 투입구에 신용카드를 넣기만 하면 되므로, 주유소 직원들과 접촉하거나 도움을 받을 필요가 없어졌다. 엑슨모빌Exxon Mobil 사의 '스피드패스'는 자동차 열쇠고리나 자동차 뒷창문에 부착된 무선응답기가 무선주파수를 이용하여 주유기와 교신하는 시스템이다(유사한 테크놀로지가 미국의 많은 유료도로 통행료 수납에도 사용되고 있다). 자동차가 멈춰 서면 주유기가 활성화되고 정확한 금액이 운전자의 신용카드로 청구된다. 휴대전화를 통한 결제도 점점 더 중요해지고 있다.

종교조차도 드라이브인 교회와 예배 중계 방송을 통해 간소화되었다.[38] 기독교 전문 서점에는 "'영적 성숙'에 이르는 열 단계나 60분 만에 좋은 부모가 되는 법을 알려주겠다는 안내서"가 가득하다.[39]

예전에 컴퓨터 사용자들이 직접 해야 했던 많은 일들을 이제는 구글, 야후, 빙 같은 검색엔진이 한다.[40] 인터넷 초창기에는 원하는 정보를 찾으려면 컴퓨터 프로그램에 대한 난해한 기술과 지식이 필요했다. 그러나 지금 사용자들이 해야 할 일이라고는 검색엔진에 접속해 검색어를 입력하는 것뿐이며, 이동 중에도 간단히 할 수 있다. 이는 탈숙련화다. 사용자들이 많은 기술을 갖고 있을 필요가 없다. 기술은 이미 시스템에 내장되어 있기 때문이다. 최근에는 딜리셔스Delicious, 플리커Flickr, 유튜브, 디그Digg 같은 서비스에서 이루어지는 '포크소노미folksonomy' 덕분에 사람들이 달아놓은 '태그Tag'를 이용해 더 효율적으로 검색할 수 있다. 태그란 사용자들이 플리커에 올리는 사진 같은 데 덧붙이는 짧은 설명(보통 한 단어)을 말한다. 자전거를 타는 광대의 사진을 플리커에서 찾고 싶다면, '광대', '자전거'로 검색하여 이 두 태그가 달린 모든 사진을 볼 수 있다.

인터넷은 선거운동[41]이나 의학 심포지엄[42] 같은 활동도 더 효율적으로 만든다. '달팽이 메일(snail mail)'이라고 불리는 일반 우편에 비해 이메일이 훨씬 능률적임은 말할 것도 없다.[43] 편지지에 한 자 한 자 글을 쓰는 대신 이제는 키보드 몇 번만 두드리면 된다(트위터라면 140자 이내로). 발신자와 수신자가 동시에 같은 인터넷 채팅 서비스(구글 행아웃 등)를 이용하고 있다면, 이메일을 보낼 필요도 없이 온라인에서 바로 '대화'할 수 있다. 생일이나 기념일, 명절에 전자 카드e-card를 보내는 것도 비슷한 이점 때문이다.[44]

문자메시지는 효율적인 의사소통 수단일 뿐만 아니라 사람들과의 대화를 현격하게 간소화하는 수단이기도 하다. gtg = 가야 해(got to go), lol = laugh out loud(크게 웃음), sup = what's up(안녕) 등의 줄임말이나 :-) = 웃음, ;) = 윙크 등의 이모티콘처럼 더욱더 짧게 말하는 방법도 나타났다.

### 제품의 단순화

효율성을 높이는 또 다른 방법은 제품을 단순화하는 것이다. 일례로, 정교한 조리법에 따라 만들어야 하는 복잡한 음식은 당연히 패스트푸드점에 맞지 않는다. 패스트푸드 산업의 주력 상품이 되려면 재료의 가짓수가 적어야 하며 조리하고 서빙하고 먹기에도 간편한 음식(예를 들면 햄버거나 조각 피자)이라야 한다. 실제로 패스트푸드점의 메뉴는 대개 도구 없이 손으로 들고 먹을 수 있는 '핑거푸드'다.

끊임없는 제품 개발로 패스트푸드 초창기에 비해 손으로 들고 먹을 수 있는 음식 종류가 크게 늘어났다. 에그 맥머핀은 잉글리시 머핀(작고 둥근 형태의 발효 빵-옮긴이)에 달걀과 캐나다식 베이컨을 넣은 샌드위치로, 한

손에 들어오는 빵 하나에 아침 식사 상차림을 통째로 넣은 셈이다. 식탁에 앉아 나이프와 포크를 들고 접시에 놓인 달걀, 베이컨, 토스트를 먹는 번거로움을 피할 수 있으므로 에그 맥머핀은 매우 효율적이다. 궁극의 핑거푸드라 할 만한 치킨 맥너겟은 맥도날드의 다른 음식에 비해 프라이드치킨이 상당히 비효율적이라는 점 때문에 개발되었다. 치킨 맥너겟에서는 닭고기를 효율적으로 먹는 데 방해가 되는 뼈, 연골, 껍질이 모두 제거되었다. 고객들은 운전을 하면서도 한입 크기 치킨 조각들을 입속에 연신 밀어넣을 수 있다. 닭고기 공급업체들은 할 수만 있다면 태어날 때부터 뼈나 연골, 껍질이 없는 닭 품종을 만들어낼 것이다.[45] 맥도날드 애플파이는 전통적인 파이와 달리 겉면이 빵으로 완전히 덮여 있어서 샌드위치처럼 손으로 들고 먹을 수 있다.

맥도날드는 새로운 메뉴를 위해 끊임없이 실험한다. 성공적인 신제품 중 하나였던 스낵랩[46]은 맥도날드화된 음식의 고전이라고 할 만하다. 우선 스낵랩은 고객들이 빠르고 효율적으로 먹을 수 있는 '핑거푸드'의 새로운 형태다. 또한 스낵랩은 빵가루를 묻힌 닭고기, 밀가루로 만든 토르티야, 채 썬 양상추와 치즈, 랜치 소스 등 맥도날드의 기존 메뉴에 이미 사용되던 재료로 만들어진다.

선택할 메뉴가 제한되어 있다는 점도 패스트푸드점 고객의 효율성에 기여한다. 맥도날드에는 에그롤이 없고, 타코벨에는 프라이드 치킨이 없다. "고객이 원하는 대로", "당신이 원하는 방식이 곧 옳은 방식입니다" 같은 광고 문구는 패스트푸드 체인이 고객의 특별 주문도 기꺼이 수용하겠다는 말처럼 들린다. 그러나 패스트푸드점에서 특별 주문을 하는 고객들은 딱한 사람들이다. 패스트푸드점의 효율성이란 대개 언제나 단 한 가지 방식(당신이 아닌 **그들의 방식**)으로만 음식을 만드는 데서 비롯되므로, 고객의 요청 사항은 우선순위에서 맨 마지막으로 밀려날 수밖에 없기 때문이다. 패티를 살짝만 구워달라거나 감자를 바싹 튀겨달라고 요구하는 무모한 고객은 자기가 원하는 '진기한 물건'을 얻기 위해 목 빠지게 기다려야 할 것이다. 그런 기다림을 좋아할 고객은 거의 없다. 무엇보다도 패스트푸드점이 주는 가장 중요한 이점이 훼손되기 때문이다. 오래전 헨리 포드가 자동차에 관해 말했던 바가 햄버거로까지 확장된 것이다. "어떤 고객이든 원하는 색의 차를 구입할 수 있습니다. 단, 그것이 검은색이기만 하다면."[47]

패스트푸드 말고도 많은 식품이 효율성이라는 이름 아래 단순화되었다. 5아워 에너지나 레드불 같은 에너지 음료는 대량의 카페인을 빠르게 섭취하게 해주는 제품으로, 단순화가 기본 원리다. 소일렌트$^{soylent}$(이 제품명은 1973년작 SF 영화 〈소일렌트 그린$Soylent$ $Green$〉에서 따온 것인데, 영화에서는 식량 부족 문제 해결을 위해 인간의 시체를 비스킷 모양의 식품으로 만든다)는 분말을 물에 타서 마시면 인체가 필요로 하는 모든 영양분을 공급하도록 개발된 실험적인 제품이다. 약 열흘 동안 소일렌트만 섭취한 한 저널리스트는 이렇게 말했다. "극도로 지루하고 덤덤한 맛이다. 소일렌트에는 즐거움은 전혀 없고 기능만 있다. 영양분을 완전하게 제공할지는 몰라도 사람들이 음식에서 추구하는 미학적, 정서적인 즐거움은 포기해야만 한다."[48]

단순화된 상품과 서비스는 다른 분야에서도 점점 더 늘어난다. AAMCO 트랜스미션 사는 변속기를 주로 다루고, 마이더스 머플러는 머플러 설치만을 전문으로 한다. H&R 블록은 만 3천 개에 달하는 국내외 사무소에서 수백만 건의 간단한 소득 신고 업무를 처리한다. 이 회사는 많은 시간제, 기간제 직원을 고용하며 공인회계사$^{CPA}$가 다루는 세무 및 재무 서비스 모두를 취급하지는 않으므로, 복잡한 소득 신고 업무를 맡기기에는 적합하지 않다.[49] 간단한 치과 치료를 하려면 '맥치과'에 가도 좋겠지만, 신경치료를 받으러 맥치과에 가는 것은 경솔한 짓이다. 펄 비전 안경점에서 시력검사를 할 수는 있겠지만, 심각한 안과 질환이 있다면 안과 전문의에게 가야 한다. 〈USA투데이〉는 독자에게 고도로 단순한 '뉴스 맥너겟'을 제공한다.

### 고객에게 일 시키기

맥도날드화된 세계에서 효율성을 높이는 마지막 메커니즘은 고객에게 일을 떠넘기는 것이다. 고객은 소비뿐 아니라 생산 과정에도 참여하며(즉 일하며), 따라서 생산-소비(prosumption) 과정의 일원이 된다.[50] 앞서 언급했듯이, **생산-소비**는 생산 과정과 소비 과정이 상호 관련되어 있음을 말한다. 맥도날드, 그리고 맥도날드화된 다른 분야의 고객들은 일종의 '프로슈머'로 "노동하는 소비자"다.[51] 더 정확히 말하자면, 그들은 무보수 "셀프서비스 노동"을 하고 있다.[52]

패스트푸드 소비자는 다른 음식점 고객보다 더 많은 일을 보수 없이 수행한다. "맥도날드는 '고객을 위해서라면 무엇이든 합니다(We do it all for you)'라는 슬로건을 내걸었다. 그런데 실제로 맥도날드에 가면 무엇이든 우리[고객]가 해야 한다. 줄을 서고, 음식을 탁자로 가져오고, 쓰레기를 버리고, 쟁반을 쌓는 것 모두 우리 일이다. 인건비가 올라가고 기술이 발달할수록 소비자가 점점 더 많이 일하게 되곤 한다."[53] 드라이브스루 창구를 이용하는 고객도 음식을 먹은 후 나오는 쓰레기를 치우는 일을 담당한다고 볼 수 있다. 고객을 줄 서게 하고 고객 스스로 쓰레기를 치우게 하면 패스트푸드점 입장에서는 효율적일지 몰라도 고객 입장에서 보면 비효율적이다. 고객이 직접 주문하면 웨이터가 주문을 전달하는 것보다 효율적인가? 포장용지와 플라스틱이나 스티로폼 용기를 치우는 일을 고객이 하면 종업원이 하는 것보다 효율적인가? 차에서 햄버거를 먹은 후 쓰레기를 어떻게 해야 할지 생각하는 일도 효율적이란 말인가?

고객에게 일을 떠넘기는 경향은 패스트푸드점을 "일하러 가는 음식점(workaurant)"으로 묘사한 스테이크 앤 셰이크(미국 27개 주에 500개 넘는 매장을 갖고 있다[54])의 TV 광고에서 더욱 잘 드러난다.[55] 스테이크 앤 셰이크는 도자기 그릇을 사용하고 종업원들이 음식을 서빙한다는 사실을 강조하면서 다른 패스트푸드점과 다르다고 주장한다. 그러나 사실상 오늘날의 모든 패스트푸드점은 '일하러 가는 음식점'이다.

샐러드 바는 소비자를 부려먹는 전형적인 사례다. 고객은 빈 접시를 '구매한' 후, 진열되어 있는 채소와 그날 제공되는 다른 음식들을 담는다. 이 시스템의 장점을 재빨리 간파한 슈퍼마켓들은 샐러드 바 모델을 가져와 슈퍼마켓 버전으로 정교하게 응용했다. 샐러드 애호가들은 점심시간에 패스트푸드점에서 샐러드 요리사로 일하고 저녁에는 슈퍼마켓에서 똑같은 일을 한 번 더 한다. 패스트푸드점과 슈퍼마켓은 진열대 재고를 잘 관리할 직원 몇 명만 쓰면 되므로 효율성 면에서 큰 이득을 본다.

수플랜테이션[Souplantation](스위스 토마토라는 이름으로 부르는 사람도 많다)은 미국 내 15개 주에 128개 매장을 가진 뷔페 식당이다.[56] 이곳의 가장 큰 매력은 들어가자마자 마주치게 되는 무척 긴 샐러드 바(정말 조립 라인 같다)다. 점심과 저녁 시간에는 샐러드 바 좌우에 긴 줄이 늘어서 있기 마련이다. 특히 바쁜 시간에는 뱀 같은 줄이 문밖까지, 때로는 주차장까지 이어지기도 한다. 손님들은 샐러드 바를 따라 느릿느릿 이동하면서 원하는 음식을 접시에 담는다. 샐러드 바의 끝에 이르면 계산대가 두 대 있어서 양쪽 줄의 손님들이 각각 음식값을 지불한다. 계산대에서 다른 음식이나 디저트를 주문할 수도 있다. 담아 온 음식을 다 먹으면 또다시 줄 끝에 서고, 때로는 이 일을 수차례 반복한다.[57]

퍼드러커스[Fuddruckers](180개 이상의 가맹점 보유)[58]와 로이 로저스[Roy Rogers][59]를

포함하여 많은 패스트푸드점에서는 손님이 패티만 들어 있는 햄버거를 들고 '토핑 바'로 가서 양상추, 토마토, 양파 등을 직접 얹어야 한다. 결국 고객들은 일주일에 몇 분씩 햄버거 조리사 역할을 수행하는 셈이다. 버거킹과 대부분의 다른 패스트푸드 프랜차이즈에서는 고객이 얼음과 탄산 음료를 자기 컵에 직접 채워야 하므로, 또 몇 분 동안 음료수 판매원으로 일하게 된다. 고객들은 쇼니스Shoney's의 아침 뷔페나 피자헛의 점심 뷔페에서도 직접 서빙한다.

앞서 지적했듯이, 맥도날드는 몇몇 매장에서 고객이 터치스크린을 이용해 음식을 주문하는 무인 주문 시스템을 시험 운영하고 있다. 지금까지 계산대에서 맥도날드 직원이 하던 일, 즉 주문할 음식을 스크린에서 찾아서 터치하는 작업을 이제는 고객이 직접 하게 되는 것이다.[60] 고속도로 휴게소에 시트Sheetz나 와와Wawa 등의 셀프 음식 주문 계산대가 늘어나고 있다는 점 또한 흥미롭다. 공항, 드라이브스루 매장, 카지노 등에 있는 여러 식당에 계산대를 공급하는 회사 중 하나가 넥스텝Nextep이다. 넥스텝이 주장하는 바에 따르면, 이러한 시스템은 구미를 당기는 음식 사진을 보여주고 추가할 수 있는 다른 상품들을 권유하여 고객들이 더 많은 음식을 구매하도록 유인하는 역량이 인간을 능가한다.[61]

물론 슈퍼마켓 중에도 고객이 바코드를 직접 스캔하게 함으로써 계산대 직원 수를 줄이는 곳이 있다.[62] 셀프 계산대를 도입하는 슈퍼마켓은 미국뿐 아니라 전 세계에서 빠르게 늘어나고 있으며, 특히 최근 몇 년 사이에 단말기 수가 급증했다.[63] 고객이 신용카드를 이용해 직접 결제하는 시스템을 이용하면 계산대 담당 직원이 없어도 된다. 한 스캔 시스템 개발업체에서는 곧 "은행에서 쓰는 자동 현금지급기만큼 식료품점에서도 셀프서비스 테크놀로지가 보편적으로 사용될 것"이라고 예측하기도 했다.[64] 한 고객은 그런 시스템이 "빠르고 쉽고 효율적이다. … 재빨리 일을 보고 나오기 좋다"고 평하기도 했다.[65] 맥도날드화의 열렬한 신봉자임에 틀림 없다. 그러나 한 슈퍼마켓 점원 노동조합 간부는 이렇게 말한다. "이 시스템이 고객에게 더 편리하다고 주장하는 사람은 세상을 거꾸로 보는 것이다. … 고객이 직접 일하게 한다면 어떻게 고객 서비스라고 말할 수 있나."[66] 이케아의 고객들은 앞서 말한 여러 일을 직접 하는 것도 모자라 (1장에서 지적했듯이) 구매한 물건(대표 상품인 '빌리 책장'을 포함해)을 직접 조립하기까지 한다.

기름을 넣고, 오일을 점검하고, 차 유리창을 닦아주는 주유소 직원은 사실상 사라졌다. 이제는 운전자가 일주일에 몇 분씩 무보수 직원이 되어 그 일을 해야 한다. 주유소 직원이 없어지면 휘발유 가격이 내려간다고 생각할지 모르지만(실제로 단기적으로는 내려가지만), 직원을 둔 주유소와 셀프 주유소 간 휘발유 가격을 비교해보면 거의 차이가 없다. 결국 정유 회사와 주유소 업주가 이전 같으면 직원을 고용해 보수를 주고 해야 했던 일을 고객에게 시키기로 한 것에 불과하다.

요즘 일부 병원에서는 환자가 직접 체중과 체온을 재야 한다. 더욱이 다양한 종류의 자가 진단 도구가 보급되면서 환자가 손수 해야 할 일이 전보다 늘었다. 자가 진단 도구에는 일상적인 점검을 위한 계측기와 특정 질병을 진단하기 위한 장비 등 두 유형이 있다.[67] 혈압계, 혈당 측정기, 콜레스테롤 측정기 등이 점검용 계측기에 속하며, 자녀의 마리화나, 헤로인 등 마약 복용 여부를 부모가 검사할 수 있는 가정용 키트도 있다. 임신 테스트기, 배란 측정기, HIV 검사 키트, 분변잠혈검사기 등은 진단용 장비다. 이제 환자들은 의사, 간호사, 그 외 훈련받은 의료 기술직들만 배타적으로 접근하는 영역이었던 의료 테크놀로지에 익숙해질 것을 요구받고 있다. 게다가 예전에는 전문 의료진이 (매우 주의 깊게) 취급하던 혈액, 소변 같은 체액이나 대변 샘플도 이제는 환자들이 받아서 내야 한다. 높은 의료비를 생각하면 환자들이 스스로 측정하고 검사하는 편이 싸게 들고 (병원에 갈 필요가 없으므로) 효율적이다. 단, 가정용 검사로 발견하지 못하고 놓칠 뻔한 문제를 확인할 수도 있지만 불필요한 걱정을 하게 될 수도 있다. '허위 양성' 결과가 나오는 경우가 대표적인 예다. 이와 같이 병원에서든 집에서든 우리는 최소한 파트타임 무보수 의료진이 되어 '일하게' 되었다.

금융업에서는 현금자동입출금기[ATM]가 고객들을 단 몇 분일지언정 무급 은행 출납원으로 일하게 만든다. (때로는 그 일을 해보는 대가로 수수료까지 낸다.) 어떤 은행들은 ATM 이용을 장려하기 위해 창구 직원을 통해 은행 업무를 보면 수수료를 부과하기도 한다.[68]

디시[DISH] 케이블TV는 수신기가 고장나면 새로운 수신기를 보내준다. 이때 고객은 동봉되어 온 반환용 상자에 고장난 수신기를 넣어 반납해야 한다. 새 수신기를 설치하는 일도 고객 몫이다. 물론 필요하다면 전화로 도움을 받을 수 있는데, 사실 늘 도움이 필요하다! 디시 사에 설치 기사를 보내달라고 할 수도 있지만, 오래 기다려야 하고 비용도 더 들기 때문에 고객들은 대개 그 옵션을 선택하지 않는다.

요즘은 고객의 전화를 받는 교환원을 따로 두지 않는다. 따라서 고객이 직접 복잡하기 짝이 없는 일련번호나 코드를 누르고 나서야 원하는 상대방과 통화할 수 있다.[69] 다음은 그런 종류의 통화를 풍자한 글이다.

> 통화하시려는 상대방—토머스 왓슨 씨—은 지금 연결이 되지 않습니다. 삐소리 후 메시지를 남겨주십시오. 녹음하신 메시지를 다시 들으시려면 7번을 눌러주십시오. 메시지를 다시 녹음하시려면 4번을 눌러주십시오. 메시지를 추가하시려면 5번을 눌러주십시오. 다른 사람과 통화하시려면 별표를 누른 후 내선번호 네 자리를 눌러주십시오. 기다리는 동안 멜로디를 들으시

려면 23번을 눌러주십시오. 이 전화로 사람과 통화하려는 헛된 수고를 그만두시려면 0번을 눌러주십시오.[70]

미국 정부는 인구 센서스를 시행할 때에도 조사원을 보내는 대신 우편으로 (응답 작성 방법이 설명되어 있는) 설문지를 보내 직접 응답을 작성하게 한다. 2010년 센서스의 경우 자가응답률은 전체 가구의 74%를 차지했다.[71] 센서스 조사원들이 정보를 취합하는 시간은 4분의 1로 줄어들었고, 우편 조사에 응하지 않은 가구에만 조사원이 배치된다.[72]

사소해 보이는 사례들이지만 이런 일이 여기저기서 나타나고 있다는 것은 현대사회의 소비자들이 점점 더 많은 시간과 에너지를 무보수 노동에 쓰고 있음을 뜻한다. 즉 기업은 더 큰 효율성을 실현하고 있지만, 고객은 편리함과 효율성을 희생하는 경우가 많다.

## 계산가능성:
## 빅맥과 리틀칩

계산가능성도 맥도날드화의 또 한 가지 측면이다. 즉 맥도날드화된 세계에서는 서로 다른 여러 요소들을 계산하고 세고 수량화하며, 양이 질을 대신하는 경향이 있다.[73] 과정(생산 공정)과 결과(제품) 모두에 수치화된 기준이 설정된다. 과정에서는 (대체로 빠른) 속도가 강조되고, 결과에서는 (대체로 많거나 큰) 상품과 서비스의 수 또는 크기가 강조된다.

이러한 계산가능성이 가져다주는 긍정적인 영향은 다양하다. 그중 가장 큰 이점은 매우 신속하게 많은 것을 생산하거나 취득할 수 있게 된다는 점이다. 패스트푸드점의 고객은 많은 음식을 빨리 먹을 수 있고, 관리자나 경영주는 직원들이 많은 일을 신속히 처리하게 할 수 있다. 그러나 양을 강조하면 과정과 결과 모두에서 질이 훼손되기 쉽다. 고객 입장에서 보면 계산가능성이란 질이 떨어지는 음식을 황급히 먹게 된다는 뜻일 확률이 높다(패스트푸드점에서 먹는 끼니가 '양질의' 식사이기는 힘들다). 직원 입장에서 계산가능성은 자신이 하는 일에서 개인적으로 의미를 거의 또는 전혀 찾을 수 없고, 따라서 업무와 제품, 그리고 서비스가 짐스럽게 된다다는 뜻이다.

계산가능성은 맥도날드화의 나머지 기본 특성들과 얽혀 있다. 예를 들어 계산가능성은 효율성이 얼마나 높고 낮은지를 판단하기 쉽게 만든다. 즉, 대개의 경우 시간이 가장 덜 걸리는 방법이 가장 효율적이라고 생각된다. 또한 어떤 제품의 공정과 결과물에 관한 세부 사항을 수량화하면 언제 어디서든 그 제품을 만들 때 같은 양의 재료와 시간이 소요되리라고 생각할 수 있으므로 제품과 공정의 예측가능성이 높아진다. 수량화는 통제와도 연관된다. 특히 정해진 시간 안에 업무를 수행하거나 특정 무게나 크기의 제품을 만드는 무인 테크놀로지 발명을 생각하면 그 연관성이 더욱 뚜렷해진다. 무엇보다도 양에 대한 강조가 질의 저하로 이어진다는 점에서, 계산가능성이 불합리성과 연관된다는 점은 분명하다.

현대사회에서 계산가능성에 관해 논의할 때 컴퓨터의 영향은 결정적이다.[74] 개인용 컴퓨터가 보급되면서 점점 더 많은 사람들이 더 빠른 속도로 더 많이 계산할 수 있게 되었다. 컴퓨터가 없었다면, 질보다 양을 지향하는 현대사회의 여러 측면은 존재할 수도 없었거나 매우 다른 형태를 띠었을 것이다. 컴퓨터 테크놀로지가 지금처럼 발달하기 전에도 사회가 계산가능성을 제고하는 방향으로 변화했다는 점에는 의심의 여지가 없지만, 컴퓨터는 그러한 경향을 촉진하고 확산시켰다.

## 질보다 양

맥도날드는 항상 크기를 강조한다. 맥도날드를 비롯한 패스트푸드 체인들은 "클수록 좋다는 사고방식"을 갖고 있다.[75] 이러한 사고방식을 가장 가시적으로 보여주는 상징은 맥도날드가 수십억 개(예전에는 수백만 개)의 햄버거를 팔았다고 자랑하는 커다란 간판이며, 그 위에는 훨씬 더 큰 황금 아치가 있다. 모든 사람이 맥도날드의 대단한 성공을 알아야 한다는 듯한 고압적인 간판이다. (최근에는 다들 맥도날드가 성공했다는 사실을 알고 있으니 그렇게 눈에 띄게 자랑할 필요가 없어졌는지 황금 아치와 간판 크기가 작아졌다. 황금 아치가 너무 크다며 대중들이 항의한 결과이기도 하다.[76]) 판매량을 나타내는 숫자가 커지면 잠재 고객들에게 그 체인점이 성공적이라는 것을 알려줄 뿐만 아니라, 그렇게 많이 팔릴 만큼 햄버거의 질이 좋다는 인식을 심어주게 된다. 양이 곧 질이 되는 것이다.

### 패스트푸드 산업: 슈퍼사이즈 햄버거와 슈퍼사이즈 음료수

양에 대한 강조는 맥도날드의 제품명에서도 분명하게 드러난다. 가장 잘 알려진 예가 빅맥이다. 소비자들은 단순히 뭔가 큰 것을 가질 수 있다는 이유 때문에 큰 사이즈의 햄버거를 좋아한다. 게다가 소비자들은 적은 돈으로 많은 양의 음식을 먹을 수 있다고 믿게 된다. 계산적인 소비자는 자신이 수지맞는 거래를 했다는, 그리고 어쩌면 맥도날드에서 가장 좋은 것을 샀다는 기분으로 가게를 나가게 된다.

다른 많은 패스트푸드점도 맥도날드처럼 양을 강조한다. 버거킹은 '빅킹'이라는 제품에서 고기가 많이 들어 있다고 강조하며, '와퍼'('whopper'는 터무니없이 큰 물건이라는 뜻이다–옮긴이), '더블 와퍼', 심지어 '트리플 와퍼'도 출시했다. (버거킹의 피시버거 이름은 '빅피시'다.) 이에 뒤질세라, 잭 인 더 박스Jack in the Box는 '치즈 점보 잭', 하디스Hardee's는 300g짜리 '몬스터 버거', KFC는 '밸류 박스'와 '더블 다운'(빵 없이 프라이드 치킨 두 조각 사이에 베이컨 두 장, 치즈 두 장을 넣은 제품), 타코벨은 '빅 박스'를 내놓았다.[77] 세븐일레븐도 고객들에게 '빅 걸프'라는 특대형 탄산음료, 그리고 그보다 더 큰 '더블 걸프'를 권한다. 세븐일레븐에는 '빅 바이트' 핫도그도 있다.

버거킹에 있는 'BK 스태커'라는 메뉴는 고객이 원하는 대로 패티 세 장, 치즈 두 장, 반으로 자른 베이컨 세 장까지 넣을 수 있는 슈퍼사이즈 햄버거다. 버거킹 광고에서는 더 큰 햄버거를 만들기 위해 분투하는 노동자들에게 "고기를 더 넣어"라고 외치는 'BK 스태커 공장'의 작업반장이 등장한다. 버거킹은 이 제품이 "석쇠구이 고기를 좋아하는 사람들을 위한 햄버거이며, '채소를 허락하지 않는' 햄버거"라고 말한다.[78] 최대 사이즈의 스태커를 먹는 고기 애호가들은 햄버거 하나로 약 650칼로리(트리플 와퍼는 1140칼로리), 1020mg의 나트륨(트리플 와퍼는 이보다 좀 더 많다), 1일 허용량의 약 절반에 달하는 포화지방을 섭취하게 된다. 이에 질세라 칼스주니어Carl's Jr.는 '6달러 버거' 시리즈를 내놓았고(하디스에도 6달러 버거가 있다) 결과도 성공적이었다. 많이 팔리지는 않았지만 1일 권장 섭취 열량의 약 75%를 섭취하게 하는(이건 누가 봐도 지나치다) '더블 6달러 버거'도 출시된 적이 있다.

데니스의 아침 메뉴 '그랜드슬램'도 유명하다. 이 경우에는 많은 양뿐 아니라 저렴한 가격도 강조한다. 한 남자가 "나는 과식할 예정이지만 절대 과소비하지는 않을 것"이라고 선언하는 광고에서 이 점이 여실히 드러난다.[79] 물론 이 남자를 포함하여 '그랜드슬램'을 먹는 사람들은 과다한 지방과 나트륨을 섭취하게 되므로, 장기적으로는 (건강 때문에) 더 많은 돈을 쓰게 될 것이다.

맥도날드는 수년 동안 라지 사이즈보다 20% 더 큰 '슈퍼사이즈' 감자튀김을 팔았고, 고객들에게 슈퍼사이즈로 업그레이드하라고 권했다.[80] 모건 스펄록<sup>Morgan Spurlock</sup> 감독의 다큐멘터리 〈슈퍼사이즈미*Super Size Me*〉가 촉발한 논란으로 인해 '슈퍼사이즈'라는 용어는 쓰지 않게 되었지만, 맥도날드는 여전히 큰 사이즈를 강조하는 제품('데일리 더블')을 판매한다. 그러나 이미 반 파운드(약 230g) 버거를 판매하고 있는 하디스나 칼스 주니어에 비하면 맥도날드는 뒤처져버렸다.[81]

큰 사이즈에 대한 논쟁 때문에 일부 패스트푸드점에서는 일부 메뉴의 1인분 양을 줄였지만, 이때에도 여전히 질보다는 양에 초점을 둔다. 버거킹의 'BK 버거 샷'과 잭 인 더 박스의 '주니어 베이컨 치즈버거'를 예로 들 수 있다. 이러한 맥락에서, 하디스의 '리틀 빅 치즈버거'를 어떻게 보아야 할지 난감하다. 작고도 큰 햄버거라니!

패스트푸드점들이 이렇게 한결같이 양만을 강조한다는 것은 고객에게 제품의 질에 관해 직접적으로 이야기하고 싶어 하지 않는다는 사실을 암시한다.[82] 품질에 관해 알리는 데 관심이 있었다면 제품 이름을 '맥테이스티'나 '맥딜리셔스', 또는 '맥프라임'처럼 지었을 것이다. 그러나 사실 맥도날드 고객들도 대개 그들이 질 높은 음식을 먹고 있지 않다는 것을 알고 있다. "아무도 햄버거 패티에 정확히 무엇이 들어 있는지 모른다. … 사실을 직시하자. 맥도날드 손님 중 빵 사이에 무엇이 들어 있는지 곰곰이 생각하는 사람은 아무도 없다. 사고, 먹고, 쓰레기를 버리고, 서부영화의 론 레인저처럼 홀연히 떠날 뿐이다."[83]

또 다른 관찰자는 고객들이 맥도날드에 가는 이유가 식사를 맛있게 즐기기보다는 "연료를 채우는" 데 있다고 주장한다.[84] 맥도날드는 높은 열량과 탄수화물로 위를 채워, 합리적으로 조직화된 다음 활동으로 넘어가게 해주는 장소다. 연료를 채우기 위한 식사는 즐기기 위한 식사보다 훨씬 더 효율적이다.

KFC 창립자 커널 할랜드 샌더스<sup>Colonel Harland Sanders</sup>의 슬픈 역사에서 품질

을 점점 더 낮추게 되는 패스트푸드점의 속성이 잘 나타난다. 그의 조리법과 (아내가 직접 만들어서 포장해 보내는) 비밀 양념은 1960년까지 400개의 프랜차이즈 가맹점을 갖게 한 원동력이었다. 샌더스는 자신의 음식, 특히 그레이비 소스의 품질을 위해 전념을 다했다. "샌더스는 시간과 인내를 통해 허브와 향신료를 넣은 그레이비 소스를 개발했고, 그것이 자신이 가진 기술의 결정체라고 여겼다. 그의 꿈은 그레이비 소스가 너무 훌륭해서 사람들이 소스만 먹고 '닭고기 따위'는 내다 버리게 하는 것이었다."[85]

1964년 사업을 매각한 후 샌더스는 KFC의 대변인 또는 상징에 불과하게 되었다. 새로운 소유주는 곧바로 품질보다 속도를 향상시키는 데 매진했다. "커넬의 그레이비 소스가 환상적이라는 점에는 그들도 동의했지만, 너무 오래 걸리고 복잡하며 비용도 많이 들었다. 변화가 필요했다. 그것은 패스트푸드가 될 수 없었기 때문이다." 커넬 샌더스와 친분이 있던 레이 크록은 그가 한 말을 이렇게 기억했다. "그 망할 놈의 일당들 … 바로 그놈들이 내가 만든 최고의 작품을 모두 망쳐놓았지. 세계에서 가장 훌륭한 내 그레이비를 그 망할 자식들이 멋대로 줄였다, 늘렸다, 물을 들이부었다 한 거야. 정말 미칠 노릇이라고."[86]

패스트푸드점에서 고객이 기대할 수 있는 음식은 기껏해야 무난한, 하지만 강한 맛을 내는 음식, 즉 짜거나 단 감자튀김과 양념 맛이 강한 소스, 사카린을 넣은 셰이크 따위다. 품질에 관해서는 그 정도밖에 기대하지 않는 대신 양에 대한 기대가 크다. 패스트푸드점의 고객들은 많은 음식을 먹고, 돈은 적게 내기를 원한다(또는 최소한 싼값에 샀다고 '생각한다').

맥도날드화된 음식점 체인은 패스트푸드가 아니라 더 비싼 요리가 나오는 식당이라 할지라도 음식 맛이 평범한 대신 양이 많다고 알려져 있는 경우가 많다. 다음은 올리브 가든Olive Garden에 관한 평가다. "이 체인이 고객을 끌어들이는 어떤 매력을 갖고 있는지는 미스터리다. 음식은 그저 평범하다. 딱히 나쁘지도 않지만 특별히 훌륭하지도 않고, 진짜 이탈리아 식도 아니다." 물론 비결은 양에 있다. "1인분의 양은 많다 … 무척 배가 부른 상태로 나오게 될 것이다. 그러나 그 느낌이 만족감이라고 할 수는 없다."[87]

1978년 베벌리힐스에서 창업해 현재 약 170개의 매장을 보유한 치즈 케이크 팩토리Cheesecake Factory는 (치즈케이크 팩토리의 많은 팬들은 이곳 음식이 올리브 가든보다 훨씬 질이 높다고 여기지만) 많은 양으로 유명한 고급 음식점의 또 한 사례다. 200가지가 넘는 무척 다양한 메뉴도 양에 대한 강조를 보여주는 증거다.[88] 사람들은 치즈케이크 팩토리의 음식 가격이 양에 비해 저렴하다고 여긴다.

### 고등교육: 평점과 성적

대부분의 대학 교육과정은 '주'를 단위로 하는 표준 수업 기간과 주당 수업 시간에 따라 운영된다. 주어진 기간 또는 시간 안에 특정 과목이 잘 교수되는지를 판단하는 데에는 관심이 없다. 그 학교에서 배우는 내용이나 교육 경험의 질이 아니라 그 시스템으로 유치할 수 있는 학생(소비자) 수와 그들의 평점에만 초점이 맞추어진다.

한 학생의 고등학교, 대학교 생활은 평균평점GPA(grade point average)이라는 숫자 하나로 요약된다. GPA라는 무기를 장착하고 나면 MCAT(의학전문대학원 입학 자격 시험-옮긴이), LSAT(법학전문대학원 입학 자격 시험-옮긴이), SAT(대학 입학을 위한 수학능력시험-옮긴이), GRE(대학원 입학 자격 시험-옮긴이) 등 수치화된 결과를 드러내는 시험을 칠 수 있다. 대학, 대학원, 전문대학원들은 서너 가지 숫자만으로 학생들을 선발할 수 있다.

학생 입장에서는 학교 순위를 보고 대학을 선택할 수 있다. 미국의 상위 10개 대학 중 하나인가? (오바마 대통령은 2014년, 미국 전역의 7천 개 대학을 모두 포괄하는 평가 시스템을 제안했고, 논란이 일기는 했지만 그 후 대학 순위 평가가 더욱 보편화되었다.[89] 그 대학교 물리학과는 학과별 대학 순위에서 상위 10위 안에 드는가? 그 대학 스포츠 팀은 상위권인가? 무엇보다 잘 노는 대학 상위 10위 안에 드는 학교인가?

온라인 대학이 점점 융성하는 것도 여러 양적 측면 때문이라고 볼 수 있다. 우선, 온라인 대학에서 받은 학점을 일반 대학에서 인정받을 수 있는 경우도 많은데, 온라인 대학의 수업료는 4년제 일반 대학교보다 훨씬 저렴하다. 예를 들어 일반 대학에서는 7학점을 듣는 데 2800달러가 들지만 온라인 대학에서는 750달러면 된다. 웨스턴 거버너스 대학교[Western Governors University]에서 온라인으로 헬스케어 경영 석사 학위를 받는 데는 9천 달러밖에 들지 않는다. 일반 대학교에서라면 약 4만 달러가 들 것이다.[90] 학생 수가 천 명이 넘는 영리 교육기관인 스트레이터라인[StraighterLine]에서는 한 달 등록금 99달러, 과목당 49달러만 내면 된다. 1년 동안 학점을 꽉 채워 듣는다고 해도 천 달러가 조금 넘는 정도다.[91]

고용주들은 학업 성적, 석차, 대학 순위를 보고 졸업생을 채용한다. 따라서 더 좋은 일자리를 구하려는 학생들은 고용주들이 학위 목록이 길어질수록 피고용자의 역량이 뛰어나다고 믿기를 바라며, 학위와 자격증 수를 늘리려 한다. 추천서도 중요하지만, 추천서 역시 계량화된 표준 평가 양식으로 바뀌고 있다(예를 들면 '학급 석차 상위 5%', '25명 중 5등').

취업 외에도 보유 자격증 수가 중요한 경우가 있다. 예를 들면 고객에게 자신의 역량을 확신시키기 위해 이름 아래에 약자로 된 갖가지 자격증과 학위 목록을 길게 나열한 명함을 다양한 직업군에서 볼 수 있다. (내가 가진 BA, MBA, PhD는 독자들에게 내가 이 책을 쓸 만한 사람이라고 여기게 할 수 있을 것이다. '햄버거학' 학위가 있었다면 더 좋았겠지만.) 명함에 ASA, FSVA, FAS, CRA, CRE 자격증을 가졌다고 적은 한 보험피해사정인은 이렇게 말한다. "[약자] 목록이 길면 길수록 그들[잠재 고객]은 더 깊은 인상을 받는다."[92]

그러나 단순히 자격증의 수가 그것을 내세우는 사람의 능력을 말해주지는 않는다. 이렇게 자격증의 수, 즉 양적 측면만 강조하다 보면 사람들은 약자로 눈속임을 할 수도 있다. 일례로 어느 어린이 캠프 책임자는 학부모들에게 잘 보이려고 자기 이름 아래에 'ABD'라고 적었다. 학계에 있는 사람이라면 누구나 알듯이 이 비공식적인(게다가 대체로 부정적으로 여겨지는) 타이틀은 '대학원 수료', 즉 학위 과정의 수업을 다 들었고 시험도 마쳤지만 학위 논문을 쓰지 않았다는 뜻이다. 또한 의미 없는 자격증을 발급하는 일만 하는 협회가 늘어나고 있다는 점도 주목할 만하다. 그런 자격증은 보통 우편으로 배송된다.

# 4
# 예측가능성과
# 통제

## 소비자 2

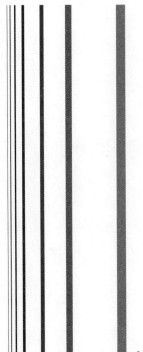

이 장에서는 맥도날드화의 나머지 두 특성, 즉 예측가능성과 통제에 초점을 맞춘다. (효율성, 계산가능성과 소비자에 관한 논의는 3장에서 다루었다.) 이번에도 맥도날드화의 특성과 맥도날드화된 시스템의 소비자 사이의 관계를 다룰 것이다.

## 예측가능성:
### 언덕 위 동네에는 비가 내리지 않는다

합리화된 사회에서 소비자들은 대개 언제 어디서 무슨 일이 일어날지 알고 싶어 한다. 깜짝 놀랄 일은 바라지도 상상하지도 않는다. 사람들은 오늘 빅맥을 주문할 때 어제 먹은 빅맥과 똑같고 내일 먹을 빅맥과도 똑같으리라고 기대한다. 어느 날 특별한 소스가 들어 있었는데 다음 날은 안 들어 있다거나 갈 때마다 맛이 달라진다면 소비자는 화가 날 것이다. 그들은 디모인(아이오와 주의 주도州都-옮긴이), 로스앤젤레스, 파리, 베이징, 그 어느 곳에 있는 맥도날드에 가더라도 자기 동네 맥도날드와 똑같은 모습이고 똑같은 방식으로 운영되기를 기대한다. 합리화된 사회는 예측가능성을 확보하기 위해 규율, 질서, 체계화, 규격화, 절차, 일관성, 조직적인 운용을 강조한다.

소비자의 관점에서 볼 때 예측가능성은 일상생활에서 마음의 평화를 가져다준다. 사실 노동자들도 예측가능성 덕분에 일을 더 쉽게 할 수 있다(6장 참조). 실제로 어떤 노동자들은 힘도 머리도 쓸 필요가 없는 단순 반복적인 일을 선호한다. 적어도 그런 일을 하면서는 딴생각을 하거나 몽상에 빠질 수 있기 때문이다.[1] 관리자나 경영주도 예측가능성 때문에 더 편안해진다. 예측가능성이 높으면 노동자 관리와 고객 관리 모두에 도움이 되고 원자재 공급, 소요 인력, 소득, 이윤을 더 잘 추정할 수 있기 때문이다.

그러나 예측가능성에는 부정적인 면도 있다. 예측가능성은 소비를 (그리고 노동과 관리까지도) 지루하기 짝이 없는 일로 만들어버리는 경향이 있다.

이 절에서는 '예측가능한 소비 환경'과 '예측가능한 제품과 공정'이라는 제목 아래 예측가능성에 관해 논의하려고 한다. 위험을 최소화하거나 심지어는 불쾌함까지 최소화하려는 노력도 다룰 것이다.

### 예측가능한 소비 환경

패스트푸드점 같은 모텔 체인은 합리화 과정의 개척자였다. 가장 주목할 만한 모텔 체인은 1946년에 설립된 베스트 웨스턴Best Western(100개국에 4천 개 이상의 호텔이 있다)[2]과 1952년에 문을 연 홀리데이 인Holiday Inn(홀리데이 인 익스프레스 포함)이다. 현재 홀리데이 인은 인터컨티넨탈 호텔 그룹

InterContinental Hotel Group의 일원이다. 세계 최대 호텔 체인을 자임하는 인터컨티넨탈 호텔 그룹은 약 100개국에 4700개 호텔을 가지고 있으며, 그중 약 3400개가 홀리데이 인 로고를 달고 있다.[3] 1950년대 후반 미국 전역에 하워드 존슨Howard Johnson 레스토랑(지금은 두 개만 남아 있다)이 약 500개 있었는데, 그중 다수에 표준화된 호텔이 딸려 있었다. 앞에서 언급한 다른 모텔 체인과 달리 쇠락하기는 했지만 하워드 존슨은 여전히 440개의 호텔을 갖고 있으며, 지금은 윈덤 월드와이드Wyndham Worldwide 그룹에 속해 있다.[4] 이런 모텔 체인들은 고속도로망의 대대적인 확충과 고속도로 여행의 확산을 내다보며 영업을 시작했다. 모텔 및 호텔 산업에 '일관성'을 적용한 것이 성공의 기반이었고, 다른 많은 호텔이 그들을 모방했다.

### 모텔 체인: 노먼 베이츠 대신 '마술 손' 안마기가 있었으면

이런 체인들이 생기기 전에는 모텔마다 매우 차이가 컸고 고도로 예측불가능했다. 소유주들이 제각기 경영하던 시절, 모텔은 저마다 달랐다. 운영 방식이나 직원들의 서비스가 서로 달라서 투숙객이 안심하고 편히 쉴 수 없을 때도 많았다. 어떤 모텔은 안락하고 호화롭기까지 했지만 가축우리 같은 모텔도 있었다. 비누, 샴푸, 전화, 라디오(나중에는 텔레비전), 에어컨 등이 갖추어져 있을지 확신할 수 없었다. 물론 무척 사랑받는 품목이었던 '마술 손' 안마기가 있을지는 더더욱 알 수 없었다. 모텔에 투숙하는 것은 모험과도 같아서, 무슨 일이 벌어질지 전혀 알 수 없었다.

고전이 된 스릴러 영화 〈싸이코Psycho〉(1960)에서 앨프리드 히치콕Alfred Hitchcock은 예측불가능한 구식 모텔에 대한 소비자의 불안감을 멋지게 이용했다. 영화 속 모텔은 으스스하고, 모텔 주인 노먼 베이츠는 더 으스스하다. '베이츠 모텔'(노먼 베이츠의 어린 시절을 다룬 드라마 〈베이츠 모텔Bates Motel〉이 A&E에서 방영되기도 했다)에는 편의시설이 거의 없는데, 하나 갖추

맥도날드 그리고 맥도날드화

고 있는 것이 있다면 문에 난 작은 구멍이다. 물론 이 구멍은 투숙객을 위한 것이 아니라 노먼이 희생자가 될 투숙객을 훔쳐보기 위한 것이다. 베이츠 모텔에서 나타나는 살인마, 그리고 아무런 눈치도 못 챈 투숙객이 맞이하는 끔찍한 죽음은 예측불가능성의 끝을 보여준다.

실제로 미친 살인마가 있는 모텔이야 거의 없었겠지만 당시 여행자들은 온갖 종류의 예측불가능성에 맞닥뜨렸다. 반면에 모텔 체인들은 투숙객이 숙박하면서 겪을 일들을 예측가능하게 만들려고 고심했다. 우선 '예측불가능한' 인력이 관리와 실무에 투입되지 않도록 엄격한 채용 절차를 개발했다. 녹색 바탕에 노란 글씨가 쓰인 홀리데이 인 간판(맥도날드의 특대형 황금 아치와 같은 이유로 지금은 볼 수 없게 되었다)이 걸려 있으면 그곳은 중급 모텔에 있을 만한 편의시설을 거의 다 갖추고 있으리라고 예측할 수 있게 되었다. 모텔 체인의 단점도 있다. 무엇보다 인간적인 서비스를 기대하기란 어렵다. 그러나 이름 없는 지역 모텔과 홀리데이 인 중 선택해야 하는 상황이 오면 많은 여행자들이 예측가능한 쪽을 택한다. 초창기 모텔 체인이 성공을 거두자 라마다 인[Ramada Inn], 로드웨이 인[Rodeway Inn](현재는 초이스 호텔 인터내셔널[Choice Hotel International]에 속해 있다)처럼 그들을 모방한 업체들이 나타났다.

슈퍼 8[Super 8], 데이즈 인[Days Inn], 모텔 6[Motel 6]처럼 더 저렴한 체인일수록 오히려 더 예측가능하다.[5] 저가 모텔 체인은 의심의 여지 없이 휑하고, 투숙객에게 최소한의 편의만 제공한다. 그러나 최소한을 기대하고 그만큼을 얻는 것이다. 그들은 싼 방을 원했으므로 그 조건을 받아들일 수 있다.

**패스트푸드 산업: 황금 아치에 대한 경배**

패스트푸드 산업은 맥도날드화의 전신 중에서도 특히 모텔 체인이 개척한 운영 방식을 재빨리 도입하고 완성했다. 로빈 라이드너[Robin Leidner]는

"맥도날드 성공의 핵심은 통일성과 예측가능성, … 그리고 예외 없는 표준화에 있다"고 주장한다. 라이드너는 "사업의 세세한 부분에 적용되는 '맥도날드 방식'이 있으며, 다르게 하면 곧 잘못하는 것"이라고 말한다.[6] 맥도날드는 가맹점과 매장 관리자들에게 혁신하라고 말하지만, "혁신의 목적은 어떤 매장에 가든, 어느 나라의 맥도날드에 가든 완전히 똑같은 경험을 만들어내는 데 있다."[7]

모텔 체인과 마찬가지로 맥도날드(그리고 다른 많은 프랜차이즈)는 거대하고 화려한 간판을 고안했고, 이러한 간판은 곧 고객에게 친숙해졌다. 맥도날드의 '황금 아치'는 고객들에게 예측가능하다는 느낌을 불러일으킨다. "어디를 가나 똑같은 색깔과 모양은 맥도날드와 수백만 명의 고객 사이에 맺은, 해가 바뀌어도 언제 먹더라도 **예측가능**하고 변함없으리라는 암묵적인 약속으로 작동한다."[8] 지금은 간판 크기가 작아지고 덜 현란해졌지만, 소비자들에게 친밀감과 예측가능하다는 느낌을 준다는 점에는 변함없다. 게다가 소비자들은 어느 맥도날드 매장에 가더라도 똑같은 계산대, 그 위에 붙여놓은 대형 메뉴판, 그 뒤로 보이는 주방, 탁자와 불편한 의자, 눈에 잘 띄는 쓰레기통, 드라이브스루 창구 등등 일련의 예측가능한 요소들을 보게 된다.

예측가능한 환경은 미국 어디를 가든, 더 나아가 세계 어디를 가든 재현된다. 따라서 타국에서 고향이 그리워진 미국인은 어디에서나 황금 아치를 찾을 수 있고 익숙한 식당에서 먹을 수 있다는 사실에 위안을 얻을 수 있다. 흥미롭게도, 요즘은 꼭 미국인이 아니어도 많은 사람들이 미국을 포함한 다른 나라를 여행하는 동안 자국에서 익숙했던 맥도날드를 보고 위안을 얻는다.

이런 종류의 예측가능성은 모든 패스트푸드 체인에서 동일하게 나타난다. 스타벅스에 가면 인어가 그려진 녹색 간판(몇 년 전 간결하게 바뀌었다)이 있고, 주문하고 돈을 내는 계산대, 주로 페이스트리 빵 종류가 들어 있는 진열대, 스페셜티 음료가 만들어지고 음료를 받는 곳이 있다. KFC 에는 커넬 샌더스 그림이 있고, 웬디스에는 머리를 땋은 소녀 그림이 있으며, 타코벨에는 종을 형상화한 로고가 있다. 파파존스에는 이탈리아 국기 색을 모방해 디자인한 빨간색, 흰색, 녹색의 로고가 있으며, 인앤아웃 버거에는 노란색 꺾인 화살표가 있다.

### 그 밖의 사례: E.T.가 자기 집을 찾아갈 수 있을까?

초대형 교회(megachurch)란 신도 수가 2천 명 이상인 교회(미국 최대 교회는 텍사스 주 휴스턴에 있는 레이크우드 교회로, 평균 예배 참석자 수가 4만 3500명이다)라고 정의된다.[9] 미국에 있는 1380개의 초대형 교회[10]는 종교의 맥도날드화에 중심적인 역할을 했다. 예를 들어 버지니아 주 맥린에 있는 한 초대형 교회는 워싱턴 순환도로 주변에 위성 교회 아홉 개를 열 계획이다(현재 많은 초대형 교회가 위성 교회를 갖고 있다). 서로 다른 점들도 있고 제각기 지역 특성에 맞게 운영되기는 하지만(교회 음악 연주 방식이 다르거나 지역별로 목사가 따로 있는 등), 위성 교회에서 예배에 참석하는 신도들은 모두 텔레비전을 통해 같은 설교를 동시에 듣는다. 이러한 방식은 초대형 교회가 그 모든 지역에서 매끄럽게 다듬어진, 예측가능하고 '브랜드화'된 예배를 하는 데 도움이 된다.[11]

근대적인 교외 주택단지도 맥도날드화된 사회가 얼마나 예측가능한 환경을 만들어내는지를 입증한다. 한 유명한 포크송에서 묘사한 교외 풍경을 보자.

언덕 위 작은 상자들

조잡하게 만들어진 작은 상자들

작은 상자들, 작은 상자들

다 똑같은 작은 상자들[12]

집들은 내부나 외관 모두 거의 서로 똑같다. 좀 더 비싼 단지에서는 다양성이 좀 더 나타나지만, 교외 주택단지 거주자들은 행여 남의 집 마당에 잘못 들어가더라도 자기 집이 아니라는 것을 바로 깨닫지 못하기 십상이다.

게다가 단지 자체의 모습도 서로 아주 비슷하다. 집을 더 효율적으로 짓기 위해 베어낸 큰 나무들 대신 그 자리에 일렬로 어린 나무를 심고 기둥과 철망으로 지지해둔다. 언덕이 있으면 불도저로 평탄하게 밀어버리는 것도 같은 이유에서다. 도로 계획도 익숙한 패턴으로 이루어진다. 이러한 예측가능성을 볼 때, 교외 거주자들은 자기 동네 자체를 못 찾거나 자기 동네 안에서도 길을 잃을 것만 같다.

스티븐 스필버그Steven Spielberg의 초기 영화 중에 합리화된 교외 주거지를 배경으로 한 영화가 몇 편 있다. 스필버그는 관객을 고도로 예측가능한 세계로 유인한 후 고도로 예측불가능한 사건으로 충격을 주는 전략을 구사했다. 예를 들어, 〈E.T.〉(1982)에서는 외계인이 어느 교외의 규격화된 주택단지에 들어와서 한 아이에 의해 발견되는데, 이 순간이 있기 전까지 이 아이는 고도로 예측가능한 교외의 삶을 살았다. 예측불가능한 E.T.는 결국 아이와 그 가족의 삶뿐 아니라 마을 전체를 혼란에 빠뜨린다. 〈폴터가이스트Poltergeist〉(1982)의 배경도 교외 주거단지로, 이 영화에서는 악령이 예측가능한 평온을 파괴한다. 이런 영화들의 성공은 점점 더 예측가능해지는 교외의 삶을 살아가는 사람들이 비록 섬뜩하고 위협적일지라도 예측불가능한 무언가를 갈망한다는 사실을 반영하는 것일지도 모른다.

〈트루먼 쇼The Truman Show〉(1998)의 배경은 텔레비전 프로그램 연출자에 의해 완전히 통제되는 마을이다. 이 영화는 미국 전역에서 우후죽순처럼 생겨나는 디즈니식 '계획 도시'에 대한 조롱이자 공격으로 읽힐 수 있다. 이런 류의 마을은 전형적인 교외 주거단지보다 더 고급스럽다. 대표적인 예가 바로 디즈니 사가 플로리다에 조성한 셀러브레이션 타운이다. 입주를 원하는 사람은 몇 가지 유형의 집 중에서 선택해야 하며, 집과 땅에 할 수 있는 일도 엄격히 제한된다.[13] 이런 계획 도시는 사람들의 삶에서 모든 예측불가능성을 제거하는 데 있어서 전통적인 교외 주거단지보다 한 걸음 더 나아간 예다.

1998년에 나온 또 다른 영화 〈플레전트빌Pleasantville〉(1998)은 엄격히 통제되고 높은 순응도와 통일성을 특징으로 하는 1950년대풍 마을을 묘사한다. 모든 것이 흑백으로 묘사된다는 점에서 이 마을의 성격이 드러난다. 그러나 이야기가 전개되면서 예측불가능한 상황이 늘어가고 화면은 점차 채색된다. 결국 예측불가능성이 매우 높아진 플레전트빌은 총천연색으로 그려진다. 〈뻔뻔한 딕 & 제인Fun With Dick and Jane〉(2005)과 〈레볼루셔너리 로드Revolutionary Road〉(2008)는 이상적으로 보이는 교외의 집과 라이프스타일을 가졌지만 그것을 점차 잃어가는 부부의 모습을 다룬다.

더 최근에 등장한 몇몇 프랜차이즈 업체들은 가능한 한 예측가능성을 높이기 위해 애는 쓰지만 고도의 예측가능성이라는 것이 이룰 수 없는 목표라는 점을 깨닫고 있다. 예를 들어 헤어 커터리Hair Cuttery 미용실(16개국에 900개의 미용실이 있는 프랜차이즈[14])은 고객들에게 똑같은 헤어스타일을 만들어줄 수 없다. 두상이 모두 조금씩 다르고 미용사의 기술도 조금씩 다르기 때문이다. 마스터컷, 그레이트 클립, 헤어 커터리 같은 미용실 체인들은 예측가능성을 갈구하며 불안해하는 고객을 안심시키기 위해 동일한 로고와 간판을 달고 매장 구조도 비슷하게 만든다. 익숙한 제품 몇 가지만 사용하는 것도 같은 이유에서일 것이다.

## 예측가능한 제품과 공정

예측가능성을 더욱 높이게 만드는 추동력은 당연히 판매되는 상품과 서비스, 그리고 상품을 생산하고 서비스를 제공하는 방법에도 영향을 미친다. 사실상 모든 쇼핑몰을 뒤덮고 있는 체인점(애플, 바나나 리퍼블릭, 풋 락커, 올드 네이비, 베네통, 빅토리아 시크릿 등)의 특징인 통일성을 생각해보자. 독특한 제품은 거의 없고, 사실상 다수의 체인점은 전 세계 어디에서나 볼 수 있는 브랜드이며, 상품을 진열하고 고객을 맞이하며 계산대에서 가격표 바코드를 스캔하는 등의 절차가 놀라울 만큼 유사하다.

### 패스트푸드 산업: 심지어 피클도 표준화된다

패스트푸드점 음식이 고도로 예측가능하다는 점은 말할 필요도 없다. 가짓수도 적고 간단한 음식들만 있다는 점은 예측가능성 확보에 도움이 된다. 햄버거, 프라이드 치킨, 피자, 타코, 감자튀김, 탄산음료, 셰이크 등은 항상 동일하게 만들기가 비교적 쉬운 음식들이다. 동일한 원재료를 사용하고, 동일한 테크놀로지를 적용하여 만들고, 유사한 방식으로 서빙하고, 똑같은 포장을 사용함으로써 제품의 예측가능성이 높아진다. 햄버거 대학교의 어느 강사가 말했듯이, "맥도날드에는 모든 것에 각각의 표준이 있다. 심지어는 피클 한 조각의 두께도 정해져 있다."[15]

포장도 패스트푸드점의 예측가능성에 기여하는 중요한 요소다. 아무리 최선을 다해도 음식이 충분히 뜨겁지 않을 수도 있고, 닭고기가 질기거나 연골이 씹힐 수 있으며, 페퍼로니가 피자의 어느 한쪽에 몰려 있을 수도 있는 등, 재료의 본질에 기인하는 예측불가능성이 있을 수밖에 없다. 하지만 음식에 (약간의) 예측불가능성이 있다 하더라도 햄버거 포장용기나 감자튀김을 담는 봉지, 피자 상자 같은 포장은 항상 동일할 수 있으며, 그러면 고객들은 그 안의 내용물도 동일하다고 여긴다.

예측가능한 음식을 만들려면 예측가능한 재료가 필요하다. 맥도날드에는 각 가맹점이 구입해야 할 쇠고기, 닭고기, 생선, 감자, 기타 부재료의 품질, 크기, 모양 등에 관한 엄격한 지침이 있다. 예를 들어 햄버거용 빵은 겨, 배아 등 영양분이 많지만 거친 부분을 모두 제거한 밀로 만든 보통의 흰 빵이어야 한다. (대량생산된 빵이 하도 하얗다 보니 "액상 풀을 가스로 부풀려서 오븐에 구운 줄 알았다"고 말한 사람도 있다.[16]) 빵이 상하거나 곰팡이가 슬까 봐 식품보존제도 첨가한다. 또한 생감자 대신에 균일한 모양으로 자른 냉동 감자튀김을 사용한다.

냉동(또는 냉동건조)식품의 사용을 늘리면 생재료를 공급하는 데서 발생하는 예측불가능성 문제가 해결된다. 레이 크록이 생감자 대신 냉동 감자를 쓰기로 결정한 이유는 1년 중 몇 달 동안 원하는 품종의 감자가 수확되지 않는다는 데 있었다. 감자를 냉동하면 1년 내내 같은 품종의 감자를 쓸 수 있다. 게다가 각 매장에서 감자 껍질을 벗기면 크록이 질색하는 악취가 발생하곤 했다. 그가 원하는 위생적인(무균실 같은) 세계에서는 있을 수 없는 일이었다. 껍질을 벗겨 자른 후 냉동한 감자튀김을 납품받아 사용하면 이 문제도 해결되었다.

맥도날드화된 사회에서 음식의 예측가능성이 높아짐에 따라 일종의 교란이 일어났다. "미국의 음식 문화에서 지역이나 민족에 따른 차이가 사라지고 있다. 어느 동네, 도시, 주에 가든 음식이 거의 똑같아졌다. … 가공 및 저장 기법이 정밀해지고 운송이 빨라지고 다양한 즉석식품이 개발됨에 따라, 식품 생산 영역에서 지역과 계절 차를 무시할 수 있게 되었다."[17]

앞서 언급한 〈싸이코〉(그리고 TV 드라마 〈베이츠 모텔〉)는 영화 산업에서도 예측가능성에 높은 가치를 부여한다는 사실을 상기시킨다. 〈싸이코〉는 여러 속편을 낳았다. (더 최근[1998년]에는 원본의 장면 하나하나를 그대로 재현한 리메이크 작품도 나왔다.) 2014년에는 〈어메이징 스파이더맨 2〉, 〈트랜스포머: 사라진 시대〉, 〈익스펜더블 3〉, 〈파라노말 액티비티: 더 고스트 디멘션〉, 〈박물관이 살아 있다: 비밀의 무덤〉 등 유난히 속편이 많이 나왔다. 역대 최고의 시리즈 영화는 열두 편이 제작된 〈13일의 금요일〉과 스물세 편이 나온 〈007〉이다. 예측가능한 시리즈 영화는 많은 관객을 끌어들이지만 새로운 주제나 발상, 캐릭터에 기초한 영화가 만들어지지 못하게 하는 요인이 되기도 한다. 영화 제작사들은 속편을 좋아한다("맥무비월드에 오신 것을 환영합니다"라고 외치는 것 같다).[18] 같은 등장인물, 배우, 기본 줄거리를 계속해서 다시 써먹을 수 있기 때문이다. 게다가 완전히 새로 만드는 영화에 비해 흥행에 성공할 확률도 높다. 관객(즉 소비자)은 익숙한 상황에 놓인 좋아하는 캐릭터를 익숙한 배우가 연기한다는 데서 오는 편안함을 즐기므로 으레 속편을 좋아한다. 맥도날드의 음식이 그렇듯이 속편 중에는 썩 잘 만들어지지 않은 영화가 많지만, 적어도 관객은 그들이 어떤 것을 보게 될지 이미 알고 있다.

영화 내적으로도 예측가능한 흐름과 고도로 예측가능한 결말을 갖는 경우가 점점 더 많아지는 것 같다. 더스틴 호프만은 자신이 출연한 1969년 작품 〈미드나잇 카우보이Midnight Cowboy〉의 많은 회상, 상상, 꿈 장면을 오늘날의 영화 관객은 받아들일 수 없을 것이라고 말한다. 그는 이것이 "문화 전반의 경향을 전형적으로 보여주는 예이며 … 요즘 사람들은 영화관에 갈 때 무엇을 보게 될지를 미리 알고 싶어 한다."고 본다.[19]

영화에 속편이 있다면 텔레비전에는 '카피캣(copycatting)'이나 "너무 비숫해서 구별이 안 될 정도"인 시트콤, 코미디 프로그램 등이 있다.[20] 예를 들어, "주인공들은 모두 과장된 외모에, 현란한 색상의 옷을 입거나 일부러 대충 걸쳐 입은 채 아파트나 사무실에 모여 농담을 주고받으며, 농담의 효과를 노리기 위해 몸을 쓰는 경우가 많다."[21] 최근에 방영했거나 현재 방영 중인 TV 프로그램 가운데 〈사인필드〉, 〈프렌즈〉, 〈윌 앤 그레이스〉, 〈내 사랑 레이몬드〉, 〈오피스〉, 〈팍스 앤 레크리에이션〉, 〈내가 그녀를 만났을 때〉, 〈두 남자와 1/2〉이 그런 종류다. 〈CSI〉나 〈NCIS〉(〈NCIS 로스앤젤레스〉나 〈NCIS 뉴올리언스〉 같은 스핀오프를 포함하여) 같은 유명한 드라마들도 모두 정해진 포맷을 따른다. 〈서바이버〉나 〈아메리칸 아이돌〉 같은 인기 프로그램이 나오면 그 모델을 모방한 수많은 프로그램이 줄을 잇는다. 〈오렌지카운티의 진짜 주부들〉은 〈뉴욕의 진짜 주부들〉, 〈애틀랜타의 진짜 주부들〉, 〈마이애미의 진짜 주부들〉, 〈베벌리힐스의 진짜 주부들〉을 파생시켰다. "황금시간대의 TV는 맥도날드와도 같아서, 어디로 가든, 즉 어느 채널을 보든 무엇을 얻게 될지를 소비자가 이미 알고 있게 하고 싶어 한다. 예측가능성이 주는 편안함이 내용물의 영양가보다 중요하다."[22]

소비자들에게 예기치 못한 놀라움을 주지 않으려 하는 또 다른 오락 형태는 크루즈 여행이다. 크루즈는 효율적일 뿐만 아니라 예측가능하다. 미국에서 출항한 크루즈 선이라면 탑승객들은 비슷비슷한 미국인들일 것이다. 크루즈 선박 운항사들은 소비자들이 방문국의 사람들, 문화, 제도에 최소한으로만 접촉하는 형태의 여행을 창안함으로써 여행을 고도로 예측가능한 제품으로 만들었다. 그 결과 일종의 역설이 발생한다. 소비자들은 상당한 비용과 노력을 들여 해외에 나가지만 결과적으로 현지의 문화를 거의 접하지 못한다.[23]

미국의 패키지 여행사들은 가능한 한 미국 국적기를 이용하거나 미국 관광객이 기대하는 편의(에어컨, 스테레오, 화장실)를 제공하는 지역 운송

수단을 이용한다. 관광 가이드들도 보통 미국인이거나 미국에 오래 산 사람이며, 그렇지 않다 하더라도 최소한 미국인만큼 영어를 유창하게 구사하고 미국인들의 관심과 원하는 바를 잘 아는 현지인이다. 여행 일정 동안 방문하는 음식점 역시 미국 음식점(미국의 패스트푸드 체인 등)이거나 미국인의 입맛에 맞는 음식점이다. 호텔도 쉐라톤이나 힐튼 같은 미국 체인이거나 미국인의 기호에 맞게 지어진 유럽 호텔이다.[24] 매일의 일정이 빡빡하게 짜여 있고, 자유 시간은 거의 없다. 여행객들은 매일, 심지어는 매시간 자신이 무엇을 하고 있을지 정확히 안다는 점에서 안도감을 느낀다.

존 어리[John Urry]는 최근 들어 패키지 여행의 인기가 떨어지고 있다고 주장한다.[25] 그러나 이를 맥도날드화에 대한 반증으로 볼 수는 없다. 오히려 대부분의 사회에서 맥도날드화가 진전되었으므로 맥도날드화된 관광을 갈 필요성이 줄어들었다고 해석하는 편이 옳다. 실제로 관광객들은 어디를 여행하든 맥도날드, 홀리데이 인, 하드록카페, 〈USA투데이〉, 〈CNN〉을 볼 수 있으며, 예측불가능성으로부터 보호받아야 할 필요성을 덜 느낀다. 예측불가능성은 이미 상당 부분 제거되었다.

### 위험과 불쾌감의 최소화

적어도 부분적으로, 쇼핑몰의 매력은 쇼핑이 더 예측가능해진다는 점에 있다. 예를 들어 "여기[쇼핑몰]에서 일하는 한 아이는 바깥 날씨가 어떻든 이 안은 언제나 똑같아서 쇼핑몰이 좋다고 했다. 비가 오면 우울해지기 때문에 밖에 비가 내린다는 사실을 알고 싶지 않다는 것이다."[26] 쇼핑몰에서 돌아다니는 소비자들은 도시의 거리에서라면 맞닥뜨릴지 모를 범죄로부터도 상대적으로 자유롭다. 궂은 날씨도 없고 범죄도 없다는 사실은 쇼핑몰이 갖는 또 한 가지 예측가능성, 즉 쇼핑몰은 언제나 즐거운 곳이라는 점을 말해준다.

범죄로부터 안전하다는 점은 이른바 '패밀리 펀'이라 불리는 유료 놀이 시설의 핵심 성공 요인이기도 하다. (이런 시설에서는 어린이만 입장료를 내면 부모는 '무료'로 입장할 수 있다는 영리한 속임수를 쓰는 경우가 많다.) 밧줄, 폭신 폭신한 스폰지 언덕, 튜브와 터널, 대형 집짓기 블록, 공중그네가 있는 이런 놀이시설은 범죄가 만연한 도시 안에서 안전한 피난처를 제공함으로써 인기를 누린다.[27] 아이들이 다칠 위험도 동네 놀이터에 비해 적어 보인다. 놀이기구 자체가 안전하게 만들어지고 안전요원도 배치되어 있는 덕분이다. 부모가 아닌 다른 사람이 아이를 데리고 나갈 수 없도록 하는 안전장치도 마련되어 있다. 유료 놀이시설은 분명 더 안전하고 덜 예측불가능하다. 그러나 "바깥 날씨의 영향을 받지 않는 무균 플라스틱 세상"이라고 일컬어지는 것 또한 사실이다.[28]

근대적 놀이공원은 과거의 위락 시설에 비해 여러모로 훨씬 안전하고 쾌적하다. 디즈니 사는 과거의 놀이공원이 가진 예측불가능성을 극복해야만 성공할 수 있다는 점을 상당히 정확하게 파악하고 있었다. 디즈니랜드와 월트디즈니월드는 소비자가 어떠한 종류의 무질서에도 노출되지 않도록 갖은 노력을 기울인다. 쓰레기가 사람들의 시야를 가로막지 않도록 깔끔히 처리하는 디즈니의 방식에 관해서는 앞서 살펴본 바 있다(3장). 놀이공원 안의 노점에서는 땅콩이나 껌, 솜사탕을 팔지 않는다. 바닥을 더럽히기 때문이다. 소비자들이 취객으로 인해 기분을 망칠 일도 없다. 놀이 공원에서 범죄는 존재하지 않는다고 보아도 무방하다. 디즈니는 소비자들에게 예측가능하고 비현실적일 만큼 질서정연한 세계를 선사한다.

오늘날 놀이공원에서는 놀이기구나 다른 시설을 즐기다 예기치 않은 상황을 맞을 일이 거의 없다. 디즈니월드에서는 '정글 크루즈'가 "몇 주는 족히 걸릴 만한 사파리 여행을 **모기나 강우, 재난 사고가 없는** 10분짜리(이 얼마나 효율적인가!) 놀이로 압축해 경험할 수 있게 하므로, 편안히 탐험을

즐기려는 사람들에게 특히 인기 있는 놀이기구"라고 선전한다.[29]

한때 사람들은 반복적이고 예측가능한 일상으로부터 탈출하려고 캠핑을 갔다. 도시 거주자들은 텐트 하나, 침낭 하나만 가지고 집에서 도망쳐 자연으로 향했다. 야영객과 자연 환경 사이에는 아무런 방어막도 없었으므로 예측불가능한 사건이 일어날 수밖에 없었다. 그러나 그 점이 바로 캠핑의 진수였다. 야영객들은 캠핑장 가까이에서 돌아다니거나 심지어 텐트로 들어오는 사슴을 볼 수도 있었다. 예상치 못한 뇌우, 진드기, 뱀과 마주칠 수 있었음은 물론이다. 그러나 그 모든 것들은 '일상으로부터의 탈출'의 일부로 받아들여졌다.

여전히 이런 방식으로 캠핑하는 사람들도 있다. 그러나 여타의 많은 사람들은 캠핑에서 예측불가능성을 제거하려고 노력해왔다. 어느 캠핑장 운영자는 이렇게 말했다. "[과거에] 사람들은 숲과 옥외 화장실만을 바랐다. … 그러나 요즘은 조금만 불편해도 참지 못한다."[30] 근대적 야영객들은 단순한 텐트 대신 위네바고Winnebago 같은 레저용 차량RV, 또는 예기치 못한 사고로부터 보호해줄 정교한 팝업 텐트 딸린 트레일러를 이용한다. 물론 RV로 하는 캠핑 역시 야생동물과 마주칠 확률을 줄여준다. 게다가 자동차 캠핑족들은 냉장고, 조리용 레인지, 텔레비전, 휴대용 DVD 플레이어, 아이패드, 스마트폰, 아이팟 연결 오디오 등 집에서 누리던 모든 것을 차에 구비한다.

캠핑 테크놀로지는 예측가능성을 높인 데 더하여 캠핑장의 모습도 바꾸어놓았다. 예측불가능한 자연 그대로의 땅에 텐트를 치는 사람은 이제 거의 없으며, 대개 합리화된 캠핑장을 찾아간다. 캠프그라운드 오브 아메리카KOA 같은 프랜차이즈 기업을 필두로 전문 캠핑장들도 생겼다. KOA가 운영하는 캠핑장은 500개가 넘는다.[31] "캠핑 업계의 맥도날드"라 불리는 데 대해 KOA의 마케팅 담당 부사장은 주저 없이 이렇게 말한다. "우리는 그런 말이 KOA에서의 휴가 경험에 대한 혹평이나 싸구려 휴가를 일컫는 표현이라고 여기지 않는다. 맥도날드는 진정으로 일관성 있는 서비스를 제공하는 프랜차이즈이며, 우리를 그렇게 부르는 것 역시 우리가 제공하는 일관성에 대한 평가라고 본다."[32] 9.8m 길이의 트레일러에서 에어컨 바람을 쐬며 휴식을 취하던 한 야영객은 이렇게 말했다. "이 안에 모든 것이 갖춰져 있다. 아무리 비가 많이 오고 바람이 많이 불어도 상관없다."[33] 현대적인 캠핑장은 보통 텐트 구역과 RV 구역이 나뉘어 있고, 각 구역은 다시 질서정연한 작은 구획들로 나뉜다. 전기 공급 시설이 있으므로 RV 야영객들은 차에 구비된 여러 전자제품을 이용할 수 있다. 캠핑장 운영자들은 '원시적인 생활을 즐기러 온' 야영객을 위해 식료품 매장, 욕실, 샤워실, 난방 시설을 갖춘 수영장, 비디오게임을 할 수 있는 게임방, 세탁기, TV 시청실, 영화관, 심지어는 밴드나 코미디언의 공연에 이르는 다양한 편의를 제공하기도 한다.

최근 KOA는 단일 요금제를 폐지하고 '주말형'(주로 하룻밤 동안 이용하는 일반 캠핑장)과 '휴가형'(더 그림 같은 환경과 고급스러운 편의시설을 제공하는 캠핑장), 그리고 '리조트형'(고급 편의시설이 제공되며, 떨어져 사는 가족이 모두 모이는 경우처럼 규모가 큰 그룹을 위한 캠핑장)으로 구분했다. 이로 인해 캠핑장이 다양해지는 것은 사실이지만, KOA가 각 범주 내에서 예측가능성 수준을 더 높이려 한다는 점도 분명하다.

캠핑장이 제공하는 미덕 중 하나는 위험으로부터의 해방이다. 위해로부터의 보호를 원하는 것은 분명 잘못이 아니다. 그러나 안전한 환경을 제공할 책임이 사회 전체로부터 영리 기업으로 넘어갔다. 도시의 거리가 안전하지 않으므로 소비자들은 쇼핑몰에 가서 쇼핑을 한다. 놀이터가 안전하지 않으므로(그리고 충분하지도 않으므로) 아이들은 상업적인 놀이 시설에서 논다. 문제는 이 때문에 사람들이 여가 시간 대부분을 상업적인 환경에서 보내게 되고, 그러한 환경이 사람들을 '소비하는 삶'으로 유도한다는 데 있다. 사회 전반에서 어른과 아이 모두에게 안전하고도 매력적인 여가 공간을 제공한다면, 우리는 상업적인 시설에서 그렇게 많은 시간을 보내거나 그렇게 많은 일을 하지 않아도 될 것이다.

그렇게 안전의 중요성을 주창하면서도 많은 맥도날드화된 공간, 특히 패스트푸드점들이 범죄와 폭력에 특히 취약하다는 점은 아이러니하다. 한 패스트푸드점 가맹점주는 "무슨 이유에서인지 패스트푸드 자체가 공격 표적"이 되었다고 말한다.[34] 쇠 감옥은 때로 소비자들로 하여금 선도적인 사례를 공격하게 만드는 것 같다.

## 통제:
### 인간 로봇과 무인 로봇

맥도날드화의 네 번째 특성은 무인 테크놀로지의 활용을 통한 인간 통제 강화다. 여기서 테크놀로지란 기계와 도구뿐 아니라 재료, 기능, 지식, 규칙, 제도, 절차, 기법까지 포함하는 개념이다. 따라서 로봇이나 컴퓨터처럼 자명한 것뿐 아니라 조립 라인, 관료제적 규칙, 절차와 기법이 규정된 매뉴얼처럼 덜 자명한 것들도 테크놀로지로 본다. **인간 테크놀로지**(예를 들어 드라이버 같은 손도구)는 사람에 의해 통제되지만, **무인 테크놀로지**(예를 들어 드라이브스루의 주문 창구)는 사람을 통제한다.

합리적 시스템에서 불확실성, 예측불가능성, 비효율성을 야기하는 거대한 원천은 인간이다. 이때 사람은 그 시스템 안에서 일하는 사람일 수도 있고, 그 시스템에서 제공하는 서비스를 받는 사람일 수도 있다. 따라서 공정이나 제품에 대해 통제를 강화하려는 노력도 있지만 일반적으로 그러한 노력은 노동자(6장 참조)와 고객을 대상으로 한다. 이 절에서는 소비자에 대한 통제 강화에 대해 다룰 것이다. 패스트푸드 소비자뿐 아니라 출산과 사망 과정의 소비자도 포함한다. 출산과 사망은 소비 과정(그리고 맥도날드화하는 과정)이 되어왔다. 이는 우리가 소비가 점점 더 큰 특징이 되고 소비에 의해 지배되는 사회에 살게 되었다는 강력한 증거다.

### 소비자 통제

노동자는 고용주에게 생계를 의존하고 있으므로 상대적으로 통제하기 쉽다. 반면 고객은 더 자유롭게 규칙을 거스를 수 있고 상황이 마음에 들지 않으면 나가버릴 수 있다. 그러나 맥도날드화된 시스템은 고객을 통제하기 위해 수많은 방법을 고안하고 다듬어왔다.

#### 패스트푸드 산업: 고객 쫓아내기

패스트푸드점 고객들은 매장에 들어가든 드라이브스루 창구를 이용하든 자신들을 경영진이 원하는 방식으로 이동시키는 일종의 컨베이어 시스템에 진입하게 된다. 드라이브스루 창구에서 가장 선명하게 드러나지만(이 컨베이어 벨트의 동력은 고객의 차량으로부터 나온다), 매장에 들어가는 사람의 경우도 마찬가지다. 소비자들은 자신들이 줄을 서고, 계산대로 이동하고, 음식을 주문하고, 값을 지불하고, 음식을 받아서 빈자리로 가져가고, 먹고, 쓰레기를 모아서, 쓰레기통에 버리고, 차로 돌아가야 한다는 것을 이미 잘 알고 있다.

여기서 세 개의 메커니즘이 작동하여 고객 통제를 돕는다.[35]

1. 고객은 무엇을 해야 할지 알려주는 신호(예를 들면 여러 개의 쓰레기통, 특히 출구 근처에 있는 쓰레기통)를 받는다.
2. 다양한 구조적 제약이 고객을 특정 방식으로 행동하게 한다. 예를

들어, 드라이브스루 창구나 계산대 상부의 (또는 다른 곳에 있는) 메뉴판에는 설사 그 메뉴 외의 대안이 있더라도 적혀 있지 않다.

3. 고객은 패스트푸드점의 규범을 당연히 여기고 내면화하므로 패스트푸드점에 들어서면 으레 그 규범을 따른다.

오랜전에 아이들과 함께 맥도날드에 갔다가(그때는 내가 '빛을 보기' 전이어서 맥도날드에서 끼니를 때우곤 했다) 내가 다 먹은 후 쓰레기를 치우지 않는 것을 보고 아이들이 나무란 적이 있다. 아이들은 나에게 맥도날드의 행동 규범을 가르치는 맥도날드의 대변인이나 다름없었다. 나(를 포함한 대부분의 고객)는 이러한 규범을 오랜 시간에 걸쳐 내면화했다. 지금은 딱히 다른 대안이 없을 때(또는 깨끗한 화장실을 찾을 때)에만 패스트푸드점에 가지만, 그때조차도 그들의 규범에 충실히 따른다.

패스트푸드점이 고객을 통제하는 단 하나의 목적(이 점에서 스타벅스는 예외적인 면이 있다. 이에 관해서는 9장에서 논의할 것이다)은 고객이 빨리 돈을 쓰고 빨리 나가게 하는 데 있다. 매장 입장에서는 빨리 테이블을 비워 다른 손님이 음식을 먹을 자리를 잡게 해야 한다. 한때 유명했던 카페테리아 '오토매트Automat'[36]가 망한 이유 중 하나는 사람들이 몇 시간 동안 자리를 차지하고 있는 데 있었다. 오토매트가 일종의 사교장이 되는 바람에, 단지 식사를 위해 온 손님은 자리를 못 잡기 일쑤였다. 결정적으로 노숙자들이 오토매트의 테이블을 독점하게 되면서 치명타를 맞았다.

일부 패스트푸드점에서는 안전요원을 고용해 노숙자들의 동태를 감시한다. 교외 지역에서는 청소년들이 테이블이나 주차장을 독점해 소란을 피우지 못하도록 막기도 한다. 자리를 오래 차지하고 있는 고객, 심지어 노인들을 쫓아내려고 경찰을 부르는 일까지 발생했다.[37] 어떤 패스트푸드점은 고객이 매장에 (주차장에까지도) 머무르는 시간을 (예를 들면 20분으로) 제한한다는 안내문을 붙여놓았다. 꼭 그런 경우가 아니더라도 대개 패스트푸드점의 구조 자체가 소비자들이 음식을 먹으며 시간을 오래 보낼 필요도 없고 그러고 싶지도 않게 만든다. 먹기 편한 핑거푸드 덕분에 먹는 행위 자체가 신속해진다. 어떤 패스트푸드점은 일부러 20분 이상 앉아 있기 힘든 의자를 두기도 한다.[38] 실내를 꾸민 색상으로도 거의 같은 효과를 얻을 수 있다. "빨갛고 노란 로고에서부터 짙은 고동색 유니폼에 이르기까지 부조화 일색이다. 사람들을 불편하게 만들어 머물고 싶은 생각을 달아나게 하려는 디자인이다."[39]

### 그 밖의 사례: 신병 훈련소

미국의 초등학교들은 여러 가지 학생 통제 방법을 발전시켜왔다. 유치원은 교육 부문의 "신병 훈련소"라고 일컬어진다.[40] 학생들에게 권위에 복종하고 합리적인 암기식 학습과 객관식 시험을 받아들여야 한다고 가르친다. 더 큰 문제는 자발성과 창의성을 칭찬하기는커녕 억제하기 일쑤이며, 어느 교육 전문가가 말한 대로 "유순화 교육"이 이루어진다는 데 있다.[41] 규칙을 잘 따르면 좋은 학생이라고 여기고 그러지 않으면 나쁜 학생으로 낙인찍는다. 일반적으로 대학에 진학하는 학생은 성공적으로 통제 메커니즘을 따른 학생이라고 할 수 있다. 교육 시스템 관점에서 볼 때 창의적이고 독립적인 학생은 "무질서하며 돈과 시간을 낭비하는" 존재이기 쉽다.[42]

특히 초·중·고등학교에서는 시계와 학습지도안 역시 학생에게 통제를 가하는 도구로 작동한다. 학생들이 지금 막 뭔가 중요한 것을 이해하려는 참이라 해도 '시계의 횡포' 때문에 벨이 울리면 수업을 끝내야 한다. 학생들(그리고 교사)의 관심 영역과 관계없이 '학습지도안의 횡포' 때문에 지도안에서 요구하는 주제밖에 다룰 수 없다. 상상해보자. "열의에 넘쳐 거북이 한 마리를 뚫어지게 관찰하는 흥분한 아이들에게 교사는 이렇게 말한다. '얘들아, 이제 거북이는 치우자, 과학 수업을 해야 하니까. 오늘은 게에 관해 배울 거예요.'"[43]

의료 산업에서 환자는 (의사와 마찬가지로) 점점 더 거대하고 비인격적인 시스템의 통제 아래 놓인다. 예를 들어, 현재 여러 의료보험 프로그램에 따르면 환자가 전문의 진료에 대해 스스로 결정할 수 없다. 환자는 우선 일차진료의사의 진료를 받아야 하고, 일차진료의사가 전문의 진료가 필요한지를 판단한다. 일차진료의사는 의료보험 시스템 때문에 비용 절감 압박을 받으므로, 환자를 전문의에게 보내는 일은 드물다. 따라서 종래에 전문의가 담당하던 기능 중 점점 더 많은 부분을 일차진료의사가 맡고 있다.

슈퍼마켓의 바코드 스캐너는 계산대 직원뿐 아니라 고객도 통제한다. 모든 상품에 가격이 표시되어 있다면, 고객들이 쇼핑을 하면서 카트에 담은 물건값을 대충이라도 계산해볼 수 있고, 계산대에서 금액이 제대로 계산되는지 하나하나 확인해볼 수도 있다. 그러나 UPC(Universal Product Code, 범용 상품 부호)와 스캐너가 도입된 뒤로 소비자들은 가격이 얼마인지, 직원이 가격을 정확히 입력하고 있는지 확인할 방법이 거의 없다.

슈퍼마켓의 식품 배치 방식도 쇼핑객을 통제하는 수단이다. 슈퍼마켓에서는 아이들이 좋아할 만한 제품을 아이들 손이 쉽게 닿을 수 있는 곳(예를 들면 아래쪽 선반)에 진열하려고 애쓴다. 또한 특별 할인 상품이나 전략 상품 선정 여부가 제품 판매에 큰 영향을 미친다. 제조업체와 도매업체들은 자사 제품을 매장 입구나 상품 진열 통로의 양쪽 끝처럼 탐나는 자리에 진열하기 위해 서로 다툰다. 실제로 그런 자리에 진열되면 평범한 위치로 밀려났을 때보다 판매량이 급증할 가능성이 높다.

쇼핑몰도 고객, 그중에서도 특히 어린이와 청소년들을 통제한다. 그들은 대중매체에 의해 열성적인 소비자로 만들어진다. 쇼핑몰에 가는 행위는 뿌리 깊은 습관이 된다. 어떤 사람들은 주말마다 몇 시간씩 "좀비"처

맥도날드 그리고 맥도날드화

럼 쇼핑몰을 배회한다.[44] 더 구체적으로는, 고객들이 쇼핑몰 안 통로를 가로지르며 매장 쇼윈도를 볼 수밖에 없게 푸드코트, 에스컬레이터, 계단이 배치된다. 소비자들은 중간중간 놓인 벤치에 앉아 소비 행위라는 노동을 잠시 쉬려고 하지만, 그런 벤치들조차 소비자가 특정 매장의 유혹을 받도록 배치된다. 점포 내 상품 진열뿐 아니라 매장들도 전략적으로 배치되어, 살 생각이 없던 제품에도 관심을 갖게 만든다.

### 통제의 극단: 출생과 사망의 통제

출생과 사망 과정, 그리고 그 과정을 소비하는 (즉 출산하고 사망하는) 사람들도 점차 통제 대상이 되어왔다.

#### 임신 과정의 통제: 할머니도 임신할 수 있다

임신 과정은 빠르게 맥도날드화되고 있으며, 그 과정 전반에 걸친 통제도 강화되고 있다. 예를 들어, 급증하는 발기부전 전문 병원, 그리고 약(특히 비아그라,[45] 시알리스 등)과 의료 장비 등 의료 테크놀로지가 남성 발기부전 문제[46]와 싸우고 있으며, 전문 병원 중 일부는 이미 체인점이 되었다.[47] 많은 남성이 성기능을 회복했고, 불임 진단을 받았던 남자가 이제는 임신 과정에서 제대로 된 역할을 담당할 수 있게 된 경우도 많다.

여성의 불임 문제도 인공수정(좀 더 정확히 말하자면 '공여자 정액주입'),[48] 체외수정,[49] 세포질내정자주입,[50] 다양한 수술 치료 또는 운 테크닉Wurn Technique[51] 같은 비수술 치료, 가정용 불임 검사 키트[52] 등 테크놀로지 발전에 의해 개선되어왔다. 어떤 불임 클리닉들은 세 번 시도한 후에도 임신이 안 되면 환불해주겠다고 할 만큼 자신만만하다.[53] 그래도 임신이 되지 않거나 유산을 거듭한 여성이라면 대리모를 이용할 수 있다.[54] 심지어 폐경 후 여성도 이제는 임신할 기회를 가질 수 있다(이른바 '할머니 임신').[55]

2008년 70세 인도 여성이 쌍둥이를 출산한 사례가 현재까지의 최고령 임신 기록이다.[56] 자가 배란 측정기[57]도 유용하다. 이러한 테크놀로지 발전은 아이를 갖는 일을 예전보다 훨씬 더 예측가능하게 만들었다. 사용하기 쉬운, 즉 효율적인 자가 임신 테스트기도 임신 여부를 판단할 때 불확실성을 줄인다.

예비 부모를 괴롭히는 가장 큰 예측불가능성 중 하나는 아이의 성별이다. 미국, 캐나다, 호주, 영국, 인도, 홍콩에는 이미 성별 선택[58] 클리닉이 있으며, 앞으로는 이런 클리닉들이 더 큰 규모의 '성별 선택 센터' 체인의 가맹점이 될지도 모른다. 성별 선택 테크놀로지는 일찍이 1970년대 초에 개발되었고 사실 매우 간단하다. 정액을 알부민으로 여과해 남성 염색체를 가진 정자와 여성 염색체를 가진 정자로 분리한 다음, 여성(즉 소비자)에게 원하는 성별의 정자를 인공수정한다. 최신 기법에서는 정자 세포를 염색하여 X(남성) 염색체를 가졌는지 Y(여성) 염색체를 가졌는지 판별한 후, 인공수정이나 체외수정을 통해 선별된 정자를 난자와 결합한다. 이 마이크로소트<sup>MicroSort</sup> 기술의 성공률은 딸을 원할 경우 93%, 아들을 원할 경우 82%다.[59] 이들의 목표는 부모의 바람과 필요에 따라 자녀의 성별을 선택할 확률을 100%까지 끌어올리는 것이다.

소비자가 임신 과정을 통제할 수 있다는 사실에 기뻐하는 사람들도 있지만, 어떤 사람들은 두려움을 내비친다. "사전에 자녀의 성을 미리 정할 수 있다는 사실은 마치 자동차를 살 때 자동변속기와 가죽 시트를 선택하듯 아기의 세부 사양을 주문하는 끔찍한 광경까지 상상하게 만든다."[60] 한 의료윤리학자는 이렇게 말한다. "자동차를 고르듯이 아이를 고른다는 발상은 **소비중심주의 사고방식**에서 나온다. 이때 아이는 온전한 한 인간이 아니라 하나의 '제품'이 된다".[61] 아기를 또 하나의 '제품'에 불과한 것으로, 그리하여 맥도날드화의 대상, 설계하고 제조해 판매할 대상으로 만들어버림으로써 우리는 한 사람의 탄생을 비인간적인 과정으로 만들 위험에 빠진다.

물론 우리는 아직 임신의 (그리고 다른 거의 모든 것의) 맥도날드화와 관련된 범위에서 한쪽 경계만 살펴보고 있을 뿐이다. 예를 들어, 1996년 스코틀랜드에서 (지금은 사망한) 복제 양 돌리가 탄생한 이래 여러 동물이 복제되면서 인간 복제 가능성의 문을 열었다. 복제<sup>cloning</sup>란 분자, 세포, 때로는 온전한 유기체까지도 똑같이 재현하는 기술을 말한다.[62] 한결같이 외모가 출중하고 운동신경도 뛰어나고 지능이 높으며 유전적 결함이 없는, '찍어낸 듯한' 인간 종족을 설계하고 대량생산하는 이미지가 떠오른다. 그렇게만 된다면 궁극의 임신 통제가 될 것이다. 모든 사람이 똑같은 세계가 된다면, 그 세계 사람들은 그들을 둘러싼 모든 것에 대해서도 마찬가지로 동일성을 기꺼이 받아들이게 될 것이다. 물론 SF 소설에나 나올 만한 이야기다. 그러나 우리를 그 길로 이끄는 데 필요한 테크놀로지는 이미 우리 곁에 있다!

### 임신 상태의 통제: 이상적인 아기의 선택

임신하기 전부터 자녀의 성별을 선택할 마음은 없었다 하더라도, 임신을 확인한 후 태아의 성별이 궁금해졌다면 양수천자라는 방법을 활용할 수 있다. 양수천자는 1968년 산전 태아 진단을 위해 처음 이용되었으며, 보통 임신 14주에서 18주 사이에 양막낭에서 양수를 채취해 검사하는 방법이다.[63] 양수천자를 통해 태아가 원치 않는, 곧 '잘못된' 성별임을 알게 되면 부모가 임신중절을 선택할 수 있다. 이 기법은 임신 이후에 적용되므로 임신 전에 이루어지는 성별 선택에 비하면 현격히 비효율적이다. 실제로 미국에서 이루어진 한 조사에 의하면 성별 선택 때문에 임신중절을 하겠다는 사람은 거의 없다(이 조사에서 약 5%에 불과한 것으로 나타났다).[64]

그러나 양수천자 기술 덕분에 부모가 아기의 성별을 미리 알 수 있게 된 것만큼은 사실이다.

아기의 성별에 관한 걱정은 유전적 결함 가능성에 관한 걱정에 비하면 아무것도 아니다. 태아에게 낭포성섬유증, 다운증후군, 헌팅턴병, 혈우병, 테이-삭스병, 겸상적혈구빈혈증 같은 유전적 결함이 있는지를 판별하기 위해 양수천자 외에도 다양한 검사 방법이 이용(소비)된다.[65] 검사 방법 몇 가지를 예로 들면 다음과 같다.

- 융모막 융모 생검[CVS](Chorionic Villus Sampling): 대개 양수천자보다 이른 시기인 임신 9주에서 12주 사이에 실시한다. 나중에 태반이 될 융모막에서 손가락 모양의 융모 샘플을 추출한다. 융모는 태아와 동일한 유전자 구성을 지닌다.[66]
- 모체혈청 알파태아단백[MSAFP](Maternal Serum Alpha-Fetoprotein) 검사: 임신 16주, 17주, 18주에 실시하는 간단한 혈액 검사다. 알파태아단백 수치가 기준보다 높으면 척추 기형이 발생할 가능성이 있으며, 수치가 기준보다 낮으면 다운증후군 가능성이 있다.
- 초음파 검사: 수중 음파 탐지기에서 기원한 기술로, 고주파 에너지를 태아에게 발사한 후 부딪혀 돌아오는 메아리를 이용하여 태아의 이미지를 보여준다. 초음파 검사는 여러 유전적 결함과 그 외의 정보(성별, 임신 기간 등)를 알려준다.

초음파 검사나 MSAFP 검사는 이전부터 관례적으로 해왔지만, 최근에는 이 모든 무인 테크놀로지가 급격히 확산되었다.[67] 위에 언급하지 않은 태아 검사 테크놀로지도 여러 가지가 있으며, 앞으로 틀림없이 더 많은 검사 방법이 개발될 것이다.

맥도날드 그리고 맥도날드화

하나 이상의 검사에서 유전적 결함이 발견되면 임신중절을 고려할 수 있다. 임신중절을 선택하는 부모는 아이와 가족이 유전적 기형이나 질병으로 인해 고통받기를 원치 않는다. 우생학자들은 사회가 유전적으로 장애를 가진 아이들이 태어나게 내버려두고 이로 인해 출생에서부터 불합리성을 수반하는 존재가 생기는 것이 합리적이지 않다고 생각한다. 비용 대 편익(계산가능성)이라는 관점에서 볼 때, 신체적 또는 정신적으로 심각한 기형이나 문제를 갖고 있는 아이를 (경우에 따라서는 매우 긴 기간 동안) 돌보기보다는 임신중절하는 편이 경제적이다. 그런 논리로 보면, 사회 차원에서 무인 테크놀로지를 이용해 어떤 태아를 살리고 어떤 태아는 살리지 않을지를 밝혀내는 것이 타당하다. 그 극단적인 행보는 중국이 고려했던 것처럼 질병이 있거나 발달이 지체되어 국가에 짐이 되는 아이들의 수를 줄이기 위해 특정 결혼이나 출산을 사회적으로 금지하는 방식이다.[68]

유전적 이상 징후를 포착하고 치료하려는 노력은 급속히 진전되고 있다. 인간 게놈 프로젝트를 통해 인간 유전자 지도가 만들어졌다.[69] 이 프로젝트가 시작될 당시에는 알려진 인간의 질병 유전자가 약 100개밖에 없었지만 지금은 훨씬 더 많은 질병 유전자가 밝혀졌다.[70] 이러한 지식은 과학자들이 새로운 진단 검사와 치료법을 개발하는 데 바탕이 될 것이다. 각 유전자의 위치와 역할을 확인하면 태아나 아동, 예비 배우자의 유전적 질병을 검사할 수 있는 능력이 신장될 것이다. 예비 부부가 그들에게 유전적인 문제가 있음을 미리 확인하면 결혼하지 않거나 아이를 낳지 않을 수 있다. 또 다른 가능성(그리고 우려)은 테크놀로지 이용이 점차 확산되고 비용도 저렴해지면서 사람들이 스스로 검사하고 (이미 임신 테스트를 집에서 하듯이) 위험하게 자가 임신중절을 시도할 수 있다는 점이다.[71] 전반적으로 새로운 무인 테크놀로지가 인간의 결혼과 출산에 점점 더 큰 영향을 미치고 더 강력한 통제력을 갖게 될 것이다.

## 출산의 통제: 출산의 질병화

맥도날드화와 통제 강화는 출산 과정에서도 역력히 드러난다. 매우 인간적이고 개인적인 방식으로 출산을 다루던 조산사가 쇠퇴했다는 것이 그 지표 중 하나다. 1900년대 미국에서 태어난 아이들 가운데 약 절반은 조산사에 의해 태어났다. 그러나 1986년에는 그 비율이 4%로 줄었다.[72] 그 후 근대적 분만 관행의 비인간적인 합리화에 대한 반발로[73] 조산사가 미약하게나마 부흥하기는 했다. 이에 따라 20세기 후반에는 미국에서 조산사의 도움을 받아 태어난 아이가 6.5%였던 데 반해, 2000년대에는 3분의 1까지 증가했다.[74] (전 세계적으로는 전체 출산 중 약 3분의 2가 조산사에 의해 이루어진다.[75]) 조산사의 도움을 받아 출산하는 여성들은 "병원 의료진의 냉정하고 소홀한 대우", "의사 편의에 맞추어 불필요하게 행해지는 유도분만", "같은 이유로 시행하는 불필요한 제왕절개" 때문에 조산사를 찾게 되었다고 말한다.[76]

전문 의료계, 특히 출산 과정을 합리화하고 비인간화하려는 산부인과 전문의들이 출산 과정의 통제를 강화해왔고, 이 점도 조산사의 쇠퇴의 원인이 되었다.[77] 산부인과에서 레지던트를 지냈던 미셸 해리슨Michelle Harrison 박사는 병원 출산이 "비인간적인 과정"임을 인정한다.[78]

출산에 대한 통제 강화는 출산이 관료제화된 정도를 보아도 알 수 있다. 전통적인 "사회적 출산(social childbirth)"은 대개 집에서 가족이나 친구들이 함께했다. 오늘날의 출산은 "낯선 사람들 사이에서 홀로" 겪어야 하는 일이 되었으며 거의 언제나 병원에서 치러진다.[79] 미국의 경우 1900년에는 출산의 5% 미만이 병원에서 이루어졌으나, 1940년에는 55%, 1960년에는 거의 100%가 병원에서 이루어졌다.[80] 최근에는 패스트푸드점의 모델에 따라 합리화한 체인형 병원이나 분만 센터도 등장했다.

병원과 의료인들은 오랜 시간에 걸쳐 표준적이고 관례화된 (즉 맥도날드화된) 방법들을 개발하여 출산을 통제해왔다. 그중에서도 조지프 드 리 Joseph DeLee 박사가 창안한 방법이 가장 잘 알려져 있고 20세기 전반 내내 널리 이용되었다. 드 리는 출산을 질병("병리적 과정")의 일종으로 간주했고, 따라서 저위험 분만이라 할지라도 그의 처치를 따라야 한다고 보았다.[81]

1. 산모를 결석제거술 자세로 눕힌다. 즉 등을 대고 누워 다리를 공중에 들어 올린 채, 무릎을 굽히고 양다리를 넓게 벌려 등자鐙子(발걸이)에 걸치게 한다.[82]

2. 진통이 시작되면 산모에게 계속 진정제를 투여한다.

3. 아이가 나오는 통로를 넓히기 위해 회음부절개술[83]을 실시한다.

4. 더 효율적인 분만을 위해 겸자(날이 없는 기다란 가위 모양 집게-옮긴이)를 사용한다.

한 여성은 이런 유형의 시술 절차를 다음과 같이 묘사했다. "여자들이 분만 조립 라인에 양들처럼 떼 지어 누워 있다. 그들은 마취 주사를 맞고 수술대에 묶여 있고, 아이들은 겸자로 꺼내어진다."[84]

드 리 박사의 표준 시술 방법은 무인 테크놀로지(조립 라인 같은 접근 방식, 처치 방법, 겸자, 약물)에 의한 통제뿐 아니라 효율성, 예측가능성, 그리고 인간적인 분만실을 비인간적인 아기 공장으로 변질시킨다는 점에서 불합리성에 이르기까지 맥도날드화의 다른 특성들도 보여준다. 이때까지는 아직 계산가능성이 빠져 있지만, 이는 이후 이매뉴얼 프리드먼Emanuel Friedman의 '프리드먼 곡선'으로 채워진다. 이 곡선은 진통을 세 단계로 엄격히 구분한다. 예를 들어 첫 번째 단계는 정확히 8.6시간으로, 자궁 경관이 2cm에서 4cm까지 확장되는 단계다.[85]

세상에 나온 아기를 처음 맞이하는 것은 '아프가 검사Apgar test'라는 계산가능한 점수 시스템이다. 신생아는 다섯 가지 요소(심박수, 피부색 등) 각각에 대해 0점부터 2점까지의 점수를 부여받으며, 가장 건강한 아기는 총점 10점을 받는다. 신생아는 대개 태어난 지 1분 후 7~9점, 5분 후 8~10점을 받는다. 0~3점을 받은 아기는 심각한 상태로 간주된다. 해리슨 박사는 왜 의료진들이 신생아의 안색이나 호기심, 기분 같은 주관적인 지표를 무시하는지 의문이라고 말한다.[86]

분만에 이용되는 다양한 무인 테크놀로지에도 성쇠는 있었다. 1588년에 발명된 겸자는 미국에서 1950년대에 전성기를 구가하여, 당시 출산의 약 50%에 겸자가 이용되었다. 그러나 이후 유행이 지나 1980년대에는 전체 분만의 약 15%에서만 겸자를 사용했고 그 후에도 이용률이 계속 하락했다.[87] 산모에게 약물을 투여하는 여러 방법도 널리 이용되었다. 1970년대에는 전자 태아 감시 장치가 유행했으며, 현재는 초음파 검사가 많이 쓰인다.

또 한 가지 우려할 만한 테크놀로지는 분만에 사용하는 수술용 메스다. 많은 의사들이 질 입구가 찢어지거나 과도하게 늘어나는 것을 방지하기 위해 관행적으로 회음부절개술을 실시한다. 향후 성관계 시 상대방의 쾌감을 향상시키거나 아기가 쉽게 나올 수 있게 하기 위한 회음부절개술은 정작 당사자인 여성의 몸을 쇠약하게 하고 고통을 준다. 해리슨 박사는 회음부절개술에 대해 상당한 회의감을 피력하며 이렇게 말한다. "산부인과 전문의들은 여성의 질 입구 절개를 중단하기 바란다. 출산은 수술이 아니다."[88]

수술용 메스는 제왕절개의 주된 도구이기도 하다. 출산은 전적으로 인간적인 과정임에도 불구하고 많은 경우 메스에 의해, 그리고 메스를 휘두르는 사람들에 의해 통제받는 대상이 되고 말았다.[89] 최초의 근대적 제왕절개술은 1882년에 실시되었지만, 1970년대 후반까지도 제왕절개 출산 비율은 5%에 불과했다. 제왕절개가 폭발적으로 늘어난 때는 1970년 대에서 1980년대까지로, 1987년에는 미국 내 전체 분만의 25%에 이르러 "전국적 유행병"이라고 일컬어지기도 했다.[90] 그 후 1990년대 중반까지는 21%로 소폭 감소했다.[91] 그러나 2002년 8월에는 다시 25%를 기록했고, 2005년에는 30.3%, 2011년에는 33%에 육박할 정도로 증가했다.[92] 초산 시 제왕절개 비율은 2005년에 약 17%로 최고치를 보였고, 제왕절개 경 험이 있는 산모의 자연분만 비율은 16.5%까지 떨어졌다.[93] 미국산부인과 학회에서 "한번 제왕절개면 언제나 제왕절개"라는 오래된 관념을 공식적 으로 폐기했다. 이제는 학계에서 한번 제왕절개로 출산한 여성은 이후 출 산 시 반드시 제왕절개를 해야 한다는 종래의 견해를 지지하지 않는다. 하지만 관행은 쉽게 바뀌지 않는다.

많은 사람들은 제왕절개가 불필요하게 행해지는 경우가 많다고 말한 다. 그 첫 번째 증거는 역사적 자료에서 찾아볼 수 있다. 갑자기 제왕절 개가 급증한 이유가 무엇인가? 몇십 년 전에는 지금만큼 제왕절개가 필 요하지 않았던 것일까? 제왕절개가 불필요하다고 볼 수 있게 하는 두 번 째 단서는 지불 능력이 있는 환자의 제왕절개 출산 비율이 메디케이드 **Medicaid**(미국의 저소득층, 장애인 대상 의료 보조 제도-옮긴이) 수급자(이 경우 병원 이 받는 의료수가가 훨씬 적다)의 두 배나 된다는 점이다.[94] 소득 수준이 낮은 사람들에 비해 소득 수준이 높은 사람들에게 제왕절개가 정말로 더 많이 필요한 것일까?[95]

제왕절개가 급격하게 증가한 까닭을 인간 테크놀로지를 무인 테크놀로 지로 대체한다는 착안과 잘 들어맞고 아래에서 볼 수 있듯이 사회의 맥도 날드화가 갖는 다른 요소들에도 잘 어울린다는 점으로 설명할 수 있다.

- 제왕절개는 예정일보다 몇 주 (때로는 몇 달까지도) 이르거나 늦어질

수 있는 자연분만에 비해 예측가능성이 높다. 제왕절개는 보통 오후 5시 30분 전에 실시되므로 의사들이 집에서 저녁 식사를 할 수 있게 해준다는 것은 흔히 듣는 이야기다. 고소득층 여성 소비자들은 자연분만의 예측불가능성 때문에 경력이나 사회적 역할에 지장을 받지 않기 위해 제왕절개를 선택할 수도 있다.

- 제왕절개는 비교적 간단한 수술로, 예기치 않은 상황이 벌어질 가능성이 높은 자연분만보다 효율적이다.
- 제왕절개는 계산가능성이 더 높다. 통상적으로 20분에서 45분 사이에 이루어진다. 정상적인 자연분만에 소요되는 시간은 훨씬 더 제각각이며 초산인 경우에는 더 가변적이다.
- 마취, 출혈, 수혈 등 수술로 인해 야기되는 위험 요소를 포함하여, 불합리성이 존재한다(합리성의 불합리성에 대해서는 7장에서 더 자세히 다룰 것이다). 자연분만을 한 여성보다 제왕절개로 출산한 여성이 신체적인 문제를 더 많이 경험하며 회복에 걸리는 기간도 더 길고 사망률도 두 배나 높다. 제왕절개가 비용도 더 많이 든다. 한 연구에 의하면 자연분만 대비 제왕절개 비용은 진료비만 해도 68%, 그 외의 병원비는 92%나 더 높다.[96]
- 제왕절개는 비인간적이다. 인간 본연의 자연적인 과정을 비인간적이고 비인격적인 과정으로 변형시키며, 이 과정에서 여성들은 수술적 처치를 견뎌야 하기 때문이다. 불필요하게 이러한 변형이 일어나는 경우도 빈번하다. 적어도 과거에 제왕절개로 출산한 여성 중 다수는, 자연분만이라는 매우 인간적인 경험을 할 수 있는 기회를 불필요하게 박탈당한다. 출산의 경이로움이 대단치 않은 수술적 처치 과정으로 격하된 것이다.

맥도날드 그리고 맥도날드화

무엇보다도 제왕절개가 또 하나의 소비 대상이 되었다는 사실은 점점 더 명확해지고 있다.

### 사망 과정의 통제: 맞춤형 죽음

현대사회에서 우리는 죽음과 임종의 소비자가 되었으며, 사망 과정 또한 합리화되어 최소한 그 과정을 통제할 수 있다는 환상을 갖게 만든다. 여러 가지 무인 테크놀로지로 다른 시대였다면 수명이 다했을 사람의 생명을 그보다 길게 연장하는 일이 점점 늘어나고 있다. 사실 이러한 테크놀로지의 수혜자 중에는 그런 상태로 생명을 부지하기를 원하지 않는 사람들도 있다(이는 명백히 불합리하다). 사전 의료 지시서[advance directive](의사결정 능력을 상실한 상황에 직면한 경우를 대비하여 본인이 받을 치료에 대한 본인 의사를 밝히기 위해 작성하는 문서-옮긴이)나 생전 유언[living will]에 '연명치료 포기' 또는 '극단적 조치 금지'가 명시되어 의사가 이를 따르는 경우가 아닌 한, 사람들은 자신이 죽음에 이르는 과정에 대한 통제권을 잃는다. 그런 사전 지시서가 없다면 가족들 역시 환자를 가능한 한 오래 살게 해야 한다는 의료 방침을 따라야 한다.

죽음에 이르는 과정의 특정 시점에서 컴퓨터 시스템을 사용하여 환자의 생존 가능성을 90%, 50%, 10% 등의 수치로 판정할 수도 있다. 이러한 컴퓨터의 판정 결과는 의료진의 행위에 영향을 줄 것이다.

사망도 출산과 동일한 경로를 따라 변화해왔다. 즉, 이제는 죽음에 이르는 과정이 집에서 이루어지지 않으며, 본인이나 가족의 손을 떠나 의료진과 병원의 손에 맡겨진다.[97] 출산에 대한 통제권과 마찬가지로 사망에 대한 통제 수단 역시 대부분 의사가 가지고 있다. 출산과 마찬가지로 사망 역시 점점 더 많은 비율이 병원에서 일어난다. 1900년에는 병원에서 사망하는 경우가 20%에 불과했지만 2010년에는 미국 사망자 가운데

3분의 1이 병원에서 죽음을 맞이했고, 2008년에는 20%가 요양원에서 사망했으며 2011년에는 44.6%가 호스피스에서 사망했다.[98] 패스트푸드점의 원리를 적용한 병원이나 호스피스 체인의 성장은 죽음이 관료제화, 합리화, 심지어는 맥도날드화되고 있음을 시사한다.

이에 대한 일련의 반작용, 즉 과도한 합리화에 저항하려는 소비자의 여러 가지 노력도 나타났다. 사전 의료 지시서와 생전 유언에는 본인의 임종 과정에서 병원과 의료진이 해도 되는 일과 하지 말아야 할 일이 작성되어 있다. 자살 클럽이나 데릭 험프리Derek Humphry의 《마지막 비상구Final Exit》[99] 같은 책에서는 스스로 목숨을 끊는 방법을 알려준다. 안락사에 대한 관심이 높아지고 안락사를 수용하는 사람들도 많아지고 있다.[100] '죽음의 의사'로 불리는 잭 케보키언Jack Kevorkian의 사례가 가장 주목할 만하다. 그의 목표는 사람들에게 자신의 죽음을 스스로 통제할 권한을 돌려주는 것이었다. 끝으로, 병원에 가지 않고 집에서 임종을 맞이하는 사람이 늘고 있으며, 시신을 집에 묻는 사람들도 있다.[101]

그러나 이러한 반작용들 자체에도 맥도날드화된 요소가 있다. 예를 들어 케보키언 박사(2011년 사망)는 환자의 자살을 돕기 위해 무인 테크놀로지, 즉 '기계'를 사용한다. 더 놀라운 사실은 케보키언이 죽음을 계획하는 '합리적 방침'을 주창했다는 점이다.[102] 이와 같이 죽음의 합리화는 그것을 저지하려는 노력 속에서도 나타난다.[103]

전반적으로, 소비자와 소비 과정에 대한 통제 능력이 유례없이 강화된 무인 테크놀로지의 수는 앞으로도 점점 더 늘어날 것이고, 무인 테크놀로지가 소비자와 소비 과정을 통제하는 능력도 유례없이 강화될 것이다. 한편 점점 더 많은 사람들이 스스로 생각하고 선택할 기회를, 어쩌면 그렇게 할 수 있는 능력까지도 잃어버리게 될 것이다.

# 5
# 효율성과
# 계산가능성

맥잡

그리고

맥도날드화된

다른

직업들 1

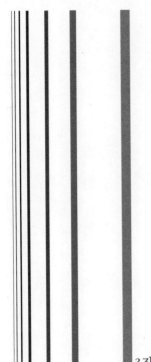

3장과 4장에서는 맥도날드화된 영역의 소비자를 주로 다루었다. 이제 이 장과 다음 장에서는 맥도날드화된 영역에서 일하는 사람들(즉, 생산자)에게로 초점을 옮기고자 한다. 소비자에 관해 논의할 때와 마찬가지로 효율성, 계산가능성, 예측가능성, 통제라는 맥도날드의 네 가지 특성에 입각하여 노동자에 관해 논의할 것이다. 편의성과 명료함을 위해 소비와 노동(생산)을 분리했지만, 많은 경우 소비의 맥도날드화와 노동의 맥도날드화가 긴밀히 연결된다는 점을 잊어서는 안 된다. 맥도날드화된 노동 환경이 맥도날드화된 소비자를 만들며, 맥도날드화된 소비자의 행동과 요구, 그리고 소비 환경은 노동 및 노동 환경의 맥도날드화를 창출하고 강화한다.

## 맥잡과 맥도날드화의
## 특성들

정도의 차이가 있을 뿐, 전혀 맥도날드화되지 않은 직업은 없다고 보아도 무방하다. 여기에서는 그중에서도 맥도날드화 프로세스에 가장 크게 영향받은 직업들을 '맥잡'이라고 부르기로 한다.

맥잡이라는 용어는 당연히 패스트푸드 산업과 관련된 직업을 일컫는 데 사용되지만, 업무 위계의 말단에 있으며 보수가 매우 적고, 숙련도나 훈련이 거의 필요 없고, 높은 직위로 올라갈 길이 거의 없는 다른 여러 직업에도 확장될 수 있다. 맥잡이라는 말은 사회학자 아미타이 에치오니 Amitai Etzioni가 〈워싱턴포스트〉에 기고한 "맥잡은 아이들에게 해롭다"라는 칼럼에서 처음 사용했다.[1] 그 후 미국을 비롯한 전 세계 곳곳(예를 들면 인도와 중국[2])의 대중적,[3] 학술적인 글[4]에서 맥잡에 관해 다루었다. 이러한 저술들은 일반적으로 맥잡이 아이들뿐 아니라 그런 직업을 갖는 거의 모든 이들에게 나쁜 영향을 미친다고 비판하는 경향을 보인다. 이 책의 7장 '합리성의 불합리성'에서도 맥잡과 관련한 몇 가지 문제점을 살펴볼 것이다. 그러나 맥잡을 옹호할 근거도 많다는 데 주목해야 한다.[5] 예를 들어 맥잡이 없었다면 실업자였을 수도 있는 수많은 사람들에게 일자리가 제공되므로, 맥잡은 취업률을 높이는 데 일조하고 있다. 특히 맥잡은 청소년, 소수자, 퇴직자들에게 일자리를 제공한다. 맥잡을 통해 다른 직업에서도 필요한 기본 역량(정시에 출근하기, 규정과 지시 따르기 등)을 기를 수 있다. 또한 맥잡은 여러 다른 경력을 쌓아가는 데 있어서 좋은 첫걸음이 될 수 있다. 이러한 주장에 관한 찬반 논쟁도 의미가 있겠지만, 여기서는 맥도날드화가 노동 및 노동자에게 주는 영향을 살펴봄으로써 맥도날드화 프로세스를 더 잘 이해하는 데 초점을 맞추고자 한다. 이를 위해 다시 한

번 맥도날드화의 기본 특성들로 돌아가 각 특성이 맥잡, 그리고 다른 여러 직업들에 미치는 영향을 검토할 것이다.

5장과 6장에 걸쳐 패스트푸드점 종업원뿐 아니라 피자 배달원, 슈퍼마켓 직원, 공장 노동자, 농장 노동자, 교수, 학자, 교사, 의사, 운동선수, 경주마 조련사, 정치가, 보험 판매사, 디즈니 놀이공원의 '출연자', 고객서비스 담당자, 항공기 조종사 등 맥도날드화된 직업들을 폭넓게 다룰 것이다.

이 장에서는 이들을 노동자, 즉 생산자로서만 다루겠지만, 소비자의 경우와 마찬가지로 프로슈머로 볼 수도 있다. 다시 말해, 3장에서 프로슈머를 일하는 소비자로 보았듯, 프로슈머를 소비하는 노동자라고 볼 수도 있는 것이다. 모든 노동자는 원재료, 자신의 노동시간, 역량을 투입하며 동시에 많은 것을 소비하기 때문이다.

## 효율성:
### 숭배의 대상

### 패스트푸드 산업: '공장형 점포'에서 일하는 '햄버거 드레싱 담당자'

오늘날의 모든 패스트푸드점에서는 여러 노동자가 분업화된 각자의 업무를 수행하는(예를 들면 햄버거 드레싱 담당자) 일종의 조립 라인이 작동한다. 2장에서 언급한 것처럼, 패스트푸드의 공정에 조립 라인을 적용한 극단적인 예는 버거킹의 컨베이어 벨트다. "컨베이어 벨트 위아래에 각각 화구가 있다. 그릴에 올린 햄버거 패티는 벨트를 따라 이동하는데, 이동 속도는 사전에 설정되어 있다. 위아래 불에 의해 패티 양면이 동시에 구워지고, 다 구워지면 끝에 있는 쟁반으로 떨어진다."[6] 이 시스템은 패스트푸드점에서 일하는 사람들을 자동차 조립 라인에서 일하는 사람들과 다를 바 없는 조립 라인 노동자로 만든다.

맥도날드 그리고 맥도날드화

패스트푸드 산업 전반에서 이와 유사한 기법이 활용되고 있다. 도미노 피자의 사례를 보자.

로니 레인이 도우와 소스 작업을 시작한다. 도우 반죽을 주무르고 던진 후 적정량의 소스를 그 위에 펴 바르는 것이다. 그가 팬을 밀어 내려보낸다. … 이제 빅토르 루나가 토핑을 시작한다. 앞에는 치즈, 페퍼로니, 피망 등이 담긴 저장 용기 여남은 개가 놓여 있다. 루나는 도우 위에 토핑을 한 움큼씩 뿌린다. … 팬을 컨베이어 벨트에 실어 보내면 팬은 6분 동안 3.7m 길이의 오븐을 통과한다. … 매장 매니저가 대기하고 있던 배달원을 보내면 배달원은 피자 상자를 접는다. … 선임 종업원과 품질관리 담당자는 커터로 피자를 자른 후 고객 주소 전산 라벨이 붙어 있는 상자에 밀어 넣는다.[7]

크리스피 크림 매장의 상당수는 고도로 효율적인 컨베이어 벨트 시스템으로 도넛을 생산하는 '공장형 점포'다. 생산된 도넛은 공장형 점포에서 판매하거나, 그런 공장을 갖추지 않은 다른 크리스피 크림 매장이나 슈퍼마켓, 지역 도넛 판매점에 보낸다.

### 학계: 기계로 매기는 평점과 그 외의 효율성

대학에서 교수와 강사(학생들은 '소비자', 교수와 강사는 '노동자'라고 볼 수 있다)가 하는 일도 맥잡에 가까워졌다. 예를 들어, 기계가 채점할 수 있는 선다형 시험은 교수 업무의 효율성을 신장시켰다. 오래전에 학생들은 교수와 면담하여 개별적으로 평가받았다. 그 후에는 에세이를 쓰게 하여 평가하는 방식이 보편화되었다. 개별 구두시험보다야 효율적이었지만 에세이 평가에도 여전히 상당한 시간이 소요되었다. 선다형 시험을 치르면 점수를 단숨에 낼 수 있다. 조교를 시켜 채점하게 할 수도 있으니, 교수

입장에서 보면 확실히 더 효율적인 학생 평가 방식이다. 더 나아가 컴퓨터로 채점하면 교수뿐 아니라 조교도 극대화된 효율성의 수혜자가 된다.

'블랙보드$^{Blackboard}$(전산화된 교수학습지원시스템 소프트웨어 상품명-옮긴이)'와 같은 전산 시스템은 더 큰 효율성을 보태주었다. 이 시스템을 사용하면 교수가 유인물을 복사하여 배포할 필요가 없다. 교실에서 시험을 보지 않고 온라인 시험으로 대체할 수도 있다. 게다가 블랙보드는 시험 점수를 매겨 성적표에 입력하고 학기말에는 최종 평점까지 계산해준다.

학교에서 이루어진 또 다른 혁신은 교육과정의 간소화다. 교수가 선다형 문제를 출제하는 대신 출판사에서 온라인으로 제공하는 디지털 문항들을 활용하면 된다. 컴퓨터 기반 에세이 평가 (심지어 기말 과제용 논문도 평가할 수 있는) 프로그램도 개발되었다.[8] 이제 교수들은 마음만 먹으면 시험 문제 출제를 포함해 평가 과정 전체에 거의 관여하지 않을 수 있다. 따라서 많은 교수들이 (대개 학생들은 그렇게 생각하지 않지만) 더 높은 가치를 부여하는 저술이나 연구 활동에 그만큼의 시간을 할애할 수 있다.

출판사들은 잘 팔리는 교재를 채택하는 교수들에게 강의 개요, 파워포인트 자료, 교재 내용과 관련된 웹사이트, 컴퓨터 시뮬레이션, 토론 주제 목록, DVD, 영화, 초청 강사나 학생 프로젝트를 위한 아이디어 등 수업을 간소화할 수 있는 다른 서비스도 제공한다. 이 모든 서비스를 이용하면 교수가 수업 준비를 위해 할 일은 거의 또는 전혀 없을 수도 있다.

### 의료: 조립 라인형 의료

의료계에서 의사의 효율성을 높인 한 사례로 "효율성을 숭배"했던 덴턴 쿨리$^{Denton Cooley}$ 박사의 예를 들 수 있다. 그는 섬세한 심장 절개수술 과정을 간소화하여 "조립 라인처럼 정밀한 심장 수술 공장"으로 만들어 세계적인 명성을 얻었다.[9] 모스크바 안과 미세수술 연구소에 관한 다음 묘사는 훨씬 더 놀랍다. 이 연구소는 웹사이트에서 "대부분의 중증 안과질환을 효율적으로 치료"할 수 있다고 천명한다.[10]

> 여러 면에서 근대적 공장의 모습과 닮았다. 컨베이어 벨트가 다섯 개의 작업 구역을 조용히 미끄러져 이동하면서 주기적으로 멈추었다가 다시 움직인다. 각 구역에는 멸균 마스크를 쓰고 수술복을 입은 의료진들이 배치되어 있다. 각자가 맡은 임무를 완수하는 데에는 3분밖에 주어지지 않으며, 3분이 지나면 컨베이어 벨트가 다시 이동한다. 그들은 한 시간에 20건을 처리한다. 조립 라인에서 볼 수 있는 거의 모든 과정이 무척 생소한 방식으로 재현된다. 노동자들 대신 안과 의사들이 있고, 컨베이어 벨트는 이동형 침대에 누워 있는 사람을 실어 나른다. 이곳은 헨리 포드의 생산방식이 의료 행위에 적용되는 … "시력이 좋은 사람을 생산하는 의료 공장"이다.[11]

아직 이런 조립 라인이 의료계 전반에 적용되고 있지는 않지만, 머지않아 그런 날이 오리라고 상상할 수 있다.

2011년에 내가 레이저 안과 수술을 받을 때에도 이미 비슷한 시스템을 경험했다. 조립 라인이라고까지는 할 수 없어도 기본 원리는 같았다. 같은 수술을 받아야 할 열 명의 환자가 같은 방으로 안내되었고, 나란히 놓인 의자 중 지정받은 자리에 앉았다. 의료 보조 인력들이 돌아다니면서 차례로 수술받을 눈에 약물을 넣는 일을 수차례 반복했다. 의사가 도착하면 환자들은 떠밀리듯 한 사람씩 (앉아 있던 의자 순서대로) 다른 방으로 들어가야 했고, 들어가면 다른 보조원이 뺨을 레이저 기계에 대라고 말했다. 곧 타닥거리는 소리가 들렸다. 소리가 멎으면서 수술이 끝났고, 환자는 원래 앉아 있던 자리로 돌려보내졌다. 환자 열 명 모두가 수술을 마친 후 차례로 다시 수술실로 들어갔다. 이미 의사는 떠나고 없었다. 다른 보조원이 수술이 잘되었는지 환자마다 확인했고, 문제가 없는 경우 환자에게 가도 좋다고 말했다.

더 선진적인 로봇 수술도 늘고 있다. 아마도 가장 잘 알려진 사례는 여러 종류의 수술(전립선암 등)을 획기적으로 변화시키고 있는 다빈치 시스템일 것이다. 이 시스템은 절개 부위를 최소화하므로 의료진뿐만 아니라 환자 입장에서도 더 효율적이다. 절개 상처가 작아서 입원 기간도 하루 정도로 줄어들고 회복 시간도 짧다.[12]

## 계산가능성:
## 속도를 향한 열망

### 숫자로 환산되는 생산과 서비스

업무의 맥도날드화라는 영역에서 계산가능성을 확보하려면 우선 생산과 서비스를 숫자로 환원해야 한다.

#### 패스트푸드 산업: 지름 9.84cm짜리 햄버거 패티를 신속히 만들어야 한다

패스트푸드점들은 음식이 나오는 속도를 무척 중요하게 여긴다. 실제로 레이 크록의 첫 번째 매장 이름은 '맥도날드의 특급 서비스 드라이브인'이었다. 한때 맥도날드는 50초 안에 햄버거, 셰이크, 감자튀김을 내는 것을 목표로 했다. 맥도날드가 급격히 성장하던 1959년에는 110초 동안 36개의 햄버거를 낸 기록도 있다.

다른 여러 패스트푸드점들도 맥도날드를 따라 속도를 향한 열망을 실현하고자 했다. 예를 들어 버거킹은 종업원들에게 고객이 매장에 들어온 지 3분이 지나기 전 음식을 내야 한다고 교육한다.[13] 드라이브스루 창구는 고객이 패스트푸드점을 거쳐 가는 시간을 급격히 단축한다. 속도는 패스트푸드점에서 절대적으로 중요한 수량화 요소임에 틀림없다.

피자 배달 사업에서는 속도가 훨씬 더 중요하다. 도미노피자의 슬로건은 "빨리빨리!"이며, "도미노의 목표는 8분 안에 배달원이 출발하는 것이다."[14] 빨리 배달을 나서는 것뿐 아니라 빨리 이동하여 피자가 뜨거운 상태로 도착하게 하는 것도 판매량을 좌우한다. 요즘은 특수 단열 포장이 도입되어 피자 온도가 더 오래 유지된다. 그러나 신속한 배달을 강조하다 보니 젊은 배달원들이 빨리 배달해야 한다는 압박 때문에 교통사고로 내몰려 때로는 심각한 부상이나 사망에까지 이르기도 하고, 이에 대한 비난도 일었다.

양적인 측면을 강조하는 또 다른 사례를 패스트푸드점이 추구하는 정밀성에서 찾아볼 수 있다. 패스트푸드 생산의 모든 요소는 직원들에 의해 정밀히 측정된다. 예전 아이스크림 가게 종업원들은 용기가 차고 넘치도록 아이스크림을 담곤 했지만, 프로즌 요거트 프랜차이즈에서는 종업원들이 자주 무게를 달아보며 용기에 정량의 요거트가 담겼는지 확인한다. 맥도날드도 냉동 패티 각각의 무게가 정확히 45g이 되도록, 즉 고기 1파운드(약 0.45kg)에서 패티 열 장이 나오도록 세심하게 주의를 기울인다. 초벌로 익힌 패티의 지름은 정확히 9.84cm이며, 빵의 지름은 8.89cm다. 맥도날드는 지방 함량이 19% 이하인 고기만 사용하도록 관리하기 위해 자체적으로 지방 함량 측정기도 개발했다.[15] 이보다 지방 함량이 높으면 조리하는 동안 더 많이 수축되어 충분히 푸짐해 보이지 않기 때문이다. 햄버거 패티는 한 번에 여덟 장씩 38초 동안 굽는다.[16] 감자튀김 전용 스쿱은 직원들이 봉지마다 같은 개수의 감자튀김을 넣을 수 있게 도와준다. 자동 음료 디스펜서는 한 방울도 흘리지 않고 컵마다 정량의 탄산음료를 따를 수 있게 한다. 각 금전등록기의 건당 평균 거래시간은 12초다.[17]

아비스Arby's는 로스트 비프의 조리 및 서빙 과정을 일련의 정확한 수치들로 환산하여 직원들이 이를 지키도록 했다.[18] 굽기 전 고기 중량은 4.54kg(10파운드)이다. 내부 온도가 57℃가 될 때까지 93℃에서 3.5시간 굽는다. 그다음에는 여열로 내부 온도가 60℃가 될 때까지 20분간 굽는다. 이와 같이 수치에 맞추어 각 단계를 밟기만 하면 되므로, 아비스는 숙련된 조리사를 필요로 하지 않는다. 사실 글을 읽고 셈을 할 줄만 알면 누구든 아비스의 로스트 비프를 조리할 수 있다. 고기를 다 구운 후에는 4.1~4.2kg이 된다. 샌드위치 하나에 들어가는 로스트 비프는 85g이므로, 한 덩어리의 고기로 48개(하나 정도가 많거나 적을 수는 있다)의 샌드위치를 만들 수 있다.

버거킹은 품질 관리 방법을 수치화했다. 햄버거는 조리 후 10분 이내에 고객에게 전달되어야 한다. 감자튀김은 가열 램프 아래에 7분 넘게 두면 안 된다. 매장 매니저는 전체 음식의 0.3%까지 버릴 수 있다.[19]

패스트푸드점의 성과 또한 질적 기준이 아닌 양적 기준으로 평가된다. 예를 들어 맥도날드 본사의 영업관리 부서는 각 매장의 실적을 "종업원 1인당 매출액, 수익, 종업원 이직률, QSC[품질, 서비스, 청결도] 등급 등의 '수치'로" 평가한다.[20]

패스트푸드점들이 계산가능성을 점점 더 중시하게 되기는 했지만, 정확한 계량을 강조해 가정 요리(이 또한 노동이다)를 합리화하는 데 기여한 다른 선례들도 많다. 패니 파머Fannie Farmer의 《보스턴 요리학교 요리책 Boston Cooking-School Cook Book》(1896)이 대표적이다. "패니 파머는 미국의 주방 용어를 '약간', '적당히', '한 숟갈 수북이' 같은 표현에서 정확하고 표준화된 과학적 용어로 바꾸어, 쉽고 신뢰할 수 있으며 초보자도 따라 할 수 있는 요리의 모델을 제시했다."[21]

패니 파머의 조리법에 따라 만든 요리든 패스트푸드든 너무 많이 먹었다 싶으면 운동 시설 체인을 이용하면 된다. 그런 시설도 수량화에 기초한다. 커브스Curves는 30분 안에 끝낼 수 있는 간단한 기구 활용 운동 프로그램으로 성공했다.

### 일터: 1페니짜리 동전을 수레바퀴처럼

프레더릭 W. 테일러는 과학적 관리를 통해 작업에 관련된 모든 것을 수량화하고자 했다(2장 참조). 과학적 관리란 노동자들의 "주먹구구식" 가늠에 의존하는 대신 노동자의 동작 하나하나로 얼마나 많은 작업이 이루어질 수 있는지를 정밀하게 측정하는 방법을 개발하는 것이었다. 그는 숫자로 환원할 수 있는 모든 것을 수학적 공식을 이용해 분석했다.

테일러가 노동자 한 사람이 하루에 적재할 수 있는 선철鐵鋼 양을 늘리려고 할 때 그의 목표가 계산가능성이었음은 분명하다. "우리는 이 작업조가 1인당 하루 평균 12.5톤의 선철을 적재한다는 사실을 알아냈다. 그런데 연구 결과, 가장 숙련된 노동자가 하루에 처리할 수 있는 선철은 놀랍게도 12.5톤이 아니라 47톤 내지 48톤이었다."[22] 테일러는 작업량을 네 배 가까이 늘리기 위해 가장 생산성이 높은 노동자, 즉 '일급 노동자'가 작업하는 방식을 연구했다. 테일러는 일급 노동자들의 작업을 기본 요소들로 쪼개어 각 단계에 걸리는 시간을 스톱워치로 100분의 1분 단위까지 측정했다.

테일러와 동료들은 이와 같은 철저한 연구에 기초하여 선철을 나르는 '오직 하나뿐인 최선의 방법'을 고안했다. 그다음에는 이 방법을 시험해 볼 노동자로 슈미트를 선발했다. 슈미트는 능력과 야망이 있었고, 한 동료의 말을 빌리자면 "1페니짜리 동전을 수레바퀴처럼" 볼 수 있는 정밀한 눈을 가진 사람이었다. 그는 '고임금 노동자'가 되고 싶다는 의중을 내비쳤다. 테일러는 금전적인 인센티브를 이용했다. 테일러가 지시한 방식을 정확히 지켜서 일한다면 통상적인 일당 1.15달러를 1.85달러로 올려주겠다고 한 것이다. 철저한 훈련과 감독 끝에 작업 속도가 성공적으로 향상되었고, 이에 따라 슈미트는 더 많은 보수를 받게 되었다. 그 후 테일러는 다른 노동자들을 선발하여 같은 방식으로 일하도록 훈련시켰다.

슈미트는 통상적인 작업량의 3.6배만큼 일해야 했고, 임금은 60% 인상되었다. 물론 그 후에 선발된 노동자들도 마찬가지였다. 테일러는 "선철 적재 노동자들은 60%나 임금이 올라가므로 동정의 대상이 아니라 축하받을 주인공"이라고 보았다.[23]

### 학계: 점수와 순위

양적 요인을 중시하는 경향은 대학 교수들 사이에서도 흔히 나타난다. 일례로, 학생들에게 1점에서 5점 사이의 점수를 매기는 식의 설문에 응답하도록 하여 강의 평가에 적용하는 대학이 점차 늘어나고 있다. 학기가 끝나면 교수는 강의 평가 등급이 적힌 일종의 성적표를 받는다. 강의 평가 설문지에는 학생들이 교수에 관해 질적인 평가를 할 수 있는 여지가 거의 없다. 이와 같이 학생들이 강의 평가를 하는 방식은 여러모로 바람직하지만, 유감스러운 결과를 낳는 경우도 가끔 있다. 예를 들어, 학생들은 재미있게 강의하고 유머 감각이 있고 과제를 너무 많이 내주지 않는 교수를 선호하는 경향이 있다. 시종일관 진지하고 학생들에게 과제를 많이 부여하는 교수는 수준 높은 강의를 통해 깊이 있는 사상을 전달하더라도 재미있게 강의하는 교수보다 낮은 등급을 받을 가능성이 높다.

양적 요인은 강의뿐 아니라 연구와 저술 활동에서도 중요하다. "논문을 못 내면 도태된다(publish or perish)"는 압박 때문에 교수들은 논문의 질보다 양에 초점을 두게 된다. 교수 채용 심사나 승진 심사 때 논문과 저서 목록이 길수록 높게 평가한다. 학술상 수상 실적도 있는 한 교수가 럿

거스 대학교 정교수 승진심사에서 떨어졌을 때, 심사위원회는 그의 출판 실적이 "정교수 자격을 받을 만한 양이 안 되기 때문"이라고 설명했다.[24] 이런 편향 때문에 수준 낮은 논문이 나오거나, 연구가 충분히 이루어지기 전에 논문 출판부터 서두르거나, 약간의 차이 외에는 선행 연구와 다를 것이 없는 내용을 출판하는 등의 유감스러운 결과가 발생한다.

학계의 또 한 가지 양적 요인은 연구 결과를 출판하는 방식을 서열화하는 데서 나타난다. 자연과학에서는 학술지 논문이 가장 높은 평가를 받고 저서는 그보다 낮게 평가된다. 인문학 분야에서는 저서가 학술지 논문보다 더 높게 평가되며, 저서를 통해 명성을 얻게 되기도 한다. 특정 출판사(예를 들면 대학 출판부)에서 저서를 출판하면 다른 출판사(상업적 출판사)에서 책을 내는 경우보다 더 훌륭하다고 평가된다.

사회학 분야를 예로 들면, 공식 평가 시스템이 있어서 어느 학술지에 실렸는지에 따라 논문에 점수가 부여된다. 명성이 높은 〈미국사회학리뷰 *American Sociological Review*〉에 실린 논문에는 최고점인 10점이 주어지지만 덜 유명하고 펭귄이 주 독자층인 〈남극 사회학 저널*Antarctic Journal of Sociology*〉(특정 학술지를 거론하면 기분 나빠하는 사람이 있을까 봐 가상의 제목을 썼다)에 실린 논문은 1점밖에 받지 못한다. 이 시스템에 따르면, 학술지 논문 출판 실적에서 340점을 받은 교수는 170점밖에 받지 못한 교수보다 두 배 '훌륭한' 교수다.

그러나 으레 그렇듯이 양적인 요소만 강조하면 질에 소홀해지기 쉽다.

- 한 교수가 일생을 바쳐 연구한 결과의 질을 하나의 숫자로 환원한다는 것은 가당치도 않다. 사상이나 이론, 새로운 사실의 발견이 갖는 질적인 가치를 수량화하기란 불가능하다.
- 이러한 평가 시스템은 질적인 측면을 간접적으로만 다룬다. 논문

자체가 아니라 논문이 실린 학술지의 질에 근거해 점수를 매기기 때문이다. 논문의 수준이나 학문에 기여한 정도를 평가하려는 노력은 없다. 저급한 논문이 높은 등급의 학술지에 실리거나 훌륭한 논문이 낮은 등급의 학술지에 실릴 가능성도 있다는 점을 간과하는 것이다.

- 논문 편수가 적은 학자는 논문의 질이 아무리 높아도 이 평가 시스템에서 높은 점수를 받을 수 없다. 반면 그저 그런 논문을 대량생산하는 학자가 훨씬 높은 점수를 받을 가능성이 높다. 이런 종류의 시스템에서 야망이 있는 사회학자들은 높은 점수를 받으려면 몇 년 동안 한 연구에 매달려서는 안 된다는 결론에 이른다.

출판물의 양을 강조하는 시스템 때문에 평범한 논문만 양산되는 것이다.

학계에서는 연구의 질을 평가하기 위한 노력의 일환으로, 수량화할 수 있는 또 한 가지 척도를 고안했다. 바로 어떤 사람의 논문이 다른 학자들에 의해 인용된 횟수다. 여러 분야에서 이용되고 있는 구글 학술검색 서비스는 바로 이러한 피인용 횟수에 기초한다.[25] 요즘은 구글에 '인용 가젯'이 있어 어느 학자에 관해서든 즉시 피인용지수를 찾아볼 수 있다.[26] 이는 우수하고 중요하며 영향력 있는 연구는 다른 학자들에 의해 활용되고 인용될 가능성이 높다는 가정을 토대로 한다. 그러나 이 경우에도 질적인 평가에 관한 문제가 제기될 수 있다. 한 사람의 학술 연구가 갖는 영향력을 하나의 숫자로 환원할 수 있을까? 비록 인용된 횟수는 적다 해도 인용된 논문에서 해당 학자의 사상이 핵심적인 부분을 이룬다면, 다수의 논문에서 소소하게 인용된 다른 학자보다 그 분야에서 영향력이 더 크다고 볼 수 있다. 게다가 어떤 저작물이 인용되었다는 단순한 사실만으로는 다른 학자에 의해 그 저작물이 어떤 식으로 활용되었는지 전혀 알 수 없다. 어떤 무가치한 논문이 많은 사람들에 의해 공격을 받고 그 때문에 많은 이들에 의해 인용된 경우에도 피인용지수는 올라간다. 반대로, 학자들이 시대를 앞서가는 진정으로 중요한 연구를 간과할 수도 있는데, 그 경우에는 피인용지수가 매우 낮아질 것이다. 당연히 구글도 이 문제를 알고 있어서, 논문의 수와 논문당 피인용 횟수를 결합한 h지수를 이용해 해결해보려고 했다.[27]

스탠퍼드 대학교 총장 재직 당시 도널드 케네디Donald Kennedy는 교수 채용, 승진, 정교수 심사 정책을 바꾸겠다고 공표했다. "교수진 중 거의 절반은 교수 평가에서 학술 저작의 수만(질이 아니라) 반영된다고 생각한다"는 보고를 받고 우려스러웠던 케네디는 이렇게 말했다. "연구 성과를 양적으로 판단해 임용이나 승진 기준으로 삼는 데 문제가 많다. … 관습적인 과잉 생산은 오늘날의 학계가 가진 가장 파행적인 측면 중 하나다. 이런 행태 때문에 정말 중요한 연구가 묻히는 경향이 있다."[28]

케네디는 이 문제를 해결하기 위해 교수 임용이나 승진 심사를 할 때 논문 수라는 평가 항목을 제한적으로만 활용하자고 제안했다. 그는 이러한 제한이 "발표 논문 수가 교수의 연구 실적을 평가하는 중요한 수단이라는 말도 안 되는 믿음을 깨트릴 수 있기를" 바랐다.[29] 이와 같은 문제 제기에도 불구하고 학계에서 질보다 양을 중시하던 관행이 크게 개선되었다는 증거는 찾아보기 힘들다. 오히려 최근 영국 학계는 양적인 측면을 점점 더 중요하게 여기고 있다. "대학 평가는 연구 및 강의 점수와 소수 계층(소수 민족, 노동자 계급 학생) 접근성 점수에 의해 이루어진다. 이러한 평가 시스템은 이전의 질적 평가를 양적 평가로 바꾼 것으로, 점수로 명확히 계산되는 평가가 이루어진다."[30]

## 의료: 달러 기호로 간주되는 환자들

영리 병원(미국 최대의 영리 병원은 HCA[Hospital Corporation of America]다. 보훈부<sup>Department of Veterans Affairs</sup>[VA] 산하의 병원이 더 크지만 이는 비영리다)에서는 직원들뿐 아니라 의사들도 병원의 수익성에 기여해야 한다는 압박을 느낀다. 각 환자에게 할애하는 시간을 제한하고 하루에 진료하는 환자 수를 극대화하면 병원은 비용을 절감하고 수익을 높일 수 있다. 이렇게 양적인 측면을 강조하다 보면 의료의 질이 위협받기 쉽다. 의사들에게 지불 능력이 없을 것 같은 환자는 거부하고 이윤이 많이 남는 종류의 환자만 받으라고 압박해도 수익이 늘어날 수 있다.

영리 병원을 필두로 이제는 다른 의료기관들도 의사들에게 계산가능성을 높이는 방향으로 나아갈 것을 종용한다. 비영리 병원들도 전문경영인을 두고 정교한 회계 시스템을 활용하는 경우가 점점 더 많아지고 있다.

미국 연방 정부는 메디케어<sup>Medicare</sup> 제도를 통해 포괄수가제와 DRG(진단명 기준 환자군<sup>diagnostic-related group</sup>)<sup>31</sup> 제도를 만들어, 실제 치료 기간과 관계없이 해당 진단명에 따라 병원에 정해진 금액을 보전해준다. 1983년 이전에는 청구 내용이 '타당하기만' 하면 금액 제한 없이 지급했다. 외부 기관이 개입되는 경우도 점차 늘어나고 있다. 그들은 의료비 급등을 우려하여 지급 대상과 지급 금액에 제한을 둠으로써 이 문제를 해결하려고 한다. 제3자(보험사)가 의료비를 지불하는 경우, 그들은 특정 치료나 입원 비용 지불을 거부하고 규정된 금액만 지불할 수도 있다.

의사는 전통적으로 (적어도 이상적으로는) 무엇보다 환자의 치료를 우선시해왔으므로, 계산가능성을 강조하는 새로운 경향에 불만을 토로하는 경우가 많다. 한 의사 노동조합은 의무 진료 건수, 의무 진료 환자 수, 의사 급여를 생산성과 결부시키는 성과급 체계에 관해 문제를 제기하며 파업했다. 파업에 참여한 의사 노동조합 간부 한 명은 (너무 낭만적인 소리로

맥도날드 그리고 맥도날드화

들리기는 하지만) "환자를 달러 기호가 아닌 개별적인 인간으로 생각하는" 사람은 의사밖에 없다고 말하기도 했다.[32]

### 스포츠: 나디아 코마네치의 점수는 정확히 79.275점이다

계산가능성은 여러 종류의 스포츠를 변질시켰고, 때로는 해당 스포츠가 갖는 가치가 훼손되기도 했다. 텔레비전이 요구하는 바에 맞추어 스포츠 경기의 본질이 바뀐 것이 그 예다.[33] 많은 종목에서 선수단들의 수익이 텔레비전 중계권 계약에서 나오므로, 텔레비전 수입을 늘리기 위해 경기장을 찾는 유료 관중의 재미를 희생하고 심지어는 경기 자체를 변형하기도 한다.

대표적인 예가 이른바 'TV 타임아웃'이다. 예전에는 본래의 경기 휴식 시간, 즉 어느 팀에서 타임을 요청한 경우, 전반전과 후반전 사이, 또는 야구의 이닝 사이에 맞추어 광고가 나갔다. 그런데 이 시간이 너무 띄엄띄엄 있고 불규칙적이어서, 광고주들이 기꺼이 내려고 하는 거액의 광고료를 챙기기 어려웠다. 요즘은 미식축구나 야구 같은 종목의 경우 정규 TV 타임아웃 시간이 정해져 있다. 프랜차이즈 구단(기업 소유 구단-옮긴이)의 구단주들은 광고 수익을 극대화할 수 있을지 모르지만, 선수들 입장에서는 때 아닌 TV 타임아웃 때문에 경기 흐름이 끊긴다. 이런 타임아웃은 일부 종목의 경기 본질을 변화시킬 뿐 아니라 경기 결과에까지 영향을 미칠 수 있다. 또한 직접 경기를 관람하는 (그리고 그 특권을 얻기 위해 비싼 입장료를 지불한) 팬들의 몰입에도 방해가 된다. 집에서 경기를 보는 팬들은 광고라도 보지만 경기장의 관중들은 광고가 끝나고 경기가 재개될 때까지 군중만 바라보고 있어야 한다. 하지만 구단주들은 광고를 늘려 얻을 수 있는 경제적 이익에 비하면 게임의 질에 미치는 이런 부정적인 영향쯤은 사소한 문제라고 여긴다.

그러나 여전히 스포츠에서는 농구 스타 케빈 듀랜트나 르브론 제임스의 공격 기술, 2009년 슈퍼볼 우승팀인 피츠버그 스틸러스의 팀워크 등 개인이나 팀의 질적 역량을 높이 평가한다. 또한 스포츠에서는 사실 언제나 양적 요인이 중요했다. 스포츠에서는 질이 양과 직접적으로 관련되는 경우가 많다. 실력이 좋을수록 점수가 높고 승리 횟수가 많아진다. 그러나 해가 갈수록 스포츠의 양적 속성이 더 중시되는 것 또한 사실이다.

> 근대 스포츠의 특징은 모든 기량 요소를 수치화하고 측정 가능한 요소로 변형하려는 경향성에 있다. 경기와 관련해 고려할 수 있는 모든 측면에 대해 통계치를 축적하는 것이 미식축구, 야구, 아이스하키, 육상 경기의 특징이다. 점점 정밀해지는 테크놀로지 덕택에 수치의 정확성이 매우 높아져, 이제 스톱워치 따위는 원시적으로 보일 정도다.[34]

체조처럼 미적인 측면이 강한 종목조차도 수량화되고 있다. "체조경기에서는 그 아름다움을 어떻게 합리화하고 수량화할 수 있을까? … 등간 척도 형식의 점수표를 만들고, 심판진을 구성한 다음, 주관적 평가 점수의 산술 평균을 내면 된다. … 나디아 코마네치[올림픽 체조 챔피언]의 점수는 정확히, 더도 덜도 아닌 … 79.275점이다."[35]

스포츠에서 수치를 점점 더 강조하다 보면 때때로 경기의 질에 악영향을 끼치게 된다. 예를 들어, (고임금 노동자인) 프로농구 스타는 개인적으로 주목받고 가능한 한 많은 점수를 내려는 욕심 때문에 팀 내 다른 선수들이나 팀 전체 플레이에 부정적인 영향을 줄 수 있다. 구단주들의 점수 욕심 때문에 경기의 질이 떨어지기도 한다. 예를 들어 예전에는 농구가 느긋한 운동이었다. 한 팀이 공을 잡으면 공격수가 슛을 쏘기 적당한 곳에 자리를 잡도록 후방에서 필요한 만큼 시간을 쓸 수 있었다. 농구 팬들은

맥도날드 그리고 맥도날드화

선수들의 전략과 작전을 즐겼다. 경기가 끝나가면 조금이라도 앞선 팀은 슈팅을 하다 공을 놓쳐 상대편에게 기회를 줄 위험을 피하기 위해 공을 돌릴 수도 있었다.

그러나 1950년대 대학 농구 및 프로농구 지도자들은 맥도날드 시대에 자라나고 있는 팬들이 더 빠른 경기, 더 많은 점수를 원할 것이라고 판단했다. 팬들이 패스트푸드점에서 누릴 수 있는 '빠른 속도와 많은 양'을 농구 경기에서도 원한다고 본 것이다. 그리하여 대학 농구에 공격 팀이 35초 내에 공격을 시도해야 한다는 규칙이 생겼고, 프로 경기에서는 그러한 공격제한시간을 24초로 정했다. 이러한 규칙 때문에 '런앤슛' 스타일이 보편화되었고 이에 따라 경기가 빨라지고 점수도 많이 내게 되었지만, 경기의 질에는 나쁜 영향을 미쳤다. 이제는 작전과 전략을 짤 시간이 사라져 '순수주의' 팬 입장에서는 경기가 재미없어졌다. 그러나 드라이브스루 창구에서 햄버거를 사서 이동하면서 먹는, 즉 '먹으면서 이동하는' 맥도날드 세계에 사는 사람들에게는 런앤슛 스타일의 농구가 잘 어울린다. 최근에는 프로농구 팀들이 흥미로운 수비 전략을 새로 개발해 경기당 평균 점수가 확 낮아졌다. 그래서 요즘은 수비 팀에게 유리한 점을 줄여 다시 점수가 많이 날 수 있는 경기 규칙을 만드는 데 관심이 쏠려 있다.

야구 구단주들도 이미 오래전에 팬들이 보고 싶어 하는 경기는 '순수주의자'들이 좋아하는 종류의 경기, 즉 전형적인 투수전으로 최종 점수가 1-0으로 끝나는 경기가 아니라 안타, 홈런, 득점 장면이 많은, 즉 점수가 많이 나는 경기라고 판단했다. 그래서 그들은 득점을 늘릴 수 있는 여러 규칙을 만들었다. 또한 공인구의 반발력을 더 높여 공이 그전보다 훨씬 멀리 날아간다. 어떤 구장(2009년에 문을 연 양키 스타디움이 대표적이다)은 홈 플레이트에서 외야 펜스까지의 거리를 줄여 홈런이 더 많이 나오게 했다.

아메리칸리그의 지명타자 제도(전통을 좀 더 중요하게 여기는 내셔널리그에는 이 제도가 없다)는 안타와 득점을 늘리기 위한 가장 두드러진 방법이다. 타격이 좋지 않기 마련인 투수가 타석에 서야 할 순서에, 투수 대신 타격 기술이 빼어난 (때로는 타격만 빼어나고 주루 플레이나 수비 등 다른 재주는 아예 없는) 선수가 타석에 서는 것이다. 지명타자는 투수보다 안타도 더 잘 치고 홈런도 더 많이 치며, 따라서 팀이 점수를 올리는 데 더 많이 기여한다.

아메리칸리그의 지명타자 제도는 분명 득점을 늘렸지만, 이 역시 경기의 질에 (아마도 나쁜) 영향을 미쳤다. 내셔널리그가 지명타자 제도를 단호히 거부하는 이유도 여기에 있다. 예를 들어, 투수는 타석에서 희생번트를 칠 때가 많은데, 이는 주자의 진루를 돕기 위한 교묘한 전략이다. 그러나 지명타자가 자기 타석을 희생번트로 날리는 일은 거의 없다. 게다가 지명타자가 타격이 약한 투수를 대신해 나오게 되면 대타의 역할이 줄어든다.[36] 마지막으로, 대타의 필요성이 적어지므로 선발투수가 더 오래 던질 수 있고, 따라서 구원투수의 필요성도 줄어든다.[37] 여러 이유로 지명타자 제도를 도입하면 야구 경기는 완전히 달라진다. 즉 양적 측면을 중요하게 여기면서 경기가 질적으로 변화한 것이다. 그리고 그 변화가 야구를 망쳤다고 말하는 사람들도 있다.

요즘은 여기저기에서 **익스트림**이라는 용어를 쓰지만(음식[세븐일레븐의 '익스트림 걸프' 음료수, 샌드위치 체인점인 익스트림 피타의 '익스트림 팀 피타'], 사탕, 브레스민트(구취 제거를 위한 껌-옮긴이) 제품명에도 익스트림이라는 단어가 사용된다) 가장 전형적인 예는 익스트림 스포츠다. 익스트림 스노보딩, 익스트림 스케이드보딩, 익스트림 BMX 라이딩, 심지어 익스트림 볼링도 있다.[38] 이런 용어들은 이 스포츠가 전통적인 방식보다 무언가를 '더' 제공한다는 뜻을 함축한다. 보통은 더 빠르거나 더 위험하거나 더 혁신적이거나 더 창의적이거나 더 별난 것이라고 해석된다. 좀 더 일반적으로 말하면, 익

맥도날드 그리고 맥도날드화

스트림 스포츠는 전통적인 스포츠보다 더 반항적이고, 더 무모하며, 한마디로 '더 멋지다'는 느낌을 준다.

### 정치: 링컨 대 더글러스 논쟁에는 사운드바이트가 없었다

정치 부문에서도 선거운동에서 여론조사가 갖는 중요성이 점점 커지는 현상을 비롯해 계산가능성을 강조하는 예를 많이 볼 수 있다.[39] 후보자든 재임자든 여론조사에서 나타나는 지지율 순위에 사로잡혀, 여론조사 기관이 지지율을 높일(또는 적어도 떨어뜨리지 않을) 요인이라고 발표하는 대로 특정 쟁점에 관한 입장이나 행보를 바꾸는 경우가 많다. 특정 정치적 입장이 지지율에 어떤 영향을 미치는지가 그 정치인이 실제로 갖고 있는 견해보다 더 중요해진 것이다.

텔레비전은 여러모로 정치에 영향을 끼쳤다. 우선 전당대회나 정치 연설 시간을 단축했다. 1858년에 있었던 링컨 대 더글러스 논쟁Lincoln-Douglas debates에서 두 후보자는 "'미국 노예제도의 미래'라는 단일 주제를 놓고 각각 90분 동안 발언했다."[40] 텔레비전이 없던 시절의 초기 라디오 정치 연설은 한 시간에 달하는 경우도 많았지만 1940년대에는 30분으로 줄어들었다. 텔레비전 방송 초기에도 통상적인 연설 시간은 30분이었으나, 현장 관중보다 텔레비전 방송에 맞추다 보니 선거운동 연설이 점점 더 짧아져 평균 20분 미만이 되었다. 1970년대에 이르면 60초짜리 (또는 그보다 더 짧은) 광고가 연설 대부분을 대체했다. 오늘날 대통령 선거 TV 토론에서는 후보자들이 주어진 쟁점에 관한 입장을 밝힐 시간이 1~2분밖에 주어지지 않는다.

텔레비전이 시각 정보를 중시하는 까닭에 정치 연설에 관한 뉴스 보도도 줄어들었다. 1984년 대통령 선거 당시 전국 단위의 지상파 방송 뉴스 프로그램은 연설 하나당 약 15초밖에 할애하지 않았는데, 4년 후에는 이

마저도 9초로 줄어들었다.[41] 그 결과, 정치 연설문 작성자들은 방송에서 선택할 만한 5초에서 10초 사이의 '사운드바이트sound bite(연설이나 인터뷰에서 핵심적인 내용을 전달하는 인상적인 한마디-옮긴이)'를 만들어내는 데 골몰한다. 이와 같이 연설의 길이만 강조하다 보면 대중 정치 연설의 질이 떨어지고, 결과적으로 중요한 쟁점에 대한 대중적인 담론의 질도 떨어진다. (그러나 유튜브가 이러한 경향에 반기를 든다. 버락 오바마의 2008년과 2012년 선거 승리 요인 중 하나는 웹 2.0 테크놀로지를 탁월하게 활용한 데 있었다. 수백만 명이 그의 유명한 경선 연설을 온라인으로 찾아보았고, 유튜브는 그들에게 심도 깊은 내용을 전달했다.[42] 웹 2.0이 어떻게 탈맥도날드화에 기여하는지에 관해서는 9장에서 논의한다.)

맥도날드 그리고 맥도날드화

# 6
# 예측가능성과
# 통제

맥잡
그리고
맥도날드화된
다른
직업들 2

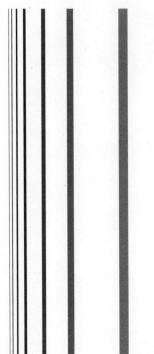

이 장에서는 맥도날드화의 다른 두 특성, 즉 예측 가능성과 통제에 관한 논의로 돌아가 이 두 특성이 노동자에게 어떻게 연관되는지를 다룬다.

### 예측가능성:
### 대본대로 움직이는 직원들

#### 패스트푸드 산업: "안녕하세요, 고객님", "가시는 길 행복하세요"

패스트푸드점에서 고객과 계산대 직원 사이에 이루어지는 상호작용은 길이나 범위가 제한적이므로 대부분 규격화가 가능하다. 그래서 맥도날드는 고객을 응대할 때 직원들이 따라야 할 일련의 규정을 만들었다. 예를 들어 드라이브스루 창구의 서비스는 손님 맞이하기, 주문 받기, 제품

맥도날드 그리고 맥도날드화

준비하기, 제품 전달하기, 결제하기, 감사 인사하기, 재방문 부탁하기 등 일곱 단계로 이루어진다.[1] 패스트푸드점들은 다른 일들도 가능한 한 예측가능하게 만들고자 한다. 예를 들어 모든 직원이 동일한, 오직 하나뿐인 최선의 방법으로 햄버거를 만들어야 한다. 달리 말해 "햄버거를 만드는 일에도 프레더릭 테일러의 원칙[2장 참조]을 쉽게 적용할 수 있다."[2]

직원들은 음식을 조리할 때 잘 규정된 각각의 단계를 따른다. 패스트푸드 업계에서 감자튀김을 만드는 단계는 다음과 같다. (냉동) 감자 봉지를 연다. 바구니가 반쯤 차도록 담는다. 바구니를 튀김기에 넣는다. 타이머를 누른다. 튀김기에서 바구니를 꺼내 튀겨진 감자를 쟁반에 쏟는다. 감자튀김에 소금을 뿌린다. 다른 타이머를 누른다. 일정 시간 동안 팔리지 않은 감자튀김을 폐기한다. 컴퓨터 모니터에서 다음 손님이 주문한 감자튀김 사이즈를 확인한다. 다음 감자튀김 주문을 준비하기 위해 다른 튀김 용기를 채워 튀김기에 넣는다.

패스트푸드점은 종업원들의 외모나 행동, 생각을 더 예측가능하게 만들기 위해 여러 방법을 동원한다.[3] 종업원들은 모두 유니폼을 입어야 하고 화장, 머리 길이, 액세서리에 관해서도 복장 규정을 따라야 한다. 훈련 프로그램은 직원들에게 맥도날드다운 태도와 업무 처리 방식 등 '기업문화'[4]를 주입하도록 설계되어 있다. 매뉴얼은 아주 상세해서, "화장실 청소를 얼마나 자주 해야 하는지에서부터 감자를 튀길 때 쓰는 기름의 온도, … 발라도 되는 매니큐어 색상까지" 써 있다.[5] 끝으로, 적절히 처신한 직원에게는 각종 인센티브(포상 등)를 통해 보상을 제공하고, 그렇게 하지 못한 직원에게는 (최악의 경우 해고를 포함하여) 징계를 내린다.

패스트푸드점에서 종업원들이 고객과 상호작용할 때 따라야 하는 각본도 예측가능성을 높인다. 맥도날드의 직원들은 항상 "감자튀김도 같이 드릴까요?", "애플파이를 추가하시겠어요?"라고 묻는다.[6] 이러한 각본은 직원과 고객 사이의 상호작용을 고도로 예측가능하게 만든다. 각본이 따로 주어지지 않는 고객들조차도 맥도날드 시스템의 직원들에게 간단하게 대답하는 나름의 방식을 개발한다.

로이 로저스 매장에서는 카우보이 유니폼을 입은 종업원들이 주문하러 다가오는 모든 고객에게 "하우디, 파드너<sup>Howdy, pardner</sup>"('안녕하십니까, 고객님'에 해당하는 남부 방언-옮긴이)라고 인사하고, 계산을 마치면 "해피 트레일즈<sup>Happy trails</sup>"('가시는 길 행복하세요'에 해당하는 남부 방언-옮긴이)라고 말했다. 방문할 때마다 반복적으로 듣게 되는 귀에 익은 인사말은 단골들을 기분 좋게 했다. 로이 로저스에서 더는 이 인사말을 듣지 못하게 되었을 때 (나를 포함한) 많은 고객들은 깊은 상실감을 느끼기까지 했다. 맥도날드화된 사회에서는 여러 유형의 조작된 상호작용들이 점점 더 규범처럼 자리 잡는다. 소비자들도 그런 상호작용을 예상하고 있으며, 심지어 좋아하기도 한다. 패스트푸드점에서 로봇이 손님을 맞이하는(좋아하는 로봇이라면 그나마 다행이다) 시대가 온다면, 소비자들은 가짜 상호작용일지언정 종업원과 대화하던 시절을 그리워하게 될지도 모른다.

맥도날드화의 다른 모든 측면들과 마찬가지로 각본에도 긍정적인 기능이 있다. 예를 들어, 각본은 종업원들과 고객의 상호작용을 통제하는 권력의 원천이 될 수 있다. 종업원들은 각본에서 벗어나지 않는 것만으로도 난감하거나 유별난 고객의 요구를 차단할 수 있다. 종업원들은 규정과 각본을 이용하여 사람들이 쏟아내곤 하는 욕설이나 모욕으로부터 스스로를 보호할 수도 있다. 종업원들은 대중의 적대감이 그들에게 사적으로 갖는 감정이 아니라 각본과 각본을 만든 사람을 겨냥했다고 간주할 수 있다. 따라서 맥도날드에서 일하는 노동자들은 각본과 규정에 반발하기보다는 그것들을 유용한 것으로 여기고 만족하기까지 한다.[7]

그러나 종업원들(그리고 고객들)이 각본(그리고 다른 규정)에 저항하는 경우도 있다. 실제로 서비스를 받는 사람들이 하는 말은 "절대로 완전히 예측가능하지 않다."[8] 아직은 사람들이 맥도날드화라는 쇠 감옥 안에 살고 있지 않다. 사실 앞으로도, 사람들이 완전히 맥도날드화되어 전적으로 예측가능한 세계에 살게 될 가능성은 없어 보인다.

맥도날드 직원들이 자율성을 발휘하기 위해 할 수 있는 일도 없지는 않지만 대단치 않다. 예를 들어, 각본에 써 있지 않은 갖가지 말을 할 수 있고, 추가적인 서비스를 제공하거나 농담을 주고받음으로써 규정에서 '약간' 벗어날 수 있으며, 굳은 표정으로 짜증을 내거나 '또 오세요'라는 인사를 생략할 수도 있을 것이다. 그러나 이런 일들은 고도로 반복적인 일과 속에서 일어나는 아주 작은 일탈에 불과하다.

직원들과 마찬가지로 고객들도 각본과 규정으로부터 얻는 이점이 있다. "관례화routinization 덕분에 고객에게 더 믿을 수 있고 더 저렴하며 더 신속한 서비스를 제공할 수 있고, 무능한 종업원으로부터 고객을 보호할 수 있으며, 고객에게 주는 상호작용의 부담을 최소화하고, 그들의 권리가 무엇인지도 명확히 알려줄 수 있다." 관례화된 규칙은 모든 고객을 동등하게 대우하는 데 도움이 된다. 끝으로, 관례화는 "많은 고객이 기분 좋게 여길 만한 공손함과 업무 능력의 최저 기준을 정하게" 해준다.[9] 고객들 중에는 맥도날드화된 사업장에서 마주치게 되는 예의 바른 의례적 인사를 높이 평가하는 사람들도 있다.

그러나 예외도 있다. 어떤 고객들은 무의식적으로 각본만 읊는 종업원들에 대해 "무뚝뚝하다"거나 "로봇 같다"면서 부정적인 반응을 보일 수도 있다.[10] 이로 인해 언쟁이 벌어지거나, 화가 난 고객이 서비스를 거부하고 나가버릴지도 모른다. 영화 〈잃어버린 전주곡Five Easy Pieces〉(1970)의 유명한 장면에서 잭 니콜슨이 연기한 주인공 바비는 동네 싸구려 식당에서 종업원으로 일하는 한 여성을 만나는데, 그녀는 식당에서 시킨 각본대로만 말한다. '토스트 빵으로 만든 샌드위치'는 메뉴에 있으니 주문할 수 있지만 '토스트'는 메뉴에 없으니 주문할 수 없다는 것이다. 그는 종업원의 무례함보다 융통성 없는 각본에 더 심하게 화를 낸다.

각본화된 상호작용이 갖는 가식적인 친절은("좋은 하루 되세요"라는 인사에서처럼) '거짓 친근감'을 반영한다. 패스트푸드점을 비롯해 맥도날드화된 사회의 모든 영역은 고객들을 유인하고 재방문을 유도하기 위해 '거짓 친근감'을 활용한다. 예를 들어, 웬디스의 창업자이자 소유주였던 데이브 토머스는 생전에 웬디스 TV 광고에 등장해 햄버거를 먹으러 웬디네 집(Wendy's)에 오라고 '개인적으로 초대하듯이' 말하곤 했다.[11]

맥도날드는 매장 매니저들의 사고와 행동을 예측가능하게 만들고자 했다. 그래서 일리노이 주 오크브룩에 있는 중앙 햄버거 대학교(2장 참조)나 미국의 다른 도시와 전 세계 곳곳(호주, 브라질, 중국, 영국, 독일, 일본)에 있는 햄버거 대학교 분교에서 매장 매니저들을 훈련시켰다.[12] 햄버거 대학교에서는 19명의 전임 '교수'들의 행동도 예측가능하다. "그들은 교육과정 개발 부서에서 만든 각본에 따라 가르치기" 때문이다.[13] 그런 교수들에 의해 훈련받은 매니저는 맥도날드의 신조와 업무 처리 방식을 내면화한다. 그 결과, 맥도날드 매니저들의 태도와 행동은 서로 구별할 수 없을 만큼 똑같아진다. 그들은 각 매장으로 돌아가 훈련과 감독을 통해 직원들의 행동을 예측가능하게 만드는 일을 담당한다. 그때 매니저가 활용하는 정교한 회사 지침에 사실상 모든 점포에서 이루어지는 업무 처리 방식 전부가 상세히 규정되어 있다. 맥도날드 본사에서는 주기적으로 '암행 조사관'을 파견하여 지침이 제대로 시행되고 있는지 점검한다. 이 시찰관들은 음식의 품질 관리 지침 준수 실태에 관해서도 확인한다.

### 그 밖의 사례: 각본에 따른 농담과 디즈니다운 용모

종업원의 각본에 따른 상호작용을 마주칠 수 있는 곳은 패스트푸드 산업에 국한되지 않는다. 텔레마케팅도 노동자들에게 한 치의 오차 없이 따라야 할 각본이 주어지는 직종이다. 이때 각본은 예측가능한 만일의 사태 대부분을 처리할 수 있도록 설계된다. 감독관은 텔레마케터들이 규정을 정확히 지키고 있는지 확인하기 위해 통화 내용을 엿듣곤 한다. 각본대로 말하지 않거나 할당된 통화량 혹은 판매량을 채우지 못한 직원은 즉시 해고될 수도 있다.

로빈 라이드너는 컴바인드 인슈어런스Combined Insurance 사가 생명보험 판매를 예측가능하게 만들기 위해 어떻게 하는지 자세히 묘사한다. "컴바인드 인슈어런스는 생명보험 판매원 훈련에서 충격적일 정도로 표준화를 추구한다. 판매원들은 해야 할 말과 행동에 관해 우스꽝스러울 정도로 세부적인 사항까지 교육받는다." 실제로 판매원이 보험 가입을 권유하는 말의 대부분은 "가능한 한 정확히 암송되어야 한다." 어느 보험 판매원 교육 담당자는 영어 구사가 매끄럽지 않던 한 외국인 판매원 이야기를 해주었다. "그 사람은 자기가 하는 말이 무슨 뜻인지도 모르는 채 각본을 소리 나는 대로 모두 외워버렸다. … 그러나 첫날 스무 건이나 가입을 성사시켰고 지금은 고위 간부가 되었다."[14] 심지어 보험 판매원은 회사의 표준 농담이나 '컴바인드 식'의 표준화된 동작, 몸짓과 억양도 배운다.

맥도날드는 노동자에 대한 외적 제약에만 의존하는 반면, 컴바인드 인슈어런스는 노동자 자체를 변화시키려고 한다. 컴바인드의 직원은 새로운 자아(이른바 "맥아이덴티티"[15])를 받아들여야 한다. 이와 반대로 맥도날드의 종업원은 자아를 표출하지 말아야 한다. 이러한 차이는 두 업무의 본질적 성격 차이에 기인한다. 맥도날드의 노동자들은 업무 공간 안에서

과업을 수행하기 때문에 외부 제약에 의해 통제될 수 있다. 반면 컴바인드 인슈어런스의 판매원들은 고객을 직접 방문하면서 일하므로 대부분의 업무가 고객의 집이나 사무실에서 이루어진다. 거기에서는 외부 제약이 작동하지 않으므로 컴바인드 사는 판매원 자체를 회사가 원하는 인간형으로 변화시키려고 한다. 인성을 통제하려는 회사의 노력에도 불구하고 보험 판매원들은 여전히 얼마간의 재량권과 자율성을 갖는다. 컴바인드 사가 노동자들에 대한 통제를 점점 강화하더라도 맥도날드 노동자에 대한 통제보다 심할 수 없는 까닭이 여기에 있다. 맥도날드에서는 노동자에게 사실상 어떠한 의사 결정 권한도 없다. 라이드너는 "표준적이고 반복 가능한 절차를 제공하는 데 도움이 되고 효율적이라면 아무리 세부적이더라도 지나치게 사소한 것이라고 치부하면 안 되며, 그 어떠한 인간관계도 지나치게 개인적이라고 보면 안 되고, 어떠한 경험도 개별적인 경험이기만 한 것이 아니고, 어떠한 조작도 어떤 조직이나 개인에게는 부정적이지 않을 수 있다"고 결론짓는다.[16]

디즈니는 직원들의 복장과 외모(이른바 '디즈니다운 용모'), 그리고 품행에 관한 상세한 지침을 개발했다. 디즈니는 직원들이 '해야 할 일'과 '하지 말아야 할 일'의 긴 목록을 작성했다. 여성 '출연자'(디즈니에서 놀이공원 직원을 부르는 표현)는 많은 머리에 비즈 장식을 하면 안 되고, 삭발을 하거나 눈썹을 밀어도 안 되며, 너무 튀는 색으로 염색을 해서도 안 된다. 자연스러운 색상의 매니큐어만 허용되며, 손톱 길이는 6mm 이하라야 한다. 남성 '출연자'의 경우 콧수염은 깔끔하기만 하다면 허용되지만 턱수염은 기르면 안 된다. 남성 '출연자'는 삭발을 해도 되지만 눈썹은 밀면 안 된다. 목록은 끝도 없이 길다.[17]

직원들의 행동을 예측가능하게 만들기 위해 노력하는 놀이공원은 디즈니 외에도 많다. 버지니아 주 윌리엄스버그에 있는 부시 가든 직원들은 "항상 미소를 유지하기 위해 노력해야 한다. 남자 직원은 머리가 짧아야 하고 근무 중에는 먹거나 마시거나 담배를 피우거나 껌을 씹으면 안 된다."[18] 부시 가든의 모든 직원들은 외모뿐 아니라 행동도 일치되어야 한다. "낮은 직급의 직원들이 올바른 태도를 유지해야 전체 환경이 제대로 관리된다. '우리는 구호처럼 외친다. 우리는 청결, 봉사, 예의를 강조한다.' … 부시 가든에서는 사람들을 독려하고 동기부여하기 위한 방법에 관해 많이 이야기한다. … 가장 열의 있고 가장 태도가 바른 직원을 선정하는 대회도 있다."[19] 이와 같은 기법들 덕분에, 사람들은 놀이공원에서 머무는 내내 고도로 예측가능한 직원들만 마주치리라고 기대할 수 있게 된다.

### 조립 라인: 장인이 만들던 시절보다 균일해진 자동차 생산

조립 라인은 작업 과정과 제품이 갖는 예측가능성을 강화했다. 조립 라인을 도입하기 이전에는 장인의 작업 절차에 예측불가능한 부분이 있었고, 누가 만드는지, 언제 만드는지에 따라 달라질 수 있다는 문제가 있었다. 최종 제품에서 작지만 중요한 차이가 드러날 수 있었고, 그로 인해 제품의 기능이나 품질에서 예측불가능성이 증가했다. 예를 들어, 어느 장인이 만든 자동차는 다른 장인이 만든 자동차에 비해 훨씬 잘 달리거나 고장률이 더 낮을 수 있다. 이에 비해 조립 라인에서 생산된 자동차는 매우 균일하다. 이제는 여러 비제조업 분야에서도 노동자의 작업을 예측가능하게 만듦으로써 얻을 수 있는 이점을 깨닫고, 고도의 시스템을 활용하여 직원의 행동을 더 규칙적으로 만든다.

## 스포츠: 경주마를 위한 맥훈련장

타이브레이커tiebreaker 제도는 테니스 경기의 예측가능성을 높였다. 이 제도가 도입되기 전에는 한 세트를 이기려면 여섯 게임을 이겨야 하고 상대방과 두 게임 이상 차이가 벌어져야 했다. 상대방이 한 게임 차로 계속 쫓아오면 한 세트가 무한정 길어질 수도 있었다. 실제로 12 대 10까지 간 경기도 있었다. 테니스 협회는 텔레비전 등 대중매체의 압력으로 인해 많은 토너먼트 경기에 타이브레이커 제도를 도입하기로 했다. 한 세트에서 각각 여섯 게임씩을 이겨 교착 상태가 되면 12포인트 타이브레이커가 실시되며, 첫 번째 선수가 2포인트 차로 7포인트를 얻으면 승리한다. 타이브레이커 경기에서도 12포인트를 넘어갈 수 있지만(두 선수 모두 6포인트인 경우), 그 정도로 박빙인 경기는 드물다.

이전에는 매우 예측불가능한 영역이었지만 지금은 예측가능해진 흥미로운 예를 경주마 훈련장의 합리화 과정에서 볼 수 있다. 텍사스에는 서클 맥훈련장Circle McStables이, 오클라호마에는 스리 바 맥훈련장Three Bar McStables이 있지만 이들은 이름과 달리 매우 독특한 방식으로 운영된다. 반면 경주마 조련사 D. 웨인 루카스는 '맥훈련장'이라는 이름의 경주마 훈련장을 미국 전역에 만들었다. 과거에는 승마장마다 독립적으로 경주마 훈련 사업을 운영했고, 따라서 훈련 과정이 승마장이나 훈련 기관에 따라 매우 달랐다. 그러나 루카스는 여러 개의 훈련장을 만들고 관리하는 사업을 성공적으로 운영해왔다. 그는 이렇게 말한다. "모든 마사는 동일하며 사육 프로그램도 동일하다. … 따라서 다른 훈련장에 가더라도 적응 과정이 필요하지 않다. … 이것이 바로 맥도날드의 원리다."[20]

## 통제:

## 통제권을 잃은 조종사

여러 조직들은 예로부터 점점 더 강력한 테크놀로지를 활용하여 종사자들에 대한 (또한 고객을 포함해 다른 사람들에 대한) 통제를 강화해왔다.[21] 결국 그들은 노동자의 행동을 일련의 기계적인 동작들로 환원시키기 시작했다. 직원들이 기계처럼 행동하게 되고 나면 이제 그들을 진짜 기계로 대체할 수 있다. 인간을 기계로 대체하는 것은 인간에 대한 통제의 최종 단계다. 이제는 인간이 불확실성과 예측불가능성을 야기할 일이 없다. 인간이 공정에 적어도 직접적으로는 개입 자체를 하지 않기 때문이다. 에릭 브린욜프슨[Erik Brynjolfsson]과 앤드루 매카피[Andrew McAfee]가《기계와의 경쟁: 진화하는 기술, 사라지는 일자리, 인간의 미래는?*Race Against the Machine*》[22]에서 지적했듯이, 디지털 테크놀로지가 급격히 발달하는 이 시대에 많은 사람들이 테크놀로지와의 경쟁에서 패배하고 있다. 과거에 인간 노동자의 영역이었던 업무를 이제는 컴퓨터 테크놀로지가 수행한다.

이 절의 주된 관심사는 맥도날드화되고 있는 사회에서 공정, 그리고 그 결과물인 제품뿐 아니라, 노동자에 대한 통제가 무인 테크놀로지에 의해 어떻게 강화되는가에 있다. 그러나 노동자에 대한 통제가 무인 테크놀로지를 이용하는 유일한 목적은 아니다. 무인 테크놀로지는 생산성 증대, 품질 개선, 비용 절감 등 여러 이유에서 창출되고 활용된다.

### 노동자 통제

#### 일터: 내가 한 대로가 아니라 내가 말한 대로

대부분의 일터에서는 관료제라는 대규모의 무인 테크놀로지가 작동한다. 관료제의 수많은 규칙, 규정, 지침, 직책, 명령계통, 위계는 그 시스템 안에서 사람들이 무슨 일을 해야 하고 그 일을 어떻게 해야 하는지를 지시한다. 능숙한 관료는 무슨 일을 해야 할지 생각하지 않고, 맡은 일을 그저 규칙에 따라 처리하여 시스템상의 다음 단계로 넘긴다. 종사자들의 업무는 대개 정해진 양식을 채우는 일뿐이고, 요즘은 컴퓨터 화면상에 바로 입력하기만 하면 된다.

과학적 관리는 관료제적 위계의 가장 낮은 수준("블루칼라 노동")에서 인간 테크놀로지로 이루어지는 작업을 제한하거나 대체하고자 했다. 예를 들어 '오직 하나뿐인 최선의 방법'은 노동자들에게 아무 생각 없이 사전에 정해져 있는 단계를 밟을 것을 요구한다. 좀 더 일반적으로 말하자면, 프레더릭 테일러는 작업 수행에 있어 가장 중요한 부분이 노동자가 아니라 작업을 계획, 감독, 통제하는 조직이라고 믿었다.

테일러는 모든 직원들이 조직에 의해 통제되기를 바랐지만, 관리자들에게는 육체 노동자보다 훨씬 큰 재량권을 부여했다. 관리자의 업무는 노동자들의 지식과 기능에 관해 연구하고 기록하며 도표화하여 궁극적으로 법칙과 규칙, 수학적 공식으로 만드는 것이었다. 다시 말해 관리자는 인간의 기능과 역량, 지식을 취합해 일군의 비인간적인 법칙, 규정, 공식으로 변형하는 일을 맡았다. 인간이 가진 기능이 체계적으로 정리되고 나면, 조직은 숙련 노동자를 필요로 하지 않게 된다. 경영진은 엄격한 지침에 따라 비숙련 노동자를 고용하여 훈련시킨 후 업무에 투입하면 된다.

또한 테일러는 '머리'로 하는 일과 '손'으로 하는 일을 분리했다. 이전의 숙련 노동자는 두 가지 작업을 동시에 했다. 그러나 테일러와 그의 추종자들은 숙련 노동자들의 머릿속에서 이루어지는 일을 연구하여 그러한 지식을 단순하고 무의식적인 반복 작업으로 변형했다. 사실상 아무라도 배워서 할 수 있는 일이 된 것이다. 이에 따라 노동자들에게는 '손'으로 하는 반복적인 일만 남았다. 이 원리는 맥도날드화되어가고 있는 사회 전반에서 무인 테크놀로지로 인간을 대체하는 움직임의 기초가 되었다.

테일러의 과학적 관리를 비롯해 인간을 무인 테크놀로지로 대체하려는 모든 노력 이면에는 최소한의 지성과 능력을 지닌 인간도 활용할 수 있게 한다는 목표가 있다. 실제로 테일러는 동물에 가까운, 황소 같은 기질을 가진 인간을 채용하고 싶어 했다.[23] 헨리 포드 역시 조립 라인에서 일하기에 적합한 사람에 관해 이와 비슷한 관점을 갖고 있었던 것은 우연이 아닐 터이다. "미안한 이야기지만, 평균적인 노동자는 생각이 필요 없는 업무를 선호한다."[24] 테일러가 찾는 부류의 사람은 포드가 조립 라인에서 일을 잘할 것으로 생각한 바로 그 유형의 사람이었다. 테일러와 포드는 모두 그런 기질을 지닌 사람들이라면 테크놀로지에 의해 이루어지는 외부로부터의 작업 통제에 더 순순히 순응하고, 어쩌면 그러한 통제를 갈망할 수도 있으리라고 생각했다.

다른 기업가들도 테일러나 포드와 같은 시각을 가질 수 있음은 당연하다. "W. 클레먼트 스톤[컴바인드 인슈어런스 창립자]이나 레이 크록처럼 고도로 창의적이고 혁신적인 기업가들이 만든 조직체가 기꺼이 상세한 작업 지침을 정확히 준수하는 종업원들에 의존한다는 사실은 명백한 아이러니다."[25]

많은 일터가 무인 테크놀로지에 의해 통제되고 있다. 슈퍼마켓을 예로 들면, 과거에는 출납원이 제품에 표시된 가격을 읽고 그 금액을 금전등록기에 입력해야 했다. 사람이 하는 일인지라 느리고 실수도 할 수 있었다. 이 문제를 해결하기 위해 많은 슈퍼마켓에서 제품에 인쇄되어 있는 코드를 대신 '읽어주는' 광학 스캐너를 설치했다. 스캐너가 코드를 읽으면 사전 입력되어 있는 가격이 금전등록기에 내장된 컴퓨터로 전달된다. 이러한 무인 테크놀로지는 출납원이 수행하는 일을 단순화하고 가짓수도 줄였다. 코드를 스캔한 후 봉지에 넣는, 기술이 필요 없는 일만 남게 된 것이다. 이제는 셀프 계산대가 개발되고 고객이 직접 구매한 물건을 봉지에 담게 하면서 그런 일조차 없어지고 있다. 다시 말해, 슈퍼마켓 출납원이 수행하던 일은, 아직 남아 있다 하더라도 '탈숙련화'되었다. 즉 출납원에게 필요한 숙련도가 낮아졌다.

### 패스트푸드 산업: 인간 로봇에서 기계 로봇으로

정교한 무인 테크놀로지의 시대가 도래하기 전에는 주로 상급자가 종업원을 통제했다. 경영주와 상급자들이 일터에서 직접 대면해 부하직원들을 통제한 것이다. 그러나 그렇게 개인적으로 직접 통제하는 방식은 어렵고 비용도 많이 들며, 개인적인 적대감을 불러일으킬 가능성도 높다. 부하직원의 업무를 너무 엄격히 통제하면 부하직원이 직속 상관이나 경영주에게 반항할 수도 있다. 테크놀로지를 통한 통제는 그보다 쉽고, 장기적으로는 비용도 덜 들며, 상관이나 경영주에 대한 적개심을 불러일으킬 가능성도 낮다. 이 때문에 시간이 지날수록 인간에 의한 통제에서 테크놀로지에 의한 통제로 이행하게 되었다.[26]

맥도날드는 테크놀로지가 인간 노동자를 대체하게 될 것이라고 위협하고, 더 나아가 실제로 그렇게 대체함으로써 종업원들을 통제한다. 아무리 잘 훈련시키고 아무리 잘 관리·감독해도, 노동자들은 시스템의 원활한 작동을 망쳐버릴 수 있다. 일 처리가 더딘 노동자 때문에 빅맥을 조리해 고객에게 내는 과정의 효율성이 저하될 수 있다. 종업원 한 사람만 규칙을 무시하고 햄버거에 피클이나 특제 소스를 안 넣더라도 예측가능성은 깨진다. 부주의한 노동자가 상자에 감자튀김을 덜 넣어 라지 사이즈의 감자튀김이 빈약해 보일 수도 있다. 여러 이유에서, 맥도날드를 비롯한 패스트푸드점들은 사람을 기계로 통제하고, 궁극적으로는 대체해버려야겠다고 느끼게 된다. 테크놀로지를 통한 노동자 통제의 강화는 맥도날드화된 시스템이 고객에게 제품과 서비스의 일관성을 보장하는 데 기여한다.

패스트푸드점은 많은 무인 테크놀로지를 창안하고 도입함으로써 불확실성이라는 문제에 대처해왔다. 무엇보다도 그들은 (최소한 전통적인 의미에서의) 요리사를 없앴다. 제리 뉴먼Jerry Newman은 "요리사라니, 말도 안 되는 소리다! 맥도날드나 버거킹에 '요리사'란 없다. 테크놀로지는 요리사라는 직업을 사실상 사라지게 했다"고 말한다.[27] 햄버거 패티를 굽는 작업은 너무나 간단해서 잠깐만 훈련받으면 누구나 할 수 있다. 패스트푸드점에서는 (아비스의 로스트 비프처럼) 좀 더 기술이 필요한 메뉴라 할지라도 간단한 조리 절차를 개발하여 누구나 따라 할 수 있게 만든다. 패스트푸드의 조리는 마치 점잇기나 색칠공부 같아졌다. 정해진 절차만 밟아가면 요리의 불확실성은 대부분 제거된다.

맥도날드 메뉴에 있는 음식은 대개 이미 가공되고 조리된 상태로 입고된다. 종업원이 할 일은 기껏해야 익히거나 데워서 고객에게 전달하는 것뿐이다. 영국의 맥도날드 매장에서는 종업원이 양상추를 썰지 않는다. 본사 작업장에서 첨단 기계가 그 일을 대신하기 때문이다.

맥도날드에 공급되는 양상추는 공장에서 22개의 날이 달린 채썰기 기계로 한 시간에 천 kg씩 가공된다. 어떤 일이 있어도 그 안에 빠지고 싶지 않을 만큼 무섭게 생긴 기계다. 채 썬 양상추가 컨베이어 벨트에 떨어지면 초당 4m씩 이동해 플루오르 레이저 광학 선별기에 도달한다. 이 선별기는 자그마치 35만 파운드(약 5억 원-옮긴이)짜리로, 최첨단 레이저 및 디지털카메라 테크놀로지를 이용해 양상추 채의 빛깔과 밀도를 분석한다. 선별기는 1초에 수만 번의 스캔을 통해 제대로 썰리지 않은 덩어리나 모래, 변색된 것을 골라낸다. 컨베이어 벨트를 따라 8분의 1초, 즉 50cm를 이동하면 에어 건의 제트기류가 불량품을 제거한다. … 물론 양상추는 한 가지 예일 뿐이다. 쇠고기 패티부터 깨가 뿌려진 빵에 이르기까지, 빅맥에 들어가는 모든 재료의 이면에는 각각의 대규모 대량생산 공정이 있다.[28]

예전에 타코벨에서 종업원들은 몇 시간에 걸쳐 고기를 익히고 채소를 썰었다. 그러나 이제는 조리되어 있는 냉동 쇠고기를 봉지째로 끓는 물에 넣기만 하면 된다. 요즘 타코벨은 채 썬 양상추뿐 아니라 채 썬 치즈와 깍둑썰기한 토마토도 공급받아 사용한다.[29] 식품이 매장에 오기 전에 무인 테크놀로지에 의해 이루어지는 처리가 많아질수록 종업원이 할 일이 줄어들고 그들이 스스로의 판단과 숙련 기술을 발휘할 여지가 줄어든다.

맥도날드는 다른 체인점들보다 한발 앞서 종업원들을 통제하기 위한 테크놀로지를 개발해왔다. 예를 들어 맥도날드의 탄산음료 디스펜서에는 감지기가 달려 있어서 컵이 다 차면 자동으로 멈춘다. 레이 크록은 인간의 판단이 때에 따라 달라진다는 점이 마뜩잖았다. 그래서 사람이 작동하는 감자튀김 기계를 치워버리고, 감자가 다 튀겨지면 벨이 울리고 자동으로 튀김 바구니를 기름에서 건져 올리는 기계를 개발했다. 종업원이 튀김기를 작동할 때에는 판단 착오로 인해 덜 튀기거나 지나치게 튀기거나 심지어 태우는 경우도 생길 수 있다. 크록은 이 문제에 무척 예민했다. "균일한 감자튀김이 나오는 것이 오히려 놀랄 일이었다. 감자튀김을 담당하는 종업원마다 '적당한 색'을 서로 다르게 해석했기 때문이다."[30]

예전에는 계산대 직원이 가격 목록을 보고 수동으로 금전등록기에 가격을 입력해야 했으므로, 금액을 잘못 (특히 더 낮게) 입력하는 일이 생길 수 있었다. 컴퓨터 화면과 전산화된 금전등록기(POS 금전등록기)는 그런 실수의 가능성을 미연에 방지한다.[31] 이제는 종업원이 등록기 화면에서 해당 제품 이미지를 누르기만 하면 정확한 가격이 자동으로 입력된다.

종업원이 인간 로봇처럼 움직이게 만드는 것이 패스트푸드점의 목표인 마당에, 음식을 만드는 로봇이 늘어나는 것은 놀랄 일도 아니다. 실제로 어느 대학 구내식당에서는 로봇이 햄버거를 만든다.[32]

로봇을 활용하면 여러 가지 이점이 있다. 로봇은 비용을 줄이고, 효율성을 높이며, 종업원 수를 감축시킬 수 있게 한다. 또한 무단 결근 문제를 해결하며, 패스트푸드점의 일자리를 원하는 인력이 감소하는 문제에 대한 해결책이기도 하다. 햄버거를 만드는 로봇을 처음 구상한 교수는 이렇게 말했다. "이제까지는 주방을 공장으로 본 적이 없었다. … 패스트푸드점이 그러한 관점을 처음 도입했다."[33]

타코벨은 "컴퓨터로 제어되는 거실 테이블만 한 기계를 개발했다. 이 기계는 완벽한 핫 타코를 만들고 비닐봉지에 넣어 밀봉까지 할 수 있다."[34] 15초 안에 음료수 한 잔을 만들 수 있는 자동 음료 디스펜서를 개발 중인 회사도 있다. "종업원이 금전등록기에 주문 내역을 입력하면 컴퓨터가 이를 디스펜서에 전달한다. 디스펜서는 컵을 배출하고 얼음을 채우고 탄산음료를 따른 후 뚜껑을 덮는다. 그다음에는 컵이 컨베이어 벨트에 의해 옮겨져 고객에게 전달된다."[35]

이런 테크놀로지가 보편화되지는 않았다. 그러나 스타벅스에서도 커피콩을 갈거나 에스프레소를 추출할 때 자동화된 기계를 사용한다. 더 정교한 기계가 개발되고 인력 활용보다 비용이 절감되고 더 신뢰할 수 있다는 점이 확인되면, 패스트푸드점들은 이러한 테크놀로지를 더 폭넓게 활용하게 될 것이다.

관리자급 직원의 업무도 예외 없이 무인 통제의 대상이다. 일례로 특정 시간(예컨대 점심시간) 동안 햄버거와 감자튀김을 각각 몇 개 팔아야 하는지 알려주는 전산 시스템이 있다. 이 시스템이 있으면 매장 매니저가 그런 판단이나 의사결정을 할 필요가 없다.[36] 이와 같이 "햄버거의 생산은 정밀한 과학이 되었다. 모든 것이 가지런히 정렬되어 있고, 모든 거리는 계산되며, 케첩 한 방울까지 감시, 추적된다."[37]

### 교육: 맥어린이집

보육 분야의 패스트푸드점이라 할 수 있는 '킨더케어KinderCare'에서 훨씬 더 극단적인 형태로 무인 테크놀로지가 적용된 사례를 볼 수 있다. 킨더 케어는 1969년에 설립되었으며 현재는 날리지 유니버스Knowledge Universe 사에 속해 있다. 전 세계적으로 약 3700개의 센터를 운영하고 있으며, 학생 수는 30만 명에 달한다.[38] 미국에만 1600개의 킨더케어 학습 센터가 있다.[39] 6주밖에 안 된 영아에서부터 12세의 어린이까지, 약 20만 명이 킨더 케어 센터에 다닌다.[40] 킨더케어는 보육에 관해 거의 또는 전혀 훈련받지 않은 단기 임시 직원을 주로 고용한다. 이러한 직원들이 '교실'에서 할 일 대부분은 매뉴얼에 적혀 있다. 직원들은 매뉴얼을 들추어 보며 그날그날 할 일을 파악한다. 숙련도가 높고 경험이 많으며 창의적인 교사는 분명 '맥어린이집'에서 채용을 원하는 부류의 사람이 못 된다. 훈련 경험이 없는 직원일수록 '매뉴얼'이라는 무인 테크놀로지에 의해 쉽게 통제된다.

흔히 "교육계의 맥도날드"로 불리는 '실번 러닝Sylvan Learning' 프랜차이즈 에서도 교사들에 대한 조직적 통제를 볼 수 있다.[41] (실번 러닝은 전 세계에 약 800개의 교육 센터를 운영하고 있으며, 200만 명의 수강생이 실번 러닝에서 공부 했다고 자랑한다.[42]) 실번 러닝 센터는 보충 학습을 위한 방과후학습 센터 다. 이 기업은 "교사 훈련부터 그들이 아이들을 지도할 때 사용하는 U자 형 책상에 이르기까지, 맥도날드와 같은 통일성을 추구한다."[43] 실번 러 닝과 같은 영리 교육기관은 훈련 방법, 규칙, 테크놀로지를 통해 '교사'에 대한 막대한 통제권을 행사한다.

## 의료: 누가 우리의 운명을 결정하는가?

모든 합리화된 체계가 다 그렇듯이 의료계 역시 인간 테크놀로지에서 무인 테크놀로지로 이행해왔다. 가장 중요한 두 가지 사례는 관료제적 규칙 및 통제의 중요성이 커지고 있다는 점과 근대 의료 기기의 발전이다. 일례로, 어떤 환자가 얼마나 오래 입원해야 할지를 이제는 의사의 의료적 판단이 아니라 포괄수가제와 DRG(진단명 기준 환자군) 시스템이 결정한다(5장 참조). 의사가 왕진 가방을 들고 와서 몇 가지 간단한 도구를 가지고 혼자 수술하는 모습은 옛날이야기에나 나오는 장면이 되었다. 오늘날의 의사는 마치 배차요원처럼 환자를 적절한 기계와 전문가에게 때맞춰 보내는 역할을 담당한다. 질병을 진단하는 컴퓨터 프로그램까지 등장했다.[44] 앞으로도 컴퓨터가 의사를 완전히 대체하지는 않겠지만, 언젠가는 컴퓨터가 주된 진단 주체는 아니더라도 초기 진단의 주체가 되는 일이 일어날 수 있다. 의사를 직접 대면하지 않고 인터넷을 통해 진단, 치료, 처방을 받는 일은 이미 가능하다.

의료 전문가에 대한 외부 통제가 강화되는 경향도 현대 의료의 특징이다. 그러한 통제는 제3자 지불인(보험사 등을 말한다-옮긴이), 고용주, 영리 병원, 건강관리기관HMO(health maintenance organization), 연방 정부(예컨대 메디케어), '맥닥터' 같은 새로운 형태의 의료기관 등에 의해 이루어진다. 과거 전성기에도 의사가 외부 통제로부터 완전히 자유롭지는 않았지만, 지금은 통제의 본질 자체가 바뀌고 있으며 정도와 범위도 훨씬 더 커지고 있다. 과거에는 의사가 개인 병원에서 자율적으로 의사결정을 할 수 있었지만 오늘날 의사는 관료제적 규칙과 규제를 따라야 하는 경우가 많다. 관료제적 조직에서는 직원이 상급자의 통제를 받는다. 그런데 의사의 상급자가 의사가 아니라 전문 경영인인 경우도 점점 많아지고 있다. 또한 병원에서 엄청나게 비싼 의료 장비를 들여놓고 의사들에게 그 이용을 종용하기도 한다. 의료 장비가 점점 더 고도화되면서 의사가 장비에 관해 제대로 파악하기가 어려워지고, 이는 장비에 대한 의사의 통제 능력이 약화되는 결과를 낳는다. 통제권은 이제 테크놀로지에게로, 그리고 그 테크놀로지를 만들고 취급하는 전문가들에게로 넘어간다.

의료진에 대한 외부 통제 강화를 무척 잘 보여주는 예가 이른바 '진료 지침pathway'이다.[45] 진료 지침이란 의료적 문제에 대해 처치하기 위해 사전에 규정된, 표준화된 일련의 단계를 말한다. 이 지침은 "만일 …인 경우에는 …를 처치한다"와 같이, 어떠한 상황에서 어떠한 행위를 해야 하는지에 관한 의사결정 기준을 열거하고 있다. 다양한 상황에 처한 의사들이 해야 할 일은 개인적인 판단이 아니라 진료 지침에 따라 정해진다. 이 장의 논의 주제에 비추어 볼 때 진료 지침이라는 무인 테크놀로지는 의사에게 외부 통제를 행사한다.

사람들은 진료 지침을 표준화, '요리책' 의료, 진료 레시피, 리본으로 잘 묶인 깔끔한 소포 꾸러미 등으로 묘사하곤 한다. 이러한 표현들은 모두 의료 행위의 합리화를 함의한다. 요점은 각 상황에서 해야 할 행위가 광범위하게 사전에 규정되어 있다는 것이다. 의사가 언제나 진료 지침을 따라야 하는 것은 아니고 사실 언제나 진료 지침만 맹목적으로 따라서도 안 되지만, 대체로는 진료 지침을 따른다. 지침을 만드는 데 앞장섰던 한 의사는 의사들이 92% 이상의 진료에서 지침을 따른다는 조사 결과에 우려를 표했다. 의사에게 재량권이 있기는 하지만, 대부분의 경우 그들의 처치가 사전결정되어 있다고 볼 수 있다는 점은 명백하다.

천식 환자를 예로 들어보자. 진료 지침에서는 환자의 체온이 38.3℃가 넘으면 전혈구계산치(혈액에 들어 있는 세포 성분들과 헤모글로빈에 대한 지표를 수치화한 것-옮긴이) 검사를 실시하도록 하고 있다. 쌕쌕거리는 증상이 처음 나타났거나, 흉부 통증이나 호흡곤란, 38.3℃가 넘는 고열이 있는 등 특정 상황에서는 흉부 엑스레이가 필요하다. 그다음에도 의사나 다른 의료진의 행위를 지시하거나 통제하는 절차가 계속 이어진다. 그러한 진료 지침의 이점은 의심할 여지가 없으나(예를 들어 하지 말아야 하는 것으로 밝혀진 처치나 약물 투여 가능성을 낮출 수 있다) 의사들의 의사결정권을 **빼앗**는 셈이기도 하다. 진료 지침에 대한 의존이 지속되면, 의사의 독립적인 의사결정 능력에 부정적인 영향을 끼칠 수도 있다.

### '폰헤드'와 탈숙련화된 조종사: 감옥에 갇힌 사람들

많은 회사의 '폰헤드phonehead', 즉 고객 서비스 담당자들에게도 통제가 이루어진다. 유나이티드 항공 같은 항공사들은 예약 담당자들의 근무 상황을 분 단위로 기록한다. 전화를 받지 못한 경우에는 합당한 근거를 대야 하며, 화장실에 갈 때에도 전화기에 있는 '화장실 버튼'을 눌러 관리자에게 알려야 한다. 감독관은 예약 센터 중앙의 높은 '망루'에 앉아 "[감옥] 감시요원처럼 사무실 안에 있는 모든 상담원의 동태를 살핀다." 그들은 상담원들이 정해진 말과 행동을 제대로 하는지 확인하기 위해 통화 내용을 모니터링하기도 한다. 이러한 통제는 "항공사 예약 센터뿐 아니라 고객 서비스 부서나 컴퓨터로 직원들을 정밀한 수준까지 감시할 수 있게 하는 데이터 처리업에 이르기까지, 많은 일터에서 점점 더 확실히 굳어지고 있는 전지적(omnipresent) 감시" 경향의 일면이다.[46] 담당자의 말은 자동응답기처럼 들릴 때가 많다. 유나이티드 항공의 한 직원은 이렇게 말하기도 했다. "내 몸은 내가 예약 정보를 입력해 넣는 컴퓨터 단말기의 일부가 되었다. 자아가 사라진 느낌이다."[47]

전화 상담원들이 글자 그대로 수감자인 경우도 있다. 미국의 여러 주째에서 교도소 재소자들이 이런 종류의 업무에 투입되고 있으며, 관련 입법을 논의 중인 곳도 있다. 재소자 인력 활용의 매력은 명백하다. 매우 적은 임금만 주어도 되고, 앞서 이야기한 이른바 '폰헤드'들보다도 훨씬 강도 높게 통제할 수 있다. 게다가 그들은 일터에 안 나타날 일이 없다. 어느 회사 간부는 이렇게 말했다. "우리는 항상 자리를 지키는 사람이 필요하다."[48]

같은 논리로, 전화 상담원 대신 컴퓨터가 전화를 걸게 하는 회사들도 생겨났다.[49] 아무리 엄격하게 상담원을, 심지어 재소자를 통제한다 하더라도 컴퓨터 음성만큼 예측가능성과 통제가능성이 높을 수는 없다. 실제로 나는 컴퓨터 음성과 '흥미로운' 대화를 나눈 적도 있다. 2013년 영화 〈그녀Her〉에서 남자 주인공은 전화상의 컴퓨터 음성과 사랑에 빠지고 폰섹스도 나눈다.

물론 무인 테크놀로지로의 이행 때문에 문제 해결 역량을 잃어버리는 현상은 낮은 직급에서만 일어나는 일이 아니다. 교수나 의사에 대한 통제에 관해서는 이미 앞에서 언급한 바 있다. 이에 더하여 보잉 787, 에어버스 A380 같은 전산화된 최신식 항공기를 운항하는 조종사들도 무인 기술에 의해 통제받으며, 그러는 가운데 탈숙련화된다. 예전의 조종사들은 경험이 쌓여 발달한 '직감'으로 운항하고 이따금 간단한 방향 조종에만 구식 자동조종장치를 이용했지만, 최신 기종 조종사들은 "몇 개의 버튼을 누른 후 목적지에 도달해 정해진 활주로에 착륙할 때까지 팔짱을 끼고 앉아만 있어도 된다." 미국연방항공국FAA(Federal Aviation Administration) 관계자는 이렇게 말한다. "우리는 인간이 통제하던 기능 중 점점 더 많은 부분을 기계가 통제하도록 하고 있다." 기술적으로 덜 발달된 구식 항공기보다 현대식 항공기가 여러모로 더 안전하고 더 믿을 만한 것은 사실이다. 그러나 이와 같이 테크놀로지에 의존하다 보면 조종사들이 창의력을 발휘해 비상 상황을 헤쳐나갈 역량을 잃어버릴 수 있다. 한 항공사 경영진의 말을 빌면, "창의적인 컴퓨터가 없으면 창의적인 일을 할 수 없게 된다"는 것이다.[50]

## 공정과 제품의 통제

맥도날드화되어가고 있는 사회에서 예측가능성을 가장 크게 위협하는 존재는 노동자다. 공정과 제품을 통제하면 종업원들에 대한 통제도 강화되지만, 공정과 제품에 대한 통제 그 자체도 값어치가 있다.

### 식품의 생산: 자동으로 조리되는 음식

패스트푸드 업계의 회사에는 공정과 제품을 제대로 통제하기 위한 두꺼운 업무 처리 매뉴얼이 있다. 그러한 매뉴얼이 있기 때문에 어느 매장에 있는 어느 누가 만들더라도 버거킹의 와퍼나 맥도날드의 쿼터파운더 버거가 동일한 방법으로 만들어지는 것이다.[51]

불확실성을 줄이기 위한 테크놀로지는 식품 제조의 전 과정에서 볼 수 있다. 예를 들어, 빵을 대량생산하는 공정은 숙련 제빵사가 맡지 않는다. 한 번에 몇 덩어리의 빵만 구우며 거기에 관심과 애정을 쏟아붓는 제빵 장인들은 우리 사회가 필요로 하는 만큼 빵을 만들어낼 수 없기 때문이다. 게다가 장인이 만드는 빵은 사람이 하는 일인지라 발생할 수밖에 없는 불확실성으로부터 자유로울 수 없다. 예를 들면, 과하게 구워지거나 설구워진 빵이 나올 수 있다. 빵을 대량생산하는 제조사들은 생산성을 높이고 예측불가능성을 제거하기 위해 자동화 시스템을 개발했다. 모든 다른 자동화 시스템과 마찬가지로 이 시스템에서 인간의 역할은 최소화되고, 그 역할마저도 테크놀로지에 의해 엄격히 통제된다.

오늘날 가장 진보된 형태의 제빵 공장은 정유 공장과 닮았다. 우선 밀가루, 물, 스무 가지 정도의 첨가물, 어마어마한 양의 이스트와 설탕을 반죽하여 한 시간 동안 발효시킨다. 한 시간이 지나면 밀가루를 추가하고 모양을 잡아 팬에 올린다. 또 한 시간 동안 부풀게 놔두었다가 터널식 오븐을 통과시킨다. 오븐을 통과하는 데에는 18분이 걸리며, 오븐에서 나온 빵이 식으면 자동으로 잘리고 포장된다.[52]

숙련 기술을 가진 장인이 지배하던 일을 인간이 계획과 유지 관리 역할만 담당하는 생산공정으로 대체하는 변화는 식품 산업의 모든 업종에서 일어났다. 식품의 보관과 운송 영역도 마찬가지로 자동화되었다.

무인 테크놀로지는 식품 생산공정뿐 아니라 음식 조리 방법에도 영향을 끼쳤다. 온도 측정 장치가 달린 오븐은 요리사를 대신해 식품이 완성되었는지 '판단'해준다. 이제는 많은 오븐, 커피메이커, 그 밖의 조리 기기들이 자동으로 켜지고 꺼진다. 모든 가공식품에는 정확한 조리법이 써 있다. '미시즈 대시Mrs. Dash'의 혼합 양념을 쓰면, 요리사가 창의적인 양념 배합 방법을 고안해내지 않아도 된다. 요리책도 요리사의 창의성을 말살하고 요리사 대신 조리 과정을 통제하는 기제다.

### 식품의 생산: 해상 양식장과 공장식 축사

식용 동물 사육 방식에서 놀랄 만한 기술적 발전 몇 가지가 일어났다. 일례로, 콜레스테롤 공포증이 확산되면서 해산물 선호도가 급상승함에 따라, '해상 양식업'[53]이 크게 성장했다.[54] 특히 중국에서 그 성장세가 높다. 혼자 낚싯대를 던져 넣든 배를 타고 나가 거대한 그물로 한 번에 몇 톤씩 물고기를 잡든, 과거의 어획 방식은 비효율적이고 예측불가능했다. 이제 우리는 훨씬 더 예측가능하고 효율적인 수산물 '농장'을 갖게 되었다. 음식점에서 팔리는 생연어 중 절반 이상은 노르웨이 연안의 거대한 가두리 양식장에서 사육되고, 미국에서 소비되는 새우는 거의 전량이 해외에서 수입된 양식 새우다.

해상 양식장에는 몇 가지 장점이 있다. 예기치 않은 환경 변화에 의해 물고기가 공격받는 상황을 인간이 통제할 수 있으므로 생산량의 예측가능성이 높아진다는 점이 가장 일반적인 장점이다. 여러 약물과 화학제품도 생산량과 품질의 예측가능성을 향상시킨다. 해상 양식장에서는 물고기들이 제한된 공간 안에만 머무르므로, 어획 과정의 예측가능성과 효율성도 높아진다. 게다가 더 효율적으로 해산물을 생산할 수 있도록 유전공학자들이 유전자를 조작할 수도 있다. 예를 들어, 일반 넙치는 상품 가치가 있을 만큼 자라는 데 약 10년이 걸리지만, '난쟁이 넙치'라는 신품종은 3년이면 다 자란다. 양식장 어업은 계산가능성도 높다. 양식장에서는 최대한 많은 해산물을 최소한의 시간과 비용, 에너지를 들여 얻을 수 있다.

육상동물 사육의 경우, 소규모 가족 단위 농장에서 많은 직원을 고용하는 '공장식 축사'로 빠르게 대체되고 있다.[55] 최초로 공장형 농장에서 사육되기 시작한 동물은 닭이었다. 다음은 닭 '공장'에 관한 묘사다.

> 오늘날 닭 사육업자는 태어난 지 만 하루가 된 만 마리나 5만 마리, 또는 그 이상의 병아리를 부화장에서 꺼내 창 하나 없는 길다란 닭장에 곧바로 집어넣는다. … 닭장 안의 모든 환경은 사료를 덜 먹고도 더 빨리 클 수 있도록 제어된다. 사료와 물은 지붕에 달린 깔때기 모양 급여기를 통해 자동으로 공급된다. 조명은 다음과 같이 조절된다. … 예를 들어, 처음 한두 주 동안은 24시간 불을 밝혀놓는다. 그렇게 해야 병아리의 체중이 빨리 늘기 때문이다.[56]

이러한 양계장의 가장 큰 장점은 한 사람의 노동자가 5만 마리 이상의 닭을 관리할 수 있다는 점이다.

또한 이와 같은 방식은 양계업의 모든 면을 통제가능하게 한다. 예를 들어, 방목해 키운 닭에 비해 크기와 무게가 더 예측가능하다. 이런 식으로 가둬 키운 닭은 넓은 공간에서 돌아다니는 닭에 비해 포획할 때도 더 효율적이다. 그러나 좁은 곳에 갇혀 있다 보면 싸움이 일어나거나 심지어 서로 잡아먹는 일까지 발생한다는 점에서는 예측불가능성도 존재한다. 농장주들은 비합리적인 '나쁜 버릇' 문제를 해결하기 위해 닭이 목표치 가까이 자라면 조도를 낮추거나 부리를 잘라 다른 닭을 해칠 수 없도록 하는 등 다양한 방법을 활용한다.

달걀을 생산하기 위해 키워지는 닭이라면 육계보다 좀 더 오래 살 수 있기는 하다. 하지만 그런 닭들도 육계와 마찬가지로 취급받는다. 암탉은 원재료(사료)를 넣으면 최종 제품(달걀)이 나오는 '변환 기계'로 간주된다. 피터 싱어[Peter Singer]는 달걀 생산에 활용되는 테크놀로지를 다음과 같이 묘사한다.

> 닭장이 겹겹이 쌓여 있고, 사료와 물이 중앙의 공급 장치로부터 홈통을 타고 각 층에 흘러들어와 자동으로 채워진다. 철망 바닥은 경사져 있다. 따라서 닭들은 편안히 서 있기 힘들지만, 바로 이 경사 덕분에 달걀이 닭장 앞에 있는 통으로 굴러떨어져 수집하기 쉽다. … 더 최신식 양계장에서는 달걀이 컨베이어 벨트에 의해 포장 공장까지 옮겨진다. … 배설물은 철망 바닥 사이로 떨어지므로 몇 달 동안 쌓이도록 두었다가 한 번에 치울 수 있다.[57]

과거의 닭장에 비해 이 시스템이 달걀 생산에 대한 통제를 강화하고, 효율성을 높이며, 생산량을 더 예측가능하게 만들고, 품질을 더 균일하게 만든다는 점은 분명하다.

돼지, 양, 소, 특히 송아지 등 다른 동물들도 유사한 방식으로 사육된다. 송아지는 근육이 발달해 고기가 질겨지지 않도록 태어나자마자 움직이기 힘들 만큼 좁은 축사에 갇힌다. 송아지가 조금만 더 크면 몸을 돌릴 수도 없다. 우리에 가둬 키우면 풀을 먹는 것도 막을 수 있다. 좋은 송아지 고기는 옅은 빛을 띠어야 하는데, 사료 대신 풀을 먹으면 고기 색이 짙어진다. 송아지 축사에는 여물도 없다. 여물도 고기 색을 짙게 만들기 때문이다. 피터 싱어는 그의 책《동물 해방Animal Liberation》에서 이렇게 말한다. "송아지에게는 액상 사료만 먹인다. 액상 사료란 비타민, 무기질, 성장촉진제를 섞은 무지방 우유다."[58] 송아지가 최대한 많이 먹게 하기 위해 물도 주지 않는다. 그러면 목이 말라 액상 사료를 계속 먹게 된다. 송아지 고기 생산자는 우리 넓이와 사료를 엄격하게 통제함으로써 두 가지 양적 목표 달성을 극대화한다. 우선 최단 기간 안에 최대량의 고기를 생산할 수 있다. 또한 가장 연하고 가장 밝은 빛을 띠는, 따라서 가장 바람직한 송아지 고기를 얻을 수 있다.

다양한 테크놀로지의 활용은 육류 생산을 위해 키워지는 동물에 대한 통제를 강화하고, 그럼으로써 육류 생산의 효율성, 계산가능성, 예측가능성이 높아진다는 점은 틀림없다. 이에 더하여, 테크놀로지는 농장 노동자들에 대한 통제에도 이용된다. 농장 일꾼들이 자기 생각대로 하도록 내버려두면 사료를 너무 적게 주거나, 다른 사료를 잘못 주거나, 소가 너무 많이 운동하게 할 수 있다. 실제로 엄격하게 통제되는 공장형 농장에서는 인간 노동자의 존재 자체가 (그리고 그들이 발생시키던 예측불가능성이) 사실상 사라졌다.

# 7
# 합리성의
# 불합리성

"해피 트레일즈"의
교통 체증

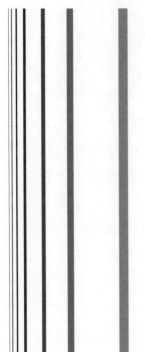

맥도날드화는 그것이 가져다주는 효율성, 예측가능성, 계산가능성, 통제 때문에 사회 전반을 휩쓸 수 있었다. 그러나 앞선 장들에서도 보았듯이, 이러한 이점들에도 불구하고 맥도날드화에는 몇 가지 심각한 결점이 있다. 합리적 시스템은 필연적으로 불합리성을 낳는데, 그러한 불합리성은 시스템의 합리성을 제한하고, 결국 절충하게 만들며, 심지어는 그 뿌리까지 흔들 수도 있다.

단순히 말해, 합리성의 불합리성은 맥도날드화의 부정적인 측면들 다수에 붙는 꼬리표다. 불합리성은 합리성의 반대편에 있다. 즉, 맥도날드화가 오히려 비효율성, 예측불가능성, 계산불가능성, 통제의 상실을 야기할 수도 있다는 뜻이다.[1] 이 장에서는 불합리성의 구체적인 양상을 광범위하게 다룰 것이다. 여기에는 비효율성, 과도한 비용, 거짓 친근감, 탈주술화disenchantment, 건강과 정신에 대한 위협, 획일화homogenization, 비인간화, 맥

맥도날드 그리고 맥도날드화

도날드화가 낳은 일자리인 맥잡에 관련된 문제 등이 포함된다. 이 장의 대부분은 3장이나 4장처럼 맥도날드화된 환경에서 소비자가 맞닥뜨리는 불합리성에 대해 중심적으로 다룬다. 그러나 5장과 6장에서와 같이 맥도날드화된 환경에서 일하는 노동자, 그리고 그들의 직업, 특히 맥잡과 연관된 불합리성에 관해서도 논의할 것이다. 불합리성은 합리적 시스템이 탈주술화하는 것, 즉 마법과 신비감을 잃어버리게 된다는 점을 뜻하기도 한다. 더군다나, 합리적 시스템은 그 안에서 일하는 사람들이나 그 시스템으로부터 서비스를 제공받는 사람들의 인간성과 이성을 부정한다는 점에서도 비이성적이다. 다시 말해, 합리적 시스템은 비인간적이다. 따라서 **합리성**rationality과 **이성**reason이라는 용어를 서로 바꾸어 쓸 수 있는 경우도 많지만 이 논의에서만큼은 정반대의 현상이라는 점을 기억하기 바란다.[2] 많은 경우 합리적 시스템은 비이성적이다.

## 비효율성:
### 계산대에서 지루하게 줄 서기

소비자들에게 합리적 시스템은 뜻밖에도 상당히 비효율적인 경우가 많다. 예를 들어, 패스트푸드점의 계산대에는 사람들이, 드라이브스루 통로에는 차들이 길게 줄 서 있는 모습이 흔하다. 효율적으로 한 끼를 먹을 수 있으리라고 생각했던 방법이 사실은 매우 비효율적임을 드러내는 것이다.

흥미롭게도 미국에서 드라이브스루의 비효율성 문제가 가장 두드러지게 나타나는 곳은 맥도날드다. 맥도날드 드라이브스루의 목표 대기 시간은 최대 90초지만, 실제 대기 시간은 2004년에 평균 152.5초, 2005년에는 167.9초로 나타났다.[3] 2009년에는 더 늘어나 174.2초가 되었다. 사실 2009년 드라이브스루 평균 대기 시간 순위에서 맥도날드는 7위에 그쳤다. 1위는 자동차 한 대당 134초가 걸린 웬디스가 차지했다.[4] 맥도날드가 스스로의 성공, 특히 드라이브스루 부문의 성장 때문에 희생양이 된 경향이 없지 않다. 그러나 맥도날드가 성공했다고 해서 그들의 비효율성이 무마되는 것은 아니다. 아무리 드라이브스루를 운영하는 패스트푸드점이 범람해도 높은 효율성 수준을 유지해야 마땅하다. 더구나 맥도날드 드라이브스루 서비스가 주는 불편은 긴 대기 시간만이 아니다. 드라이브스루 주문 시 빈번하게 나타나는 부정확성도 문제다. 정확도 면에서 맥도날드는 2005년 기준 25개 패스트푸드 체인 중 최하위를 기록했다. 한 고객은 이렇게 말하기도 했다. "'주문한 음식이 제대로 나오는가'라는 기준으로 보면 맥도날드는 최악이다. … 맥도날드에서는 항상 적어도 한 가지는 잘못 나온다."[5] 또한 오류를 바로잡으려면 또 시간이 걸리므로 맥도날드의 비효율성 문제가 더 커진다. 더욱이 시간은 곧 돈이므로, 주문한 음식을 제대로 내는 데 시간이 더 걸린다는 것은 곧 비용이 증가하고 수익이 감소함을 뜻한다. 실제로 한 프랜차이즈 가맹점에서는 속도를 향한 합리적 노력이 도리어 불합리를 낳음을 확실히 깨닫고, "속도를 계속 강조하면 정확도는 떨어질 수밖에 없을 것"이라고 말했다.[6]

다른 나라에서는 비효율성 문제가 더 심각했다. 홍콩에서는 맥도날드 매장 하나당 연간 평균 고객 수가 60만 명(미국은 40만 명)이다. 이 인원을 감당하기 위해 50명 이상의 직원을 배치하며 휴대용 단말기로 주문을 받게 한다. 주문 내역은 무선으로 주방에 전송된다.[7] 미국에서도 몇몇 맥도날드 매장에서 실험적으로 휴대용 태블릿 PC를 도입했다. 직원 한 명이 바깥에 서서 차가 줄에 진입하자마자 태블릿으로 주문을 받는다. 주문 내역은 무선으로 주방에 전송하며, (적어도 이론적으로는) 차가 수령 창구에 도달하면 바로 음식을 받을 수 있게 준비한다. 이렇게 하면 당연히 속도가 빨라질 줄 알았지만 적어도 도입 초기에는 대기 시간이 오히려 늘어

나고 더 답답해졌다.[8]

　맥도날드화된 사회의 비효율성은 패스트푸드점 바깥에서도 나타난다. 한때 자신만만했던 일본의 기업들에서도 비효율성이 나타났다. 2장에서 논의했던 적기공급생산 시스템을 생각해보자. 이 시스템을 적용하면 하루에도 몇 번씩 부품들을 공급받아야 하므로 공장 주변 도로가 트럭들로 붐비기 쉽다. 심한 교통 체증 때문에 지각을 하거나 회의에 늦는 사람이 많아지고, 결과적으로 생산성이 저하된다. 불합리성은 교통 체증이나 회의에 늦는 문제에 그치지 않는다. 이 트럭들이 태우는 연료의 양이 엄청난데, 일본은 기름값이 특히 비싸기도 하거니와 운송 과정에서 대기를 심각하게 오염시킨다. 일본의 편의점, 슈퍼마켓, 백화점까지 적기공급 시스템을 도입하면서 막대한 수의 배송 트럭이 거리로 쏟아져 나왔고, 이에 따라 문제가 더욱 심각해졌다.[9]

　칼럼니스트 리처드 코언Richard Cohen은 맥도날드화된 세계에서 나타나는 또 다른 비효율성의 예를 다음과 같이 묘사한다.

　　아, 이런, 컴퓨터 테크놀로지가 진보하면 살기 좋아질 거라고들 하지 않았나? 왜 해야 할 일이 점점 더 늘어나는 것일까? 이것이 ATM 식 삶의 규칙인가? … 은행에서 줄을 서지 않아도 되고, 아무 때고 입출금을 할 수 있을 거라고 하지 않았나? 나는 여전히 ATM 기계 앞에 줄을 서야 하는데 입금하거나 출금할 때마다 은행이 수수료를 떼어가고, 은행 출납원이 하던 일을 도리어 내가 하고 있다. 새로운 전화가 출시되면 눈보라가 치는 날 시골 전신주에 직접 올라가야 할지도 모른다.[10]

　이 글에서 적어도 세 가지의 불합리성을 확인할 수 있다. (1)합리적 시스템이라고 해서 비용이 덜 들지 않는다. (2)합리적 시스템은 소비자에게 무보수 노동을 강요한다. (3)지금 논의하는 주제에서는 이 점이 가장 중요한데, 합리적 시스템이 오히려 비효율적일 때가 많다. ATM에 줄을 서서 기다리기보다 은행 창구 또는 드라이브스루 창구에서 인간 출납원과 상대하는 편이 더 효율적일 수 있다.

마찬가지로, 가족들을 차에 태워 맥도날드까지 운전해 간 다음 음식을 양껏 먹고 다시 운전해 집으로 돌아오는 것보다 집에서 음식을 해 먹는 편이 효율적일 수 있다. 재료 손질부터 시작해서 손수 요리를 하는 경우라면 덜 효율적이겠지만, 인스턴트나 전자레인지용 식품이라면 확실히 맥도날드에 다녀오는 것보다 효율적이다. 슈퍼마켓이나 보스턴마켓**Boston Market**에서 풀코스 저녁을 통째로 사 와서 먹는 것보다도 효율적일 수 있다. 그러나 패스트푸드점의 선전에 물든 많은 사람들은 여전히 패스트푸드점에서 먹으면 집에서 먹는 것보다 효율적이라고 믿는다.

맥도날드화를 추구하는 이들은 맥도날드화가 더 큰 효율성을 가져다준다고 자신하지만, 누구를 위한 효율성인지에 관해서는 말하지 않는다. 빵 한 덩이와 우유 한 병만 사러 왔어도 불필요한 수천 가지 품목을 지나쳐야 그 두 가지를 얻을 수 있는 슈퍼마켓 소비자에게 효율적인가? 구매한 물건들을 직접 스캐너에 읽히고, 신용카드나 직불카드도 직접 긁고, 봉투에 넣는 일도 직접 해야 하는 소비자에게 효율적인가? 주유기를 들고 직접 휘발유를 넣는 사람들에게 효율적인가? 전화 상담원의 목소리를 듣기 전에 수많은 번호 조합을 눌러야 하는 사람들에게 효율적인가? 소비자들은 그런 시스템들이 대개 소비자에게 효율적이지 않다는 사실을 깨닫곤 한다. 효율성으로부터 얻는 이득은 대부분 합리화를 추진하여 수익을 얻으려는 자들에게 돌아간다.

조직의 최상위에 있는 사람들은 소비자에게뿐 아니라 조직의 최하위에서 일하는 사람들, 즉 조립 라인 노동자, 계산대 직원, 콜센터 상담원에게도 효율성을 강요한다. 공장 소유주, 프랜차이즈 가맹점주, 고위 경영진들은 종사자들을 통제 아래 두고 싶어 하는 반면 그들 스스로는 가능한 한 합리성의 제약으로부터 자유롭기를, 즉 비효율적이기를 원한다. 직원들은 맹목적으로 합리적 시스템의 규칙과 규정, 그 밖의 구조를 따라야하지만, 책임자들은 '창의성을 발휘해야 하므로' 그러한 것들로부터 자유로워야 한다고 말한다.

## 고비용:
## 집에 있는 편이 낫다

(맥도날드화가 효율적이라고 쳐도) 맥도날드화의 효율성이 소비자의 돈을 절약해주지는 않는다. 예를 들어 작은 사이즈의 탄산음료 한 잔의 원가가 11센트였을 때, 소비자에게는 85센트 (지금 생각하면 이마저도 터무니없이 싼 가격이지만)에 판매되었다.[11] 요즘 4인 가족이 패스트푸드점에서 한 끼를 먹으면 쉽게 28달러가 넘어간다('해피밀'을 섞어서 주문하면 이보다 조금 더 쌀 수도 있다). 집에서 요리를 하려고 재료를 사는 경우보다 훨씬 큰 금액이다. 예를 들어 4인분(혹은 6인분)의 로스트 치킨, 채소, 샐러드, 우유를 준비한다면 절반의 금액이면 될 것이다.[12] 귀리나 진짜 오트밀은 값싼 식재료지만 맥도날드의 오트밀 신제품은 2.49달러나 된다. 더블치즈버거 두 개 값이고 진짜 오트밀 값의 10배다.[13] 한 영양학 전문가는 영양학적 관점에서 보면 '달러 메뉴'가 오히려 "가장 비경제적"이라고 지적하기도 했다.[14]

코언이 ATM을 묘사한 글에서도 볼 수 있듯이, 합리화된 시스템이 제공하는 비인격적이고 비효율적인 서비스를 추가 요금까지 지불해가며 이용하는 일도 많다. 맥도날드화된 시스템이 크게 성공했고, 사회의 다른 많은 부문에까지 이 시스템이 확장해나가고 있으며, 맥도날드화된 사업에 뛰어들고 싶어 하는 사람들이 많은 것을 보면, 이 시스템이 막대한 이윤을 가져다줌을 알 수 있다.

밥 가필드Bob Garfield(미국의 저널리스트-옮긴이)는 "디즈니 세상에서 (돈을 쓰고 또 쓰며) 휴가 보내기"라는 글에서 맥도날드화된 활동에 드는 비용에 관해 이야기했다.[15] 가필드는 가족 네 명과 함께 월트디즈니월드에 갔던 경험을 이야기하며 그 이름을 "돈 먹는 세상"이라고 바꾸어야 할 법한 곳이라고 말한다. 1991년이었는데 닷새 동안 휴가를 보내는 데 1700달러나 들었다. 디즈니월드 입장료만 551달러 30센트였다. 가격은 계속 오른다. (지금은 4인 가족 기준 4일 입장료가 위 금액의 두 배가 넘는다.) 닷새 중 정말 재미있게 보낸 시간만 따지면 일곱 시간도 채 안 되었다. "재미있게 보낸 시간만 따지면 시간당 261달러나 든 셈이다." 특히 매직 킹덤(미국 플로리다 주 소재 월트디즈니월드 리조트에 있는 네 개의 테마파크 중 하나-옮긴이)에서는 버스를 타고 이동하거나 "줄을 서서 느릿느릿 이동하는 데" 대부분의 시간을 보냈으므로, "17개의 놀이시설이 우리를 짜릿하게 해준 시간은 다 합해봐야 44분밖에 안 되었다."[16] 저렴하게 가족 휴가를 보낼 수 있는 곳이라는 생각은 큰 착각이었다.

### 거짓 친근감:
### "그동안 잘 지내셨죠?"

패스트푸드점은 사람들이 서로 진짜 친밀감을 쌓을 기회를 심하게 제한하거나 제거해버리므로, 종업원과 고객 사이에는 인간관계가 아예 남아 있지 않거나 '거짓 친근감'만 있을 뿐이다. 버거킹의 종업원 규칙 17조는 "항상 미소를 띠어라"이다.[17] 내가 음식값을 치를 때 "해피 트레일즈(가시는 길 행복하세요)!"를 외치던 로이 로저스의 종업원들은 사실 내가 가다가 무슨 일을 겪을지 아무 관심도 없다. 이 현상은 고객이 나갈 때 "좋은 하루 되세요"라고 말하는 종업원 모두에게 해당된다. 그들은 고객이 어떤 하루를 보내든 아무 관심도 없다. "꺼져"라든가 "다른 손님 주문 받아야 하니 비키세요"라는 말을 좀 더 예의 바르고 의례적으로 바꾸어 하는 것일 뿐이다.

이메일로 대체되면서 최근에는 급격히 줄어들고 있지만, 광고 우편물은 요즘도 온다(물론 이메일 계정에는 더 많은 광고 우편물이 들어온다). 그런 우편물은 때로 개인적인 내용으로 보이게 하려고 갖은 노력을 다한다.[18] ("그동안 잘 지내셨죠?"라며 아는 사람처럼 운을 떼는 텔레마케터들의 전화도 여전하다.) 대부분 고객 명단 데이터베이스를 가지고 컴퓨터가 자동으로 생산한 문구임이 틀림없다. 그런 광고 메시지는 로이 로저스 종업원들의 인사처럼 거짓 친밀감으로 가득 차 있다. 텔레마케터들은 친근하고 개인적인 어조를 사용할 때가 많다. "지난 몇 달 동안 고객님의 백화점 구매 실적(또는 카드 사용 실적)이 없어서, 윗분들이 애태우고 있어요"라는 느낌을 주려는 것이다. 내 친구 한 명은 루브 센터라는 자동차 정비 프랜차이즈로부터 다음과 같은 편지 한 통을 받고, 실제로 며칠 후 자동차 정비를 맡겼다. (친근하게 (성이 아닌) 이름을 부르며 '깊은' 개인적 관심을 보인 데 주목하라.) "친애하는 켄. 우선 루브 센터의 고객이 되어주신 데 대해 감사드립니다. … 정기적인 오일 교체는 매우 중요하지요. … 그래서 앞으로 때마다 **잊지 않으시도록** 안내 카드를 보내드리려고 해요. … 저희는 고객님이 누려야 마땅한 서비스를 제공할 수 있도록 직원들을 잘 훈련시키는 데 많은 시간과 에너지를 쏟고 있답니다."

몇 년 전에 나는 롱아일랜드의 한 하원의원으로부터 편지 한 통을 받았다. 심지어 나는 그때 롱아일랜드에 살고 있지도 않았다. 한 번도 본 적 없는 사람이었고 그에 대해 아는 바도 없었지만, 그는 서슴없이 다음과 같은 '개인적인' 편지를 보냈다. "친애하는 조지. 믿기 힘들겠지만 제가 이번에 9선에 도전하고 있답니다! 제가 지금까지 했던 8660건의 투표를 돌아보면서 … **우리가 함께한 싸움이 얼마나 많았는지** 깨닫게 됩니다. 당신의 지지가 여전하다는 사실을 다시 한 번 확인시켜주세요."

〈워싱턴포스트〉의 한 기자는 광고성 메일에서 나타나는 거짓 친근감에 관해 다음과 같이 논평했다.

> 마케팅 회사들은 여기저기서 그러모은 데이터베이스로부터 사람들의 이름과 그 밖의 몇 가지 정보를 파악해 광고 우편물에 써넣음으로써 친밀함의 허상을 만들어내려고 한다. 그러나 실제로는 이러한 기법이 오히려 **친밀감을 변질, 퇴색시키는 데** 일조한다. 그들은 몇 조각의 사실을 삽입해 사람들을 속인다. 이 때문에 사람들은 진짜를 알아볼 수 있는 통찰력을 발휘하지 못하게 된다. 이런 광고는 결국 진실을 조작된 대용물로 바꿔치는 것이다.[19]

광고성 메일은 거짓으로라도 고객들을 통제해 그들이 원하는 행위를 하도록 설계된다.

축하 카드, 특히 전자 카드의 문구들 또한 거짓 친근감이라는 맥락에 맞게 작성된다.

## 탈주술화:
## 마법은 어디로 사라졌는가?

막스 베버의 일반적인 논지 중 하나는 합리화의 결과로 서구 사회가 점점 더 탈주술화되어왔다는 것이다.[20] 즉 덜 합리화된 사회의 특징인 "주술적 사고"가 점차 사라졌다.[21] 이에 따라 우리는 주술, 마술, 미스터리가 지배했던 세계로부터 벗어나 분명하고 확정적이며 논리적이고 규칙적인 세계로 진입했다. 슈나이더**Mark A. Schneider**

가 말한 것처럼, "막스 베버는 깊이 주술화되어 있던 과거로부터 탈주술화된 미래로 가는 여정이 우리의 역사라고 보았다. 이 여정은 우리 사회에서 마술적인 특성과 마술의 의미 부여 역할을 점차 없애는 과정이다."[22] 합리화가 진전된다는 것은 곧 주술적인 측면을 상실하게 된다는 뜻이다. 전반적으로 사회가 합리화됨에 따라, 그리고 구체적으로도 여러 소비 영역들이 합리화되면서 우리가 얻은 바가 많다는 점에는 의심의 여지가 없다. 그러나 뚜렷이 정의 내리기는 어려울지라도 큰 가치를 지닌 무엇인가를 잃어버린 것 또한 사실이다. 맥도날드화의 특성들이 주술적인 면을 없애온 과정을 생각해보자.

효율적인 시스템에는 주술적인 면이 개입할 여지가 없으며, 효율적인 시스템은 체계적으로 주술적인 면을 뿌리 뽑고자 한다. 마술, 미스터리, 환상, 공상과 관련된 모든 것은 비효율적이라고 간주된다. 주술적 시스템에서는 보통 목표를 이루기 위한 수단이 매우 복잡하며, 분명한 목적 자체가 없을 때도 많다. 효율적 시스템은 그런 구불구불한 길을 허용하지 않는다. 효율적 시스템의 설계자나 실행자들은 그런 복잡함을 제거하기 위해서라면 어떤 일이든 불사한다. 베버가 합리화를 탈주술화로 본 근거 중 하나는 바로 합리화가 구불거리는 길이나 목적이 없는 일을 제거하는 과정이라는 점에 있다.

주술성은 양보다는 질과 훨씬 더 깊이 연관되어 있다. 마술, 환상, 꿈 등에서는 누가 그런 경험을 몇 번 했다거나 그런 일이 일어난 영역의 규모가 얼마나 큰지보다는 경험 자체가 지닌 내재적 본질이나 질적인 측면이 더 중요하다. 그런 경험이 대량으로 일어난다는 점을 강조하면 오히려 그 마법적 특징이 희석된다. 달리 말해 마술, 환상, 꿈은 대량생산하기 어렵다. 영화에서는 그런 대량생산이 흔할지 몰라도 상품과 서비스의 대량생산을 위해 설계된 환경에서, 그것도 광대한 지리적 공간에서 '진짜' 주술을 대량생산하기란 불가능하지는 않을지 몰라도 매우 어렵다. 주술의 대량생산은 사실상 주술성 자체를 깎아내린다.

합리화의 특성 중 예측가능성이 주술성을 가장 심하게 해친다. 마술적, 환상적, 공상적 경험이란 본질적으로 이미 예측불가능성을 담고 있다. 어떤 경험을 예측가능한 것으로 만들거나 (영화 〈사랑의 블랙홀Groundhog Day〉(1993)에서처럼) 매번 같은 방식으로 반복하는 것만큼 주술적 경험을 심하게 파괴할 수 있는 일은 없다.

통제, 그리고 통제를 위한 무인 테크놀로지 또한 주술성을 해친다. 일반적으로 환상, 마술, 꿈은 외부로부터 통제될 수 없으며, 사실상 그러한 경험에 주술적 특징을 부여하는 것이 바로 자율성이다. 환상적 경험은 어디로든 향할 수 있으며, 환상 속에서는 무슨 일이든 일어날 수 있다. 빈틈없이 통제되는 환경에서는 분명 그런 예측불가능한 일이 일어날 수 없다. 어떤 사람들에게는 엄격하고 총체적인 통제가 환상으로 여겨질지 모르지만, 대부분의 사람들에게 그러한 통제는 환상이라기보다는 악몽일 것이다. 무인 테크놀로지의 경우도 마찬가지다. 냉정한 기계 시스템은 주술성을 가진 공상의 세계와 대조되곤 한다. 어떤 사람들은 무인 테크놀로지에 관한 환상을 갖고 있을지도 모르지만, 이 역시 대부분의 사람들에게는 악몽에 가까울 것이다.

분리 불가능할 만큼 엮여 있지는 않을지라도, 맥도날드화는 분명 탈주술화와 관련된다. 마술과 미스터리의 상실은 합리화가 진전됨에 따라 나타나는 또 다른 불합리한 결과다.

맥도날드 그리고 맥도날드화

## 건강과 환경에 대한 위협:
## 하루치 열량이 들어 있는 패스트푸드 한 끼

점진적인 합리화가 위협한 것은 환상만이 아니다. 합리화는 사람들의 건강, 그리고 어쩌면 생명까지도 위협해왔다. 대부분의 패스트푸드에 들어 있는 지방, 콜레스테롤, 염분, 설탕의 위험이 그 예다. 패스트푸드는 비만, 높은 콜레스테롤 수치, 고혈압, 당뇨를 갖고 있는 많은 미국인들이 금기시해야 할 음식이다. 실제로 많은 사람들이 비만(그리고 소아비만)이 현대사회의 문제라고 이야기하며 패스트푸드 산업(그들이 만드는 음식과 그 음식의 성분), 그리고 모든 것을 '슈퍼사이즈'로 만드는 (이제는 직접 '슈퍼사이즈'라는 용어를 쓰지 않으려고 하기는 하지만) 행태에 책임이 크다고 비난한다.[23]

패스트푸드 업계는 고객의 신뢰를 얻기 위해 수십억 달러의 광고비를 지출한다. 그들이 광고하는 가공식품은 중독성이 있다. 전 미국 식품의약국Food and Drug Administration 위원의 말에 따르면 가공식품은 "열량이 높고 자극적이며, 많이 먹게 된다. 거리 곳곳에 있고, 포장해 가져가기 쉬우며, 언제 어디서 먹더라도 사회적으로 용인된다. 패스트푸드 업계는 일종의 음식 카니발을 만들었고 … 우리는 15분마다 한 번씩 패스트푸드를 먹고 싶다는 충동을 느낀다."[24]

미국 사회에서만 건강이 위협받고 있는 것이 아니다. 패스트푸드점의 성장과 점점 더 많은 양을 강조하는 현상은 베트남을 비롯한 극동 지방에 이르기까지 전 세계 곳곳에서 당뇨와 같은 건강 문제를 일으키고 있다.[25] 캐나다 온타리오 주 380개 지역에서 이루어진 한 비교 연구에 따르면, 패스트푸드점이 많은 지역일수록 관상동맥 증후군 유병률 및 그로 인한 사망률이 높았다.[26]

패스트푸드점은 어릴 때 나쁜 식습관을 들이는 데 일조함으로써 나중에까지 여러 건강 문제를 일으킨다. 패스트푸드점들은 아이들을 집중적으로 공략해 평생 패스트푸드의 단골이 되게 할 뿐만 아니라 염분, 당분, 지방이 많이 든 식품에 중독되게 만든다.[27] 실제로 미국에서 산 기간이 긴 아동일수록 건강 상태가 나쁘다는 사실이 이민 가정 아동의 건강에 관한 한 흥미로운 연구를 통해 밝혀졌다. 그들이 대부분의 미국 아이들처럼 정크 푸드를 먹게 되기 때문이었다.[28] 실제로 디즈니 사는 패스트푸드와 소아비만의 연관성에 대한 우려가 증가함에 따라 맥도날드와의 장기 제휴를 끊기도 했다.[29] 위 이민 가정 아동 연구에 참여한 한 사회학자는 이렇게 말했다. "영양을 기준으로 보자면 사회의 맥도날드화가 '진보'라고 말하기 어렵다."[30]

패스트푸드 산업이 건강에 미치는 유해성에 대한 공격은 최근 들어 더욱 거세졌다. 많은 프랜차이즈들이 (샐러드 드레싱에 염분과 지방이 많이 들어 있기는 해도) 더 많은 양질의 샐러드를 제공함으로써 그러한 공격에 대응해야 했다. 또한 매장과 웹사이트에 모든 제품의 영양 정보를 게시하게 되었다. 그러나 대다수 소비자는 여전히 영양 정보를 확인하지 않고 습관적으로 빅맥, 라지 사이즈 감자튀김, 셰이크를 주문한다. 이렇게 맥도날드의 전형적인 한 끼를 먹으면 열량은 총 1500칼로리가 넘지만 영양가는 매우 떨어진다. 1인분의 양을 점점 늘리는 경향은 문제를 더욱 심각하게 만들 뿐이다(맥도날드의 빅 브렉퍼스트 세트에 핫케이크와 라지 사이즈 비스킷 하나를 추가해 먹으면 그 열량은 1150칼로리에 달한다). 맥도날드 세트에 650ml짜리 맥카페 초코 셰이크 하나만 더 먹으면 총 열량은 2000칼로리까지 늘어난다.[31] 버거킹의 더블와퍼는 다른 메뉴를 추가하지 않아도 이미 900칼로리(지방 56g)다.[32] 1일 권장 섭취 열량은 여성 2000칼로리 미만, 남성 2500칼로리 미만이다. 따라서 전형적인 맥도날드 한 끼 식사에 라지 사이즈 셰이크 하나를 추가해 먹으면 벌써 여성의 1일 권장 섭취 열량이 충

맥도날드 그리고 맥도날드화

족되고 남성의 1일 권장 섭취 열량에도 가까워진다.

맥도날드 사는 맥도날드의 오트밀이 "건강함으로 가득 찬 한 그릇"이라고 선전한다.[33] 사실 아무것도 섞지 않았다면 오트밀 자체는 건강식품이 맞다. 그러나 짐작했겠지만, 맥도날드는 "갖은 방법을 써서 오트밀을 건강에 좋지 않게 만들었다."[34] 맥도날드 오트밀에는 "귀리, 설탕, 가당 건조 과일, 크림, 그리고 집 부엌에는 절대 들이지 않을 열한 가지 끔찍한 성분"이 들어 있다고 논평한 이도 있다.[35] 설탕량은 스니커즈 초콜릿 바보다도 많다. 이 저널리스트는 맥도날드가 도대체 왜 건강식품을 "비싼 정크 푸드로 만드는지, 왜 대부분 화학 성분인 스물한 가지 재료를 쓸데없이 섞어 섬뜩한 혼합물을 만드는지" 묻는다.[36]

맥도날드나 그 밖의 패스트푸드점들은 비난에 대응하기 위해 메뉴를 약간 바꾸거나 영양 정보를 공개하기도 하지만, 짐작할 수 있듯이 광고로 대응하기도 한다. 한 광고에서 로널드 맥도날드는 운동선수로 등장해 채소로 저글링을 하고 딸기로 피구를 한다. 햄버거는 나오지 않는다. 전문가들이 그런 광고의 실체를 간파하고 지적하지만, 맥도날드는 끊임없이 기름지고 열량이 높은 음식, 많은 양의 한 끼를 강요한다. 소아비만 문제의 확산을 볼 때, 아이들에게 그런 음식을 팔기 위해 막대한 광고비를 쓴다는 것은 특히 우려되는 지점이다.[37]

맥도날드화는 훨씬 더 직접적으로 건강을 위협하기도 한다. 리자이나 슈램블링Regina Schrambling은 살모넬라 식중독 같은 질병 발생이 닭 사육의 합리화와 연관된다고 말한다. "양계 산업에서 살모넬라가 급격히 확산된 것은 … 미국인들이 매일같이 모든 음식에 닭을 쓰기 시작한 후 일어난 현상이다. 가금류는 자동차가 아니다. 수요가 급증한다고 해서 생산라인 속도를 갑자기 높일 수 없다는 뜻이다. … 대량으로 빨리 튀김용 닭 크기로 키운 후 도축, 손질하다 보니, 슈퍼마켓에 깨끗한 상태로 도달하지 못한

다.[38] 슈램블링은 달걀, 과일, 채소 생산의 합리화 역시 살모넬라와 연관된다고 주장한다.[39]

최근 대장균 감염도 증가했으며, 패스트푸드 업계도 이에 주목해왔다. 미국 최초의 대규모 대장균 감염 사례가 바로 1982년 맥도날드 사건이었다. 1997년에는 맥도날드와 버거킹 등에 육류를 공급했던 육가공업체 허드슨 푸드가 냉동 햄버거 패티에서 발견된 대장균 때문에 폐업하기도 했다.[40] 대장균은 소에서 소로 전염되다가 결국 햄버거 패티로 옮겨지며, 일부만 전염되어도 패티를 만드는 과정에서 서로 섞이므로 햄버거가 특히 요주의 대상이 된다. 성형 후 냉동된 패티는 곳곳으로 유통된다. 패스트푸드 업계는 박테리아를 죽일 수 있는 고온에서 조리함으로써 대장균의 위험에 대응했지만, 대장균 문제는 고도로 맥도날드화된 다른 수많은 식품(포장 판매되는 샐러드나 시금치 등)으로 퍼져 나갔다.[41] 대장균은 지금까지도 심각한 문제이며, 특히 맥도날드화된 모든 식품과 관련해 우려의 대상이다.[42] 2006년에는 타코벨의 오염된 양상추에서 대장균이 발견되었고, 2014년에는 지미 존스 등 몇 곳의 패스트푸드점에서 새싹 채소의 대장균 문제가 발생했다.[43]

패스트푸드 산업과 맥도날드화가 심리적으로 부정적인 영향을 끼친다는 증거도 있다. 예를 들어 계산가능성, 특히 속도를 강조하다 보면 사람들은 점점 더 조급해지고 순간적인 만족만을 추구하게 된다. 더 구체적으로는 점점 더 돈 문제에 안달하고, 경험을 음미할 시간을 갖지 못하게 된다.[44]

패스트푸드 산업은 영양학자나 전염병학자뿐 아니라 환경운동가들과도 마찰을 빚어왔으며, 맥도날드와 맥도날드화가 환경에 끼친 악영향은 광범위한 영역에 걸쳐 있다. 예를 들어, 패스트푸드 산업은 육류 생산(전 세계 육류 생산량은 2007년 2억 7500만 톤에서 2050년 4억 6500만 톤까지 증가하리라 예측된다[45]) 및 소비의 엄청난 증가와 직접적으로 연관된다. 이러한 육류 생산량 증가는 토지 황폐화, 기후변화, 수질 및 대기오염, 물 부족, 생물다양성 감소 등 수많은 환경문제를 낳는다.[46] 대규모 양돈장에서 배출되는 막대한 배설물은 하천을 거쳐 결국 우리가 마시는 물로 흘러들어 간다. 이렇게 오염된 식수로 인해 질병과 여성의 유산이 발생한 예도 있다.[47] 공장식 축사에서 동물에게 항생제를 투여하면 그 항생제에 내성을 가진 박테리아가 생기고, 그렇게 되면 결국 인간이 위험에 처한다.[48] 수산물 양식도 이와 유사하게 환경문제를 야기하고 건강을 위협한다.[49]

예측가능한 감자튀김을 만들기 위한 균일한 감자 생산은 또 다른 환경문제를 야기한다. 태평양 연안 북서부 지역에 있는 거대한 농장들은 균일한 감자를 생산하기 위해 화학약품을 광범위하게 사용한다. 게다가 완벽한 감자튀김을 생산해야 한다는 것은 곧 많은 감자가 버려진다는 의미이기도 하다. 남은 감자는 소에게 먹이거나 비료로 쓰인다. 농장 지역의 지하수는 질산염 농도가 높게 나타나는데, 비료나 동물 배설물 때문일 수 있다.[50]

패스트푸드 산업은 막대한 양의 쓰레기를 만들어내며, 그중에는 생분해되지 않는 물질이 있다. 패스트푸드를 먹고 남은 흔적은 공공장소에서 눈에 거슬리는 존재이기도 하다. 맥도날드 한 회사에 공급되는 종이만으로도 해마다 엄청난 규모의 숲이 희생된다.[51] 패스트푸드 산업은 숲을 모조리 먹어치우고 있다. 한때 종이 포장을 스티로폼 등으로 교체한 적도 있지만 최근에는 대개 다시 종이 포장재(또는 생분해 가능한 다른 포장재)로 돌아가고 있다. 스티로폼은 썩지 않으므로, 매립지에 한번 쌓이면 영구적이지는 않더라도 매우 오랜 기간 동안 쓰레기 산을 이루기 때문이다. 패스트푸드 업계도 최악의 폐단들을 해결해보려고 여러 방편으로 노력하지만, 전반적으로 볼 때 기후변화(특히 지구 온난화), 오존층 파괴, 천연자원 고갈, 생물 서식지 파괴에 그들이 일조하고 있는 것은 사실이다.

물론 상기한 문제들은 패스트푸드 산업의 맥도날드화와 관련해 생태계에 일어나는 문제 중 극히 일부일 뿐이다. 또 한 가지 구체적인 예를 들어보자. 수많은 소를 키우고 먹이는 일은 막대한 비효율과 환경문제를 야기한다. 소량의 쇠고기를 얻기 위해 먹여야 하는 엄청난 양의 곡물 사료를 생각하면, 우리가 직접 곡물을 먹는 편이 훨씬 더 효율적이지 않은가?

좀 더 일반적으로 말하자면, 속도가 빠르고 이동이 많고 대량의 에너지를 소비하는 우리 삶의 양식 자체가 생태계에 이루 말할 수 없는 피해를 준다. 패스트푸드 산업과 맥도날드화된 체계가 환경문제에 정확히 얼마나 영향을 주는지 계산하기란 불가능하지만, 적어도 잠재적인 전 지구적 재앙의 중요한 원인이 되리라는 점에는 의심의 여지가 없다.[52]

자동차 조립 라인은 해마다 수백만 대의 자동차를 찍어내는 데 탁월한 성과를 냈다. 그러나 그 자동차들은 환경을 파괴해왔다. 배기가스는 대기와 토양, 물을 오염시키고, 끝없이 확장되는 도로망은 자연에 상처를 냈다. 자동차 사고로 매년 수천 명이 사망하고 그보다 훨씬 더 많은 사람들이 상해를 입는다는 사실도 잊어서는 안 된다. 한편 자동차의 보급은 패스트푸드 산업 성장에 기여했고, 패스트푸드점은 그 특징(매장 위치나 드라이브스루 창구)으로 인해 다시 자동차 이용을 늘린다.

## 획일화:
### 파리에 가도 마찬가지다

맥도날드화의 또 다른 불합리성은 획일화된다는 점이다. 미국 어디에 가든 똑같은 메뉴를 똑같은 방식으로 사 먹을 수 있으며, 점차 전 세계 어디에 가든 똑같아지고 있다. 미국 전역으로 프랜차이즈가 확산된다는 것은 사람들이 어느 지방, 어느 도시에 가도 차이를 거의 느끼지 못하게 된다는 뜻이다.[53] 외국에 여행을 가도 점차 유사성이 증가하고 다양성이 감소함을 느낄 수 있다. 어느 나라에 가든 미국 패스트푸드 체인이나 그 밖의 맥도날드화된 업종을 점점 더 자주 접하게 된다.

더구나 자국 음식을 파는 식당에 맥도날드 모델을 적용하는 사업주가 나라마다 늘어났다. 파리에서 관광객들은 미국 패스트푸드점이 많다는 점에도 놀라지만 크루아상 패스트푸드점 같은 자생 패스트푸드점이 믿을 수 없을 만큼 퍼져 있다는 점에 더 크게 놀란다. 크루아상을 신성한 존재로 여길 듯한 프랑스 사람들이므로 크루아상의 제조나 판매의 합리화에 반발할 것이라고 짐작했을지도 모르지만, 크루아상 패스트푸드점은 실제로 존재한다.[54] 파리 전역에 크루아상 패스트푸드점이 확산되었다는 사실은 많은 파리지앵이 속도와 효율성을 위해 기꺼이 질을 포기하고 있음을 보여준다. 파리의 크루아상까지도 패스트푸드에 굴복하거나 패스트푸드가 될 수 있다면, 그렇게 되지 않을 음식이 있기는 할까?

미국 패스트푸드나 자생 패스트푸드의 확산은 지역에 따른 다양성을 점점 더 축소한다. 이 과정에서 새롭고 다양한 경험에 대한 인간 본연의 갈망은 점차 파괴되거나, 적어도 제한된다. 대신 그 자리를 통일성과 예측가능성에 대한 욕구가 채운다.

일반적으로 맥도날드화된 조직은 새롭고 차별화된 제품을 개발하는 데 특히 취약한 모습을 보여왔다. 레이 크록이 만든 훌라 버거의 실패를 돌이켜보자. 맥도날드화된 시스템은 익숙한 상품과 서비스를 쉽게 복제할 수 있는 새로운 포장에 담거나 새로운 인테리어로 장식한 매장에서 판매하는 데 탁월하다. 예를 들어, 패스트푸드점은 평범한 햄버거를 산뜻하게 포장해 축제 같은 분위기의 매장에서 판다. 이러한 판매 기법은 모든 매장에 거의 똑같이 적용된다. 맥도날드화된 다른 영역들도 마찬가지다. 예를 들어 엔진오일을 지피 루브<sup>Jiffy Lube</sup> 같은 자동차 정비 프랜차이즈에서 교환하든 예전 방식의 동네 정비소에서 교환하든 그 본질은 동일하다.

프랜차이즈가 상품과 서비스의 차이를 없애듯 온라인 쇼핑몰이나 우편 주문 카탈로그는 시간적, 계절적 차이를 제거한다. 칼럼니스트 엘런 굿맨<sup>Ellen Goodman</sup>은 초가을에 크리스마스 상품 카탈로그를 받고 이렇게 논평했다. "전국을 포괄하는 하나의 우편 주문 시장이 만들어지면서 계절이나 지역은 조금도 감안하지 않고 카탈로그를 뿌린다. 익지 않은 과일을 수확해 수송하는 동안 화학 처리로 익히듯이, 크리스마스도 그런 식으로 배달한다. … 나는 가을을 그렇게 대충 날려버리고 싶지 않다."[55]

## 비인간화:
### 여물통과 맥주

맥도날드화가 불합리하고 비이성적이기까지 하다고 볼 수 있는 주된 이유는 맥도날드화가 야기하는 비인간화 경향에 있다. 맥잡도 비인간화된 노동을 보여주지만, 이 절에서는 고객이 맥도날드화된 시스템, 특히 패스트푸드점에 의해 비인간화되는 방식에 주목하고자 한다.

### 패스트푸드점: 돼지가 여물을 먹듯이

일종의 조립 라인에서 식사를 하는 사람들은 식사하는 행위나 음식 자체에서 만족감을 거의 느끼지 못하고 음식을 급히 해치우는 자동 기계장치로 전락한다. 아무리 좋게 말해도 효율적이고 금방 끝나는 일에 불과하다. 전형적인 맥도날드 고객은 "고개를 숙이고 별 볼 일 없는 음식을 급히 입안으로 밀어 넣는다."[56]

마치 조립 라인에서 사육당하는 가축이 된 기분이라고 느끼는 고객도

맥도날드 그리고 맥도날드화

있을 법하다. 오래전 〈새터데이 나이트 라이브〉가 작은 패스트푸드점을 배경으로 한 콩트에서 이를 풍자한 적이 있다. 콩트는 이렇게 전개된다. 어느 회사의 젊은 임원 몇 명이 "트로프 앤 브루<sup>Troff 'n' Brew</sup>(여기서 'troff'는 '여물통(trough)'을 연상시킨다-옮긴이)"라는 패스트푸드점이 새로 문을 열었으니 그곳에서 점심을 먹어보자고 한다. 그들이 매장에 들어서자 목에 턱받이가 채워진다. 돼지 여물통같이 생긴 긴 그릇에 칠리가 가득 채워져 있고, 종업원이 양동이에서 칠리를 퍼서 주기적으로 통을 채운다. 손님들은 허리를 숙여 머리를 여물통에 처박고 칠리를 핥으며 여물통을 따라 옆으로 움직인다. 그러는 와중에 "고차원적인 사업적 의사결정"도 한다. 가끔 숨을 돌리거나 공용 대야에 담긴 맥주도 핥아 먹는다. 식사를 모두 마치고 나니 식당 문을 나서기 전 물 호스로 "세척"된다. 마지막 장면에서는 30분간의 호스 물청소를 해야 하는 시간이라 주인공들이 문밖으로 우르르 쫓겨난다. 〈새터데이 나이트 라이브〉는 패스트푸드점이 고객들을 하등동물 취급한다는 사실을 조롱한 것이다.

고객(그리고 노동자)은 상호작용을 통일하기 위한 각본 등의 수단에 의해 비인간화된다. "인간의 상호작용이 개입되면 통일성은 깨질 수밖에 없다. 관례화가 명시적으로 이루어지든 교묘하게 이루어지든, 대량생산된 상호작용은 고객을 비인격적인 존재로 취급한다."<sup>57</sup> 즉, 사전 설계된 상호작용이 진정한 인간관계를 대체할 때 비인간화가 일어난다. 밥 가필드가 월트디즈니월드를 비판한 글에서도 비인간화된 고객의 예를 볼 수 있다. "나는 정말 곧 상상력 넘치고 재미있는 경험이 펼쳐지리라고 믿었지만, 거기에는 공장에서 틀에 찍어낸 듯한 판타지밖에 없었다. 아니, 판타지라고는 전혀 없었다. … 사람들을 각 놀이기구로 실어 나르는 이동 장치에서부터 〈스텝포드 와이프The Stepford Wives〉의 순종적인 아내처럼 **오싹할 만큼 정해진 대로만 행동하는 직원들의 태도나 결벽증적으로 깨끗한 바**

닥, 북한식 사회주의 국가 같은 전체주의적 질서, 극도의 수동성을 특징으로 하는 놀이기구에 이르기까지, 디즈니월드는 판타지와 정반대되는 곳이었다."[58] 이와 같이 디즈니월드는 창의성과 상상력의 공간이 아니라, 창의적이지 않고 상상력도 없을 뿐만 아니라 궁극적으로 비인간적인 경험을 하게 만드는 공간이다.

또한 패스트푸드점이나 그 외의 맥도날드화된 영역들은 사람들 사이의 접촉을 최소화한다. 종업원과 고객 간의 관계는 순식간에 흘러가버린다. 직원들은 보통 시간제로 근무하고 몇 달 일하다 떠나는 일이 많으므로, 단골 고객일지라도 직원들과 친해지는 일은 드물다. 동네 식당 종업원이나 보조 요리사와 친하게 지내던 시절은 갔다. 음식점 종업원이 손님을 알아보고 그 손님이 무엇을 자주 주문하는지 기억해주는 일은 드물어졌다. 레이 올덴버그[Ray Oldenburg]가 "위대하고 멋진 공간(great good places)"이라고 말한 동네 카페나 선술집이 급속히 사라지고 있는 것이다.[59]

패스트푸드점에서는 직원과 고객이 접촉하는 시간도 매우 짧다. 계산대에서 주문을 하고, 음식을 받고, 음식값을 지불하는 데에는 긴 시간이 걸릴 일이 없다. 종업원이나 고객 모두 조급하다. 고객은 빨리 음식을 먹으러 가려고 하고 종업원은 빨리 다음 주문을 받으려 한다.[60] 사실상 고객과 계산대 직원은 상호작용할 시간조차 없는 셈이다. 드라이브스루 창구에서는 더 심하다. 신속한 서비스를 위한 자리 배치와 물리적 장벽 때문에 종업원과 고객 사이의 거리가 더 멀기 때문이다.

패스트푸드점에서는 고객들 사이의 교류도 사라진다. 광고에서야 맥도날드에 온 손님들이 서로 이야기를 나누기도 하지만, 이제는 아무도 음식점이나 카페테리아에 커피를 마시거나 음식을 먹으러 와서 다른 사람들과 이야기하며 시간을 보내지 않는다. 스타벅스는 예외처럼 보이지만 이 역시 실제가 아닌 신화에 가깝다(9장에서 이에 관해 다시 다룬다).

맥도날드 그리고 맥도날드화

패스트푸드점이 고객이 매장에 머무르는 시간을 제한하려고 했던 예도 있다. 2014년 초 뉴욕 시의 한 맥도날드 매니저는 음식을 많이 주문하지도 않고 너무 오래 머무르고 있는 노인이 있다는 이유로 경찰을 불렀다. 그리고 지금도 "어슬렁거리지 말아주십시오. 식사 시간은 30분으로 제한됩니다"라는 안내문이 붙어 있다.[61]

### 가족: 연료 충전소가 된 부엌

패스트푸드점은 가족, 특히 '가족 식사 시간'에도 부정적인 영향을 끼친다.[62] 패스트푸드점은 긴 시간 동안 여유롭게 대화를 나누며 저녁 식사를 할 만한 곳이 못 된다. 게다가 패스트푸드점이 생기면서, 십 대만 되어도 밖에 나가 친구들과 음식을 사 먹기가 더욱 쉬워졌다. 그러는 동안 나머지 가족들은 다른 곳에서 식사를 한다. 드라이브스루 창구가 가족이 함께 둘러앉아 식사하는 일을 더욱 줄였음은 물론이다. 가족이 함께 있다 하더라도 다음 목적지를 향해 차를 타고 가면서 허겁지겁 음식을 먹으며 '가치 있는 시간'을 즐기기란 힘들 것이다.

한 저널리스트는 가족 식사 시간의 변화를 다음과 같이 묘사한다.

> KFC의 흔들거리는 플라스틱 의자에 앉아서, 혹은 그보다 조금 나은 환경이라 해도, 저녁을 먹는 가족이 바삭하게 구워진 닭다리를 집어 들기 전에 식사 기도를 할까? 피클을 깜빡 잊었음을 깨닫고 사람들 사이를 헤치며 계산대를 향해 종종걸음하는 아이에게 오늘 어떤 하루를 보냈는지 물어보는 아빠가 있을까? 엄마는 딸 밀드레드에게 프랑스어 동사 활용의 어떤 부분이 어려운지 물어볼 기회나 있을까? 여기에 안 왔더라도 어차피 냉동식품을 전자레인지에 데워 TV를 보며 먹었을 테니 상관없단 말인가?[63]

최근 가족의 붕괴에 관해 이야기하는 사람들이 많다. 패스트푸드점이 가족 붕괴에 결정적인 역할을 했을 가능성이 높다. 또한 반대로 가족의 쇠퇴는 패스트푸드점을 위해 준비된 고객을 낳는다.

사실 이제는 집에서 먹는 저녁 식사라고 해도 패스트푸드점에서 먹는 식사와 크게 다르지 않을지 모른다. 점심과 아침은 함께 먹지 않게 된 지 오래다. 저녁 식사도 같은 길을 밟고 있다. 집에서 먹더라도 과거와는 다른 모습이다. 사람들은 집에서도 예전처럼 식탁에 앉아 정찬을 즐기기보다는 패스트푸드를 먹듯이 서성이며 대충 먹거나, 단지 연료를 채우듯이 급히 먹거나, 이것저것 조금씩 군것질하듯 먹는다. 먹는 동안 다른 아무 일도 하지 않으면 비효율적이라는 생각에, 텔레비전을 보거나 컴퓨터게임을 하거나 문자메시지 또는 트윗을 쓰면서 먹을 때도 많다. 가족 구성원들이 각자 흩어져서 손에 접시를 든 채 컴퓨터 화면을 보면서 먹기도 한다.[64] 〈휠 오브 포춘Wheel of Fortune〉 같은 저녁 시간대 TV 프로그램 소리의 유혹은 말할 것도 없고, 스마트폰의 벨 소리, 진동 소리, 문자메시지가 왔다는 알람 때문에도 가족 간 상호작용은 어려울 수밖에 없다. 가족과 함께 밥을 먹는 원초적 의례를 버릴 것인지 결정해야 할 때다. "이러한 의례를 상실한다면 우리는 가족을 가족이게 하는 다른 방식을 고안해야만 할 것이다. 음식이 주는 즐거움의 공유를 포기해도 될지 따져보아야 한다."[65]

컴퓨터나 스마트폰만이 문제가 아니다. 가족 식사를 해체하는 핵심 테크놀로지는 바로 전자레인지, 그리고 전자레인지 덕분에 개발된 수많은 즉석식품이다.[66] 〈월스트리트저널〉에서 실시한 한 설문조사에서 미국인들이 가장 좋아하는 가전제품이 전자레인지로 나타난 적도 있다(지금은 아마 스마트폰과 노트북으로 대체되었을 것이다). 한 소비자 조사 전문가는 "전자레인지 덕분에 집에서 줄을 서지 않고도 패스트푸드를 먹을 수 있으므로, 이제는 패스트푸드점조차 빠르다고 느껴지지 않게 되었다"고 말한다. 예전에는 사람들이 저녁 식사를 준비하는 데 30분에서 한 시간까지도 기꺼이 썼지만, 이제는 보통 전자레인지로 10분 이내에 준비할 수 있는 음식을 원한다. 물론 이렇게 속도를 강조하다 보면 질은 낮아지지만, 사람들은 질의 저하에 크게 신경 쓰지 않는 것 같다. 그저 "우리는 예전만큼 음식에 깐깐하지 않을 뿐"이라고 말한다.[67]

전자레인지 조리가 매우 신속하고 전자레인지용 음식도 매우 다양하므로, 가족 구성원들은 서로 다른 때에 서로 다른 공간에서 식사를 할 수 있다. 호멜 사의 '컴플리츠Compleats'나 '키드 퀴진Kid Cuisine' 같은 전자레인지용 제품이 있으므로, 아이들도 쉽게 한 끼를 '해치울' 수 있다. 결과적으로 "음식이 요리 대상이 아니라 '해치우거나' '전자레인지에 돌리기만 하면 되는' 것이 되면, 가족 식사가 갖는 본질, 즉 집에서 가족과 함께 밥을 먹으며 느끼던 안정감과 행복감은 영원히 사라질지도 모른다."[68]

전자레인지의 장점은 또 있다. 어떤 제품은 조리가 다 되면 포장에 있는 표시가 푸른색으로 변한다. 업계에서는 앞으로 전자레인지에 직접 조리 정보를 알려주는 장치를 부착하겠다고 말하기도 한다. "버튼 하나만 눌러 요리가 된다면 부엌은 그저 몸에 연료를 충전하는 공간이 되고 말 것이다. 가족들은 주유소에 차가 들어오듯이 부엌에 들어와 버튼 몇 개를 누르고, 연료를 다 채우면 나갈 것이다. 뒷정리도 플라스틱 용기를 버리기만 하면 끝이다."[69]

가족 식사 외에도 맥도날드화에 의해 가족이 위협받는 예는 더 있다. 일례로, 맥도날드화된 시스템은 바쁘고 지친 부모들에게 밤에 아이들에게 책을 읽어주는 대신 오디오북을 들려주면 된다고 말한다.[70]

## 고등교육: 맥강사, 맥대학, 무크

오늘날 대학은 여러모로 고도의 불합리성을 지닌 공간이 되었다. 학생들이 교수를 점점 더 패스트푸드점의 노동자처럼 대한다는 점에서 맥도날드화의 영향은 명확하다. 강의실에서의 '서비스'가 생각하는 기준에 맞지 않으면, 학생들은 주저 없이 항의하고 교수를 함부로 대하기도 한다. 공장 같은 학교 분위기는 학생과 교수 모두의 열의를 떨어뜨린다. 그들은 관료제와 컴퓨터로 작동되는 기계장치, 또는 육류 가공 공장의 소가 된 것 같다고 느낄 법하다. 다른 말로 하면, 이러한 환경에서의 교육이란 비인간적인 경험일 수 있다.

많은 학생 수, 인간미 없는 대규모 기숙사, 규모가 큰 강의, 이런 환경 때문에 학생들은 서로 친해지기 어렵다. 꽉 짜인 시간표대로 진행되는 대규모 강의를 들으며 교수와 개인적으로 교류하기란 사실상 불가능하다. 기껏해야 학생들은 토론 시간을 지도하는 대학원생 조교와 교류할 수 있을 뿐이다. 학점(학생들은 이 양적인 수치에 집착한다)은 객관식 시험과 기계 채점에 의해 산출되어 블랙보드라는 학사관리 시스템에 게시된다. 학생들은 스스로를 정보 제공과 학위 수여로 이어지는 교육의 조립 라인을 따라 움직이면서 쏟아지는 지식을 담는 '객체'에 불과하다고 느낄 수도 있다. 교수들은 정교수 자격을 얻기 힘들어지고, 대학과 학생 모두에게 쓰고 버리면 그만인 서비스 노동자로 취급당하기 일쑤인 시간강사('맥대학'의 '맥강사')다.[71]

테크놀로지의 발달은 교육의 불합리성을 한층 더 심화한다. 교수와 학생 간의 최소한의 접촉마저 혼자 듣는 온라인 강의,[72] 원격 교육, 전산화된 교수법, 강의 장비 등 새로운 방식에 의해 더 제한된다. 강사 없이 혼자 온라인 강의를 들을 수 있게 되면서, 우리는 교육을 비인간화해온 과정의 마지막 단계에 도달했다. 이 단계의 교육에서는 인간 교수가 제거되고 교수와 학생 사이의 상호작용도 사라진다. 한 역사학자는 이렇게 말했다. "혼자 듣는 온라인 강의는 강의실에서 듣는 강의와 동일하지 않다. 강의실에서는 교수가 학생의 질문에 대답해줄 수도 있고, 서로 다른 관점이 나타날 수도 있으며, 학생이 문제를 해결해나가도록 독려할 수도 있기 때문이다."[73]

많은 사람들은 미국 대학 교육의 미래가 (심지어는 고등학교 교육의 미래도) 최근에 나타난 온라인 교육 시스템인 이른바 '대규모 공개 온라인 수업(무크)$^{MOOC}$(Massive Open Online Course)' 확대에 달려 있다고 믿는다. 무크에서는 대부분의 다른 온라인 교육과 달리 세계 곳곳에서 접속한 학생들이 교수(국제적으로 유명한 '스타' 학자인 경우가 많다)의 강의를 볼 수 있다. 때로는 교수와 상호작용하거나, 혹 그렇지 않더라도 적어도 조교와는 상호작용할 수 있다. 무크를 개설한 기관 중 많은 수가 영리 기업이므로 앞으로는 유료로 전환되겠지만, 현재로서는 대부분의 무크 강의 수강이 무료다. 무크는 다음 네 가지 요소로 정의된다.

- 무크란 **많은** 학생들의 수강을 위해 설계된다. (초기에 개설된 강의의 경우 수강생 수가 10만 명이 넘는다.)
- (적어도 지금까지는) 유서 깊은 최상위 대학(스탠퍼드 대학교 등)의 강의가 제공되면서도 누구에게나 **열려** 있다.
- 무크는 **온라인**에만 존재하며 컴퓨터와 인터넷만 있으면 세계 어느 곳에서든 접속할 수 있다.
- 물론 가장 주된 기능은 **교육**이다.

무크를 뒷받침하는 사상은 1960년대 초반부터 나타났으며 최초의 진정한 무크는 2008년에 시작되었으나, 2011년 세 개의 스탠퍼드 대학교 무크 강의와 함께 무크 전체에 큰 도약이 일어났다. 이 세 강의에는 각각 10만 명 이상의 학생이 등록했고, 학생들은 전 세계 거의 모든 나라에 분포해 있었다. 2014년 중반 기준으로 수강생(이른바 '코세리언Courserian') 수가 800만 명에 달하고, 665개의 강의가 개설되어 있으며, 109개 협력기관이 있다고 자랑하는 기업 코세라Coursera가 바로 스탠퍼드 대학교의 무크로부터 탄생했다.[74] 지금은 다른 기업(유다시티Udacity, 에텍스edX)과 대학들도 무크 강의를 개설하고 있다. 무크가 빠르게 퍼져 나갈 것이며 다양한 방식으로 고등교육을 크게 변화시킬 것이라는 인식이 확산되고 있다. 주된 동력 중 하나는 전통적인 고등교육에 드는 비용 상승이다. 무크는 훨씬 낮은 비용으로 훨씬 많은 학생(한 명의 강사가 10만 명 이상의 학생을 가르칠 수 있다)이 이용할 수 있다. 무크는 전통적인 대학 교육에서처럼 원시적인 대면 상호작용이 일어나는 소규모 수업이나 인간적인 접촉이 덜 일어나는 대규모 강의를 이용하는 대신 최신 테크놀로지를 활용한다.

코세라에서 2012년에 개설한 프린스턴 대학교 미첼 더네이어Mitchell Duneier 교수의 사회학 입문은 전 세계에서 약 4만 명의 학생이 들었다.[75] 무크 초기에 개설된 다른 강의의 교수들과 마찬가지로 더네이어 역시 이 강의 방식이 가진 특징에 점차 매료되었다. 초기 무크 강의가 대부분 그랬듯이, 수강을 시작했던 학생 중 성공적으로 수강을 마치고 최종 시험까지 치른 학생은 5%도 안 되었다. 그러나 학생들의 참여도는 높다. 더네이어는 "강의를 시작한 이래 여태까지 나의 사회학 이론에 관해 받았던 학생들의 의견보다 여기서 3주 동안 받은 의견이 더 많았다"고 말한다.[76] 이러한 의견 교환은 온라인 토론과 영상 대화창을 통해 이루어지며 각국 학생들이 함께 참여한다. 네팔의 카트만두에 이르기까지 세계 곳곳에 있는 스터디 그룹도 토론의 장이 된다. 더네이어는 노점상들이 이용할 수 있는 공중 화장실 부족 문제(널리 알려진 그의 사회학 연구서 《보도Sidewalk》

에서 다루었던 주제이기도 하다[77])처럼 매우 민감한 사회적 주제에 관해서도 토론할 수 있었다며 기뻐했다.

무크가 맥도날드화의 경향을 피하기란 불가능하거나 적어도 매우 어려울 것이다. 여러 전통적인 교육 방식도 제각기 점차 맥도날드화되고 있지만, 무크의 경우에는 훨씬 더 높은 강도로 맥도날드화가 일어나리라고 예측할 수 있다.

우선, 매학기 각각의 무크 강의를 새로 만들기보다 매년 조금씩만 수정해 재사용할 수 있는 강의 대본을 개발하려는 경향이 강하게 나타날 것이다. 학생 평가의 **예측가능성**을 높이기 위해 상세한 '채점 기준표'나 표준화된 채점 시스템이 만들어져 학생들에게 제공되고, 실제로 채점할 때에도 사용하게 될 것이다. 채점 기준표가 표준화되고 상세해질수록 예측불가능성의 여지는 줄어들겠지만, 이는 곧 학생과 교수 모두 창의성을 발휘할 여지가 줄어든다는 뜻이기도 하다. 무크는 일련의 짧은 강의들(강의는 대개 8~12분이다)과 각 강의에 삽입된 질문들, 그리고 (자동 발송일지 언정) 즉각적인 피드백이 포함된 패키지 상품이 될 것이다. 더욱이 무크가 진화해감에 따라 영화나 TV, 갖가지 인터넷 콘텐츠와 경쟁할 만한 상품 가치를 지녀야 한다는 요구가 심해질 것이다. 무크 강의의 질을 높이기 위해 기업이 많은 자금을 투자하고 나면, 투자금 회수율 극대화를 위해 강의를 되풀이해 사용하려는 강한 충동이 일 것이다. 더 나아가 각각의 무크 강의를 여러 학기에 걸쳐 사용하기 위해 녹화, 녹음하게 될 가능성도 높다. 적어도 지금은 스탠퍼드 같은 주요 대학들이나 학계의 스타들이 이런 식의 강의라면 맡지 않겠다고 하겠지만, 그보다 낮은 평가를 받는 대학들에서는 강의를 녹화해 아마도 유료로 재사용하게 될 것이다. 그렇게 되면 사전 녹화된 강의로부터 완전히 동일한 콘텐츠를 얻을 수 있으므로, 각 학교는 높은 **예측가능성**을 확보하게 된다. 사전 녹화된 강의에도 얼마간은 상호작용적인 요소를 추가할 수 있겠지만, 실시간 무크가 갖는 임의성은 사라지고 만다.

무크를 포함하여, 맥도날드화된 많은 시스템은 인간 테크놀로지를 무인 테크놀로지로 대체함으로써 **효율성**을 높인다. 무크의 경우에는 교수가 상대적으로 주관적인 에세이로 평가할 수 없고 컴퓨터 채점이 가능한 시험 방식을 이용해야 한다는 점에서 이 점이 특히 명확하게 드러난다. '고객에게 일 시키기'라는 전략도 맥도날드화된 시스템의 효율성을 강화하기 위한 것이다. 교육 전반에서, 그리고 특히 무크에서도 이러한 현상을 볼 수 있다. 즉, 교육 시스템의 '고객'인 학생에게 예전에 교수가 하던 일을 맡기는 경향이 강하게 나타나고 있다. 예를 들어, 무크 강의의 교수가 온라인으로 들어오는 수천 개의 질문과 의견에 답변하기란 불가능하다. 대신 '크라우드소싱crowdsourcing'(일종의 프로슈머 활동)을 활용해 학생들이 각 질문이나 의견에 대해 투표하게 할 수 있다. 그러면 교수는 학생들의 투표 결과에 근거하여 다수가 중요하다고 생각하는 쟁점에 초점을 맞출 수 있다. 무엇이 중요한가에 대한 판단을 교수가 아닌 수강생들이 하게 되는 것이다.[78] 화상 강의가 도입된 후 교육과정의 많은 부분이 학생들에게 맡겨졌다. 학생들이 혼자, 또는 온·오프라인 스터디 그룹이나 다른 형태의 상호작용을 통해 해결해야 할 일이 많아진 것이다. 대표적인 예가 평가 과정이다. 10만 명이 넘는 수강생이 듣는 강의라면 아무리 많은 조교를 둔 교수라도 직접 채점하기란 불가능하다. 따라서 평가 과정 중 상당 부분을 학생들이 (프로슈머로서) 직접 맡아주어야 한다. 예를 들어, 각학생의 시험 답안이나 과제물을 다른 다섯 학생이 읽게 하고, 그들이 매긴 점수의 평균값을 평점으로 부여할 수 있다.

무크와 관련해 두드러지게 나타나는 불합리성은 교육과정의 핵심에 해당하는 인간적인 과정을 제거하거나 적어도 제한하게 된다는 데 있다.

게리 윌킨슨<sup>Gary Wilkinson</sup>의 영국 교육에 관한 저술은 이러한 나의 견해를 뒷받침한다.[79] 그는 의미 있는 교육적 경험을 창출하려면 무크 같은 대규모 시스템을 개발하기보다는 일상적이고 대면적인 교육 활동에 집중해야 한다고 주장한다. 윌킨슨은 "아이들과 교육 종사자 모두가 좋은 평가를 받는 경험을 즐겁게 느끼고, 더 몰입하게 하고, 더 큰 보람을 느끼게 하는" 방법을 찾는 것이 해답이라고 말한다.[80] 내가 제시하는 해법은 일상적인 교육 활동에 초점을 두고, 교육 활동을 주된 관심사로 삼을 뿐 아니라 일상을 바로 진정한 교육이 이루어지는 장, 즉 우수한 교사가 새롭고 흥미진진한 교육 방법을 찾아내는 장이 되게 하자는 것이다. 이러한 관점에서 볼 때 무크는 이와 정반대 방향으로 나아가고 있다. 무크는 우수한 교사가 학생들과 함께 특정 순간에 특정 쟁점이 어떻게 진행되는지 머리를 맞대고 발견해나가는 전통적인 일상적 대면 교육을 무시하고 새로운 교육 시스템을 만들어내는 데에만 주력한다. 무크에는 직접적인 상호 접촉이 없으며, 강의가 사전 녹화되면 교수와 학생 사이에 창의적 상호 교류가 일어날 가능성조차 거의 사라진다.

매우 적은 비율의 학생만이 끝까지 수강한다는 사실 외에도 무크와 관련된 불합리성은 여러 군데서 나타난다. 그중 하나는 영화, 비디오, 온라인 콘텐츠에 익숙한 학생들을 끌어들일 만한 웹 기반 강의를 만드는 어려움("파워포인트를 춤추게 만드는 방법"을 알아냈다는 교수도 있기는 했지만)이다.[81] 또 하나는 컴퓨터와 인터넷이 매개하는 환경에서 좋은 강사에게 요구되는 자질이 실제 강의실에서 요구되는 자질과 상이하다는 점이다. 더구나 이런 방식의 강의 방법을 훈련받았거나 경험해본 강사가 거의 없다. 많은 교수에게 이러한 변화에 적응하는 일은 불가능에 가까울 만큼 어렵다. 물론 일부 교수들은 새로운 매체에 완전히 적응할 것이고, 그런 사람들은 무크계의 슈퍼스타가 되어 많은 돈을 벌고 회사 지분을 받게 될 수도 있다.[82] 그들은 엘리트 대학교들이 논문 실적에 따라 교수들을 평가하고 그에 따라 보상하던 전통을 역전시키고, 거장으로 평가받던 교수들의 강의 기량을 무시하게 될지도 모른다. 앞서 지적했듯이, 수천, 수만 명의 학생들을 평가하는 방법도 문제다. 아무리 많은 조교를 두고, 학생들이 스스로 평가하게 한다고 해도, 교수들은 평가 업무에 치이게 된다. 무크를 통한 학위 수여 방식이나 대학들이 등록금과 수업료를 어느 정도까지 받을 수 있고 그로부터 어느 정도의 수익을 낼 수 있을지에 관해서는 아직 결론이 나지 않았다.[83] 후자와 관련하여, 벤처 투자가들이 무크에 수백만 달러를 투자하고 있는 상황을 보면 그들은 무크가 돈이 된다고 생각하는 것 같다. 따라서 이제는 교육 시스템을 투자가가 지배할 때 교육의 질과 성격이 어떻게 될지 우려해야 할 때다. 끝으로, 무크가 교육 시스템의 계층화를 더 진전시키는 데 대한 우려도 있다. 물론 저개발 국가 학생들, 혹은 미국에서도 순위가 낮은 대학이나 커뮤니티 칼리지에 다니는 학생들이 수준 높은 교수진과 강의를 접할 기회가 늘어나고, 그로 인해 교육이 민주화되고 교육 불평등이 줄어들게 될 것이다. 예를 들어, 하버드 대학교 교수가 개설한 어느 무크 강의를 13만 명가량의 피닉스 대학교 학생이 수강할 예정이다.[84] 그러나 다른 한편, 저개발 국가 학생들이나 낮은 순위의 대학과 커뮤니티 칼리지에 다니는 학생들은 무크, 또는 그와 유사한 방식의 대규모 강의(예를 들어 교수들이 직접 온라인 강의를 업로드할 수 있는 유데미[Udemy])에 점점 더 의존하게 될 것이다. 이와 대조적으로 선진국 학생들, 특히 최상위권 대학교에 다니는 학생들은 앞으로도 계속 매우 비싸고 더 효과적인 오프라인 대면 교육을 받을 것이다.

하버드 경영대학원은 두 마리 토끼를 모두 잡으려 하고 있다. 한편으로는 무크로 전환하지 않고 기존의 명성과 경영학 석사[MBA] 과정을 유지하지만, 다른 한편으로는 온라인 기반 예비 MBA 과정을 신설했다.[85] 하버드와 같은 엘리트 과정이 없는 대학들은 두 길을 모두 좇을 수 없고, 무크를 비롯한 온라인 쪽으로 점점 더 선회할 가능성이 높다.

## 의료: 당신은 숫자에 불과하다

의사 입장에서 볼 때 합리화 과정은 여러 비인간적인 결과를 가져온다. 그중에서도 의사의 통제권이 합리화된 구조와 제도로 넘어간다는 점이 가장 중요하다. 과거에 개인 병원 의사들은 업무 대부분을 스스로 통제했으며, 당시에 통제권을 제한하는 주요 요인은 주로 환자의 필요와 요구, 그리고 동료 통제였다. 합리화된 의료 시스템에서는 외부의 통제가 증가하고 통제의 주체가 사회 구조 및 제도로 이동한다. 또한 구조와 제도뿐 아니라 의사가 아닌 관리자나 관료도 의사를 통제하고 제약한다. 의사는 스스로 업무를 통제할 능력을 잃어간다. 그 결과, 많은 의사들이 직업 만족도 저하와 소외를 경험한다. 어떤 의사들은 미국 의사·치과의사 노동조합Union of American Physicians and Dentists 같은 노동조합을 결성하기도 한다.[86]

환자의 관점에서 보면 의료의 합리화는 여러 측면에서 불합리성을 초래한다. 효율성을 추구하다 보면 환자는 자신이 의료의 조립 라인에 놓인 상품 같다고 느끼게 된다. 의사는 예측가능성을 높이기 위해 만든 규칙과 규정에 따라 모든 환자를 동일한 방식으로 대해야만 하므로, 환자가 의사나 그 밖의 의료 전문가들과 인간적인 관계를 맺을 수 없다. 대형 병원의 입원 환자도 마찬가지다. 예전에는 같은 간호사가 주기적으로 병실에 와서 환자를 돌보았지만 이제는 번번이 다른 간호사가 온다. 따라서 당연히 간호사가 환자를 개인적으로 알 수 없다. 미국의 경우, 대형 병원에서만 일하는 '입원 환자 전문의'의 출현도 비인간화와 관련된다. 입원 환자는 이제 주치의(아예 주치의라는 개념이 없어졌을 수도 있고, 설사 주치의가 있다고 해도)가 아니라 생전 처음 보는, 따라서 개인적인 친분이 전혀 없는 의

사에게 진료받을 가능성이 높다.[87]

계산가능성이 강조된 나머지, 환자는 스스로를 사람이 아니라 시스템상의 숫자로 느끼게 된다. 시간을 절약하고 그럼으로써 이윤을 극대화하려다 보니, 환자에게 제공하는 의료 서비스의 질이 저하된다. 의사와 마찬가지로 환자도 점점 더 대규모 구조와 제도의 통제권 아래 놓이게 된다. 환자에게 그러한 구조나 제도는 자기와는 동떨어진, 비정하며 완고한 존재로 보인다. 또한 환자들은 점점 더 자주 기술자나 의료 장비들과 상호작용해야 한다. 사실 이제는 약국에서 살 수 있는 의료 기기가 늘어남에 따라 여러 검사를 환자 스스로 할 수 있게 되었고, 따라서 의사나 의료 기술자와 접촉할 필요도 없어졌다.

가장 심각한 불합리성은 예상 밖으로 의료 행위의 질이 하락하고 환자의 건강이 악화되는 결과를 낳았다는 점이다. 비용을 줄이고 이윤을 상승시키기 위한 노력과 더불어 진행되는 의료 시스템의 합리화는 의료 서비스의 질을 저하하는 원인이 된다. 그렇게 될 위험이 가장 높은 분야는 최빈층에 대한 의료 서비스다. 의료의 합리화는 적어도 일부 사람들의 질병을 악화시키거나 사망에 이르게 할 수도 있다. 건강 수준이 전반적으로 퇴보할 수도 있다. 의료의 합리화는 진행 중이므로 아직은 그렇게 될 가능성까지 판단하기 이르다. 의료 서비스 시스템은 계속해서 합리화될 것이므로, 의료 전문가나 환자 모두 불합리한 결과를 낳지 않도록 합리적 구조와 제도를 통제할 방법을 알아내야 할 것이다.

2014년에 발효된 부담적정보험법Affordable Care Act('오바마케어Obamacare')의 효과는 좀 더 두고 보아야 알 수 있겠지만, 그처럼 중앙집중적이고 관료제적인 시스템 때문에 의료 서비스의 맥도날드화로 인한 불합리성이 크게 증가할 것이라고 우려하는 사람들도 있다. 2013년 말부터 2014년 초 사이에 수많은 사람들이 한꺼번에 온라인으로 의료보험 가입을 신청하면서 겪은 대란은 그러한 불합리성에 대한 전조였을지도 모른다.

## 비인간화된 죽음:
## 기계와 낯선 사람들 사이에서의 임종

죽음이라는 매우 인간적인 과정도 비인간화된다. 출생이 그렇듯, 사망도 점점 더 낯선 이들에 의해 둘러싸인 비인격화된 과정이 되어가고 있다. "환자는 매일 조금씩 인간성을 잃어버리고 의료진에게는 더욱 복잡한 집중 치료를 해야 하는 난관이 펼쳐진다. … 그는 단지 하나의 증례일 뿐이다. … 그가 의사들보다 서른 살 이상 더 나이가 많지만 의사들은 그의 이름을 부를 때 성도 안 붙인다. 하기야 병명이나 병상 번호로 부르지 않으면 다행이다."[88]

필리프 아리에스Philippe Ariès에 따르면 이러한 비인간화는 근대사회가 "죽음을 추방해온" 과정의 일부다.[89] 셔윈 B. 눌랜드Sherwin B. Nuland는 죽음을 합리화할 필요를 느끼게 된 사회를 이렇게 묘사한다. "지난 수 세대 동안 우리는 근대적인 사망 방법을 만들었다. 근대적 병원에서는 사체를 보이지 않게 하고, 망가진 장기는 세척하며, 근대식 장례 절차에 맞게 포장한다. 우리는 죽음의 힘뿐 아니라 자연의 힘 전체를 거부할 수 있게 되었다."[90]

장 보드리야르Jean Baudrillard도 '맞춤형 출산'에 유사하게 상응하는 '맞춤형 죽음'에 대해 이렇게 썼다. "죽음에 이르는 과정을 간소화하고 치장하며, 초저온으로 냉각하거나 보존 처리하고 화장하고 '디자인'하며, 오염이나 섹스, 세균, 방사능 폐기물을 다루듯 무정하게 죽음을 대한다. … 죽음은 국제 마케팅 법칙에 따라 '디자인'된다."[91]

임종 과정에서 무인 테크놀로지가 담당하는 역할이 점점 커지는 현상은 죽음에 대해 의사와 병원이 갖는 권력이 커지는 경향과 밀접하게 관련된다. 예를 들어 테크놀로지는 뇌 기능이 중지되었더라도 심장을 계속

뛰게 만드는 등 삶과 죽음의 경계를 흐릿하게 만들었다. 의료진은 사망 선고 시점을 결정할 때 테크놀로지에 의존한다. 마지막 순간을 사랑하는 사람들과 함께하지 못하고 기계들 사이에서 홀로 죽음을 맞이하는 것보다 더 비인간적인 일이 또 어디에 있겠는가?

어떻게 죽고 싶은지 물으면 대부분의 사람들은 빨리, 고통 없이, 집에서, 가족과 친구들에 둘러싸여 죽고 싶다고 대답한다. 그러나 어떻게 죽게 되리라고 예상하는지 물어보면 혼자 병원의 의료 장비에 누워 고통스럽게 죽게 될 것 같아서 두렵다고 말한다.[92]

눌랜드는 무인 테크놀로지로 가득한 곳에서 맞게 되는 비인간화된 죽음을 이렇게 묘사한다.

> 삐삐삐, 찌직찌직 소리를 내는 모니터들, 쌕쌕거리는 인공호흡기, 유압식 침상, 여러 색깔로 반짝거리는 전자신호, 이 모든 테크놀로지들의 집합을 배경으로 하여 우리는 우리에게 마땅히 추구할 권리가 있는 평온을 빼앗기며, 우리를 홀로 내버려두지 않으려는 사람들로부터 분리된다. 그리하여 희망을 주기 위해 탄생한 생명공학이 실상은 희망을 빼앗아가고, 마지막 순간이 다가올 때 곁에 남은 사람들이 마땅히 가져야 할 마지막 기억을 망가뜨린다.[93]

맥도날드 그리고 맥도날드화

## 맥잡의 불합리성:

## 맥잡, 맥노동자, 맥과업

맥잡에 본래부터 불합리성이 깃들어 있는 것은 아니다. 맥잡에 종사하는 사람들이 효율적인 방식으로 업무를 처리하는 것은 사실이다. 업무 처리 방식의 효율성 면에서는 상당히 만족스럽기까지 하다. 일반적인 효율성 외에도, 구체적인 사례에서 나타나는 여러 측면의 효율성을 3장과 5장에서 논의한 바 있다. 예를 들어 간소화된 업무 처리 절차는 불필요한 동작을 줄여준다. 제품을 단순화함으로써 노동자들은 복잡한 제품을 다룰 때보다 일하기 쉬워진다. 맥노동자McWorker들은 맥도날드화된 매장에서 고객들이 하는 일이 늘어나 자신들이 할 일이 줄어드는 것(이 때문에 일자리 자체가 사라지기도 하지만)을 대개 좋아한다. 효율성이 충분히 높지 않으면 체계화되지 않은 일을 처리해야 하는 등 업무가 어려워지기 때문에 노동자들이 불만을 가질 것이다. 노동자 입장에서의 비효율성은 그 비효율성 때문에 화가 난 고객들을 상대해야 하는 어려움을 가져올 수도 있다.

그럼에도 불구하고, 효율성에 대한 강조가 야기하는 여러 불합리성이 존재한다. 효율성을 극도로 높이고자 할 때 그러한 불합리성이 특히 두드러진다. 우선, 효율성은 버거킹의 조립 라인 같은 시스템을 통해 구현되는데, 그러한 시스템은 노동자들을 강력하게 통제한다. 그런 통제를 좋아하는 종업원들도 간혹 있겠지만 대부분은 선호하지 않는다. 많은 종업원들은 감독관에 의한 통제도 물론 싫어하지만, 조립 라인 같은 무인 테크놀로지가 행사하는 통제에 대해서는 더 분노할 것이다. 또한 효율성을 높일수록 업무 속도가 빨라지기 마련이므로, 맥노동자들은 같은 임금을 받고 더 빨리 일하도록 강요받게 되는 셈이다. 결국 업무에서 창의력을 발휘하기는커녕 생각이라는 것을 할 시간도 사라지며, 맥노동자의 직무 만족도가 떨어질 수도 있다. 그렇게 되면 고용주들은 종사자의 창의성을 통해 발생할 수 있는 이익을 얻지 못하게 된다.

맥잡을 가진 사람들의 관점에서 볼 때, 계산가능성을 중시하는 것 자체는 문제될 것이 없다. 수량화를 통해 노동자들은 해야 할 일이 무엇인지, 과업의 달성에 얼마나 가까워졌는지, 남은 일이 얼마나 되는지 등을 쉽게 알 수 있다. 이와 반대로, 모호한 질적 기준은 그러한 판단을 어렵게 만든다. 즉 질적 기준을 이용하면 업무 처리가 충분히 잘 이루어졌는지, 충분히 신속했는지 등을 알기 어렵다. 맥잡 종사자들은 대개 모호한 질적 기준보다 정확한 양적 수치에 근거해 업무 진행 상황을 파악하고 싶어 할 것이다.

계산가능성을 높임에 따라 발생하는 불합리성도 효율성 추구 때문에 야기되는 불합리성과 마찬가지로 속도와 관련된다. 맥도날드화된 시스템에서는 '빠를수록 좋은 것'으로 간주된다. 맥도날드에서 햄버거를 만드는 속도, 버거킹에서 고객의 주문을 처리하는 속도, 도미노피자에서 피자를 배달하는 속도를 얼마나 중시하는지에 관해서는 5장에서 이미 살펴보았다. 맥노동자는 이 때문에 심한 압박을 받으며, 압박감은 업무 수행의 질을 떨어뜨릴 수 있다. 예컨대, 빅맥을 주문한 고객에게 피시 버거를 내거나, 햄버거에 깜빡 잊고 피클을 넣지 않을 수 있다. 그 여파는 고객에게 질 낮은 서비스나 제품이 제공되는 선에서 그치지 않는다. 속도를 강조함에 따라 품질이 저하되면, 낮은 품질이나 그로 인한 고객의 불만 때문에 질책을 당하거나 해고당할 수 있다는 점에서 노동자에게도 위협이 된다.

맥잡 종사자의 입장에서 볼 때 계산가능성과 마찬가지로 예측가능성도 그 자체로서는 아무런 문제가 없다. 맥노동자들에게 본질적으로 예측가능성이 높다는 것은 그들에게 기대되는 바가 무엇인지, 즉 언제 무슨 일을 해야 하는지를 잘 알 수 있다는 뜻이다. 예를 들어, 맥노동자들에게 각본이 주어지면 마치 그때그때 새로운 대화를 나누는 것처럼 고객들과 상호작용하기가 훨씬 쉬워진다. 같은 일을 할 때 항상 동일한 절차를 반복하면 된다는 점 또한 업무를 쉽게 만든다. 햄버거 패티 굽기 담당 종업원을 예로 들면, 일련의 정해진 절차에 따라 패티를 구우면 햄버거를 만들 때마다 새로운 방법을 생각하는 것보다 훨씬 쉽다. 매번 똑같은 요소로 이루어진 똑같은 제품을 제공하면 된다는 것도 종업원들을 편하게 하는 점이다. 유니폼과 그 외 복장 규정을 따라야 한다는 점도 매일 출근할 때 무슨 옷을 입을지 고르지 않아도 되니 노동자들을 편하게 한다. 아마도 많은 맥노동자들이 일터에서 불쾌하거나 위험한 일이 일어날 가능성이 줄어든다는 면에서 예측가능성을 칭송할 것이다. 고객들도 종업원들과 비슷하게 느낄 것이다. 고객들은 기대하는 바만 얻으면 종업원들에게 잘 대해주고 아무런 위협도 가하지 않는다. 종업원에게 모욕적인 언사나 신체적 폭력이 가해지는 일은 사라지거나 적어도 줄어든다.

맥잡 종사자 관점에서 볼 때 여기서 나타나는 불합리성은 날마다 하루 종일 동일한 행위를 하며 동일한 제품과 서비스를 제공해야 하므로 일이 매우 따분해진다는 데 있다. 간혹 권태로운 반복 작업을 좋아하고 심지어 즐기는 사람들도 있기는 하지만, 대부분의 노동자들은 더 재미있는 일을 찾아 떠나게 된다. 이 때문에 맥도날드화된 분야의 이직률이 높아진다. 높은 이직률 또한 합리적 시스템에서 나타나는 불합리성 중 하나다. 종업원 이직률이 과도하게 높으면 유능한 종업원을 잃게 되고, 계속 인력이 바뀌면서 업무상의 혼란도 야기되며, 신규 종업원들을 (간단하게나마) 훈련시켜야 하고, 그들이 업무를 배우고 정해진 절차에 익숙해질 시간도 필요하다.

합리성이건 불합리성이건 상기한 점들 대부분은 맥도날드화된 조직이 종사자에게 행사하는 통제로부터 발생한다. 종업원, 특히 낮은 직급의 직원들을 통제하려는 시도는 조직 입장에서 합리적이다. 효율성, 계산가능성, 예측가능성을 높이기 위해 통제권을 활용하는 것 또한 합리적이다. 그러한 통제의 주체는 관리자급의 사람일 수도 있고, 무인 테크놀로지일 수도 있으며, 무인 테크놀로지로 노동자들을 통제하거나 대체할 수 있다는 위협일 수도 있다. 적절한 통제 수준으로 조직과 대다수 종사자들에게 긍정적인 성과를 가져올 수 있도록 정교하게 균형을 유지하면 다행이지만, 과도한 통제는 앞서 언급한 여러 불합리성을 야기한다. 또한 종업원들을 소외시키거나 직무 만족도를 떨어뜨리고 경영진이나 조직에 대해 적개심이 나타날 수 있다. 그렇게 되면 도리어 종업원의 업무 처리 속도가 늦어지고 효율성도 떨어질 수 있으며, 태업이나 집단행동(노동조합 결성), 단체 사직으로 이어질 수도 있다.[94] 실제로 미국에서 패스트푸드 산업은 가장 높은 이직률을 나타내는 업종으로, 연간 이직률이 약 300%에 이른다.[95] 이는 패스트푸드점 노동자의 평균 근속 기간이 4개월에 불과하며, 패스트푸드 업계의 인력이 1년에 세 번가량 전체적으로 교체된다는 뜻이다.

단순하고 반복적인 업무 속성 덕에 그만둔 종업원의 자리를 새로운 인력으로 대체하기가 비교적 쉽기는 하지만, 이직률의 과도한 상승은 조직에게도 종사자에게도 바람직하지 않다. 조직의 관점에서 볼 때, (전부는 아니라 할지라도) 많은 종업원들이 오래 근속할수록 더 유리하다는 것은 자명하다. 이직률이 비정상적으로 높아지면 채용과 훈련 등 인력 변동에 따른 비용이 크게 증가하기 때문이다. 단순 반복 업무이기 때문에 종사자의 숙련도를 활용할 수 없다는 점 역시 조직 입장에서 비합리적이다. 업무가 더 복잡하고 힘들다면 종사자들에게 (얼마 안 되는 금액이라도) 보수를 더 지급하고 그보다 훨씬 더 많은 이익을 끌어낼 수 있을 것이다.

맥도날드화된 시스템에서는 고객이 비인간화되는 만큼 노동자도 비인간화된다. 말하자면, 맥잡 종사자는 일련의 '맥과업'을 처리하는 사람들이다. 맥도날드의 대표적인 맥과업은 '포장된 음식 전달하기', 즉 HBO(Hand Bag Out)다.[96] 이 간단한 일을 반복하는 데에는 인간의 숙련 기술이나 역량을 총동원할 필요가 전혀 없다. 맥잡 종사자들은 그들의 업무가 맥과업화됨에 따라 비인간화되고 있다고 느끼며, 실제로도 비인간화된다.

맥잡의 다른 특징들도 패스트푸드점 업무를 비인간화한다. 예를 들어, 패스트푸드점 종업원은 고객과 견고하고 인간적인 관계를 형성할 가능성이 낮으며 종업원들 사이의 인간관계도 매우 제한적이다. 기껏해야 몇 달 일하고 그만두곤 하므로, 서로 개인적인 친분을 충분히 쌓을 수 없다. 고용 기간이 길어야 직원들 간 장기적인 인간관계 형성이 가능하고, 고용 안정성이 높아야 퇴근 후나 주말에 함께 어울릴 가능성도 높아진다. 패스트푸드점이나 맥도날드화된 다른 업종의 일자리가 갖는 임시적이고 시간제 근무가 많은 특징 때문에도 직원들은 서로 개인적인 인간관계를 맺을 기회가 없다.

자동차 조립 라인이 노동자들의 일과를 얼마나 비인간화하는지는 잘 알려져 있다. 6장에서 보았듯이, 헨리 포드는 (자신은 할 수 없지만) 정신적인 능력과 욕구가 크지 않은 대부분의 사람들이 조립 라인에서 요구되는 반복적인 작업에 잘 적응하리라고 믿었다. 포드는 이렇게 말했다. "나는 반복 노동이 어떤 방식으로든 인간에게 해를 끼친 예를 본 적이 없다. … 치밀하게 검토해보았으나, 인간의 정신이 그러한 노동에 의해 망가지거나 둔화된 예는 단 하나도 없었다."[97] 그러나 종업원들의 결근율, 지각률, 이직률 등에서 조립 라인의 유해성을 입증하는 객관적인 증거가 나타난다. 더 일반적으로는, 대부분의 사람들이 조립 라인 업무 때문에 소외감을 느낀다. 한 노동자는 자신의 일을 이렇게 묘사했다. "한 지점에 계속

서 있어야 합니다. 밤새도록 사방 60cm에서 90cm밖에 안 되는 공간에 있어야 하는 거예요. 기계가 멈출 때에만 쉴 수 있습니다. 자동차 한 대를 만드는 데 서른두 개 공정이 들어가는데, 한 시간에 마흔두 대를 작업하고, 하루에 여덟 시간 일하죠. 32 곱하기 42 곱하기 8. 계산해보세요. 그게 제가 버튼을 누르는 횟수입니다."[98]

또 다른 노동자도 이야기한다. "말할 게 뭐 있나요? 차가 들어오면 용접하고, 차가 들어오면 또 용접하고, 또 차가 들어오고, 그러면 저는 또 용접하고, 그게 다예요. 한 시간에 백 번 이상 반복합니다." 이러한 작업의 속성을 빈정대는 이들도 있다. "도정 작업을 하는 방법은 다양합니다. 호스를 잡고 페인트가 호스로 흘러들어오게 한 후 분무하면 되는데, 잡고 빨아들이고 분무하고 끝내는 방법도 있고, 잡고 빨아들이고 분무하고 나서 하품하는 방법도 있고, 잡고 빨아들이고 분무하고 코를 한번 긁는 방법도 있죠."[99] 또 다른 조립 라인 노동자는 그가 느낀 비인간화를 다음과 같이 요약한다. "내가 로봇 같다고 느낄 때가 있습니다. 버튼만 누르면 시키는 대로 일하니까. 머리가 텅 빈 채 기계처럼 움직이게 되죠."[100]

소외감은 자동차 조립 라인뿐 아니라 조립 라인의 원리를 부분적으로라도 적용한 여러 영역의 노동자에게도 영향을 미친다.[101] 맥도날드화된 우리 사회에서 조립 라인은 우리에게, 그리고 여러 분야에 함의를 남긴다. 육가공 업계의 비인간적인 노동 환경과 비인간적인 노동을 이끈 책임은 적어도 부분적으로 (패스트푸드점 사업의 성장과 긴밀히 연결되는) 육가공 수요 증가에 있다. 도축을 위한 조립 라인에서 노동자들은 빠르게 움직이는 톱니바퀴에 불과하다. 그들은 (적어도 처음 들어올 때는) 완전히 죽지도 않은 동물을 대상으로 고된 반복 작업을 수행해야만 한다. 피를 뒤집어쓰거나 핏물 웅덩이에 서서 일해야 할 때도 있다. 그들은 다른 노동자 바로 옆에서 날카로운 도축용 칼을 급하게 휘두른다. 따라서 부상이나 사망 발생 빈도가 극히 높다. 더구나 부상을 당해 제 몫의 일을 해내지 못한다는 이유로 해고될까 두려워한 나머지, 사고 사실을 제대로 보고하지 않는 경우도 많다. 이 업계에서 일하는 사람 중에는 불법 이민자가 많아서, 고용주가 마음대로 채용하거나 해고할 수 있다. 경영진들은 힘 없는 노동자들이 얼마나 끔찍한 환경에서 일하든 무시할 수 있고, 더 끔찍한 환경을 만들 수도 있다.[102]

# 8
# 맥도날드화에
# 대한
# 대응

실용적
지침

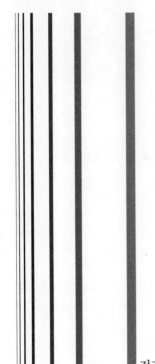

점점 더 맥도날드화되어가는 세계에서, 특히 맥도
날드화가 야기한 수많은 불합리성에 직면하여, 우리가 할 수 있는 일은
무엇일까? 이 질문에 대한 해답의 상당 부분은 맥도날드에 대해 어떠한
태도를 취하는가에 달려 있다. 많은 사람들은 맥도날드화된 세계가 '벨벳
감옥'이라고 생각한다. 그들에게 맥도날드화는 위협이 아니라 천국을 표
상한다. 합리화된 세계를 쇠 감옥이라고 칭한 베버의 은유는 차가움, 딱
딱함, 불편함을 상징한다. 그러나 많은 사람들이 맥도날드화를 좋아하고,
갈망하기까지 하며, 맥도날드화의 급속한 확산을 환영한다. 이런 입장은
분명히 현실적으로 타당할 수 있다. 특히 맥도날드화된 사회에만 살아왔
고 맥도날드화된 세계가 출현한 이후 자라난 세대라면 이러한 입장을 취
하기 쉽다. 그들이 아는 한, 맥도날드화된 사회란 세련된 취향과 높은 품
질 기준을 표상하기 때문이다. 그들에게 이 세계는 선택의 여지가 많지

맥도날드 그리고 맥도날드화

않아 질서정연하다. 이 세계보다 나은 세계는 상상할 수도 없다. 그들은 삶의 여러 측면이 예측가능하기를 바란다. 그들은 비인격적인 세계에서 기계, 또는 자동 기계장치 같아진 인간과 상호작용하기를 즐긴다. 적어도 맥도날드화된 영역에서만큼은 다른 사람들과의 긴밀한 접촉을 피하고 싶어 한다. 또한 전체 인구 중 그런 사람들이 차지하는 비율은 점차 커질 것이다.

또 다른 많은 사람들에게 맥도날드화는 '고무 감옥'이어서, 창살을 구부리면 쉽게 탈출할 수 있는 감옥으로 여겨진다. 그들은 맥도날드의 여러 측면을 싫어하지만 매력적인 부분도 있다고 생각한다. 자신이 벨벳 감옥 안에 있다고 여기는 사람들과 마찬가지로 이들도 맥도날드화된 시스템과 서비스가 가져다주는 효율성, 속도, 예측가능성, 비인격성을 선호할지 모른다. 그들은 바쁘고, 따라서 맥도날드화된 세계 덕분에 효율적으로 한 끼를 때울 수 있다는 (혹은 다른 맥도날드화된 서비스를 제공받을 수 있다는) 점을 긍정적으로 평가한다. 그러나 맥도날드화 때문에 다른 부분이 희생된다는 점 또한 인식하고 있어서, 탈출할 수 있을 때에는 탈출하고자 한다. 맥도날드화가 가져다준 효율성 덕분에 탈출 능력이 강화되기도 한다. 예를 들어, 빨리 먹을 수 있다는 점은 합리화되지 않은 다른 활동을 즐길 시간을 벌어준다.

주말이나 휴가 때 예전 방식으로 야생에서 캠핑을 즐기는 사람들, 산악 등반, 동굴 탐험, 낚시, (최신 장비 없이 하는) 사냥, 골동품 수집, 박물관 관람이 취미인 사람들, 전통적인 음식점, 여관, 민박집을 찾아다니는 사람들이 바로 이런 유형에 속한다. 이들은 자동응답기에 "죄송하지만, 지금 집에 없습니다. 신호음이 울리면 부디 저를 실망시키지 말아주세요"와 같은 창의적인 메시지를 남겨 인간미를 부여하려고 한다.[1]

아무리 고무라고 해도 창살은 창살이다. 예를 들어, 기업들은 재치 있는 자동응답기 메시지를 상품화한다. 창의적인 자동응답 메시지를 선호하는 사람들의 탈출구조차 합리화하는 것이다. 이제는 험프리 보가트의 목소리로 "전 세계에 많은 자동응답기가 있지만 당신은 바로 이 자동응답기에 전화를 할 수밖에 없었죠"라고 말하는 기계를 살 수도 있다.[2] 또한 이제는 맥도날드화되지 않은 음식을 먹겠다며 집에서 빵을 만들 때에도 "빵에 버터를 바르는 것 빼고는 다 해주는" 제빵기를 이용할 수 있다.[3]

세 번째 유형의 사람들은 맥도날드화가 '쇠 감옥'이라고 믿는다. 감옥의 견고함이 이들을 완전히 굴복시키지는 못한다 해도, 이들은 맥도날드화를 매우 불쾌하게 여기지만 빠져나갈 구멍도 없다고 본다. 두 번째 유형의 사람들과는 달리, 이들은 설사 탈출구를 발견하더라도 단지 잠깐 동안 유예할 수 있을 뿐, 이내 다시 맥도날드화의 지배 아래 놓이게 되리라고 여긴다. 그들은 미래가 "얼음처럼 딱딱하고 어두운 극지방의 밤"[4]과 같다고 보았던 막스 베버의 어둡고 비관적인 전망에 (나와 마찬가지로) 동의한다. 이들은 맥도날드화를 가장 격렬히 비판하며 근대사회에서 그들이 설 자리가 점점 더 없어지고 있다고 여기는 사람들이다.[5]

이 장에서는 맥도날드화된 세계에 사는 세 유형의 사람들이 각각 취할 수 있는 행동을 제시하고자 한다. 맥도날드화를 벨벳 감옥이라고 생각하는 사람들은 계속해서 패스트푸드점이나 유사한 다른 부문의 매장들을 자주 찾을 것이고, 더 적극적으로 아직 합리화되지 않은 새로운 영역을 찾아내어 맥도날드화하려 할 것이다. 그 정반대 편에서는 맥도날드화를 쇠 감옥이라고 생각하는 사람들이 맥도날드화된 사회의 급진적 변형을 위해 노력할 것이다. 이는 맥도날드화 이전 세계로 회귀하려는 노력일 수도 있고, 황금 아치를 무너뜨린 뒤 그 잔해로부터 맥도날드화되지 않은 새로운 세계를 만들어내려는 노력일 수도 있다. 그러나 이 장에서는 일차적으로 맥도날드화를 고무 감옥이나 쇠 감옥이라고 생각하며 맥도날드화와 관련된 문제들을 개선하는 데 관심이 있는 사람들에게 초점을 맞추고자 한다. 즉, 맥도날드화에 대응하는 온건한 방법들을 주로 살펴볼 것이다.

우선, 맥도날드화되지 않은 제도를 창출하려는 몇 가지 시도에 관해 논의한다. 그다음에는 맥도날드화된 시스템을 변형해 부정적인 영향을 제한하려는 집단적인 노력을 개괄한다. 끝으로 좀 더 개인적인 차원에서 맥도날드화된 사회에 대응하는 방법 몇 가지를 살펴본다.

## '이성적인' 대안 창출:
## 때로는 규칙을 깰 필요도 있다

맥도날드화의 과잉은 덜 합리화된 대안들을 개발하게 만들었다. 이러한 대안들은 상품이나 서비스를 효율적으로 생산하거나 고객을 효율적으로 응대하는 데 높은 비중을 두지 않으며, 양을 늘리기보다 품질을 높이는 데 주목한다. 또한 무인 테크놀로지를 이용하기보다는 숙련 노동자를 활용한다. 숙련 노동자들은 기술을 발휘하는 데 있어서 외부 통제에 의한 제약을 상대적으로 덜 받는다. 즉 노동자에게나 고객에게나 맥도날드화되지 않은 환경이 조성된다.

합리화된 환경에 대한 대안은 기업에도 존재하고 다른 사회제도에도 존재한다. 예를 들어, 채식주의자를 위한 식품이나 건강식품을 전문적으로 취급하는 생활협동조합food co-op은 슈퍼마켓에 대한 대안이다.[6] 생활협동조합에서 판매하는 식품은 슈퍼마켓에서 파는 식품보다 건강에 좋으며, 이용자들은 대개 조합원이어서 적극적으로 운영에 관여하고, 종사자들도 업무에 더 능동적, 헌신적으로 참여하는 경우가 많다. (홀푸드Whole Foods 등 일부 슈퍼마켓 체인도 기존 슈퍼마켓의 대안임을 표방하지만 그런 체인과 그곳의 상품들은 대개 고도로 맥도날드화되어 있다.)

교육 부문에서는 햄프셔 대학[7](매사추세츠 주 애머스트 소재) 같은 작은 학교들이 고도로 합리화된 주립 대학교에 대한 대안으로 꼽힌다. 한때 햄프셔 대학의 모토는 "선 밖으로 나가도 문제가 되지 않는 곳"이었다. (패스트푸드점들도 과감하게 이와 비슷한 모토를 내걸기도 한다. 예를 들어 버거킹은 "때로는 규칙을 깰 필요도 있다"라고 부르짖었다. 그러나 버거킹은 사실 사람들이 절대로 규칙을 어기지 않기를 바란다.) 요즘 햄프셔 대학은 '개인 맞춤형' 교육을 내세우며, 웹사이트에 따르면 "정해진 교육과정이 주어지지 않고('규격화된' 전공도 없다) 학생들이 각자 학업 과정을 스스로 설계한다."[8] 햄프셔에는 전통적인 학과 구분이 없고, 학생들은 알파벳이나 숫자로 된 평점이 아니라 상세하게 서술식으로 작성된 평가 결과를 받는다.

맥도날드화된 기업에 대한 합리화되지 않은 대안의 또 다른 예로 B&B(bed-and-breakfast)를 들 수 있다. (에어비앤비를 통해 자기 집을 빌려주는 것도 이 범주에 포함된다.[9]) 실제로 "맥도날드화된 잠자리와 아침 식사로부터 여행자들을 구출하는 B&B"라는 제목의 기사도 있었다.[10] B&B란 개인들이 자기 집의 방을 여행자들에게 빌려주고 집 같은 편의시설과 집에서 만든 아침 식사를 제공하는 방식을 말한다. 집주인이 여행자들과 소통하고 싶어서 자기 집 빈 방을 빌려주던 것이 B&B의 시작이었다. B&B는 오래전부터 있었지만 1980년대 초에 크게 유행하기 시작했다.[11] 여행자들 가운데 합리화된 모텔 방의 인간미 없는 차가움에 염증을 느낀 사람들이 B&B같이 합리화되지 않은 시설을 찾게 된 것이다. 한 투숙객은 B&B에서의 경험이 "놀라웠다"고 말한다. "주인은 우리를 가족처럼 대해주었다. 무척 편안하고 친절했으며, 멋지고 낭만적이었다."[12]

그러나 성공은 맥도날드화를 부른다. 요즘은 B&B에서 제공되는 편의용품 종류가 늘어나고, 그에 따라 값도 오르고 있다. 이제는 모텔이나 작은 호텔과 B&B를 구별하기 어렵다. 주인이 거주하지 않고 관리인을 고용해 운영하는 경우도 점점 많아진다. 한 저널리스트에 따르면, "가장 좋은 B&B는 주인이 그 집에 살고 있는 B&B다. … 주인이 떠나고 관리인을 고용하면, 그때부터 문제가 생기기 시작한다. 침대 밑에 먼지가 굴러다니게 되고, 커피가 맛없어지며, 까맣게 탄 토스트가 나온다."[13]

다시 말해, 품질이 낮아진다. B&B가 확산되면서 1981년에 미국 B&B 협회가 탄생했고, B&B 안내 책자도 급증했다. 이체는 운영 실태 점검도 이루어지고, 표준도 개발되었으며, 등급제도 시행되고 있다. 바꾸어 말하자면, 급성장하는 B&B 산업을 합리화하기 위해 여러모로 노력하고 있다.

B&B의 맥도날드화를 향한 압박은 영국에서 훨씬 더 심하다. 영국관광 공사에서는 정부 공식 등급을 받고자 하는 B&B는 전신 거울, 다리미와 다리미판, 전화, 텔레비전 등 필수 편의용품을 구비해야 한다고 압박한다. 이러한 압력은 B&B를 획일화하고, 모텔이나 호텔과 구별되는 점을 점점 더 찾기 어렵게 만든다. B&B의 등급은 따뜻한 환대, 친절한 분위기, 매력적인 인테리어, 건물의 역사적 또는 건축학적 가치와 같은 심미적이고 주관적이며 계량 불가능한 요인들이 아니라 얼마나 많은 편의용품을 갖추었는지에 따라 매겨진다.[14]

합리화되지 않았던 분야도 성공하고 나면 맥도날드화의 압박이 가해진다. 따라서 그다음 쟁점은 합리화를 피하는 방법이다. 피해야 할 일 중하나는 지나친 팽창이다. 어떤 조직이든 일정 규모 이상으로 커지면 합리적인 원칙을 적용해야 제대로 작동하게 되는 시점에 도달한다. 대규모화와 더불어 피해야 할 또 하나의 위험은 프랜차이즈화다. 프랜차이즈화는 본질적으로 합리화를 동반한다. 대규모화와 프랜차이즈화는 수익을 늘릴 수 있다는 강력한 유혹이어서 B&B같이 합리화되지 않은 영역의 경영자들은 그러한 사업을 시작한 이유를 항상 되새겨보아야 한다. 또한 고객들이 자주 찾는 이유가 맥도날드화되지 않았기 때문이라는 점을 상기하며, 고객에 대한 의무를 염두에 두어야 한다. 그러나 그들도 자본주의 사회의 산물인지라, 수익성을 높일 수 있다는 유혹에 굴복하고 사업을 확장하거나 프랜차이즈화를 꾀하게 되기 쉽다. 그렇게 하더라도 그로부터 거둬들인 수익을 합리화되지 않은 새로운 사업에 투자하기 바랄 뿐이다.

### 집단적인 반격:
### 심장, 정신, 미각 그리고 스페인 광장을 구하라

앞에서 살펴본 사례들은 맥도날드화에 저항하려는 긍정적인 방향의 노력들을 대표한다. 그러나 더 직접적이고 부정적인 활동도 있을 수 있다. 다수의 사람들이 뭉치면 맥도날드화 과정의 특정 구성 요소(맥도날드나 월마트), 또는 맥도날드화 전반에 맞서는 운동을 일으킬 수 있다.

집단적인 운동이 성공을 거둔 한 예로, 대부분의 패스트푸드점에서 트랜스 지방을 퇴출한 일을 들 수 있다. 패스트푸드에 사용되는 여러 재료가 오래전부터 맹공격을 받아왔지만, 높은 트랜스 지방 함량(특히 부분경화유로 인한)이 가장 많은 비난을 받았다. 트랜스 지방은 그 자체로도 나쁘지만 '나쁜' 콜레스테롤(LDL)을 늘리고 '좋은' 콜레스테롤(HDL)을 줄여 심장마비에 걸릴 확률을 높인다. 트랜스 지방이 패스트푸드점에서 널리 쓰이는 이유는 싸고 장기간 저장하기 쉽다는 점, 트랜스 지방을 함유한 기름이 사용하기 편리하다는 점, 그리고 트랜스 지방을 이용해 만들면 음식의 유통 기간을 늘릴 수 있다는 점에 있다.[15] 다시 말해, 트랜스 지방이 들어 있는 기름은 맥도날드화된 제품의 이상적인 모습을 만든다. 저렴하고(계산가능성), 장기간 저장할 수 있으며(계산가능성), 사용하기 편리하고(효율성), 만든 음식의 유통기간을 연장시킨다(계산가능성).

덴마크 같은 몇몇 국가에서는 식품에 사용할 수 있는 트랜스 지방의 양을 제한하기 위해 법을 제정했지만, 미국은 아직까지 패스트푸드점의 자체적인 조치에 의존하고 있다. 그러나 지방정부 차원에서 조치를 취한 예도 있다. 뉴욕 시는 최초로 음식점에서의 트랜스 지방 사용을 금지했고,[16] 캘리포니아 주도 2010년에 그 뒤를 이었다.[17] 트랜스 지방 사용을 줄이거나 중단하는 데 있어서 맥도날드는 다른 경쟁자들(웬디스 등)에 비해 더디게 움직였다.[18] 그러나 맥도날드도 2007년 초에 트랜스 지방을 쓰지 않는 감자튀김 조리법을 정착시켰고[19] 지금은 트랜스 지방을 전혀 쓰지 않는다. 2013년 말, 미국 식품의약국은 모든 식품 산업에서 트랜스 지방 사용을 단계적으로 중단시키겠다고 공표했다.

맥도날드화에 반발하는 사회운동의 가장 중요한 네 가지 사례로 전국 또는 국제적인 규모의 맥도날드 반대 운동(맥라이블 지지 운동), 패스트푸드 반대 운동(슬로푸드), 월마트 등 대형 할인점 반대 운동(스프롤버스터), 최저임금 인상 및 맥도날드화된 분야 전반의 임금 인상을 위한 운동을 들 수 있다. 이제부터 상기한 네 가지 운동, 그리고 맥도날드화에 맞서기 위해 지역사회에서 벌이는 여러 노력을 살펴보자.

### 맥라이블 지지 그룹: 맥도날드의 상처뿐인 승리

맥라이블 지지 운동McLibel Support Campaign은 영국 맥도날드가 런던 그린피스Greenpeace의 자원활동가 헬렌 스틸Helen Steel과 데이비드 모리스David Morris를 상대로 명예훼손 소송을 제기하면서 시작되었다.[20] 이 두 사람이 맥도날드의 여러 잘못(사람들의 건강을 위협하며, 환경을 파괴하고, 근로조건과 임금이 열악하다는 점 등)을 지적한 '팩트 시트'를 배포한 것이 문제가 되었다. 재판은 30개월 넘게 걸렸고 1997년 1월에 끝났다. 영국 역사상 가장 오래 걸린 명예훼손 재판이었다. 판사는 대부분의 기소 조항에 대해 맥도날드에 유리한 판결을 내렸으나, 몇 가지 점에서는 피고의 입장에 손을 들어주었다. 예를 들어, 판사는 맥도날드가 아동들을 착취하고, 맥도날드 음식이 영양가가 높다고 주장하면서 고객들을 현혹하며, 장기간 맥도날드 음식을 먹는 고객의 건강을 위협한다는 점을 인정했다. 맥도날드가 승소하기는 했지만 상처뿐인 승리였고, 이 소송은 최악의 PR 사례로 손꼽힌다. 이후의 재판(1999, 2005)에서도 1997년의 판결이 유지되었다.

맥도날드는 이 재판에 약 1500만 달러를 쓰고 최고의 변호사를 고용했지만, 무일푼이었던 스틸과 모리스는 변호사 없이 스스로 변호했다. 맥도날드를 더욱 곤란하게 하는 문제는 스틸과 모리스가 평결에 불복하고 계속 항소하고 있다는 사실이다.[21]

최초의 전단지 "맥도날드, 무엇이 문제인가? 그들이 당신에게 숨기려는 모든 것" 수백만 부가 전 세계에 배포되었고 여러 언어로 번역되었다. 더구나 인터넷에 웹사이트(www.mcspotlight.org)가 개설되어 월 평균 80만 회의 조회수를 기록했다.[22] 맥스포트라이트McSpotlight는 전 세계의 맥도날드 및 맥도날드화 반대 운동의 중심이 되었다.[23] 이 웹사이트는 전 세계 곳곳에서 일어나는 맥도날드 반대 운동에 관한 정보를 저장하고 관련 운동을 펼치기 위한 정보를 제공하는 역할도 한다.[24] 매년 개최하는 '세계 맥도날드 반대의 날Worldwide Anti-McDonald's Day'의 구심점이기도 하다.[25] 맥스포트라이트의 또 다른 공격 대상은 더바디샵이다. 더바디샵은 '녹색' 이미지 이면에 환경 유해성, 저임금, 과소비 조장이라는 진실을 감춘다고 의심받는다.

**슬로푸드: 전통적이고 지역적이며 질 좋은 음식을 먹을 수 있는 장소를 만들자**

1980년대 중반 한 이탈리아 음식 평론가[26]가 로마에 맥도날드가 들어오는 데 반대하여 풀뿌리 운동을 조직했고, 이로부터 슬로푸드 운동이 비롯되었다(이에 관해서는 이후 다시 논의할 것이다). 이 운동은 음식의 획일화에 반발하며, "지역 고유의 요리 스타일과 소규모 먹거리 생산자들이 목소리를 내게 하자"는 것을 사명으로 삼는다. "유럽연합의 규제로 인해 지역의 요리 전통이 획일화되어버리는 일을 방지"하는 것도 목표 중 하나다.[27] 더 나아가 "여러 나라에 걸쳐 있는 회원들에게 하나의 정체성을 갖게 하고자" 한다.[28]

'슬로푸드'(www.slowfood.com)는 상당히 성공적으로 세력을 확장하여, 현재 150개국에 10만 명의 회원이 있다.[29] 슬로푸드의 활동을 요약하면 다음과 같다.

- 특별히 질 높고 맛있는 식재료를 재배하고 키우는 전통적인 방식을 지원한다.
- 맥도날드화된 음식과 반대되는 음식 먹기를 장려한다.
- 먹거리의 생산방식, 그 지역의 음식, 조리법에 대한 지역 전통을 지킨다.
- 가능한 한 직접 만드는 전통 조리 방법을 장려한다.
- 가능한 한 지역 식재료(로컬푸드)를 이용한 조리를 장려한다.
- 지역 고유의 먹거리 생산방식을 위협하는 환경 파괴와 맞서 싸운다.
- 지역의 가게와 음식점을 지지하며, '지역 여관과 카페' 이용을 장려한다.[30]
- 전 세계에 지역모임('컨비비엄convivium', 현재 850개 이상의 모임이 있다)을 만들어 서로 교류하고 상기한 여러 활동에 참여한다.
- '맛의 방주'를 만들어 사라질 위험에 처해 보호할 필요가 있는 수백 가지 음식을 수록한다. "개성 없고 인공적이며 대량생산되어 위협적일 만큼 싼값에 공급되는 식품들이 밀어닥친다 해도 맛의 방주에 실리는 음식들은 살아남아야 한다."[31]
- 슬로푸드를 지원하는 데 음식점, 지역사회, 도시, 중앙정부, 국제기구가 참여하도록 한다.

- 매년 슬로푸드상을 시상한다. 이 상은 "마을 전체와 생태계 보존에 기여하는 등 음식과 관련해 생물다양성 보존 활동을 한 사람들"에 게 수여한다.[32]
- 제3세계의 활동을 지원하고 특별 지원금을 제공하며, "수상자의 농장, 동물, 음식"의 보전을 증진하는 지역 활동을 지원한다.[33]

슬로푸드는 먹거리 영역에서 맥도날드화되지 않은 대안을 유지하기 위해 여러 방법을 동원하여 분투하고 있다. 다른 영역에서도 맥도날드화 라는 바다에 더 깊이 빠지지 않으려면 슬로푸드 같은 조직을 가져야 하 며, 슬로푸드 같은 활동을 펼칠 필요가 있다. 다양한 영역에서 맥도날드 화되지 않은 대안들을 유지하며 맥도날드화의 맹습을 피하기 위해 이처 럼 국제 조직을 만들지 못할 이유가 없다.

맥도날드화되지 않은 대안들을 유지하고 공격으로부터 방어하는 일 모두 중요하지만, 슬로푸드가 단지 '박물관'을 만들려는 운동이 아님을 기억해야 한다. 슬로푸드 운동의 관심은 그저 과거와 현재를 유지하는 것 이 아니라 미래를 창조하는 데 있다. 따라서 이런 조직들이 해야 할 중요 한 과업은 맥도날드화되지 않은 새로운 대안 형태의 창출을 적극적으로 독려하는 것이다. 기존에 존재하던 것들을 새롭게 조합할 수도 있고 완전 히 새로운 무엇인가를 만들 수도 있다. 아직 남아 있는 맥도날드화되지 않은 형태들을 유지하려는 노력도 지속되어야 한다.

슬로푸드 운동의 구조는 맥라이블 그룹과 매우 다르다. 맥도날드에게 명예훼손으로 고소당했던 가난한 두 사람은 슬로푸드 운동에 참여하는 돈 많은 미식가들과 거리가 멀다. 전 세계 곳곳에 있는 슬로푸드의 지역 모임과 정기 모임 살로네 델 구스토<sup>Salone del Gusto</sup>(맛의 살롱-옮긴이)는 진귀한 음식을 시식하는 장이다. 맥라이블의 지지자들이 슬로푸드 정기 모임에서 차려지는 음식값을 알면 충격받을 것이다. 또한 슬로푸드 운동은 맥도날드화된 음식점이나 슈퍼마켓에서 파는 음식의 질이 열악하다는 사실을 가장 문제 삼지만, 맥라이블은 건강, 환경, 노동자들에게 가해지는 위협에 주목한다.

그러나 슬로푸드는 전통적인 방식으로 높은 품질의 식재료를 생산하는 소농, 양봉업자 등을 지원하고 보상해준다는 점에서 더 대중을 끌어들이기 쉽다. 슬로푸드는 환경에 관해서도 지대한 관심을 가지고 있다. 목표와 방법, 참여자의 사회적 계급은 다를지라도, 맥라이블과 슬로푸드는 공통적으로 사회의 맥도날드화에 적대적이다. 과도한 맥도날드화에 대한 대안을 지지하거나 새롭게 창출하지는 않을지언정 최악의 상황을 막아보려고 노력한다는 점도 동일하다.

슬로푸드는 2004년 이탈리아 토리노에서 제1회 테라 마드레<sup>Terra</sup> <sup>Madre</sup>('어머니의 땅'이라는 뜻-옮긴이) 컨퍼런스를 주최했다(테라 마드레는 격년으로 열리며, 2012년부터 살로네 델 구스토와 통합되었다). 이 행사에는 130개국 1200개 음식 공동체에서 온 약 5천 명의 대표들이 참석했다(2010년에도 비슷한 수가 모였다). 회합의 주제는 '음식 공동체'였다. 음식 공동체란 "특정 음식의 생산자들과 지리적으로 가까이 있는 사람들로 이루어진 소규모 모임이며, 농작물 생산자, 어업 종사자, 축산업자, 요리사, 학자, 청소년, NGO, 지역사회의 대표자들을 참여시켜 풀뿌리 수준에서 우수하고 깨끗하며 공정한 먹거리 생산 시스템을 만드는 네트워크다."[34]

음식 공동체에는 두 가지 유형이 있다. 첫 번째는 **지역 기반** 공동체다. 이 경우 특정 지역 또는 민족 집단의 사람들로 구성되며 생산 품목은 다양하다. 두 번째 유형은 **생산 기반** 공동체로, 정해진 지역 내에서 특정 품목을 생산하는 데 관련된 모든 농장주, 축산업자, 유통업자 등이 참여한다. 제한된 양만 생산하지만, 생산된 식재료는 맛있고 환경이나 동물, 인간에게 피해를 주지 않으며 차별이나 착취 없이 공정하게 값이 지불된다.[35] 언제나 먹거리의 생산과정에 관심을 갖고 있기는 했지만, 이전에 슬로푸드가 더 주목한 부분은 생산이 아닌 소비였다. 테라 마드레에서 이루어진 논의는 슬로푸드가 소비와 생산 모두, 특히 맥도날드화되지 않았거나 아직 그 정도가 심하지 않은 품목의 생산과 소비에 관심을 기울이게 되었다는 신호였다.

슬로푸드와 관련해 슬로시티 Slow Cities(Cittaslow) 운동에 관해서도 언급하지 않을 수 없다. 이 운동은 이탈리아를 중심으로 도시를 보존하는 데 힘쓴다. 슬로시티는 음식을 넘어서 예술, 건축물, 생활양식(일반화하자면 문화)을 맥도날드화(그리고 미국화)로부터 보호하고자 한다. 토스카나 주 그레베 인 키안티의 시장은 이렇게 말했다. "미국 도시 모델이 도시마다 침투해 들어와, 이탈리아의 마을이 미국 같아 보일 위험에 처했다. 우리는 이런 종류의 세계화를 중단시키고자 한다."[36] 그는 슬로시티 운동을 맥도날드화에 대한 지속가능한 대안과 연결시킨다. "대규모 패스트푸드 체인이 우리 지역에 오기를 원한다면 막을 방도가 없다. 그러나 우리 마을에 오는 사람들은 멜버른, 런던, 파리에서도 똑같이 먹을 수 있는 햄버거를 먹기보다는 뭔가 다른 진짜 이곳 음식을 먹고 싶어 하기를 희망한다."[37]

슬로푸드 운동을 뒷받침하는 사상은 "느린 여행과 관광"[38]과 같이 다른 영역에도 퍼져 나갔다. 느린 여행과 관광은 이동을 줄이고 천천히 여행하며, 한곳에 오래 머물고, 여행을 목적지에 다다르기 위한 효율적인 수단으로 간주하는 것이 아니라 여행하는 경험 자체를 즐기는 것을 말한다.

### 스프롤버스터: 맥도날드화된 할인점의 '공격 대상 명단'

《월마트의 슬램덩크: 당신의 고향에 침투하는 월마트를 막는 방법 *Slam-Dunking Walmart: How You Can Stop Superstore Sprawl in Your Hometown*》[39]의 저자 앨 노먼**Al Norman**은 고향 매사추세츠 주 그린필드에 월마트가 들어오지 못하도록 막았던 경험을 계기로 스프롤버스터(www.sprawl-busters.com)를 설립했다. 이 단체는 맥도날드화된 대형 할인점이나 체인점 유입을 막으려는 지역사회에 자문을 제공한다. TV 프로그램 〈60분〉에서는 노먼의 활동을 소개하며 그를 "월마트 반대 운동의 정신적 지도자"라고 칭하기도 했다.[40]

스프롤버스터는 지역사회에서 언론을 감시하고 기금을 확보하며 주민 투표를 청원하거나 자료를 조사하는 등의 일을 돕는다. 월마트뿐 아니라 슈퍼 케이마트, 홈디포, CVS, 라이트 에이드도 스프롤버스터의 '공격 대상 명단'에 포함된다. 목표는 그런 대형 할인점이나 체인점의 유입을 막아 지역 상업과 지역사회 본래의 모습을 지키는 것이다. 2013년 말까지 스프롤버스터는 448개 지역에서 할인점 유입을 막아냈다.[41]

### 패스트푸드 노동자의 최저임금 인상 운동: 고수익과 저임금

미국에서는 1938년에 최저임금을 법으로 정했다. 시간당 최저임금은 여러 차례에 걸쳐 인상되었으나 2009년 7달러 25센트로 오른 것이 마지막이었고, 그 후 이 책을 쓰고 있는 지금까지 5년 동안은 인상이 없었다. 많은 노동자들, 특히 패스트푸드 업계의 노동자들은 최저임금이나 최저임금에 근접한 급여를 받고 일을 시작하고, 경력이 쌓이면 급여가 오른다. 전반적으로 패스트푸드점 노동자의 시간당 평균 임금은 9달러 정도다.[42] 현재 미국 전체의 최저임금은 7달러 25센트지만, 21개 주와 여러 도시, 그리고 기업에 따라서는 자체적으로 더 높은 최저임금을 적용하고 있다. 예를 들어 뉴저지 주는 2014년 초 최저임금을 8달러 25센트로 정했고, 캘리포니아 주는 2016년까지 10달러로 인상하겠다고 밝혔다. 2014년 시애틀 시의회는 향후 7년 안에 최저임금을 15달러까지 단계적으로 인상하는 계획을 승인했다. 패스트푸드 체인 중 인앤아웃 버거의 신입 종업원 임금은 시간당 10달러 50센트부터 출발한다.[43]

현재 최저임금을 인상해야 한다는 압박이 있음은 물론이고, 그 인상의 폭이 상당해야 한다는 주장도 (그래 봐야 과거의 평균 인상 폭보다 낮은 수준이지만[44]) 거세다. 2014년 오바마 대통령을 비롯한 민주당 지도자들은 최저임금을 3년 안에 10달러 10센트까지 인상하는 안을 주장했다.[45] 한편 오바마는 대통령령으로 신규 채용 연방 정부 공무원의 최저임금을 인상했고, 이 행정명령은 2015년에 발효된다. 그러나 보편적으로 적용되는 최저임금을 인상하려면 의회 승인이 필요한데, 보수주의자, 특히 보수적인 공화당원과 기업가들은 현재의 과열된 정치적 분위기 속에서 최저임금 인상을 지지하지 않을 가능성이 높다. 최저임금 인상에 관한 논쟁은 이번이 처음이 아니다.[46]

고도로 맥도날드화된 산업에서 일하는 노동자들(그들 중 다수는 소수 민족, 특히 흑인과 히스패닉이며, 거의 4분의 3이 여성이다)은 시급이 낮을 뿐 아니라 주당 40시간을 채워 일하지 못하는 경우도 많다. 시간제 노동자가 많기 때문에 그들의 임금은 생각보다 더 적다. 실제로 패스트푸드점 종업원 중 전일제로 근무하는 비율은 28%밖에 안 되며, 주당 평균 근무시간은 30시간에 불과하다. 따라서 그들의 연간 소득 중간값은 만 천 달러를 약간 넘는다. 그만큼 벌어서는 (그리고 전일제 노동자의 상당수도) 생계를 유지할 수 없다. 패스트푸드업 노동자 중 약 20%(그리고 그 가족)의 소득 수준은 빈곤선poverty line 미만이다. 전체 노동자 중 소득이 빈곤선 미만인 비율 5%와 비교할 때 현격히 높은 비율이다. 임금 외의 복리후생도 거의 없다.

예를 들면, 87%가 의료보험에 가입되어 있지 않다.

국제 서비스업 종사자 노동조합Service Employees International Union이나 뉴욕의 패스트푸드 포워드Fast Food Forward, 시카고의 시급 15달러를 위한 투쟁Fight for 15 [dollars per hours] 같은 지역별 조직 등 패스트푸드 노동자 운동에 참여하는 다양한 활동가들은 패스트푸드 노동자의 임금, 더 나아가 법정 최저임금을 시간당 15달러까지 올리기 위해 적극적인 노력을 펼치고 있다.[47] 최저임금 인상을 위한 공격적인 사회운동의 최전선에는 국제 서비스업 종사자 노동조합이 있다. 그들은 2012년 11월 뉴욕 시에서 벌인 일일 동맹 파업으로 유명해졌다. 당시 파업에는 60개 업소의 노동자 200명이 참여했다. 그해 뉴욕에서는 여러 날에 걸친 파업도 몇 차례 있었다. 2013년 12월에는 70개가 넘는 도시에서 일일 동맹 파업을 벌였다. 지역에 따라 성공 수준은 서로 달랐지만 2014년 초에는 해외로도 시위가 퍼졌다.[48] 이 국제 시위를 진두지휘한 단체는 전 세계 126개국의 노동자 동맹인 '국제 식품·농업·호텔·외식·급식·담배 노동자연맹International Union of Food, Agricultural, Hotel, Restaurant, Catering, Tobacco and Allied Workers' Associations'이었다. 국제 서비스업 종사자 노동조합 위원장은 "전 세계 곳곳의 패스트푸드 노동자들이 겪고 있는 기업 정책은 임금을 낮게 유지하고 근무시간에 대해 보장해주지 않으며 복리후생을 제공하지 않는다는 점에서 동일하다"[49]고 말한다.

한 가지 덧붙이자면, 이와 같이 노동단체들이 참여했어도 미국 패스트푸드 노동자들을 조직화하려는 수년간의 노력이 성공을 거두지는 못했다. 미국에는 20만 개가 넘는 패스트푸드 음식점이 있지만 그중 어느 한 곳에서도 노동조합이 결성되지 않았다.[50] 예를 들어, 버거킹은 노동조합 결성을 강하게 막아왔다.[51] 맥도날드가 노동조합에 적대적이라는 사실은 잘 알려져 있다. 모스크바에서는 노사협약까지 했으나 회사 측에서 노동조합을 파괴한 예도 있고, 노동자 위원회 때문에 점포를 폐쇄한 적도 있다.[52] 2007년 초에 중국의 일부 매장 노동조합을 승인하기는 했다.[53] 그러나 단기간이라도 일하고자 하는 인력이 꾸준히 공급되는 한, 패스트푸드 체인 스스로 최저임금을 인상하려 하지는 않을 것이다.

최저임금을 받고 일하는 노동자는 의료 서비스 분야를 비롯해 여러 업종, 여러 일자리에 걸쳐 있다. 그러나 패스트푸드 산업에 가장 주목하게 되는 것은 이 업종의 종업원 수가 350만 명에 이르기 때문이다. 노동운동가들은 업계 선두 주자인 맥도날드를 가장 주목한다. 최저임금 인상, 특히 맥도날드의 임금 인상을 위한 지역, 전국, 국제 집회는 점점 더 자주 일어난다. 2014년 5월 말 시카고 인근의 맥도날드 본사 앞 시위에서는 100명 이상이 체포되었다. 노동운동가들은 시위를 조직하는 데 더하여 '임금 탈취(wage theft)'에 대한 소송도 제기했고, 최저임금 인상을 위해 정부에 대한 강력한 로비 활동도 한다.[54]

낮은 임금 때문에 많은 패스트푸드 노동자들은 가족들로부터 경제적인 도움을 받거나, 더 중요하게는 연방 정부의 보조금을 필요로 한다. 그들은 생존을 위해 공적부조, 연방안전망federal safety net, 따라서 결국 납세자들에게 의존해야 한다. 시간제 노동자들에게만 해당되는 이야기가 아니다. 주당 40시간(또는 그 이상) 일하는 사람의 절반 이상이 공적부조를 받고 있다. 패스트푸드 산업이 최저임금만 지급할 수 있는 것은 그 노동자 중 다수가 정부의 보조금을 받아 생존할 수 있기 때문이다. 최근의 한 연구에 의하면, 패스트푸드 업계의 노동자들은 매년 10억 달러어치 무료식품 쿠폰(food stamp, 영양 보조 제도SNAP(Supplemental Nutrition Assistance Program))과 19억 달러의 근로소득 세액공제Earned Income Tax Credit(추가적으로 세금을 부과하지 않고 초과되는 세금을 환급해주는 제도), 그리고 39억 달러의 메디케이드 및 아동 건강 보험 프로그램CHIP(Children's Health Insurance Program) 혜택을 받는다. 즉, 패스트푸드 산업은 납세자들이 내는 세금 중 연간 70억 달러를 쓰는 셈이다. 맥도날드 사가 쓰는 미국 납세자들의 돈만 해도 12억 달러이며, 피자헛, 타코벨, KFC가 속한 얌브랜즈가 6억 4800만 달러로 그 뒤를 잇는다. 맥도날드가 2012년 한 해 동안 벌어들인 순수익이 54억 7천만 달러나 되는데도, 그들은 종업원들에게 매우 낮은 임금을 줌으로써 정부 돈을 간접적으로 가져가고 있다.[55]

2012년 한 해 동안 7대 패스트푸드 상장 회사들이 벌어들인 수익은 74억 달러였다. 더구나 이 회사들은 임원들에게 5300만 달러의 연봉을 지급했고, 주주들에게 77억 달러라는 막대한 금액을 배당금으로 줄 수 있었다.[56] 핵심 노동자들에게 정당한 임금을 주지 않았기 때문에 가능했던 일이다. 노동자들에게 투입된 공적 자금만큼의 금액을 정부에게 떠넘기지 않고 급여로 지급했다고 하더라도, 맥도날드는 400만 달러의 수익을 남길 수 있었다.

패스트푸드 산업의 노동자들이 메디케이드나 다른 형태의 복지 수혜자 자격을 갖는 것은 바로 그들의 임금이 너무 적어서 소득이 연방 정부의 빈곤 기준 이하(상근직 노동자도 최저임금을 받으면 연간 소득이 만 5천 달러밖에 안 되는데, 이는 3인 가족의 빈곤선에 한참 못 미치는 금액이다[57])이기 때문이다. 시급 7달러 35센트를 받고 보통 주당 28시간 이하로밖에 일할 수 없는 맥도날드의 한 직원은 이렇게 말했다. "일하고는 있지만 무일푼이다. … 정말 불쾌한 일이다. 나의 생계를 납세자들의 돈에 기대고 싶지 않기 때문이다."[58] 이 문제를 기사로 다룬 저널리스트는 "이러한 통계는 전 세계에서 가장 크고 부유한 경제체제에서 공정한 몫을 분배받지 못하고 있는 노동자들의 모습을 보여준다"고 논평했다.[59]

패스트푸드 회사를 운영하는 사람들은 회사의 핵심 노동자들에게 지급할 돈을 매우 적게 책정하고, 주로 시간제로 고용한다. 노동자들이 받는 임금과 최소 생계비의 차액, 즉 모자라는 부분을 정부와 납세자들에게 의존해 메꿀 수 있음을 알기 때문이다. 패스트푸드 노동자들이 생활임금 living wage 정도로 임금을 받는다면 정부 부담은 줄어들거나 사라질 수도 있을 것이고, 기업의 고위 임원들은 그렇게 높은 연봉을 가져가지 못할 것이고, 패스트푸드 회사들은 지금처럼 비정상적으로 높은 수익률을 나타낼 수 없을 것이다.

사실 위에서 논의한 수치들에 근거해서 보자면, 패스트푸드 업계는 노동자들이 정부의 지원을 받을 필요도 없고 그럴 자격을 갖추지도 못할 만큼의 임금을 지급할 수 있다. 그러나 그렇게 하면 업계 전체의 수익률이 뚝 떨어질 것이다. 분명 자본주의 사회에서 그런 과정에 합의할 산업 부문은 없다. 하지만 정부 보조금이 있어야만 어떤 업종 전체가 이윤을 낼 수 있는 구조라면, 이는 자본주의 자체의 치명적인 결함을 가리키는 것이 아닐까?

고위 임원와 패스트푸드점 노동자 사이의 임금격차는 패스트푸드 산업의 주된 논쟁거리다. 예를 들어, 2013년 맥도날드 최고경영자의 보수 총액은 950만 달러였다. 같은 해에 두 명의 치폴레 최고경영자는 현금과 주식을 포함해 거의 5천만 달러를 벌었다. 이는 포드나 AT&T처럼 훨씬 더 큰 기업의 최고경영자 연봉보다도 큰 금액이다. 게다가 그들은 2011년부터 2014년까지 2억 달러 상당의 주식 수당 stock awards 도 받았다.[60] 2013년 기준으로, 패스트푸드 산업 전체의 CEO와 노동자 급여 비율은 1000 대 1이다.[61] 평균적인 치폴레 노동자가 최고경영자의 1년 연봉을 벌려면 천 년도 넘게 일해야 하는 것이다.

오늘날 미국에서 소득과 재산의 빈부 격차 문제는 점점 더 심각해지고 있다.[62] 2012년 소득 기준 하위 90% 가계의 평균 소득은 연간 3만 천 달러도 안 된다. 상위 1%의 평균 소득은 연간 130만 달러에 달한다. 최상위 0.1%의 연평균 소득은 640만 달러다. 게다가 소득의 빈부 격차는 급격히

맥도날드 그리고 맥도날드화

심화되고 있다. 1980년에는 최상위 0.1% 가계의 평균 소득이 전체 평균 가계소득의 47배였는데, 1990년에는 87배, 2012년에는 206배가 되었다. 상위 1% 가계의 평균 소득은 1980년 전체 평균 가계소득의 14배, 1990년 21배, 2012년 41배로 증가했다. 고소득자들은 전문직 종사자, 기업 임원, 금융계 인사들이다. 당연히 고소득자들 중 (패스트푸드 회사 고위 임원은 있어도) 패스트푸드 노동자는 없다. 사실 패스트푸드 노동자 대부분의 벌이는 미국 평균 가계소득보다 적으며, 그 격차가 매우 큰 경우도 많다. 소득 상위 가계와 비교하면 그 차이는 훨씬 더 커질 것이다. 앞서 논의했듯이 수년 동안 최저임금이 인상되지 않아서 상황이 더 악화되고 있다.[63] 사실 물가 상승률에 따라 보정해보면 최저임금이 1968년 이래 32% **낮아졌**다고 보아야 한다.[64]

주식, 채권, 퇴직금, 주택 등의 재산을 포함시키면 상황은 더욱더 심각해진다. 사실상 패스트푸드 노동자들은 하나도 갖지 못하는 것들이다. 그들에게는 재산이라고 할 만한 것이 거의 없다. 반면에 미국에서 가장 부유한 사람들, 특히 0.1%나 0.01%의 최상위 계층이 소유하고 있는 재산 규모는 급격히 증가했다.[65]

미국에서 가장 활기찬 뉴욕이나 샌프란시스코 같은 도시에서 소득과 부의 격차가 가장 심하다. 가장 부유한 사람들이 모이는 반면 최저임금을 받고 패스트푸드점에서 일하는 사람들을 포함하여 노동자들도 많기 때문이다.[66] 부자들은 가장 부유한 도시에 살 뿐만 아니라 그 도시 안에서도 가장 좋은 동네에 산다. 그들은 패스트푸드 산업 종사자들이 꿈에서나 볼 법한 라이프스타일을 누린다. 더구나 소득 수준이 높을수록 더 건강하고 더 오래 살 가능성이 높다.[67]

자동차 같은 다른 산업들을 보면 높은 수익을 올리면서도 노동자들에게 생활임금 이상의 임금을 지급하는데, 왜 유독 패스트푸드 업계만은 노동자들에게 생활임금을 주면 수익을 낼 수 없다고 믿는 것일까? 그 이유 중 하나는 "저가격으로 인한 고비용"에 있다.[68] 이는 월마트를 묘사하는 표현이지만 패스트푸드 산업에도 적용할 수 있다. 이 산업이 성공을 거두고 수많은 고객을 끌어들일 수 있었던 원동력 중 하나는 전통적인 음식점들이 따라올 수 없을 만큼 가격이 저렴하다는 데 있다. 그렇게 가격을 낮출 수 있는 이유는 여러 가지다. 주요 요인 중 하나는 대형 기업들이 패스트푸드 산업을 지배하고 있는 데서 오는 '규모의 경제'다. 대기업들이 규모가 작은 경쟁 음식점들에 비해 쇠고기, 빵, 토마토 같은 햄버거 재료를 싸게 구입하며, 대체로 그 가격 차이가 매우 크다는 뜻이다. 그러나 핵심 노동자들에게 매우 낮은 임금을 지급하는 것도 높은 수익성을 올릴 수 있는 주요 요인 중 하나다. 패스트푸드 산업에는 '저임금으로 인한 고비용' 문제도 있다. 이 산업의 핵심 노동자들이 근로소득만으로 생계를 유지할 수 없어서 정부, 결국 납세자들에게 의존해야만 한다는 사실이 대표적인 '고비용' 문제를 보여준다.

이쯤 되면 기업들을 비난하고 싶어질 것이다. 기업들이 비난받을 만한 것도 사실이다. 그러나 가능한 한 저렴하게 음식을 먹고 싶어 하는 (일부 사람들은 경제적인 사정 때문에 어쩔 수 없다고 해도) 우리에게도 일부 책임이 있다. 우리는 패스트푸드 기업들과 그들의 산업화된 음식 생산 시스템, 낮은 가격을 강조하는 교묘한 광고에 길들여졌다. 그러나 우리는 그런 광고에 저항할 수 있으며, 우리 중 많은 이들은 패스트푸드 노동자들이 생활임금을 받을 수 있도록 현재의 패스트푸드 값보다 조금 더 지불할 정도의 여력도 있다.

최저임금을 인상해야 한다는 주장을 지지하는 사람들도 많지만 여러 반론도 존재한다. 그중 한 가지로, 어떤 사람들은 최저임금이 인상되면 가격이 오를 것이고, 그로 인해 패스트푸드 노동자처럼 낮은 임금을 받는 사람들이 가장 큰 타격을 입게 될 것이라고 주장한다. 최저임금이 오르면 패스트푸드점들이 (그리고 다른 기업들도) 비용 절감을 위해 일자리를 없애리라는 주장은 더 설득력이 있다. 실제로 미국 의회예산처는 최저임금을 시간당 10달러 10센트로 올리면 50만 개의 일자리가 줄어들 것이라고 추정했다.[69] 많은 노동자들은 소득이 늘어나겠지만 다른 많은 노동자들은 일자리를 잃어버려, 적어도 새로운 일자리를 구할 때까지는 어떤 소득도 없게 된다는 것이다. 이에 대한 반론으로 임금이 인상되면 더 많이 소비하게 되고, 따라서 더 많은 일자리가 창출된다는 주장도 있다. 흥미롭게도, 최저임금이 시간당 10달러 10센트로 오른다고 해도 2016년의 빈곤선 미만 인구는 지금[2014년]보다 많아질 것으로 추정된다. 실질적인 최저소득 기준이 임금 인상 폭보다 더 올라갈 것이기 때문이다. 더구나 2012년 미국의 노동자 1억 5500만 명 중에서 최저임금을 받는 합법적 노동자는 단 160만 명밖에 안 되는 반면(물론 더 많은 노동자들이 그보다 아주 약간 많은 임금을 받겠지만), 200만 명은 합법적 노동자인데도 최저임금보다 적게 받는다(음식점의 서빙 담당 종업원들의 경우 대신 팁을 받을 수 있기는 하다).[70] 따라서 미국 전체의 노동자들 가운데 최저임금 인상이 영향을 미치는 노동자의 비율은 매우 적다.

많은 기업가들도 최저임금을 올리면 패스트푸드 가격이 인상될 것(그러면 저소득 노동자들의 가계에 심한 타격을 입힐 것)이고, 더 높아진 급여 때문에 귀한 신입 일자리가 감소하고, 결과적으로 경제성장이 둔화될 것이라면서 최저임금 인상을 반대한다. 또한 기업가들은 최저임금 인상을 주장하는 사람들이 패스트푸드 산업의 저임금 일자리가 이 업계에서의 장기적인 경력과 더 높은 지위, 고임금으로 가는 디딤돌로서 유지되어야 한다는 사실을 간과하고 있다고 주장한다.[71]

최저임금 문제가 가장 큰 쟁점이기는 하지만, '임금 탈취'라는 말은 패스트푸드 노동자들의 다른 여러 고충도 함의한다. 손님이 덜 왔다는 이유로 첫 한두 시간의 임금 지급을 미루거나, 아예 임금을 지급하지 않거나, 통상적인 근무시간보다 50% 더 지급해야 하는 초과 근무 수당을 제대로 주지 않거나, 시간 외 근무를 시키고, 법정 점심시간 및 휴식 시간이 주어지지 않은 경우도 많다. 이러한 범법 행위 때문에 패스트푸드 노동자들은 실제로 최저임금보다 적게 받게 된다.

저임금 노동자들이 처한 상황은 2008년에 시작된 '대불황'과 2010년 이후의 회복을 거치면서 점점 더 악화되었다. 이 기간 동안 높은 임금(시간당 20달러 3센트~32달러 62센트)이나 중간 수준의 임금(시간당 13달러 73센트~20달러)을 받는 일자리 수는 약 200만 개 줄어든 반면, 저임금(시간당 9달러 48센트~13달러 33센트) 일자리가 그만큼 증가했다. 이는 앞으로 불평등이 더 심화되리라고 예측하게 한다. 더구나 이 책의 관점에서 보자면 "패스트푸드가 임금이 낮은 일자리를 양산하고 있으며, 패스트푸드점의 저임금 일자리 증가는 경이로울 정도"[72]라는 사실도 중요하다. 실업률이 여전히 높으므로, 고용주들은 신규 채용 종업원들에게라도 임금을 인상하거나 최저임금보다 많은 임금을 지급해야겠다는 생각을 하지 않는다.

패스트푸드 산업의 저임금 노동자들은 십 대 청소년들이니 용돈 정도만 벌면 된다고 생각하면 안 된다. 실제로 패스트푸드점 노동자 중 성인의 비율이 점점 높아지고 있으며, 평균연령은 29세다.[73] 전직 비서였던 55세 여성을 예로 들어보자. 그녀는 40년 전에 처음 패스트푸드점에서 일했는데, 지금 같은 곳으로 돌아와 최저임금을 받고 일한다.[74] 고용주는 병가나 휴가도 주지 않는다. 패스트푸드 업종에서 최저임금을 받고 일하는 노동자들이 복리후생 혜택을 거의 또는 전혀 받지 못한다는 점을 생각하면, 이 여성이 처한 상황은 이 업계에서 점점 더 일반적인 일이 되고 있다.

## 지역의 저항: 우리는 이웃과의 이별을 원치 않는다

지역사회가 스스로 패스트푸드점의 침투, 그리고 그 원색적인 간판과 건물 외장, 그로 인해 야기되는 교통 정체, 소음, 패스트푸드점 고객들 특유의 소란스러움에 맞서 투쟁하고, 때로 성공을 거두는 일도 있다.[75] 그런 곳들은 주로 패스트푸드점이 표상하는 전통에 대한 공격과 불합리성에 맞서 싸웠다. 그 결과 패스트푸드 체인 입장에서 매우 구미가 당길 만한 지역(예를 들어 플로리다 주의 사니벨 섬)인데도 패스트푸드점이 거의 없는 곳이 있다.

미시간 주의 소가턱<sup>Saugatuck</sup> 휴양지에서는 '아이더 레즈'라는 오래된 카페 자리를 맥도날드가 인수하려 하자 맞서 싸웠다. 한 지역 상인은 이렇게 말했다. "맥도날드는 아무 데서나 볼 수 있다. 관광객들은 패스트푸드를 먹으러 소가턱에 오는 게 아니다." 한 여관 주인은 이 마을이 거대한 합리화의 물결에 대해 저항하고 있음을 깨달았다. "우리는 하워드 존슨, 맥도날드, 쇼핑몰들의 세계와 싸우고 있다. … 쇼핑몰에 들어가면 어느 주에 있는지조차 알 수 없어졌다. 우리 마을은 그런 세상으로부터 잠시 벗어날 수 있는 곳이다."[76]

미국 밖에서의 저항은 더욱 큰 규모로 일어나는 경우가 많다. 일례로 로마에 이탈리아 최초의 맥도날드가 개점할 때에는 수천 명이 시위를 벌였다. 그 매장은 그림같이 아름다운 스페인 광장과 유명한 의류 기업인 발렌티노 본사 건물 근처에 있었다. 어느 로마 정치인은 맥도날드가 "고대 로마 거리를 망가뜨리는 주범"이라고 주장했다.[77] 폴란드 크라쿠프에서 중세 시대부터 있던 시장 광장에 맥도날드가 들어오는 데 반발하여 일어난 시위를 보고 한 논평가가 다음과 같이 말하기도 했다. "이 기업이 벌이고 있는 일은 산업화 시대의 문명과 전 세계에 퍼진 천박한 생활양식을 상징한다. … 이곳에서 많은 역사적 사건이 일어났는데, 맥도날드가 들어온 일은 이 도시의 가장 귀중한 공간이 문화적으로 타락하기 시작했음을 보여주는 사건으로 기록될 것이다."[78]

휴양 도시인 호브Hove는 영국에서 맥도날드와 버거킹이 없는 가장 큰 도시(인구 9만 1900명)다.[79] (인근의 브라이턴Brighton만 해도 맥도날드 매장이 네 개 있다.) 패스트푸드의 침투에 대한 저항 덕분에 호브에서는 중심 도로에만 "이탈리아 음식점 여섯 개, 인도 음식점 다섯 개, 프랑스 음식점 두 개"가 있을 만큼 다양한 음식점이 번창하고 있다.[80]

이와 같이 여러 지역에서 맥도날드화된 기업의 진출에 격렬히 저항하고 있지만 프랜차이즈화를 완전히 막는 데 성공한 지역은 거의 없다. 월마트가 들어오면 지역 경제가 파괴되기 마련이고,[81] 월마트가 떠나는 매우 드문 경우에도 지역사회에 또 한 번 피해를 입힌다.[82] 그러나 월마트의 입성을 막으려 했던 작은 마을들의 노력은 대개 실패로 돌아갔다.[83]

맥도날드는 이러한 저항과 비난에 대한 대응 또는 방지책의 하나로, 주변 환경과 어울리게 매장을 짓는다. 마이애미 주의 리틀 아바나에 있는 맥도날드는 지붕이 스페인풍이며, 스페인의 목장 같은 분위기다. 메인 주의 프리포트에 있는 맥도날드는 뉴잉글랜드 지역의 고풍스러운 여관 같다.[84] 롱아일랜드에 있는 한 맥도날드 매장은 1860년대의 식민지 시대풍 주택을 복원한 건물로, 실내장식은 1920년대풍이다.[85] 폴란드 맥도날드 경영 책임자는 폴란드의 한 맥도날드 매장에 관해 다음과 같이 설명한다. "14세기 건물을 택해 완전히 철거한 후 다시 복원해 자연스러운 아름다움을 갖게 만들었다."[86] 맥도날드는 오스트리아 빈에 맥카페를 열었는데, 유명한 지역 카페들이 문을 닫게 될까 봐 두려워한 지역 카페 연합회의 반발에 부딪혔다. 한 카페 주인은 이렇게 한탄했다. "한번 망가지면 되돌릴 수 없다. … 우리가 제공하는 것은 [단지 커피만이 아니라] 비엔나풍 거실의 확장, 즉 라이프스타일이다."[87]

맥도날드는 환경 단체들에 대한 응답으로 환경에 덜 해로운 포장을 개발해왔다.[88] 1990년 맥도날드는 폴리스티렌으로 만든 햄버거 포장 용기를 없애기 시작했다. 이 용기를 제조할 때 발생하는 환경오염 물질 때문에 환경운동가들이 공격했기 때문이다. 더 심각한 문제는 폴리스티렌 용기가 수십 년이 지나도 썩지 않고 매립지에, 또는 도로변에 그대로 남아 있게 된다는 점이다. 맥도날드는 폴리스티렌 대신 겉면이 셀로판지처럼 코팅되어 있는 종이 포장을 사용하기로 했다. 또한 수십억 달러어치의 재생 제품을 구매하고, 포장재 사용량을 현격히 줄였다. 또한 미국 환경보호국의 '그린 라이트Green Lights' 프로그램이 권고하는 대로 매장 건물의 에너지 효율을 높이고, 매장 관리자들에게 에너지 절약 방법을 교육했다. 국제보전협회Conservation International와 물과 에너지 보존, 생물다양성 보호와 유지 활동을 위한 파트너십도 체결했다.[89] 한 환경운동가는 "대중들이 이들의 긍정적인 변화를 이끌어내고 있는 것"이라고 말했다.[90] 최근 맥도날드는 '베스트 오브 그린'이라는 환경 프로그램을 실행하여 에너지, 포장, 쓰레기 줄이기, 지속가능한 식품 등 여러 혁신 사례를 조명하고 있다.[91]

이와 같이 항의에 대응하는 모습을 보면 패스트푸드 기업이 유연하게 적응할 줄 아는 조직임을 확인할 수 있다. 그러나 그러한 적응은 모두 합리성이라는 큰 테두리 안에서만 일어난다. 초창기의 거대한 황금 아치가 사라진 데 대해 불평하는 사람들도 있고, 그래서 적어도 한 곳에서는 되살리기도 했다. 다른 한편 비인간적인 식사 환경에 관한 상류층의 불평에도 응답한다. 맨해튼 금융가의 브로드웨이 160번지에 있는 맥도날드 매장에서는 그랜드피아노로 연주하는 쇼팽을 들을 수 있고, 매장은 샹들리에와 대리석 벽, 생화로 장식되어 있으며, 도어맨과 자리를 안내해주는 직원도 있다. 이곳에서는 황금 아치가 거의 보이지도 않는다. 그러나 몇 가지 고급 메뉴(에스프레소, 카푸치노, 타르트)를 제외하면 음식은 다른 매장들과 거의 같다(가격은 약간 높다). 한 방문객은 이러한 동일성을 강조하며 이렇게 말했다. "기가 막히게 멋진 곳이다. 가장 좋은 점은 여전히 손으로 집어 먹어도 된다는 것이다."[92]

## 개인적인 대응:
## '스컹크 웍스', 아이들 눈 가리기, 판타지 세계

맥도날드화를 불편하게 여기거나 반대하는 개인들도 여러 방법으로 맞서 싸울 수 있다. 합리화라는 감옥의 창살이 고무로 되어 있다고 생각하는 사람들은 맥도날드화가 가져오는 위험이나 과도함에는 말려들지 않으면서 이점만 얻고자 할 것이다. 그러나 맥도날드화된 기업들의 유혹이 너무나 강력하므로 그렇게 하기란 쉬운 일이 아니며, 처음에는 그렇게 이용만 하려고 했어도 이내 합리화된 활동에 휘말려 그런 기업의 추종자가 될 가능성이 높다. 합리화된 시스템을 이용하는 사람들은 항상 맥도날드화가 야기할 수 있는 위험을 최우선적으로 감안해야 한다. 그러나 한밤중에 은행에서 현금을 인출하고, 작은 상처 때문에 병원 응급실에 가는 대신 '맥닥터'에게 치료를 받고, 제니크레이그에서 빠르고 안전하게 살을 뺄 수 있는 등의 편리함은 대부분의 사람들에게 매력적이다.

맥도날드화된 세계에 갇히지는 않으면서 그 장점만 이용할 수 있는 방법은 무엇일까? 우선 정말 불가피하고 합리화되지 않은 시스템으로 해결되지 않을 때에만 맥도날드화된 시스템을 이용하거나 그러한 시스템에서 일하는 것도 한 방법이다. 이용을 제한하기 위해 맥도날드화된 매장 입구에 담배갑처럼 경고문을 붙여야 할지도 모른다. 경고! 사회학자들은 맥도날드화된 시스템의 습관적인 이용이 당신의 신체적, 정신적 안녕, 그리고 나아가 이 사회 전체에 유해함을 밝혔습니다.

적어도 맥도날드화된 시스템을 반복적, 규칙적으로 이용하지는 말아야 한다. 쇠 감옥에 갇히지 않으려면 가능할 때마다 비합리적 대안을 모색해야 한다. 그런 틈새를 찾기가 쉽지 않고 시간도 많이 걸린다는 점은 인정한다. 합리화되지 않은 대안을 찾고 이용하는 것보다 맥도날드화된 사회에 안주하는 편이 훨씬 쉽다. 따라서 맥도날드화를 피하려면 고됨을 감수하고 항상 경계심을 늦추지 말아야 한다.

가장 극단적인 방법은 당장 짐을 싸서 고도로 맥도날드화된 미국 사회를 떠나는 것일지도 모른다. 그러나 (아직 대부분이라고 할 수 없을지는 몰라도) 많은 나라에서 이미 합리화 과정이 시작되었다. 따라서 이민을 간다 해도 얼마간의 시간을 벌어줄 뿐 맥도날드화는 결국 닥쳐올 것이고, 그 배경만 조금 달라지는 셈이 될 것이다.

### 놀이, 뜨개질, 합리화되지 않은 틈새들

맥도날드화된 사회로부터의 탈출이 너무 극단적인 방법이라고 생각된다면, 뜨개질 모임에 참여하거나, 놀이를 즐기거나, 합리화된 시스템 안에 있는 합리화되지 않은 틈새를 개척해보자. 맥도날드화에 대한 소비자 저항 중에서도 흥미로운 사례로 뜨개질을 들 수 있다. '스티치 앤 비치Stitch 'n Bitch'는 미국 전역에 상당히 널리 퍼져 있는 뜨개질 모임이다. 사람들은 단지 뜨개질을 하기 위해서만이 아니라 서로 얼굴을 보며 상호작용하기 위해 이 모임에 나온다. 이 운동의 지도자 말에 따르면, "이것[뜨개질]은 거대한 소비문화에 저항하는 방법이 될 수 있다. 뜨개질을 할 때 우리는 그것이 어디에서, 무엇으로 만들어지는지 안다."[93] "당신이 할 수 있는 가장 정치적인 일 중 하나가 무엇인가를 직접 만드는 것"이라고 말한 이도 있다.[94] 바꾸어 말하면, 뜨개질로 무엇인가를 만든다는 것은 최종 산물이 맥도날드화되지 않는다는 뜻이고, 따라서 뜨개질은 맥도날드화 과정에 대한 일종의 정치적인 입장이자 행동이 될 수 있다.

　노동자들이 업무의 부정적인 측면을 해소하는 방법으로 '놀이'를 활용한다는 점은 여러 연구에서 공통적으로 밝혀졌다.[95] 패스트푸드점을 비롯하여 맥도날드화된 환경에서 일하는 노동자들도 다르지 않으며, 패스트푸드점 직원들의 경우 연령대가 상당히 젊은 편이고 십 대도 많아서 어쩌면 놀이가 더 익숙할 수도 있다. 일례로 패스트푸드점 노동자들은 서로에게 피클을 던지며 놀 수 있다. 누가 치즈버거를 더 빨리 만드는지 내기를 할 수도 있을 것이다. 맥주 빨리 마시기 대회의 패스트푸드점 버전으로 맥주 캔 대신 셰이크 기계를 사용하기도 한다. "꼭지에 입을 대고 있으면 동료가 손잡이를 당긴다. 직경 1.3cm가 넘는 꼭지에서 셰이크가 계속 흘러나와 입으로 들어갈 것이다. 찌릿하게 머리가 아프거나 입 밖으로 셰이크가 흘러넘치는 것으로 게임은 짧게 끝난다. … 참가자의 입에서 넘친 셰이크는 얼굴과 옷으로 쏟아진다."[96]

　이런 놀이가 업무, 이 경우 맥잡에 대한 불만족을 근본적으로 해결해주지는 않지만, 고통을 줄이고 업무 시간을 조금이나마 즐겁게 보내는 데에는 도움이 된다. 고객들도 맥도날드 시스템에 방문하는 시간을 조금 더 만족스럽게 만들기 위해 비슷한 게임을 해볼 수 있을 것이다.

　맥도날드화된 시스템 안에서 노동자들이 맥도날드화되지 않은 틈새를 만들 수 있는 역량은 직위에 따라 달라진다. 지위가 높은 사람이 낮은 지위에 있는 사람보다는 그런 틈새를 만들어낼 여지가 크다. 자기 사무실을 운영하는 의사, 변호사, 회계사, 건축가는 스스로 그러한 환경을 창출할 수 있다. 거대한 조직 안에서는 (명문화되어 있지 않더라도) 일반적인 규칙을 꼭대기에서 만들어 다른 사람들, 특히 권한이 거의 없는 직급의 사람들에게 합리성을 강제하지만, 그런 조직에 속하지 않은 전문직 종사자들은 업무가 합리화되지 않도록 유지할 수 있다. 합리화란 다른 사람, 특히 권력이 없는 사람에게 '부과되는' 과정이기 때문이다.

지위는 낮지만 합리화로부터 상당히 자유로운 직종도 있다. 예를 들어 택시 운전기사(또는 자신의 차량으로 우버$^{Uber}$ 같은 온라인 회사에 서비스를 제공하는 사람[97])는 기본적으로 혼자 일하므로 업무를 합리화하지 않을 수 있다. 그들은 대개 가고 싶은 곳으로 갈 수 있고, 승객을 선택할 수도 있으며, 원할 때 식사를 하거나 휴식을 취할 수도 있다. 야간 경비원이나 자동화된 공장의 장비 관리 직원도 비슷하다. 자영업자나 조직에 속해 있지만 혼자 일하는 때가 많은 노동자들도 합리화되지 않은 업무 환경을 만들기에 좋은 여건에 있다.

'스컹크 웍스$^{skunk works}$'를 만들고 그 이용을 장려하는 일부 첨단 테크놀로지 기업들에서도 합리화되지 않은 노동을 찾아볼 수 있다. 스컹크 웍스란 조직에서 요구하는 반복적인 일로부터 벗어나 원하는 일을 할 수 있는 독립적인 업무 공간을 말한다.[98] 스컹크 웍스는 관행에 순응하지 않고 창의성을 발휘하고 혁신적으로 사고하도록 독려한다.

> 이 기업들은 급진적이라고 할 만큼 **분권화와 자율성**을 보장한다. 기업가정신을 발휘할 수 있도록 업무 경계를 허물고 **조정 과정을 없애며 내부 경쟁을 촉진**하는, **카오스** 같은 환경을 조성한다. 끊임없는 혁신을 위해 **질서를 포기**한 것이다.[99]

위에서 굵은 글씨로 강조한 부분은 맥도날드화된 사회의 관점에서 볼 때 합리화되지 않은, 또는 불합리하다고 간주되는 특징이다.

합리화되지 않은 시공간은 창의성을 촉진한다. 외부로부터 쉴 새 없이 반복적인 업무가 부과되면 창의성을 발휘하기 힘들다. 합리화되지 않은 업무 환경은 개인뿐 아니라 고용주들 그리고 사회 전체에도 유익하다. 모두가 끊임없이 새롭고 창의적인 아이디어와 제품을 필요로 하는데, 그러한 아이디어와 제품은 엄격히 통제되는 관료제적 업무 환경이 아니라 스컹크 웍스에서 나올 확률이 훨씬 크기 때문이다.

고도로 합리화된 조직에서도 합리화되지 않은 업무 시간과 공간을 만들어낼 수 있다. 예를 들어, 일상적으로 반복되는 반복 업무를 빨리 끝내고 비록 업무와 관련은 있더라도 합리화되지 않은 활동을 하는 데 시간을 쓸 수 있다. 맥도날드화된 기업에서 합리화되지 않은 업무를 찾아내거나 합리화되지 않은 공간을 만들어내기란 물론 쉽지 않다. 누구나 언제든지 합리화되지 않은 방식으로 일할 수 있다거나, 그렇게 해야 한다는 주장도 아니다. 그러나 일부 사람들은 일부 시간을 할애하여 합리화되지 않은 틈새를 만들어낼 수 있을 것이다.

이러한 생각을 더 확장시킬 생각은 없는데, 그 이유는 다음과 같다.

- 창의적인 업무를 할 수 있는 자원과 환경, 창의적인 일을 할 수 있는 매장 역시 합리화된 조직이 제공한다. 다시 말해, 합리화되지 않은 틈새는 합리화된 시스템의 지원을 필요로 한다.
- 그러한 틈새들만으로 구성된 대규모 조직은 존재할 수 없다. 그렇게 되면 조직 전체가 혼란스러워질 것이다.
- 모두가 합리화되지 않은 틈새에서 일하기를 원하거나 그런 영역에서 일할 역량이 있는 것은 아니다. 사실 고도로 반복적인 업무를 선호하는 사람도 많다.

즉, 업무 환경이 창의적인 업무 공간으로만 이루어져야 한다고 주장하는 것은 아니다. 그러나 나는 고도로 합리화된 세계 안에 합리화되지 않은 틈새들이 있어야 한다고 생각한다.

고도로 맥도날드화된 환경 속에서 합리화되지 않은 틈새 사업을 창출하고 운영하는 것도 한 가지 대안이다. B&B가 그런 사업의 예다. 독립적으로 운영되는 지역 음식점들은 가장 맥도날드화된 업종에서 스스로 틈새를 찾아왔다.[100] (이 역시 체인이기는 하지만) 한 소규모 지역 음식점 체인 소유주는 이렇게 말한다. "체인점들과 싸워 이길 만한 맛있는 식당은 늘 있을 것이다. … 모두 사라지지는 않는다."[101]

2011년 말 기준으로 뉴욕 시에 187개의 점포를 둔(2014년 중반에는 400개를 넘어섰다) 스타벅스는 2012년 초 '빈Bean'이라는 지역 카페가 있던 자리에 188번째 매장을 열었다. 빈은 그 자리에서 쫓겨났지만 포기하지 않고 길 건너에서 다시 영업을 시작했다. 빈은 스타벅스의 "식상한 친절"에 대해 대안을 제공하고 싶어 했다.[102] 그러나 옐프Yelp(음식점, 호텔 등의 리뷰를 제공하는 온라인 서비스-옮긴이)에 따르면 빈은 불행히도 결국 문 닫을 위기에 처했다. 스타벅스, 좀 더 일반화하자면 맥도날드화된 시스템과 맞서 싸우기란 역시 어려운 일이다.[103]

### 개인적인 대응의 범위: 모두 실패했다면 아이들이라도 구하라

다음 목록은 맥도날드화, 특히 그 불합리함에 저항하기 위해 개인이 할 수 있는 일들이다.[104]

- 여력이 된다면 아파트나 공공 주택단지에 살지 말라. 정형적이지 않은 환경에 살기 위해 노력하라. 스스로 집을 짓거나 당신을 위해 지은 집이면 더 좋다. 아파트나 공동 주택단지에 살아야만 하는 상황이라면 집에 인간미를 더하고 당신의 필요에 맞게 바꾸어라.
- 가능한 한 반복적인 일과를 피하라. 날마다 가능한 한 여러 가지 일을 여러 다른 방식으로 하도록 노력하라.

- 가능한 한 많은 일을 스스로 하라. 꼭 서비스 업종의 도움이 필요한 경우라면, 프랜차이즈가 아니고 합리화되지 않은 곳을 이용하라. 예를 들면 자동차 오일을 직접 교환하라. 그렇게 할 수 없거나 그러고 싶지 않다면 독립적인 지역 정비소에 맡겨라. 절대로 프랜차이즈 정비소의 단골이 되지는 말라.
- 소득 신고 기간에 H&R 블록에 가지 말고 지역 세무사에게 맡겨라. 사무실이 아니라 집에서 일하는 세무사라면 더 좋다.
- 소소한 응급처치가 필요할 때 맥닥터나 맥치과를 떠올리겠지만, 그리로 달려가고 싶은 충동을 누르고 동네 의원으로 가라. 혼자 일하는 개업의라면 더 좋다.
- 새 안경을 맞출 때는 렌즈크래프터스 체인점이 아니라 동네 안경점으로 가라.
- 헤어 커터리, 슈퍼컷 같은 미용실 체인에 가지 말고 동네 미용실이나 이발소에 가라.
- 최소한 일주일에 한 번은 맥도날드에서 점심을 먹지 말고 동네 음식점을 애용하라. 저녁도 최소 일주일에 한 번은 전자레인지나 냉동식품 없이 재료를 사서 집에서 직접 만들어 먹어라.
- 백화점 직원이 놀라겠지만, 신용카드 대신 현금을 써라.
- 컴퓨터가 자동으로 걸어오는 전화를 받게 되면 전화기를 가만히 바닥에 내려놓아라. 업체에 전화를 걸 때는 항상 사람과 직접 통화하라.
- 진짜 도자기와 금속 식기를 사용하는 음식점을 찾아라. 환경에 유해한 스티로폼 등을 사용하는 곳에는 가지 말라.
- 맥도날드화된 시스템의 폐해에 항의하는 모임을 조직하라. 맥도날드화된 시스템에서 일하고 있다면 더 인간적인 노동조건을 만들기

위해 동료들을 규합하라.

- 패스트푸드점에 자주 갈 수밖에 없다면 인앤아웃 버거 같은 곳을 이용하라.[105]
- 맥도날드 단골이라면, (높은 이직률 때문에 어렵겠지만) 계산대 직원들과 얼굴을 익히도록 노력하라.

그 외에 맥도날드화된 시스템을 더 인간적으로 만들거나 뒤집기 위해 할 수 있는 일을 다 하자. 예를 들어 아침 식사 고객, 특히 연령층이 높은 사람들 중에는 서둘러 끼니만 때우기보다는 비공식적인 "조찬 모임"을 가지며, 아침마다 "신문을 읽고 담소를 나누며 커피를 마시고 에그 맥머핀을 먹는" 사람들도 많다.[106] 7장에서 언급한, 2014년 뉴욕의 맥도날드 매니저들이 너무 오래 자리를 차지하고 있는 노인들을 끌어내기 위해 경찰을 부른 사건에서도 알 수 있듯이,[107] 그런 행동은 상당히 위협적일 수 있다. 아침 식사가 탈맥도날드화될 수 있다면, 점심이나 저녁도 그렇게 되지 말란 법이 없으며, 패스트푸드의 다른 측면들도 탈맥도날드화될 수 있는 것이다. 적어도 일주일에 한 번은 〈USA투데이〉가 아니라 〈뉴욕타임스〉를 읽자. 적어도 일주일에 한 번은 수많은 단신들을 쏟아내는 통신사 뉴스나 〈HLN〉(〈CNN〉 헤드라인 뉴스)을 끊고 PBS 뉴스에서 전하는 세 개의 심층 보도를 보자.

- 핑거푸드를 끊어라. 꼭 먹어야겠다면 집에서 만든 샌드위치, 신선한 과일과 채소를 먹어라.
- 다음 휴가 때에는 한 지역에만 머무르며 그 장소를 즐기고 현지인과 사귀어라.
- 돔 구장이나 인공 잔디가 깔린 야구장에 가지 말고 성지순례를 하

듯 보스턴의 펜웨이 파크$^{Fenway\ Park}$(1912년에 개장한 보스턴 레드삭스의 홈 구장-옮긴이)나 시카고의 리글리 필드$^{Wrigley\ Field}$(1914년에 개장한 시카고 컵스의 홈 구장-옮긴이)에 가라.

- 단답식 시험을 보거나 컴퓨터가 채점하는 수업은 듣지 말라. 컴퓨터 채점을 피할 수 없다면, 답안지에 불필요한 표시를 하거나 답안지 끝을 구겨서 컴퓨터가 읽지 못하게 하라.
- 소규모 강의를 찾아 듣고, 교수와 개인적인 유대 관계를 가져라.
- 제목이 숫자로 끝나는 속편 영화는 보러 가지 말라.

리자이나 슈램블링은 식품 생산 면에서 맥도날드화로 인해 건강에 야기되는 위협(특히 살모넬라균)에 대해 이와 비슷한 여러 전략을 제시했다.[108] 슈램블링은 합리화되기 이전으로 양계 방식을 되돌리는 것이 답이 아니라는 점을 인지하고 있다. 그녀는 합리화되기 이전의 육계 생산방식을 취하더라도 지금처럼 "벌레를 직접 잡아먹는" 등 닭의 "라이프스타일"이 유지된다면 살모넬라 식중독 문제는 지속될 것이라고 주장한다. 그럼에도 불구하고 파머스 마켓$^{farmers'\ market}$(지역 농민이 직접 나와 자신의 생산물을 판매하는 노천장터 – 옮긴이)에서 장을 보고 옛날 방식으로 사육한 닭고기를 구입하는 것을 선호한다고도 말한다. 슈램블링은 "같은 뉴욕 지역의 농장에서 손으로 포장된 달걀을 산다." 대량생산된 달걀보다는 훨씬 더 신선하고 깨끗하다고 보기 때문이다. 그녀는 멜론도 슈퍼마켓이 아닌 파머스 마켓에서 산다. 슈퍼마켓에서 파는 멜론은 먼 곳에서 수송되어 오기 때문에 상하거나 질병에 노출될 위험이 크다(2011년 말까지 멜론의 리스테리아균에 감염되어 사망한 사례가 최소 18건 있었다). 합리화 덕분에 계절에 관계없이 과일과 채소를 먹을 수 있지만 그 때문에 추가 비용과 위험이 발생한다. 슈램블링은 "미국에서 금지하고 있는 농약을 자유롭게 사용하여, 우리가 물조차 마음대로 마실 수 없는 나라에서" 그런 음식이 생산된다고 지적하며, 그래서 지역에서 나는 제철 과일과 채소만 구입한다고 말한다.

슈램블링은 계절에 따라 나는 과일과 채소가 한정적이라는 사실을 받아들여야 한다고 주장한다. "딸기 철은 순식간에 지나가고 옥수수는 기다려주지 않는다. 과일이나 채소는 수확한 후 몇 시간 안에 먹어야 가장 맛있다. 1월에는 파머스 마켓이 제대로 열리지 않고 감자, 호박, 사과 정도만 살 수 있다. 이 때문에 오히려 자연의 순환 주기를 마음 깊이 즐길 줄 알게 된다. … 언제나 모든 음식을 먹을 수는 없다."[109]

슈램블링의 통찰력은 이성적이며 감탄스러울 정도지만, 맥도날드화의 압력은 더욱 거세지고 있다. 예를 들어 가스 배출로 인한 숙성을 막기 위해 유전적으로 변형된 토마토를 생산할 수 있다는 사실이 과학적으로 밝혀졌다.[110] 이렇게 생산된 토마토는 조기에 수확하지 않고 줄기에 달려 있는 채로 둘 수 있고, 냉장하지 않고도 몇 주 동안에 걸쳐 장거리를 수송할 수 있으며, 판매 시점에 맞추어 에틸렌 가스에 노출시켜 알맞게 숙성시킬 수도 있다. 아마 다른 여러 과일이나 채소도 그렇게 할 수 있게 될 것이다. 이러한 기술의 상업성이 증명된다면, 슈램블링의 의견과 달리 언제든지 먹을 수 있는 과일과 채소, 사시사철 볼 수 있는 꽃이 늘어날 것이다.

또한 슈램블링의 말과 달리 요즘 딸기 철은 그렇게 '순식간에' 지나가지 않는다. 드리스콜Driscoll 사가 캘리포니아 왓슨빌 지역(이 지역은 '전 세계의 딸기 수도'로 불린다)에서 재배하는 딸기는 크고 윤이 나며, 무엇보다 유리한 기후 조건 덕분에 사시사철 생산된다. 놀랍게도 드리스콜 딸기는 맛도 좋다.[111]

맥도날드화된 시스템이 어린이를 겨냥한 마케팅에 주력한다는 점에 주목해볼 때, 아이들이 생각 없이 맥도날드에 빠지지 않도록 하는 조치를 취하는 일은 특히 중요하다. 패스트푸드점들은 애니메이션 프로그램에 광고를 싣고, 어린이 대상 영화 파생 상품을 만들며, 장난감을 선물로 주는 판촉 행사도 무척 자주 연다. 사실 개수 기준으로 보면 맥도날드는 해즈브로Hasbro나 마텔Mattel을 넘어 "세계 최대의 장난감 제조사"가 되었다.[112] 어느 판촉 대행사 회장은 "조사 결과, 아이들이 음식이 아니라 장난감에 이끌린다는 점이 분명하게 나타났다"고 밝혔다.[113]

아이들을 보호하기 위하여 다음과 같은 조치를 취하자.

- '맥어린이집'을 이용하는 대신, 부수입을 얻고자 하는 책임감 있는 이웃에게 아이를 맡겨라.
- 가능한 한 TV를 보지 못하게 하고 창의적인 놀이를 하도록 권하라. 합리화된 기업들의 꾸준한 광고 세례에 노출되지 않도록 하는 것이 가장 중요하다. 토요일 아침 만화영화 시간을 특히 조심해야 한다.
- 학교의 맥도날드화를 막는 노력에 앞장서라.
- 여력이 되다면, 아이들을 맥도날드화되지 않은 작은 교육기관에 보내라.
- 무엇보다, 가능한 한 아이들을 패스트푸드점이나 다른 영역의 맥도날드화된 매장에 데려가지 말라. 대안이 존재하지 않는다면 (예를 들어 고속도로로 이동 중인데 패스트푸드점 외에 다른 음식점이 보이지 않는다면) 대안이 나타날 때까지 아이들 눈을 가려라. (물론 이런 제안 중 일부는 반쯤 농담이다.)

**자유: 대응할 수 없다면, 도망칠 수는 있을까?**

맥도날드에 대응하려는 집단적인 노력과 개인적인 노력 모두 실패한다면 (그리고 그럴 가능성이 높다) 어떻게 해야 할까? 할 수 있는 다른 일은 없을까?

맥도날드 그리고 맥도날드화

한 가지 방법은 도피처로 도망치는 것이다. 크리스 로젝Chris Rojek은 그의 책 《탈출 방법Ways of Escape》에서 테마파크(예를 들면 디즈니월드)나 유적지(예를 들면 게티즈버그 국립공원)처럼 사전 설계되고 구조화된 도피처 그리고 '블랙 스팟'(알링턴 국립묘지에 있는 존 F. 케네디 묘소나 아우슈비츠 강제 수용소)이나 '문학 명소'(플로리다 키웨스트에 있는 어니스트 헤밍웨이의 집)처럼 조금 덜 체계화된 도피처에 관해 논의했다.[114] 이런 장소들은 우리가 도망칠 수 있게 도와준다. 그러나 이들 역시 맥도날드화의 압력을 받고 있다. 특히 많은 사람들을 위해 설계되고 많은 사람들을 끌어들이고자 하는 경우에는 맥도날드화를 피할 수 없다. 디즈니월드는 처음부터 맥도날드화되었지만 다른 장소들도 더 많은 사람들을 끌어들이기 위해 점점 더 맥도날드화하고 있다.

로젝은 해변이나 자연공원 같은 관광지도 사람들에게 "자유를 누릴 수 있는 구멍"을 제공하는 장소라고 분석한다.[115] 그러나 이 경우에도 전혀 또는 거의 맥도날드화되지 않았을 때라야 탈출구가 될 수 있다. 그런데 많은 사람들이 이곳들을 도피처로 삼을 수 있다는 사실을 알게 되면 곧바로 맥도날드화의 압력에서 벗어날 수 없게 된다.

스탠리 코언Stanley Cohen과 로리 테일러Laurie Taylor는 《탈출 시도: 일상생활에 대한 저항, 그 이론과 실제Escape Attempts: The Theory and Practice of Resistance to Everyday Life[116]》에서 반복적인 일상생활로부터 탈출하기 위한 방법을 매우 다양하게 제시한다. 반복적인 일과 모두가 맥도날드화의 결과물이라고 볼 수는 없지만(때때로 사람들은 스스로 그러한 반복적인 습관을 만들어내기도 한다), 많은 부분이 맥도날드화와 관련된다. 코언과 테일러가 제시한 다수의 대안은 이미 맥도날드화에 노출되었으나, 두 가지는 주목할 만하다. 그중 하나는 머릿속에서, 특히 판타지를 통해 탈출하는 방법이다. 주변 환경이 아무리 맥도날드화되었더라도 자신이 만들어낸

내면의 판타지 세계로 탈출할 수는 있다. 고도로 맥도날드화된 디즈니월드의 판타지 속을 걸으면서도, 가공된 판타지로부터 영감을 얻었을지언정 어쨌든 스스로 창조한 판타지 안에 머무를 수 있다. 사람들이 맥도날드화된 가공의 판타지를 믿고 내면화하려는 경향을 보이기는 하지만, 자기만의 판타지 세계에 깊이 빠져 있을 수도 있다. 상상 속으로의 도피가 맥도날드화된 시스템에 문제를 제기하거나 그러한 시스템을 변화시키는 것은 아니지만, 원하는 사람에게 탈출구를 제공해줄 수는 있다.

또 다른 방법은 코언과 테일러가 말하는 "벼랑 끝으로의 여행", 미셸 푸코가 "한계 경험"이라고 부른 것이다.[117] 이러한 경험의 본질은 "과도함"과 "난폭함"이며, 강력한 마약 같은 것과 관련된다. 그러나 과도하고 난폭한 행위를 위해 반드시 마약이 필요하지는 않다. 예를 들어 "만사 제쳐두고 가뿐히 여행을 떠나는" 것도 한 방법이다.[118] (고속도로를 이용하지 않고, 모텔 체인이나 패스트푸드점을 이용하지 않는) 미국 도보 횡단을 하거나, (REI, L.L.빈, 콜맨, 위네바고 상표가 붙은 물품을 사용하지 않는) 티벳으로 고산 캠핑 여행을 떠나거나, 항상 쓰고 싶어 했던 책이나 노래, 또는 교향곡을 쓰기 위해 (종이 뭉치와 연필만 이용한다면 더욱 바람직하다) 1년 동안 휴직을 하면 어떨까? 아, 원한다면 마약이나 섹스처럼 더 과격한 방법을 쓸 수도 있겠지만, 마약이나 섹스를 통해서만 맥도날드화가 도달하지 못한 한계상황 또는 벼랑 끝으로 갈 수 있는 것은 아니다. 벼랑에서 떨어질 수도 있지만(거기에 당신을 구해줄 맥도날드화된 그물망 따위는 없다), 분명 신나는 경험이 될 것이다. 단, 서둘러라. 맥도날드화가 바로 뒤에서 따라오고 있다.

## 작은 결론:
## 맥도날드화에 대한 대응

맥도날드화에 대응하거나 맥도날드화로부터 탈출하기 위한 방법은 다양하다. 우리 중 다수는 그런 방법들을 활용하기는 해도 이러한 행동들이 맥도날드화 현상을 막을 수 있을 것이라고 기대하지는 않는다. 그러나 숙명론적인 관점을 가지고 있다고 해도 계속해서 분투할 만한 가치는 있다. 다음과 같은 몇 가지 이유 때문이다. 첫째, 이러한 노력은 맥도날드화된 시스템이 최악의 상황까지 과잉되는 상황을 완화할 수 있다. 둘째, 이러한 노력을 통해 탈출을 원하는 사람들은 개인적으로든 집단적으로든, 하루 중 몇 시간 또는 생애 중 몇 년이라도 맥도날드화를 벗어날 수 있는 틈새를 발견하고 창출하며 활용할 수 있게 된다. 끝으로 그러한 노력 자체가 갖는 가치가 있다. 이 점이 아마 가장 중요할 것이다. 합리화되지 않은 개인적, 집단적 분투 속에서 사람들은 진정으로 인간의 이성을 표출할 수 있게 된다. 합리화된 시스템의 세계 속에서 그러한 표출을 가능하게 하는 다른 방법은 거의 없다.

이 책 전반에 걸쳐 맥도날드화의 불합리성을 강조하기는 했지만, 내가 틀렸기를 바라는 허황된 희망이 있다. 사실 이 책을 쓰게 된 주된 동기는 독자에게 맥도날드화의 위험성을 경고하고, 독자들이 그 흐름을 막기 위해 행동하도록 하는 것이다. 사람들이 맥도날드화에 저항하고, 더 이성적이고 더 인간적인 세상을 만들 수 있기를 희망한다.

몇 해 전, 맥도날드가 프랑스 요리사 폴 보퀴즈**Paul Bocuse**에 의해 소송당한 적이 있다. 맥도날드가 홍보 포스터에 보퀴즈의 사진을 허락 없이 사용했다는 혐의였다. 격분한 보퀴즈는 씩씩대며 이렇게 말했다. "내가 어떻게 이런 근본도 없고 맛도 없으며, 모든 내용물이 물컹거리는 음식을 판촉할 수 있단 말인가?" 그러나 보퀴즈는 맥도날드화가 피할 수 없는 현상임을 인정하는 듯한 발언도 했다. "이런 음식도 필요하기는 하다. … 이런 음식을 없애려고 해봐야, 불로뉴 숲에서 성매매를 없애려는 것만큼이나 헛된 노력이 될 것이다."[119] 그런데 어처구니없게도 2주 후, 파리 경찰이 불로뉴 숲의 성매매를 단속했다고 발표했다. 경찰청 대변인은 "모두 소탕했다"고 선언했다. 성매매에 관한 보퀴즈의 말이 틀렸듯, 맥도날드화의 불합리성에 관한 내 견해도 틀릴 수 있다. 그러나 섣불리 낙관적인 전망으로 돌아서지는 않을 것이다. "경찰의 단속이 끝나면 성매매 여성들이 바로 다시 돌아오리라는 것은 모두가 알고 있다. 경찰도 봄이 되면 이전보다 성매매가 더 횡행할 것이라고 예상하고 있다."[120] 이와 마찬가지로, 항의가 아무리 거세다고 하더라도 앞으로 맥도날드화는 더욱 심해질 것이다.

맥도날드화가 더 만연한다고 해도, 최악의 상황에 저항하고 영향을 완화하기 위한 방안으로 이 장에서 제시한 조언들을 독자들이 실천에 옮기기 바란다. 또는 막스 베버가 말한 쇠 감옥, '얼음처럼 딱딱하고 어두운 극지방의 밤' 이미지가 지배하는 미래에 직면했을 때, 시인 딜런 토머스 Dylan Thomas가 쓴 이 구절만은 되새겨보기를 바란다. "순순히 어두운 밤을 받아들이지 말라. … 빛이 꺼져감에 분노하고 또 분노하라."[121]

# 9

글로벌라이제이션
그리고
탈맥도날드화의
가능성

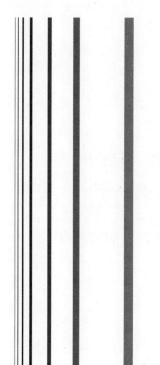

지금까지 패스트푸드, 식품 산업 전반뿐 아니라 사회의 여러 다른 영역(가족, 종교, 형사 사법제도 등)에 이르기까지 도처에서 일어나고 있는 맥도날드화 현상에 주목했다.[1] 이 마지막 장에서도 맥도날드화의 범위가 전 지구적으로 확산되는 모습을 살펴보는 첫 번째 절에서는 이러한 관점을 유지할 것이다. 맥도날드화는 글로벌라이제이션 globalization(세계화나 지구화로 보통 번역되지만, 이 책에서는 글로컬라이제이션과 그로벌라이제이션이라는 단어와의 대조를 위해 그대로 썼다-옮긴이)의 한 형태이며, 내가 '무의미의 글로벌라이제이션'[2](이에 관해서는 아래에서 다시 설명할 것이다)이라고 지칭하는 현상의 한 예다.

이 장 두 번째 절의 목표는 점진적인 맥도날드화라는 '거대 담론grand narrative'을 비판적으로 바라보는 것이다. 즉 맥도날드화를 거스르는 중요한 동향이 있는지, 더 나아가 '탈맥도날드화'라는 또 다른 방향으로 나아가고 있는 조짐은 없는지 살펴보고자 한다. 이 쟁점은 다시 두 부분으로 나누어 다룬다. 우선, 스타벅스의 성공에 초점을 맞추어 (1)스타벅스화라는 주목할 만한 현상이 출현했다는 사실이 얼마나 중요한지, (2)그것이 맥도날드화를 대체할 만큼 위협적인 현상인지, (3)그렇다면 탈맥도날드화를 암시하는 것인지를 검토한다. 그다음에는 인터넷으로 눈을 돌려, 이베이와 이베이화[3] 그리고 웹 1.0에서 웹 2.0으로의 이행(이베이는 그 한 부분이다)에 관해서도 유사한 방식으로 분석한 후, 이 영역을 탈맥도날드화의 결정적 증거로 볼 수 있는지도 분석한다.

## 글로벌라이제이션과 맥도날드화

이후의 논의에서 글로벌라이제이션이라는 용어는 다음과 같은 의미로 사용될 것이다.

> 글로벌라이제이션이란 전 세계에서 **유동성**을 증대하고 사람, 물건, 장소, 정보의 다방향적 **흐름**을 증가시키는 **과정** 또는 여러 **과정들**의 묶음이다. 그 과정이 마주치게 되거나 스스로 만들어내는 **구조**들은 이 흐름을 **방해하거나 촉진한다.**[4]

맥도날드화는 분명 글로벌라이제이션과 관련된다. 맥도날드화의 정의 자체가 미국 전체로 확산될 뿐 아니라 점차 '세계의 나머지 지역'까지 아우르는 과정을 말하기 때문이다. 사실 많은 사람들은 이 책에서 설명한 맥도날드화 이론이 적어도 부분적으로는 글로벌라이제이션 이론이라고 여긴다. 예를 들어 오번O'Byrne과 헨스비Hensby는 글로벌라이제이션을 연구하는 여덟 가지 접근 방법을 제시했는데, 그중 하나가 맥도날드화다.[5]

이 절의 목표는 글로벌라이제이션의 정의에 들어 있는 각각의 요소에 비추어 맥도날드화를 살펴보는 것이다.

**맥도날드화는 전 세계에서 일어나는 현상이다.** 앞서 논의했듯이, 맥도날드 자체만 해도 100개국이 훨씬 넘는 나라에 존재하며, 맥도날드화의 구성 요소들이 여러 나라에 퍼져 있다는 것도 분명하다. 맥도날드는 2014년 베트남에 진출했으며, 인도에서도 20년 동안 시장 침투에 곤란을 겪던 맥도날드가 (그리고 크리스피 크림 등 다른 패스트푸드 체인들도) 특히 젊은 세대의 호응을 얻으며 마침내 높은 실적을 내기 시작했다.[6]

**맥도날드화는 과정(또는 여러 과정들의 묶음)이다.** 맥도날드화라는 용어 자체에서 이미 '변화해가는 과정'임을 알 수 있다. 맥도날드화는 사회의 여러 부문들을 포섭해나가며, 결국 세계 전체에 영향을 미치는 과정이다. 더 구체적으로 말하자면 효율성, 예측가능성, 계산가능성, 통제라는 맥도날드화의 기본 특성이 심화되는 과정이다. 이러한 특성들은 대체로 바람직하다고 여겨질 수 있지만, 부정적인 측면인 '합리성의 불합리성'도 이 과정에서 함께 증가한다.

**맥도날드화는 유동적이다.** 여기서 액체의 은유를 사용하는 이유는 맥도날드화가 한곳에 단단히 붙박여 있지 않다는 사실을 강조하기 위함이다. 그 유동성 때문에, 즉 변화 과정이기 때문에 맥도날드화가 더 쉽게 이 영역에서 저 영역으로, 이 나라에서 저 나라로 이동할 수 있다.

**맥도날드화는 다방향적 흐름을 야기한다.** 미국화 같은 다른 전 지구적 변화 과정과 달리 글로벌라이제이션은 한 방향으로만 흐르지 않는다. 맥도날드화는 분명히 미국에서 발생했고 앞으로도 미국을 중심으로 맥도날드화가 일어나겠지만, 그 외의 지역들 역시 맥도날드화되고 있다. 오히려 미국 외의 국가로부터 또 다른 국가에, 심지어 미국에 맥도날드화된 시스템(스웨덴의 이케아, 영국의 프레타망제, 과테말라의 뽀요 깜뻬로)이 수출되기도 한다.

**맥도날드화는 사람, 물건, 장소, 정보의 전 지구적 흐름을 야기한다.** 포괄적인 의미에서의 맥도날드화가 글로벌 시대에 점점 더 쉽게 확산될 뿐만 아니라, 세부적인 측면들도 각각 더 쉽게 전 세계로 나아간다. 사람의 흐름이라는 측면에서, 맥도날드화된 시스템의 경영진들도 물론 전 세계를 돌아다니면서 계열사들을 방문하지만, 이 시스템의 소비자들이 전 세계를 돌아다닌다는 점이 더 중요하다. 사업을 위해서든 관광을 위해서든 세계를 돌아다니는 사람들은 친숙한 곳을 찾기 마련이며, 맥도날드화된 시스템(음식점, 호텔 등의 글로벌 체인)은 그 친숙한 특성들 때문에 여행자에게 매력적이다.

다양한 물건들도 전 세계로 운송된다. 대표적으로, 페덱스, UPS, DHL 등 고도로 맥도날드화된 국제 탁송 회사가 실어 나른다. 또한 맥도날드화된 시스템에서 사용되는 많은 물건들(예를 들면 글로벌 패스트푸드 체인의 햄버거에 들어가는 냉동 쇠고기)도 원거리, 때로는 지구 반 바퀴까지 이동한다.

장소는 그 물질적 속성 때문에 세계로 돌아다니는 모습을 상상하기 어려울 것이다. 그러나 어떤 의미에서는 분명히 장소도 흘러다닌다. 장소 그 자체는 아니더라도 장소의 기본 설계가 세계 곳곳으로 흘러다니는 것이다. 예를 들어 전 세계의 이케아, 맥도날드, 프레타망제 매장들은 어느 나라에 있든 상당히 많은 요소가 동일하다.

이 점은 글로벌라이제이션 및 맥도날드화와 관련해 나타나는 흐름의 주된 유형인 정보의 흐름과도 연관된다. 사실 위에서 언급한 '설계'는 정보의 한 유형이기 때문이다. 전 세계의 맥도날드화된 체인에서 오가는 이메일이나 트위터 메시지, 멀리 있는 가맹점 점포에서 본사로 즉시 전송되는 매출, 수입, 재고량 데이터, 마케팅 자료와 광고 등이 이러한 정보에 포함된다.

맥도날드화된 시스템은 흐름을 방해하는 여러 구조에 맞닥뜨리지만, 스스로 흐름을 촉진하는 구조를 만들어내기도 한다. 즉 글로벌라이제이션이나 맥도날드화는 흐름뿐만 아니라 구조에 관한 것이기도 하며, 구조가 흐름을 지연할 수도 있고 가속화할 수도 있다. 한편으로는 맥도날드화의 전 지구적 확산이 국경이나 관세에 막혀 지연될 수도 있고, 맥도날드화의 여러 요소에 대한 비판적인 믿음이 그 사회에 견고하고 광범위하게 퍼져 있어서 방해받을 수도 있다. 여기서 국경, 관세, 믿음이라는 '구조'가 영향을 준다. 다른 한편, 맥도날드화된 시스템은 공급망, 창고, 운송 시스템 등 원활한 흐름을 위한 여러 구조를 만들어낸다. 이와 같이 흐름에 주목한다고 해서 구조의 중요성을 무시해서는 안 된다.

요컨대, 맥도날드화는 이 책에서 사용하는 글로벌라이제이션의 정의에 잘 들어맞으며, 글로벌라이제이션이라는 더 광범위한 과정의 한 단면이라고 볼 수 있다. 따라서 나는 맥도날드화가 글로벌라이제이션의 한 형태이자 글로벌라이제이션에 관한 설명 방법 중 하나라는 오번과 헨스비의 견해에 동의한다. 그러나 내가 이러한 입장을 취하는 이유는 그들과 매우 다르다. 여기서 맥도날드화를 글로벌라이제이션의 한 유형으로 볼 수 있다고 말하는 것은 맥도날드화가 글로벌라이제이션의 정의에 잘 부합한다는 점 때문이지 그들이 주장하듯이 맥도날드화가 통일성과 획일성을 가져오기 때문은 아니다. 사실, 이 책에서 사용된 글로벌라이제이션의 정의는 글로벌라이제이션을 그렇게 단순한 용어로 생각하지 말라는 의미를 내포한다. 글로벌라이제이션은 변화해나가는 과정이고, 큰 유동성을 일으키며, 다방향적인 여러 흐름들을 포함하는 과정이다. 따라서 글로벌라이제이션은 매우 복잡할 수밖에 없으며, 그 결과도 어느 한 가지로 말할 수 없을 뿐만 아니라 서로 상충하는 경우도 많다.

## 무의미의 글로벌라이제이션

### 무의미한 것과 의미 있는 것

《무의미의 글로벌라이제이션The Globalization of Nothing》의 논지는 맥도날드화를 더 넓은 글로벌라이제이션의 맥락 속에서 이해해야 하며, 맥도날드화된 시스템을 '무의미한 것(nothing)'의 한 형태로 간주해야 한다는 것이었다.[7] 후자는 파격적인 주장으로 보일 것이다. 맥도날드화된 시스템은 많은 사람들에게 상당히 중요하고 심지어 특별하기까지 한, '의미 있는 것(something)'으로 여겨질 때가 많기 때문이다.

**무의미한 것**(nothing)이란 "일반적으로 중앙에서 고안하고, 중앙에서 통제하며, 차별화되는 실질적 내용이 상대적으로 빈약한 사회적 형식"이라고 정의된다.[8] 패스트푸드점을 비롯해 맥도날드화된 시스템들은 모두 무의미한 형식일 수 있다. 그러나 무의미한 것의 정의에 부합하면서도 맥도날드화와 직접적인 연관성이 거의 또는 전혀 없는 현상은 그 외에도 많다(예를 들어 자동차, 평면 TV, 아이폰 등 대량생산된 제품).

무의미한 것의 정의를 구성하는 요소들에 비추어 패스트푸드 체인을 살펴보자. 우선 패스트푸드 개별 매장들은 체인의 일부이므로, 당연히 **중앙에서 고안된다**. 즉, 체인을 만들고 본사에 관계된 사람들이 처음에 그 체인 사업을 구상하고 이후에도 그 구상을 재정립하는 데 지속적으로 개입한다. 그들이 보기에 가맹점의 소유주나 운영자들은 거의 아무것도 스스로 구상하지 않았다. 사실 가맹점 소유주나 운영자는 입증된 지식과 전문성을 활용하기 위해 프랜차이즈 음식점을 낼 권리를 산 것이고, 수익의 일정 비율을 계속 수수료로 내야 한다. 이처럼 가맹점에 자체적인 사업 모델이 없다는 사실은 우리가 패스트푸드점, 그리고 일반적으로 프랜차이즈 전반을 '무의미한' 것으로 여기게 하는 근거가 된다.

중앙의 본사는 지역 가맹점들을 위한 사업 모델을 구상할 뿐만 아니라 그들에 대해 강력한 **통제권도 행사한다.**[9] 사실 통제권의 상당 부분은 프랜차이즈 사업 모델의 구상과 재정립 자체로부터 나오지만, 가맹점이 본사로부터 받는 통제는 더 직접적인 방식으로 이루어지기도 한다. 예를 들어, 본사가 가맹점 수익의 일정 비율을 수수료로 가져갈 수도 있고, 가맹점의 수익이 줄어 본사가 받을 수 있는 수수료가 줄어들면 수익성을 높일 조치를 취하라고 압박할 수도 있다. 본사에서는 가맹점들을 끊임없이 감시하며 정기적으로 또는 불시에 매장을 방문하는 감독관을 배치할 수도 있다. 가맹점들은 약정대로 운영하지 않으면 회사 표준을 따르라는 압박을 받게 되리라는 것을 안다. 그렇게 하지 않으면 불이익을 받게 될 것이고, 최악의 경우 가맹권을 상실할 수도 있다. 이와 같이 가맹점들은 스스로 운명을 통제할 권한을 갖고 있지 않다는 점에서도 '무의미'하다.

무의미한 것에 대한 우리의 정의에서 세 번째 측면은, 대체로 **차별화되는 내용이 빈약한** 사회적 형식과 관계된다는 점이다. 프랜차이즈 패스트푸드점이라는 아이디어 자체가 여러 개의 음식점을 사실상 똑같이 복제하는 것이다. 보통 매장 외관부터 매우 흡사하고, 내부 구조도 유사하며, 대부분의 메뉴도 동일하고, 노동자의 말과 행동도 거의 똑같다.

이와 같이 위에서 제시한 무의미한 것의 정의와 맥도날드화된 시스템은 거의 완벽하게 들어맞는다. 그러나 또 어떻게 보면 세상에 '아무 의미도 없는 것은 없다(nothing is nothing).' 다른 말로 하면, (패스트푸드점을 포함해) 모든 사회적 형식에는 극단적으로 무의미한 형식에서 벗어날 수 있는 특징이 적어도 몇 가지는 있다. 가맹점이 자체적인 사업 모델과 통제권을 조금이나마 가질 수도 있고, 저마다 뭔가 차별화된 요소를 추구할 수도 있다. 바꾸어 말하면, 모든 사회적 형식은 '의미 있는' 요소를 어느 정도 가지고 있다.

의미 있는 것(something)이란 "일반적으로 자생적으로 고안되고, 자체적으로 통제되며, 차별화되는 실질적 내용이 상대적으로 풍부한 사회적 형식"이다.[10] 무의미한 것과 의미 있는 것은 각기 독립적으로 존재할 수 없으며, 짝을 이루고 서로 대조될 때에라야 뜻이 통한다.

패스트푸드점이 무의미한 것의 예라면, 그에 대응하는 의미 있는 것의 예는 집에서 직접 만든 가정식이다. 집에서 만든 음식은 본사가 아니라 요리하는 개인이 구상한다. 통제권도 그 사람에게 있다. 개인이 요리하는 음식은 차별화된 내용이 풍부하며, 다른 집 음식과 다르고, 같은 음식을 한다고 해도 집집마다 맛이 다르다.

무의미한 것과 의미 있는 것을 이분법적인 것처럼 제시했지만,[11] 의미 있는 것으로부터 무의미한 것까지의 연속성이 있다고 보아야 한다. 패스트푸드점이 그 연속체의 한쪽 끝에 있다고 해도 모든 패스트푸드점은 차별화된 요소를 적어도 얼마간은 가지고 있다. 즉 각각의 패스트푸드점은 저마다 '의미 있는' 몇 요소를 가지고 있다. 이와 반대로, 집에서 만든 모든 음식은 차별성이 있지만, 다른 집 음식과 공통되는 요소(예를 들면 같은 요리책이나 레시피를 활용한다든지)도 몇 가지는 있을 것이다. 따라서 집에서 만든 음식에도 어느 정도는 무의미한 부분이 있다. 이 연속체의 양극단에 있는 사회적 형식은 존재하지 않는다. 모든 사회적 형식은 그 사이 어디쯤에 있다.

그러나 연속체의 양쪽 끝 가까이에 있는 사례들은 있다. 패스트푸드점 그리고 좀 더 일반적으로 모든 맥도날드화된 시스템은 유의미-무의미 연속체에서 무의미 쪽 끝 언저리에 있다. 맥도날드화된 시스템이 무의미함의 예라는 점이 분명하다면, 이 점은 글로벌라이제이션과 어떻게 연결되는 것일까?

### 글로컬라이제이션과 그로벌라이제이션

글로벌라이제이션에 관해 배우는 많은 학생들은 동질성과 이질성, 글로벌과 로컬이라는 상호 밀접한 두 주제가 서로 어떤 관계에 있는지에 관해 논쟁하곤 한다. 이제는 잘 알려진 '글로컬라이제이션'이라는 개념은 글로벌과 로컬의 통합을 강조하며, 동질성보다 이질성을 훨씬 더 강조한다.[12] **글로컬라이제이션**glocalization이란 글로벌과 로컬의 상호 침투를 말하며, 지역에 따라 다른 결과를 낳는다. 글로벌화하려는 힘(주로 동질화 경향과 관련된다)이 특정 지역을 덮쳤는데 어느 한쪽이 압도하지 못하고 두 힘이 상호 침투하여 지역 특유의 결과를 나타내는 것이다.

일반적인 현상으로서 글로벌라이제이션에 관해 생각할 때 글로컬라이제이션을 중요하게 고려한다는 것은 여러 함의가 있다. 우선, 세계가 매우 다원화되어 있고 다양성이 크다는 시각을 갖게 된다. 한 지역에서 나타나는 글로컬한 현상과 다른 지역의 글로컬한 현상은 상당히 다를 가능성이 높다. 이러한 시각을 가지면 글로벌라이제이션 전반(또는 구체적으로 맥도날드화)에 대한 두려움, 특히 전 세계가 점점 더 획일화되어가고 있는데 대한 두려움을 대단치 않게 여기게 될 것이다.

따라서 글로컬라이제이션을 강조하는 사람들은 개인이나 지역 내의 집단이 조정하고 혁신하며 전략을 세울 수 있는 큰 힘을 지닌다고 주장한다. 글로벌라이제이션의 영향력 아래 있다고 하더라도 이와 같이 권력을 쥐고 있는 개인과 집단이 함락당하고 예속당할 가능성은 낮고, 오히려

맥도날드 그리고 맥도날드화

그들이 글로벌 세력을 글로컬라이제이션할 수 있다는 것이다.

글로벌화하려는 힘이 로컬을 압도하는지 그렇지 않은지는 해당 지역에서의 두 힘 간 관계에 달려 있다. 대항하는 힘이 약하면 글로벌화하려는 힘이 장악할 수 있지만 대항하는 힘이 강한 곳에서는 글로벌과 로컬을 통합하는 그 지역만의 글로컬한 형식이 출현할 가능성이 높다. 따라서 글로벌라이제이션을 완전히 이해하려면 해당 지역에 존재하는 특수하고 불확정적인 관계를 고려해야 한다.

글로벌라이제이션을 재촉하는 세력이 (완전히) 강압적인 것은 아니다. 오히려 로컬 세력과 협력해 그 지역 나름의 글로컬한 방식을 만들어낼 재료를 제공하기도 한다. 예를 들어, (《CNN》이나 〈알자지라〉 같은) 글로벌 매스미디어는 특정 지역에서 사람들의 생각과 믿음을 규정하고 통제하는 존재라기보다 많은 다른 매체(특히 지역 매체)가 제공하는 정보에 추가적인 정보를 제공함으로써 그들만의 생각과 관점을 형성하는 데 도움이 되는 존재로 간주된다. 맥도날드가 서로 다른 지역적 특성에 맞게 메뉴를 조정하고 해당 지역에서만 제공하는 몇몇 품목(예를 들어 필리핀 맥도날드에는 맥스파게티라는 메뉴가 있다)을 만들어낸다는 점에서는, 맥도날드 또한 글로컬한 현상으로 볼 수 있다.

글로컬라이제이션이 글로벌라이제이션의 중요한 부분이라는 점에는 의문의 여지가 없지만, 글로컬라이제이션만으로 모든 것을 설명할 수는 없다. 맥도날드화 과정 속에서 어느 정도의 글로컬라이제이션 현상이 일어나는 것은 사실이나, 맥도날드화와 훨씬 더 깊이 관련된 글로벌라이제이션의 또 다른 측면이 있다. 그러한 측면은 **그로벌라이제이션**grobalization이라는 개념으로 잘 설명된다.[13] 그로벌라이제이션이란 국가, 기업, 그 외의 조직들이 가진 제국주의적 야망 그리고 여러 지역으로 진출하고자 하는 바람과 필요성을 말한다.[14] 그들의 주요 관심사는 전 세계에서 그들의 권력, 영향력, 그리고 경우에 따라서는 수익을 늘리는(grow) 데 있다. (그로벌라이제이션은 grow와 globalization의 합성어다.) **맥도날드화는 그로벌라이제이션의 대표적 사례이자 주된 동력이다.**

그로벌라이제이션은 글로컬라이제이션에 반대되는 개념이다. 글로컬라이제이션은 그 영향을 받은 여러 지역에서 나타나는 다양성을 강조한다. 반면 그로벌라이제이션은 지역 내, 지역 간 차이에도 불구하고 전 세계가 점점 더 유사해지고 있다는 점에 주목한다. 이러한 시각은 당연히 글로벌라이제이션에 의한 획일화에 대해 우려하는 사람들의 공포감을 고조시킨다. 글로컬라이제이션이라는 관점에서 보는 입장과는 반대로, 이 입장에서는 전 세계의 개인과 집단이 그로벌라이제이션의 세계에서 조정하고 혁신하며 전략을 세울 만한 역량을 거의 갖고 있지 않다고 본다. 그로벌라이제이션 이론은 더 큰 구조와 힘이 전 세계의 개인, 집단, 사회에 영향을 미치며, 차별화된 각자의 세계를 창조할 그들의 능력을 압도한다고 보는 것이다.

극명한 대조를 이루는 점이 또 하나 있다. 그로벌라이제이션이 가져오는 사회적 변화는 대체로 일방향적이고 확정적이다. 힘은 언제나 글로벌에서 로컬로 흐르며, 로컬이 글로벌에 유의미한 영향력을 가질 가능성은 거의 또는 전혀 없다. 그 결과 로컬 수준에서 일어나는 일도 대개 글로벌한 수준에서 결정된다. 글로벌 수준의 영향력은 로컬 수준에서 무슨 일이 일어나고 지역이 글로벌한 힘에 대해 어떠한 반응을 보이는지에 좌우되지 않는다. 그로벌라이제이션은 이와 같이 지역들을 제압한다. 또한 지역의 개인과 집단들은 글로벌한 힘에 대한 반발은커녕 어떤 행위나 반응을 할 능력조차 잃게 된다.

그로벌라이제이션의 관점에서 볼 때 전 세계의 개인과 집단이 무엇을 말하고 행동할지도 글로벌화하려는 힘이 결정한다. 이렇게 볼 때, 〈CNN〉이나 〈알자지라〉 같은 글로벌 미디어 권력, 맥도날드나 이케아 같은 글로벌 기업이 갖는 권력은 지금까지 알던 것보다 훨씬 더 막강하다고 볼 수 있다.

글로컬라이제이션-그로벌라이제이션을 무의미한 것-의미 있는 것의 연속체와 조합해보면, 무의미한 것의 글로컬라이제이션, 의미 있는 것의 글로컬라이제이션, 무의미한 것의 그로벌라이제이션, 의미 있는 것의 그로벌라이제이션이라는 네 가지 가능성을 생각할 수 있다(그림 1 참조). 그중에서 맥도날드화라는 전 지구적 과정을 가장 잘 설명하는 개념은 무의미한 것의 그로벌라이제이션이므로, 이에 관해 집중적으로 논의할 예정이다.

그림 1 글로컬-그로벌, 의미 있는 것-무의미한 것 간의 관계와 각각의 사례

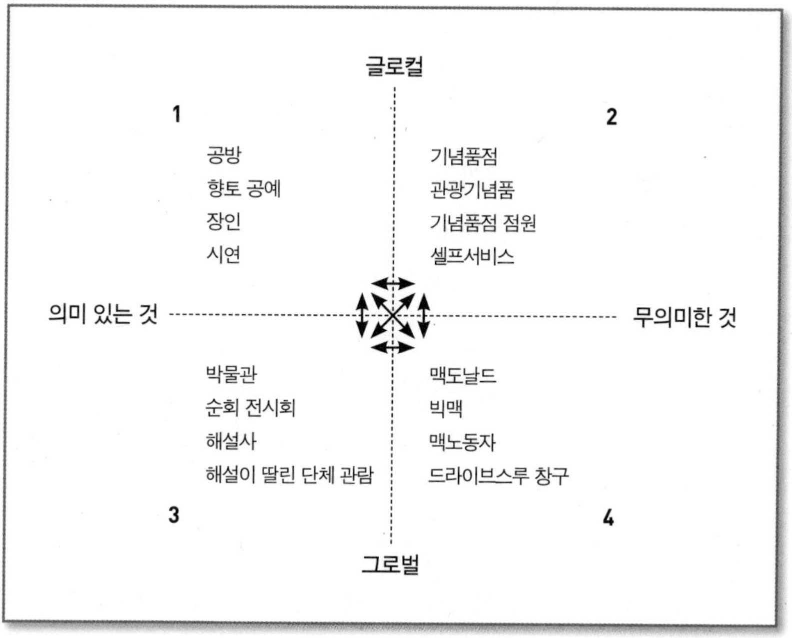

## 무의미한 것의 그로벌라이제이션

무의미한 것의 구체적인 예로 맥도날드 음식을 들 수 있다. 전 세계 어디를 가더라도 맥도날드 매장, 거기에서 나오는 음식, 일하는 사람들, 그들이 제공하는 서비스는 크게 다르지 않다. 맥도날드는 그들의 음식을 세계 곳곳에 퍼트리기 위해, 즉 글로벌화하기 위해 매우 공격적인 영업 방식을 취하고 있다. 따라서 맥도날드(를 비롯한 패스트푸드 체인들)의 전 지구적 확장은 무의미한 것과 그로벌라이제이션, 따라서 무의미한 것의 그로벌라이제이션을 보여주는 거의 완벽한 사례다.

글로벌라이제이션이라는 맥락 속에서 볼 때, 그로벌라이제이션과 무의미한 것 사이에는 강력한 친화력이 있다. 그러한 친화력의 근거로는 다음 몇 가지를 들 수 있다.

1. 전 세계적으로 의미 있는 것보다 무의미한 것의 수요가 훨씬 더 많다. 무의미한 것이 의미 있는 것보다 덜 비싼 경우가 많아서,[15] 의미 있는 것보다는 무의미한 것을 살 수 있는 사람이 더 많다. 맥도날드는 저렴한 가격을 무척 강조하며, 이케아 같은 맥도날드화된 다른 기업들도 대부분 마찬가지다.

2. 무의미한 것은 상대적으로 더 단순하고 차별화된 특징이 없으므로 더 많은 사람들의 구미에 맞는다. 맥도날드 음식의 염도와 당도, 이케아의 단순하고 깔끔한 가구는 누구나 선호할 만하다.

3. 어느 문화권 사람들도 무의미한 것을 불편하거나 불쾌하게 여기지 않는다. 맥도날드가 특정 문화권 사람들을 화나게 하는 일도 있었지만 곧 각 문화에 맞추어 대응하는 능력을 발휘했다.

4. 무의미한 것은 의미 있는 것보다 더 큰 판매 잠재력을 가지고 있으므로, 더 큰 수요를 창출하기 위해 광고와 마케팅에 더 많은 돈을

맥도날드 그리고 맥도날드화

쓸 수 있고 실제로 쓰고 있다. 맥도날드는 엄청난 돈을 광고에 쏟아부어 맥도날드 음식의 수요를 크게 늘리는 데 성공했다. 이와 반대로, 의미 있는 음식을 파는 그리스의 현지(local) 음식점은 광고에 돈을 쓸 여력이 없고, 따라서 맥도날드와 경쟁해 이길 수 없다.

내용 없는 무의미한 형식은 막대한 수요 덕분에 풍부한 내용을 가진 의미 있는 형식(예를 들어 그리스 가정식이나 손으로 빚은 도자기)보다 대량생산, 대량 유통하기가 훨씬 쉽다. 실제로 많은 의미 있는 상품들은 세상에서 하나뿐인 제품까지는 아니더라도 한정 생산에 적합하다. 도자기 장인은 일주일에 수십 점의 그릇밖에 만들지 못하며, 화가는 한두 점의 그림밖에 그리지 못할 것이다. 어쩌면 한 달, 또는 1년 동안 만들고 그리는 양이 그만큼일 수도 있다. 이런 작품들도 여러 해에 걸쳐 전 세계 곳곳으로 흘러들어갈 수 있지만, 전 세계의 무역 총량에 비하면 눈에 띄지도 않는 수준이다. 드물게 수백만 달러짜리 명작도 있기는 하지만, 세계에서 하나뿐인 작품 대부분은 저렴한 수공예품이다. 이와 반대로 수천, 수만, 수억 개의 무의미한 제품들은 대량생산되고 전 세계에 판매된다. 따라서 순수 예술 작품 한 점(예를 들어 반 고흐의 작품)이나 리애나(Rihanna) 월드투어 입장권의 해외 판매보다는 빅맥, 와퍼, KFC 치킨 같은 패스트푸드나 그 외에도 무수히 많은 무의미한 상품들의 전 지구적 판매가 글로벌라이제이션을 이끄는 요인으로서 훨씬 중요하다.

더구나 시장경제 자체의 요구 때문에도 대량생산된 무의미한 것이 전 세계에서 마케팅, 판매되어야 한다. 일례로, 규모의 경제란 생산량과 판매량이 많아질수록 가격이 낮아지는 현상을 뜻한다. 그렇다면 무의미한 것을 만드는 미국의 제조업자(중국이 미국 대신 무의미한 것을 (개발까지는 아니더라도) 생산하는 제조업에서 세계 선두 주자 자리를 차지하기는 했지만)가 미국 시장에 만족하지 못하고, 공격적으로 전 세계 시장으로 뻗어 나가려고 하는 것은 거의 필연적이다. 글로벌 시장이 커질수록 가격은 낮아지며, 가격이 낮아지면 훨씬 더 많은 양의 무의미한 것들이 전 세계를 대상으로 판매될 수 있다.

또 한 가지 경제적 요인은 주식시장의 요구다. 주식시장은 무의미한 것을 생산하고 판매하는 기업들에게 (사실 모든 기업이 그렇지만) 해마다 더 높은 매출과 수익을 올릴 것을 요구하기 때문이다. 만일 어떤 기업의 수익성이 전년도와 같거나 더 낮아진다면, 그 기업은 주식시장에서 질책받고 주식 가격도 떨어질 것이다. 계속해서 수익을 증가시키려면 새로운 시장을 개척해야 한다. 그러한 목표를 달성하는 한 방법은 끊임없이 더 넓은 해외시장으로 진출하는 것이다. 의미 있는 것은 대기업에서 생산되는 경우가 많지 않으므로, 시장 확대에 대한 압력을 훨씬 덜 받는다. 더구나 장인, 숙련 요리사, 예술가 등이 생산하는 제품은 수량이 한정적일 수밖에 없어서 시장 확대가 원천적으로 제한된다. 여기서 다시 가격 책정 문제를 생각해보게 된다. 이러한 특징은 무의미한 것의 가격 경쟁력이 보통 의미 있는 것보다 높다는 점과 관련되기 때문이다. 일반적으로 의미 있는 것보다 무의미한 것이 싸다. 그 결과 무의미한 것은 의미 있는 것보다 훨씬 더 공격적인 글로벌 마케팅의 대상이 될 수 있다.

또한 무의미한 것의 정의에 부합하는 제품들은 일반적으로 쉽고 편리하게 포장될 수 있고 넓은 지역으로 운송될 수 있다. 맥도날드 사업 모델의 근간을 이루는 냉동 햄버거 패티나 냉동 감자튀김이 전형적인 예다. 신선한 패티와 생감자는 포장하고 수송하기가 훨씬 더 힘들 것이다. 특히 장거리 수송이라면 더욱더 어려워진다. (바로 이것이 인앤아웃 버거가 해외로 진출하지 않고 미국에서도 서부 지역에만 매장을 두는 이유다.) 이케아의 가구는 여러 부품이 분해된 채 납작한 상자에 들어 있어서 집에서 조립하도록

되어 있다. 이러한 상자 형태는 값비싼 수제 가구나 완제품 가구를 수송하는 데 쓰이는 덩치 큰 상자에 비해 운송하기 쉽고 운송 비용도 덜 든다.

더구나 그런 품목들은 단가가 매우 싸기 때문에 망가지거나 잃어버리거나 도난을 당한다고 해도 큰 문제가 되지 않는다. 반면 수제 가구나 골동품 화병에 그런 문제가 생긴다면 끔찍한 일일 것이다. 보험에 든다고 해도 의미 있는 것은 무의미한 것보다 보험료가 비싸게 든다. 이러한 차이는 무의미한 것이 의미 있는 것보다 높은 가격 경쟁력을 갖게 되는 또다른 이유가 된다.

이 절의 목표는 맥도날드화가 글로벌라이제이션이라는 광범위한 과정의 일부이자 사례임을 입증하는 것이었다. 더 구체적으로는 글로벌라이제이션의 하위 유형으로서 무의미한 것의 그로벌라이제이션을 대표하는 예가 바로 맥도날드화다. 맥도날드화라는 힘이 점점 커지지는 않는다 하더라도 지속적으로 영향력을 행사하고 있음을 다시 한 번 확인할 수 있었다. 그 점에서 나의 입장에는 변함이 없다. 그러나 이 장의 나머지 부분에서는 맥도날드화가 약화하고 있음을 보여주는 조짐, 더 나아가 사회의 탈맥도날드화 가능성을 검토한다.

## 사회의
## 탈맥도날드화

이 절에서는 탈맥도날드화, 즉 맥도날드화의 권력과 범위가 쇠퇴하는 경향에 관해 세 항목으로 나누어 논의하고자 한다. 첫째, 맥도날드의 강력한 경쟁자인 스타벅스에 관해 살펴보고, '스타벅스화'가 맥도날드화에 대한 대안이 되거나 더 나아가 맥도날드화를 대체할 수도 있을지 검토하고자 한다. 둘째, 인터넷에 관한 논의로 돌아가 맥도날드화에 대한 또 다른 대안으로 이베이, 특히 '이베이화'

를 살펴볼 것이다. 셋째, 좀 더 일반적으로 인터넷, 특히 웹 2.0에 관해 다룰 것이다. 이 부분에서는 웹 2.0에서 나타나는 다양성과 사용자 권력의 강화(사용자 생성 콘텐츠)가 인터넷의 (맥도날드화가 아닌) 탈맥도날드화를 보여주는 현상인지를 논의한다.

### 스타벅스화

스타벅스화는 그렇게 용어를 새로 만들 만큼 맥도날드화와 다른가? 그렇다면 우리가 탈맥도날드화 과정에 진입했다는 사실을 가리키는 것이기도 할까?

스타벅스는 '가장 앞서 나간다(cutting edge)'는 이미지를 가지고 있다.[16] 이는 스타벅스가 가장 앞서 있다는 말인 동시에 맥도날드가 더는 선두가 아니라는 뜻이기도 하다. 스타벅스가 패스트푸드 산업의 선두 주자가 되었다면, 스타벅스도 당연히 맥도날드화 과정의 한 모델로 소개되어야 할 것이다. 한 고객은 "이제는 스타벅스가 새로운 맥도날드다"라며 뒤바뀐 순위를 인정했다.[17] 스타벅스의 우세는 다음과 같은 예를 통해 알 수 있다.

- 스타벅스의 존재 덕분에 그 뒤를 이어 출현한 기업들이 있고, 그들은 스타벅스를 모방한다. 500개에 육박하는 매장을 보유한 카리부 커피Caribou Coffee CEO가 이렇게 말한 적도 있다. "그들[스타벅스]이 이미 만들어놓은 것이 있었기에 내가 이 사업에 뛰어들 수 있었다."[18] 중국의 소규모 체인인 리얼 브루드 티Real Brewed Tea는 "차 업계의 스타벅스"를 목표로 하고 있다.[19]
- 전 세계에서 스타벅스를 모방하는 업체들이 나타나고 있다. 에티오피아 아디스아바바에 있는 칼디스Kaldi's는 "로고나 실내장식은 물론,

종업원들이 입고 있는 앞치마까지도 스타벅스와 비슷하다."[20]

- 〈이코노미스트〉는 전 세계 물가 비교를 위해, '빅맥 지수'와 동일한 역할을 하는 '톨 라떼 지수'를 만들었다.[21]

- 한 목사는 초대형 교회가 만든 위성 교회들을 보며 이렇게 말했다. "사람들이 스타벅스에 가듯이 교회에 간다. 거기에 가면 어떤 제품이 있는지 알고 간다는 뜻이다."[22]

- 기업가가 되려는 사람들에게 스타벅스의 성공에 비추어 "리더십의 원칙"을 알려주는 책이 있다.[23]

### 스타벅스는 맥도날드 모델에서 무엇을 빼고 무엇을 더했나?

스타벅스는 질적인 면에서 평범한 맥도날드 음식을 따돌리고 고품질 제품, 특히 고급 커피의 맥도날드화를 추구했다. 스타벅스 이전에 미국 커피의 질은 참담했다. 스타벅스는 품질 좋은 커피를 음미하고 소비하는 트렌드를 선도했고, 그 후 이러한 트렌드가 (맥도날드를 포함해) 미국에 널리 퍼졌다. 스타벅스가 등장하기 전까지 미국보다 더 형편없는 커피밖에 안 팔던 다른 나라에서도 같은 일이 벌어졌다. 그중 가장 주목할 만한 나라는 664개의 스타벅스 매장이 있는 영국이다. 스타벅스는 커피의 역사가 미미하거나 커피 문화가 강하지 않던 나라에서도 거침없이 성공했다. 그 대표적인 예는 800개의 스타벅스 매장이 있는 일본이다. 이제 남은 과제는 이미 고품질의 커피가 있고 풍부한 커피 문화로 유명한 이탈리아, 프랑스, 터키 같은 나라다. 2014년 중반 기준으로 이탈리아에는 아직 스타벅스가 없지만, 프랑스의 경우 파리에만 스타벅스 매장이 40개 있고, 터키에도 100개 이상이 있다.

스타벅스가 이룬 가장 중요한 혁신은 맥도날드의 첨단 이미지와 전략을 여러 면에서 부드럽게 만든 것이다. 예를 들어 스타벅스에는 맥도날드처럼 딱딱하고 불편해 보이는 의자가 아니라 푹신한 안락의자와 소파가 있다. 실제로 하워드 슐츠Howard Schultz(스타벅스 회장-옮긴이)는 스타벅스를 레이 올덴버그가 말한 편안한 '제3의 장소(third place)' 개념과 연관 지으며 맥도날드와의 차이를 강조한다. "우리는 집과 일터 사이에 있는 제3의 장소에서 공동체를 창출한다. 우리는 인간관계와 인간성을 위해 일하고 있는 것이다."[24] 슐츠는 스타벅스를 제3의 장소로 볼 수 있게 하는 몇 가지 특징으로 "낭만적인 취향", "가격이 적당한 명품", "오아시스", "격의 없는 상호작용"을 들었다. 스타벅스는 고객들이 편안하게 노트북을 사용하거나 와이파이로 인터넷에 접속하게 해준다. 스타벅스의 고객들은 매장에서 신문을 사서 (또는 다른 사람이 읽다가 두고 간 신문을 주워서) 읽을 수 있음은 물론, 책이나 CD를 살 수도 있고, 원하는 만큼 머물러도 된다. 물론 슐츠도 스타벅스가 "아직은 이상적인 제3의 장소가 아니"라는 점을 알고 있다. 좌석 수가 충분하지 않고, 서로 교류할 만큼 머무르려고 하는 (또는 머무를 수 있는) 고객이 거의 없기 때문이다.[25]

스타벅스와 달리 맥도날드는 너무 오래 머무르는 사람들을 위험한 존재로 본다. 맥도날드는 고객을 환영하지 않는 듯한 인상을 주는 때가 많다. 고객이 빨리 음식을 먹고 가능한 한 빨리 나가기를 바라며 요즘에는 "아예 매장에 들어오지도 말라"고 한다! 가능하면 매장에서 자리를 차지하지 말고 드라이브스루 창구를 이용해, 음식을 사자마자 음식과 함께 쓰레기도 가지고 떠나기를 바라는 것이다. **맥도날드의 이상적인 고객은 탁자에 음식을 펼쳐놓지 않는 손님이다.**

스타벅스는 맥도날드와 반대되는, 또는 적어도 매우 다른 이미지를 창출하기 위해 노력해왔다. 고객을 환영하고, 하루 종일만 아니라면 몇 시간씩 머물러도 좋은 곳으로 만들려고 한 것이다. 그러나 다수의 고객이 스타벅스의 초대를 받아들여 몇 시간 동안 자리를 차지한다면, 매장은 곧 사람들로 넘쳐날 것이다. 하루 동안에도 수많은 고객이 스타벅스 매장을 방문하는데, 그들을 다 수용하기에는 소파, 안락의자, 탁자, 좌석 수가 턱없이 부족하다. 그러나 대개의 고객들은 매장에서 커피를 사서 바로 가지고 나가거나 아예 드라이브스루 창구를 이용한다. 사실 스타벅스에 오는 손님 중 80%는 테이크아웃 고객이다.[26] 이와 같이 대개의 스타벅스 고객은 많은 맥도날드 고객들과 똑같이 행동한다. (또한 맥도날드 고객의 대다수가 스타벅스 고객들보다 매장에 더 오래 머무르는 것도 사실이다.) 존 시먼스<sup>John</sup> <sup>Simmons</sup>는 "스타벅스 고객의 절대 다수는 매장 안에서 아무런 대화나 사회적 상호작용도 하지 않는다"고 주장한다.[27] 맥도날드와 스타벅스의 차이는 실제보다 과장되어 있다.

따라서 **스타벅스가 이룬 가장 중요한 혁신은 '연출'에 있다**고 볼 수 있다. 그들은 고객이 "커피와 함께 멋진 경험을 선사받는다"고 믿게 만든다.[28] 스타벅스는 일종의 무대를 마련하고, 거기에서 무보수 연기자들(실상은 돈을 내는 고객들)이 옛날 스타일 카페의 환상을 만들어내게 한다. 대개는 이 연극을 보는 것은 좋아해도 연기자가 되기는 원하지 않거나 그럴 시간이 없다. 혹여 연극에 동참하고 싶더라도 자리가 부족한 까닭에 연기자가 되기는 힘들 것이다. 그러나 많은 고객들은 (드라이브스루를 이용하지 않는다는 가정 아래) 커피를 사려고 줄을 서면서부터 커피를 가지고 나갈 때까지 관객으로서 연극을 즐긴다. 어쩌면 언젠가 자신도 연극의 일부가 되어 거기에 있는 안락의자 중 하나에 앉아 느긋하게 시간을 보내는 모습을 상상할지도 모른다.

스타벅스는 멋진 연극을 만들었고,[29] 고객을 무보수 노동자로 활용하는(프로슈머) 맥도날드의 선구적인 전략에 새로운 방식을 덧입혔다. 맥도날드에 온 손님은 줄을 서서 음식을 받고 테이블로 옮기며, 다 먹고 나면 스스로 치운다. 스타벅스의 고객도 이 모든 일을 하며, 때로는 취향에 따라 우유와 설탕을 추가하는 일도 한다. 스타벅스 고객 중 일부는 또 다른 일도 한다. 그것은 바로 매장에 앉아 커피를 마시는 일로, 스타벅스 입장에서 볼 때 앞서 말한 일들보다 여러모로 더 중요하다. 그들은 무보수 연기자가 되어 그 스타벅스 매장 안에서 상연되는 연극에 출연하는 셈이다. 가볍게 커피를 마시러 온 사람뿐 아니라 데이트 상대를 만나러 온 사람, (와이파이에 접속하여) 잠시 업무를 보기 위해 온 사람들도 '배우'가 된다.[30] 스타벅스에서 정기적으로 업무 회의를 하는 사람들도 있다. 스타벅스는 이런 손님들을 환영한다고 말하지만, 스타벅스에서 업무를 보고 싶어 하는 (또는 그럴 수 있는) 사람들이 소수이고 테이블이나 의자 수가 제한되어 있어서 가능성 자체가 낮음을 알기 때문에 그렇게 말하는 것이다. 아무리 원해도 대부분의 고객은 (업무를 보러 온 사람들도) 제대로 자리를 잡을 수 없다.[31]

스타벅스는 또 다른 연출도 한다. 바로 스스로를 친절하고 상냥하며 배려 깊은 기업으로 연출하는 것이다. 스타벅스는 그들이 (2013년 기준) 20만 명이 넘는 직원들에 대해 얼마나 많이 신경 쓰고 있는지에 관해 줄곧 이야기한다.[32] 넉넉하게 제공되는 복리후생(의료보험, 퇴직 연금, 스톡옵션 등) 등을 예로 들며 그러한 배려를 자랑한다. 슐츠는 이러한 정책 덕분에 스타벅스의 이직률이 이 업종의 다른 업체들보다 낮게 유지될 수 있다고 말한다.[33] 맥도날드와 극명히 대조되는 점이다. 맥도날드는 시간제 노동자를 주로 고용하고 복리후생을 거의 제공하지 않아 자주 비난받는다. 스타벅스는 공정무역 커피에 대한 관심을 표명함으로써 커피 생산자들에 관해서도 신경을 쓰고 있다. 역시 맥도날드와 다른 점이다. 맥도날드는 광대한 면적의 토지와 쇠고기, 닭고기, 감자 등을 공급하는 생산자들을 착취한다는 비난도 자주 받는다.

그러나 이러한 주장 역시 현실보다 신화에 가깝다는 증거가 드러나고 있다. 스타벅스가 더 홍보를 잘했을 뿐이며 더 대중적인 연극을 만들었을 뿐이다. 위에서 언급한 사례들을 다시 언급하자면, 스타벅스는 종업원들을 우리에게 보여준 것만큼 대우하고 있지 않으며, 공정무역 커피 사용 비율도 매우 미미하다. 자료에 의하면 스타벅스에서 사용하는 공정무역 커피는 총 사용량의 4%도 채 안 된다. '오늘의 커피'로 공정무역 커피가 제공되는 경우는 거의 없으며, 공정무역 커피를 주문할 수 있다는 점을 널리 알리지도 않았다. 소규모 커피 농장들에 대한 스타벅스의 약속은 더욱더 현실과 거리가 먼 신화다. 다른 커피 전문점 체인들(영국의 '코스타Costa'나 '카페 네로Caffè Nero')이 오히려 공정무역 커피를 더 많이 사용하고 있다.

### '맥도날드화'를 '스타벅스화'로 대체해야 하는가?

스타벅스는 성공했고, 혁신을 이루었다. 그러나 그렇다고 해서 이 책에서 논의한 다양한 변화를 설명하기 위해 '맥도날드화' 대신 '스타벅스화'라는 용어를 사용해야 한다는 결론에 이를 수 있을까? 분명히, 절대로 그렇지 않다! 무엇보다도 맥도날드는 패스트푸드 업계의 '개척자'였고, 소비자와 소비 과정을 합리화했다. 우리는 맥도날드화를 스타벅스화로 대체할 것을 거부한다. 따라서 우리는 스타벅스의 성공이 탈맥도날드화를 가리킨다는 생각도 거부한다.

스타벅스는 명백히 맥도날드화의 원리에 부합하며 그에 따라 운영된다. 그 구체적인 내용은 다음과 같다.

- **효율성**. 고객들은 매장에서 줄을 서서 커피(때로는 약간의 음식)를 주문하고, 돈을 내고, 셀프바에 가서 구미에 맞게 크림과 설탕을 추가하고, 그러고 나면 (대개의 경우에는) 바로 나가주는 것이 예의다. 드라이브스루가 있는 스타벅스 매장은 맥도날드의 드라이브스루와

동일한 형태로 효율성을 제공한다. 커피를 내리고 고객에게 전달하는 일이 스타벅스의 주된 업무라는 점에서는, 이삼십 가지 음식과 음료수를 '만들어야 하는' 맥도날드보다 훨씬 더 효율적일 수 있다. 스타벅스에서 만든 인스턴트 커피 비아$^{VIA}$도 집이나 사무실에서 더 효율적으로 커피를 마실 수 있게 한다.

- **예측가능성.**[34] 로고, 매장,[35] 계산대, 입구의 녹색 차양, 메뉴판, 이국적인 커피들, 녹색 앞치마, 커피를 내리는 방법, 크림과 설탕 제품들이 비치되어 있는 셀프바, 우유가 종류별로 들어 있는 유리병, 그 외 제품이 놓인 진열대, 커피메이커, 머그, 책, CD 등이 진열된 선반 등, 이 모든 것들은 어느 매장에 가든 거의 동일하다.

- **계산가능성.** 저렴함을 가장하지는 않지만, 커피의 사이즈 특히 톨 (tall) 사이즈에서 양에 대한 강조가 분명히 드러난다. 스타벅스에 스몰 사이즈란 없으며, 가장 작은 사이즈가 '톨'이다! (조지 오웰의 《1984》에 나오는 '신어$^{Newspeak}$'의 전통을 훌륭하게 이어받은 듯하다.) 그 외의 사이즈로는 벤티(venti)와 그란데(grande)가 있다. 이런 사이즈 이름은 (연출된) 가짜 이탈리아어다. 그란데는 톨보다 훨씬 더 큰 사이즈라는 뜻이 분명하게 드러나는 이름이다. 에스프레소 한 잔을 기준으로 하는 '샷(shot)' 개념이나, 음료수 종류와 사이즈에 따른 (높은) 가격 또한 계산가능성에 기여한다. 맥도날드는 저렴한 가격을 강조하는 반면, 스타벅스는 사람들이 큰 금액을 지불하게 하는 데 성공했다. 일부 이색적인 커피는 4달러가 넘는다. 이 때문에 어떤 사람들은 스타벅스를 '포벅스(Fourbucks, 'buck'은 '달러'를 칭하는 속어-옮긴이)'라고 부르기도 한다.[36] 사실 높은 가격은 스타벅스가 시장에서 스스로의 위치를 고급 커피 전문점으로 설정하기 위한 노력의 일환이다. 이 역시 연극의 일환이다. 즉 스타벅스는 맥도날

드가 보여주는 저렴하고 야단스러운 쇼와는 다르다고 강조하며 세련된 고급 이미지를 연출한다.

- **무인 테크놀로지에 의한 통제.** 맥도날드와 마찬가지로 스타벅스의 시스템 역시 무인 테크놀로지를 통해 막강한 통제권을 행사한다. 예를 들어 창의적인 바리스타 대신 (거의 전적으로) 자동화된 에스프레소 머신을 사용한다. 이로써 숙련 기술과 마술은 상실된다. 또한 스타벅스의 연극이 고객들을 머무르고 싶게 할 수도 있겠지만, 앞서 보았듯 대부분의 고객은 오래 머무를 수 없다.

### 스타벅스에서 일어나는 합리성의 불합리성

맥도날드에서 나타나는 불합리성(획일화, 탈주술화, 비인간화) 대부분이 스타벅스에서도 나타나며, 비싼 가격이라는 또 한 가지 불합리성도 추가된다.

따지고 보면 향 있는 물에 불과한데, 그에 대해 고객들은 놀랄 만큼 큰 금액을 지불한다. 커피 한 잔의 가격에는 엄청난 이윤이 포함된다. 더 비싸고 더 이색적인 음료수의 경우 이윤 폭은 훨씬 더 커진다. 커피 한 잔의 이윤은 95%에 달하는 것으로 추정된다.[37] 소비자가격이 2달러가 넘는 벤티 사이즈 커피 한 잔을 만들기 위해 스타벅스가 쓰는 돈은 10센트밖에 안 된다. 칼 마르크스Karl Marx는 생산 자본주의가 지배하던 시대의 노동자 착취에 관해 이야기했지만, 이제는 (노동자도 여전히 착취당하고 있지만) 무보수 노동뿐 아니라 비정상적으로 높은 이윤과 가격 인상을 통해 이루어지는 소비자 착취로 초점을 옮겨야 한다.

스타벅스의 엄청난 성장은 스타벅스가 막대한 양의 커피콩을 사들여야 하고, 그 커피콩이 끊임없이 수송되어야 함을 뜻한다. 그런데 문제는 스타벅스가 항상 최상급의 커피콩을 구입할 수 없다는 점에 있다. 사실

최상급의 커피콩은 소량밖에 생산되지 않으므로 스타벅스의 관심 대상이 못 된다. 스타벅스는 품질이 좋은 커피를 판매하고 있다고 선전하지만 전문가들은 평범한 커피일 뿐이라고 평한다.[38]

스타벅스는 프랜차이즈화하지 않았지만, 합작 투자나 라이선스 사업 형태를 늘려가고 있다. 이 점은 스타벅스에서 프랜차이즈는 '금기어'라던 슐츠의 주장[39]과 배치된다. 스타벅스의 라이선스 매장 수는 급격히 증가했으며(세이프웨이Safeway(슈퍼마켓 체인-옮긴이), 반스앤노블 등), 현재 미국에 있는 스타벅스 중 3분의 1 이상은 직영이 아니라 라이선스 매장이다. 해외에는 본사 소유 매장보다 라이선스나 합작 투자 회사 소유의 매장이 더 많다. 라이선스 매장은 프랜차이즈 가맹점보다 본사가 통제권을 행사하기 더 어려울 수 있다.[40] 라이선스 계약을 하면서 스타벅스 제품의 품질에 관한 타협이 이루어지기도 한다.

획일성 문제는 중국에서의 폭발적인 매장 증가(2014년 기준으로 중국의 60개 도시에 스타벅스 매장이 천 개 이상 있는데,[41] 앞으로도 단기간 안에 더 빨리 증가할 것으로 보인다)에 관한 하워드 슐츠의 언급에서도 나타난다. "중국의 스타벅스 매장들도 워싱턴 파이크 플레이스에 있는 스타벅스와 똑같은 모습이다."[42] 대만에서는 스타벅스 때문에 대만 고유의 찻집이나 차 문화가 사라질까 봐 두려워하는 사람들도 있다.[43]

커피숍들이 모두 똑같아지는 현상은 미국이나 다른 나라나 마찬가지다. 그러나 최근에는 맥도날드처럼 스타벅스도 이 문제에 점점 더 민감해지고 있으며, 매장 설계를 다양화하고 지역의 분위기에 어울리게 조정하려는 시도도 늘고 있다.

스타벅스는 지역의 작고 독특한 카페들을 몰아내곤 하며, 실제로 반독점법 위반으로 제소된 적도 있다.[44] (반면 스타벅스가 좋은 품질의 커피에 대한 인식을 일깨우고, 커피 문화에 관심을 갖게 하며, 커피값을 높게 책정하는 데 있어서 선구적인 역할을 하고, 스타벅스가 확산되는 가운데 오히려 작은 카페가 생존할 수 있는 틈새를 제공한다는 점에서 소규모 카페에 도움이 된다는 견해도 있다.[45]

스타벅스와 관련된 또 다른 쟁점은 영양 가치 문제다. 크림과 설탕이 많이 들어 있는 프라푸치노 같은 음료수들이 특히 문제가 된다.[46] 프라푸치노 한 잔의 열량과 지방 함량은 맥도날드 밀크셰이크와 비슷하거나 더 높다.

아이들을 대상으로 마케팅하지 않고 아이들을 유혹해 중독성 있는 커피를 마시게 하지 않는다는 정책이 있기는 하지만, 바나나 모카 프라푸치노나 카라멜 마키아또 같은 "초심자용 음료"는 밀크셰이크나 슬러피와 비슷해서 십 대 초반의 아이들이 좋아할 수밖에 없다. 스타벅스가 틀어놓는 음악도 아이들을 스타벅스로 끌어들이는 요인이다.[47]

이는 스타벅스가 맥도날드의 성과를 바탕으로 성장한 또 한 가지 증거다. 맥도날드는 음식을 "유아화했다(infantilize)."[48] 맥도날드는 서커스장 같은 분위기를 조성하고 광대(로날드 맥도날드)와 다른 만화 같은 캐릭터('햄버글러**Hamburglar**')를 이용해 (대개) 부모를 따라 매장에 온 아이들을 현혹한다. 맥도날드의 음식들은 손으로 집어 먹을 수 있는 '핑거푸드'이고, 매우 보편적인 맛(대체로 매우 달거나 매우 짜고, 어떤 음식은 짠맛과 단맛이 한꺼번에 들어 있다)을 선사한다. 여러 장난감이나 디즈니에서 아이들을 겨냥해 만든 영화의 파생 상품을 선물로 주기도 하고 판매도 한다.

스타벅스는 성인을 대상으로 하고 대체로 성인을 겨냥한 커피 종류를 파는데, 어떻게 이런 맥도날드의 전략을 스타벅스에 적용할 수 있을까? 청소년이나 청년층이 고가의 이색적인 커피를 마시도록 하는 것이 스타벅스의 성공과 이윤 극대화의 원천이다. 스타벅스에서 파는 많은 음료수들은 매우 달고, 향이 진하며, 크림이 많이 들어 있거나 거품이 많다. 그러한 제품들은 대개 **진짜 커피를 좋아하지는 않는 사람들을 위한 커피**다. 스타벅스는 시장을 확대하기 위해 커피를 유아화했다.

요컨대, 스타벅스는 경탄할 만한 성공을 거두었지만, 그 성공은 맥도날드가 개척한 모델에 기초해 이룩한 것이다. 스타벅스가 다양한 혁신을 이루기는 했지만, 별개의 이름을 붙일 만한 새로운 모델을 만들었다기보다는 맥도날드화의 또 다른 예로 보아야 마땅하다. 이 논의에서 도출할 수 있는 가장 중요한 결론은 스타벅스화가 탈맥도날드화의 지표일 수 없다는 것이다. 단지 맥도날드화의 연장으로 보아야 할 것이다.

## 인터넷과
## 탈맥도날드화

이번에는 이베이와 이베이화, 그리고 웹 1.0에서 웹 2.0으로의 이행(이베이는 웹 2.0의 한 예다)에 관해 검토하며 이들이 탈맥도날드화 과정의 지표가 될 수 있는지 확인해보자.

### 이베이화

엘리프 이즈버크빌긴Elif Izberk-Bilgin과 아론 아후비아Aaron Ahuvia[49]는 맥도날드화가 물질 세계의 현실, 즉 사반세기 전에 존재했던 포디즘적 소비 세계를 적절히 설명하는 용어일 뿐, 지금의 현실을 잘 설명하지는 못한다고 주장한다. 그사이에 일어난 변화로는 포스트포디즘적 생산 기법, 더 파편화된 소비자 및 소비자의 취향, 더 개인화된 상품과 서비스에 대한 욕구 등을 들 수 있다. 이들은 새로운 세계를 특히 소비를 중심으로 설명하기 위한 패러다임으로 이베이화eBayization를 제안한다. 이베이화의 세 가지 기본 특성은 (맥도날드화된 패스트푸드점의 한정적인 메뉴와 대조되는) **다양성**variety, (맥도날드화된 시스템의 예측가능성과 대조되는) **예측불가능성**unpredictability, (맥도날드 같은 맥도날드화된 시스템의 중앙집중적 통제가 아닌) **시장매개통제**market-mediated control다. 적어도 인터넷과 소비에 적용하기에는 매우 매력적인 개념이다. 점점 더 많은 소비가 (그리고 다른 많은 행위도) 인터넷에서 일어난다는 점에서 볼 때, 이베이화를 우리 시대의 변화를 이끄는 전형적인 과정으로 볼 수 있다.

이베이화의 세 가지 특징이 맥도날드화를 규정하는 특징들과 다를 뿐만 아니라 맥도날드화의 강화가 아니라 맥도날드화의 약화를 가리킨다는 점에는 의심의 여지가 없다. 맥도날드화된 시스템은 다양성과 예측불가능성을 제한하거나 심지어 제거해버리고 시장을 더 잘 통제하기 위해 만들어졌고, 지금도 그런 방식으로 만들어지고 있다. 그러나 이베이화의 기본 특징들은 피상적이다. 겉에 드러난 현상의 이면을 조금만 들여다보면 그 현상을 떠받치고 있는 맥도날드화의 특징들을 발견할 수 있을 것이다. 조금 더 강하게 말하자면, 이베이의 기본 구조가 맥도날드화되었기 때문에 다양성, 예측불가능성(처럼 보이는 것), 시장매개통제(처럼 보이는 것)가 가능한 것이다.

이베이에서 제공하는 제품의 다양성은 "단조로움에 싫증 나 있던 사람들까지 깜짝 놀라게 할 정도"지만, 이즈버크빌긴과 아후비아는 그러한 다양성을 가능하게 만드는 이베이의 구조를 분석하지 않았다. 이베이의 다양한 상품 목록 이면에 맥도날드화된 구조가 있다고 상상하기란 어려울 수도 있다. 그러나 데이터베이스 자체 그리고 이베이 웹사이트에서 제공하는 구매자와 판매자 사이의 인터페이스가 바로 그러한 구조다. 다양성은 구매자와 판매자 모두에게 분명 매력적이다. 그런데 수많은 상품들을 효율적 검색이 가능한 하나의 공간으로 통합하는 맥도날드화된 데이터베이스와 웹사이트가 없다면 그러한 다양성을 처리할 수 없다. 넓은 범위에 걸쳐 쏟아져 들어오는 상품 등록을 분류하고, 검색 가능하게 하고, 상품 등록과 주문을 용이하게 하는 맥도날드화된 구조가 없다면, 이베이의 다양성은 바로 혼돈에 빠질 것이다.

이베이에 예측불가능성이 있는 것은 사실이다. 그러나 다양성과 마찬가지로 예측불가능성 역시 고도로 맥도날드화된 구조 때문에 존재할 수 있다. 맥도날드화된 구조를 갖지 않았더라면, 이베이에서 볼 수 있는 희귀하고 독특한 제품들이 적어도 그렇게 많이 그렇게 다양한 소비자에게 판매되기란 불가능할 것이다. 이베이에서는 특정 품목에 더 많은 공간을 할애하지 않으며 특정 상품에 대한 프로모션도 없다. 데이터베이스에 있는 각 품목은 개수가 정해져 있는 키워드에 의해 검색되며, 화면에 나타나는 레이아웃은 모든 품목이 거의 동일하다. 그 레이아웃을 사용자가 임의로 조정할 수 있는 방법은 다양하지 않고 한정적이다. 따라서 이베이에서 나타나는 예측불가능성은 그것을 둘러싸고 있는 예측가능성의 구조와 틀이 용인하는 만큼의 예측불가능성일 뿐이다.

더 나아가, 예측불가능성이 없었다면 고도로 탈주술화되었을 시스템인데, 이와 같이 제한된 예측불가능성이라도 있기 때문에 '주술화'가 가능하다고 주장할 수도 있을 것이다. 맥도날드화된 시스템은 종종 합리화된 본질을 숨기고 그 주변을 주술과 마술로 둘러쌈으로써 사람들이 더 받아들이기 쉽게 만든다.[50] 이베이의 표면적 예측불가능성도 비슷한 역할을 한다. 소비자들은 상품 자체의 예측불가능성과 싼값에 물건을 살 수 있다는 예측불가능성 모두에 이끌린다. 이 그럴듯한 마술은 이베이가 본질적으로 맥도날드화되어 있다는 사실을 알아보기 어렵게 만들고, 맥도날드화된 이베이를 수용하게 만든다.

시장매개통제는 맥도날드가 이용하는 중앙집중적 통제 전략에 대한 대안이다.[51] 그러나 '통제'라는 관점에서 보면 이베이에서 시장이 매개한다는 것이 무슨 뜻인지 의문이 생긴다. 시장이란 '자유롭다'는 것을 전제로 한다. 그러나 이베이의 구조는 여러모로 그런 자유로움을 제한한다.

다른 사용자의 물건을 사거나 다른 사용자에게 물건을 파는 데 따르는 위험을 감수할지에 대한 결정은 사용자의 몫이다. 그러나 이베이는 그러한 거래에 내재된 위험 때문에 주저하는 사람들의 두려움을 해소해주려고 한다. 이를 위한 방법이 바로 구매자에게 판매자의 신뢰도와 특정 거래의 잠재적 위험을 판단할 수 있는 숫자를 보여주는 사용자 등급 시스템이다. 다른 사용자들의 불만 사항을 취합하는 표준화된 절차도 있다. 이는 구매자와 판매자가 서로의 신뢰도를 평가하는 또 다른 수단(접수된 불만의 개수)이 된다. 이런 일들은 이베이라는 자유시장에 대한 개입이지만, 표면적으로 예측불가능해 보이는 세계에서 사용자에게 상당한 예측가능성을 제공하기도 한다.

### 맥도날드화의 이베이화?

이베이의 주된 목적은 수익을 내고, 수익을 극대화하는 것이다. 따라서 효율적이라야 한다. 모든 자본주의적 기업의 목적은 수익이지만, 최대의 수익성을 달성하기 위한 수단이 겉으로 드러나는 모습은 그 기업을 둘러싼 맥락에 따라 상당히 다를 수 있다. 이베이가 수익성을 달성하기 위한 수단은 가능한 한 많은 상품이 데이터베이스에 등록되도록 하고, 이를 통해 많은 품목의 판매 가능성을 높이는 것이다. 데이터베이스에 등록된 상품을 효율적으로 판매하려면, 가능한 한 많은 잠재 판매자와 잠재 구매자의 관심을 끌어내 그들이 관련된 정보를 사이트에 등록하게 하고, 데이터베이스와 장시간 상호작용하게 하며, 상품 등록에서 판매에 이르는 절차를 쉽고 안전하게 만들어야 한다. 등록과 판매 절차가 쉬워지면 더 많은 사용자들이 판매할 상품을 등록하거나 다른 사람이 올려놓은 상품을 구매하게 된다.

이베이가 판매 품목과 가격에서 볼 수 있는 의외성으로 인해 예측불가능한 것은 사실이지만, 각 품목을 등록하고 판매하는 과정은 고도로 예측가능하다. 상품 정보 각각의 외양도 전적으로 예측가능하다. 목록의 각 칸에 들어 있는 내용은 서로 다를지라도, 칸 자체는 언제나 똑같다. 사용자가 특정 카테고리 안에서 검색할 때 나타나는 필터들도 예측가능하기는 마찬가지다. 예를 들어 '의류'를 검색할 때에 그중 원하는 상품들만 걸러내서 보려면 이베이가 미리 정해놓은 '사이즈', '컬러', '스타일', '브랜드', '제품 상태'라는 필터를 사용하게 된다.

무엇을 검색하든 그 결과 최상단에 이른바 '파워셀러PowerSeller'가 내놓은 상품이 올라온다는 사실 또한 예측가능성을 더욱 높인다. 파워셀러가 되려면 최근 12개월 동안 100건 이상의 거래를 통해 3천 달러어치 이상을 판매한 후 수수료를 내야 한다. 또한 그 기간 동안의 구매 만족도가 98% 이상이라야 한다. 파워셀러 제도는 헌신적이고 예측가능한 이베이 판매자라면 검색 결과 목록에서 최상단에 나타나 더 많은 사람들에게 노출될 수 있음을 보장한다. 이베이의 판매자가 의외의 물건을 싸게 구할 수 있는 주말 중고 장터 이미지에 부합하는 일은 점점 더 드물어진다.

계산가능성의 측면에서, 구매자는 이베이 모델을 통해 엄청나게 많은 수의 상품을 볼 수 있다. 또한 각 판매자는 상품을 등록할 때 등록 수수료를, 상품이 팔렸을 때는 낙찰 수수료를 지불한다. 이베이 웹사이트에는 평균 가격, 전체 가격 범위, 최근 3주 동안 특정 카테고리에서 판매된 상품 수에 기반해 적정 가격을 산출해주는 도구도 있다. 품목, 카테고리, 사용자 모두 각각의 알고리즘에 따라 부호화되며, 이 복잡한 전산 처리 과정이 있기에 데이터베이스에서 즉시 품목, 판매 조건, 사용자를 확인할 수 있다. 기본적으로 제공되는 상품 정보에서는 설정할 수 있는 카테고리 수를 제한하고 있으므로, 이베이는 판매자들에게 수수료를 내고 그 이상의 카테고리를 설정해 상품이 더 잘 검색되도록 하라고 권유한다. 또한 판매자는 특정 사용자 이름을 입력해 그 사용자가 자신이 등록한 상품 정보를 보지 못하도록 차단할 수 있다. 그렇게 차단된 사용자들은 특정 알고리즘을 통해 데이터베이스에서 확인된다. 더 일반적으로 말하자면, 이베이가 중요하게 생각하는 것은 등록, 판매되는 상품 수와 사용자 수의 극대화다.

　매우 다양한 품목을 판매, 교환, 무료 증정하는 다른 웹사이트들(예를 들면 www.freecycle.com)도 있으며, 그중에는 이베이만큼 맥도날드화되지 않은 곳도 있다. 그러나 그런 웹사이트들이 영향력을 강화하거나 넓히고자 한다면, 맥도날드와 이베이가 합리화를 꾀한 방법처럼 근본 구조를 맥도날드화해야 할 것이다. 이베이화의 가설은 상당 부분 수정되어야 한다. 사용자가 발생시킨 다양성은 이베이의 합리화된 구조와 공존할 뿐만 아니라, 바로 그 합리화된 구조 때문에 존재할 수 있다. 요컨대, 이베이는 (최소한 그 근본적인 구조는) 맥도날드화되어 있으며, 따라서 탈맥도날드화의 지표로 간주되어서는 안 된다.

### 웹 1.0과 웹 2.0*

　웹 1.0은 초창기 10년 동안(1990년대)의 인터넷을 일컫는 용어다. 이 책이 쓰이고 있는 현재의 인터넷은 웹 2.0이라고 할 수 있다. 그러나 여기서는 웹 1.0과 웹 2.0을 시간적으로 중첩되는 현상으로 볼 것이다. **웹 2.0을 정의하고 웹 2.0을 웹 1.0과 차별화하는 지점은 사용자 생성 콘텐츠의 폭발적 증가다. 웹 1.0의 콘텐츠는 대부분 공급자 생성 콘텐츠였다.**

---

* 이 절은 네이션 저겐슨**Nathan Jurgenson**과 함께 썼으며, 부분적으로 George Ritzer and Nathan Jurgenson. "Production, Consumption, Prosumption: The Nature of Capitalism in the Age of the Digital Prosumer." *Journal of Consumer Culture* 10, no. 1 (2010): 13-36에 기초하고 있다.

애플 스토어처럼 콘텐츠와 사용자의 쇼핑을 '지시하는' 온라인 쇼핑몰이 콘텐츠 웹 1.0의 예다. 콘텐츠 제작은 전문가들이 하고 사용자들은 제작된 텔레비전과 영화 콘텐츠를 스트리밍 서비스로 보기만 하는 넷플릭스도 마찬가지다. 이와 대조적으로 웹 2.0에서는 시스템을 만든 사람들에게 부여되는 권한이 훨씬 줄어들고 사용자들에게 더 많은 권한을 부여한다. 웹사이트마다 정도의 차이는 있지만, 웹 2.0 형태의 웹사이트들, 또는 적어도 그 내용은 사용자에 의해 만들어진다. 웹 2.0은 다른 사람들과 교류할 수 있는 능력을 크게 신장하며, 이 때문에 이른바 소셜 미디어가 증가한다. 웹 2.0을 소비자와 생산자 사이의 경계가 무너지면서 프로슈머의 대두를 이끌었다는 점에 주목해 설명하기도 한다. 즉, 웹 2.0에서는 소비도 생산도 모두 사용자가 한다. 예를 들어, 페이스북에서 프로필과 인적 네트워크는 사용자에 의해 생산되고 사용자에 의해 소비된다. 웹 2.0과 사용자 생산 콘텐츠(따라서 프로슈머)의 중심성을 보여주는 대표적인 예는 다음과 같다.

- 위키피디아: 사용자들이 글을 쓰고 편집한다.
- 페이스북, 트위터, 핀터레스트Pinterest를 비롯한 SNS: 사용자들이 프로필을 만들고 서로 상호작용하며 커뮤니티를 형성한다.
- 워드프레스WordPress, 블로거Blogger, 텀블러Tumblr와 같은 블로그 플랫폼: 참여자들이 블로그의 독자이자 필자다.
- 이베이, 크레이그리스트, 엣시Etsy, 킥스타터Kickstarter: 구매자와 판매자에 의해 시장이 만들어진다.
- 유튜브, 플리커 등 미디어 콘텐츠 공유 사이트: 동영상과 사진을 업로드하고 다운로드하는 사람들 대부분이 아마추어다.
- 리눅스: 오픈소스 운영체제로 무료이며 협력적으로 구축된다. 모질

라 파이어폭스<sup>Mozilla Firefox</sup>처럼 사용자들이 만들고 유지 관리하는 오
픈소스 소프트웨어들도 웹 2.0의 사례다.

소셜 미디어와 사용자 생성 콘텐츠의 폭발적 증가는 인터넷의 모습을
완전히 뒤바꾸어놓았다. 이 변화의 본질, 즉 웹 2.0이 왜 새롭고 왜 독특
한지를 설명하는 방법은 여러 가지다. 여러 사람의 생각을 모으면 한 사
람이 생각하는 것보다 낫다는('대중의 지혜') 대중주의적<sup>populist</sup> 견해, 대중의
자기표현이 가지는 생산성과 독창성을 강조하는 견해, 온라인의 장벽과
구조를 무너뜨림으로써 얻을 수 있는 이점을 강조하는 사이버자유주의
<sup>cyber-libertarianism</sup> 등이 그 예다.

패스트푸드점과 같은 물리적 실체와 마찬가지로 웹 1.0은 고도로 맥도
날드화되어 있다. 웹 1.0 형태의 웹사이트들은 범용 모델로 구축되며, 그
웹사이트를 소유하고, 관리하며, 그 웹사이트에서 일하는 사람들의 관점
에서 만들어진다. 물론 그렇게 하면 매우 효율적으로 만들고, 유지하고,
사용할 수 있는 웹사이트를 만들 수 있다.

웹 1.0에서는 웹사이트의 예측가능성이 높으므로 사용자의 효율성도
높아진다. 콘텐츠가 예측가능한 하향식 패턴을 따르므로 시공간이 달라
지더라도 변화가 거의 없다. 야후나 AOL 서비스 같은 웹 1.0 사이트들은
여기저기에 있고 어디에서나 동일한 모습을 띠고 있으므로, 서로 다른,
혹은 변화무쌍한 웹사이트를 방문할 때 발생할 수 있는 비효율성이 제거
된다. 웹 1.0에서는 사용자가 선택할 수 있는 여지가 한정적이거나 아예
존재하지 않기 때문에 예측가능성이 높고, 웹사이트를 관리하기도 편하
다. 맥도날드화된 시스템에서 예측불가능성의 주된 원천은 인간의 행동
인데, 이런 웹사이트에서는 (웹 2.0에서와 달리) 그 원천 자체가 거의 모두
제거된다. 게다가 일단 한번 웹사이트가 만들어지고 나면 영원히 그대로

유지될 수 있으므로 웹사이트의 개설자와 사용자 관점에서 볼 때 예측가
능성이 더욱 강화된다.

웹 1.0에서는 계산가능성이 아무런 문제도 되지 않는다. 웹사이트 관
리자가 사용자들의 행태를 쉽게 모니터링할 수 있고, 사용자 수, 사용 방
식 등의 변수를 정확히 계산할 수 있기 때문이다. 사용자들도 어떤 웹사
이트를 사용하면 시간을 가장 효율적으로 쓸 수 있을지 비교할 수 있다.

물론 웹 1.0은 거의 전적으로 웹사이트 자체에 의해, 즉 사실상 무인 테
크놀로지에 의해 통제된다. 웹사이트는 사용자가 웹사이트에서 하는 행
동을 통제하고, 사용자에게 선택의 여지를 거의 주지 않는다. 웹 1.0 사이
트들은 대체로 자주 변경되지 않으므로, 현상 유지만 하면 되고 사이트에서
콘텐츠를 생산하는 사람들만 통제하면 된다.

따라서 웹 1.0이 고도로 맥도날드화되어 있음은 분명하다. 그런데 그
정도로 맥도날드화된 것은 모두 합리성의 불합리성을 피할 수 없다. 이
경우 가장 두드러진 불합리성은 비인간화다. 웹 1.0에서 작업하는 사람들
은 할 수 있는 일이 매우 제한되어 있다. 사이트를 개선하거나 사용자의
요구나 불만을 충분히 해결해주기 위해 인간의 창의성을 충분히 발휘할
수 없다. 사용자 입장에서 보더라도 이 웹사이트들은 대체로 비인간적이
어서 설계자나 운영자가 의도한 방식으로만 사용할 수 있으며, 사용자 자
신의 기술이나 역량으로 사이트를 바꾸거나 고도의 창의성을 발휘해 사
이트를 활용할 수 없다. 또한 웹사이트의 구조가 상대적으로 비협력적인
방식으로 짜여 있다. 웹 1.0은 웹사이트에서 일하는 사람이나 웹사이트를
이용하는 사용자 모두의 기술과 역량을 제대로 활용하지 못하고 낭비한
다는 점에서 불합리하다. 합리성의 불합리성이다. 웹 2.0이 웹 1.0에 비해
크게 유리한 점은 바로 사용자의 기술과 역량을 활용한다는 점이다. 어떤
의미에서, 웹 2.0은 웹 1.0이 갖는 합리성의 불합리성을 감소시키거나 제

거했다. 또 다른 의미에서, 웹 2.0은 시스템의 기본 기능은 위태롭게 하지 않으면서 사이트 이용자로부터 최대한 많은 것을 얻어낼 수 있는 방법을 알아냄으로써 시스템의 합리성을 크게 높였다. 따라서, 웹 2.0을(특히 수익을 증대하기 위한) 합리화의 진전된 단계로 볼 수 있다. 그러나 웹 2.0이 맥도날드화의 원리에 완전히 포섭되지 않았으며, 따라서 어느 정도는 탈맥도날드화 경향을 시사한다고 볼 수도 있다.

## 웹은
## 탈맥도날드화되고 있는가?

웹 2.0은 여러모로, 특히 사용자 입장에서 웹 1.0보다 덜 효율적이다. 소셜네트워크사이트, 블로그나 마이크로블로그(트위터)에서 콘텐츠를 생산하고, 다른 사람의 블로그에 댓글을 쓰고, 아마존이나 옐프에 후기를 쓰고, 이베이에서 상품들을 훑어보는 데 사용자가 쓰는 시간과 에너지는 웹 1.0에서 사용자가 들이는 시간과 에너지보다 훨씬 많다. 웹 2.0에서는 사용자가 생산해야 하는 정보의 양이 매우 많기 때문에, 사이트를 개설한 쪽에서 콘텐츠를 생산하는 웹 1.0만큼 효율적이지 않을 때가 많은 것이다. 웹 2.0은 대중의 온라인 콘텐츠 생산능력을 전제로 하는데, 효율적인 시스템이라는 관점에서 볼 때 웹 2.0에서 일어나는 프로필, 후기, 댓글, 의견, 소식, 사진, 동영상의 범람은 일종의 낭비로 보인다. 얼마나 많은 사용자가 콘텐츠를 생산하고, 그들이 콘텐츠를 생산하는 데 얼마나 많은 시간을 쏟았는지는 중요하지 않다. 그보다는 (위키피디아 등 웹 2.0 콘텐츠의 신뢰도에 대한 논쟁은 차치하더라도) 그들이 생산한 산출물의 질이 문제다. 웹 2.0이 투입된 시간이나 노력의 양과 관계없이 산출물만 중요하게 여긴다는 점은 웹 2.0에서 나타나는 상대적 비효율성의 한 예다.[52]

이런 모든 특징은 웹 1.0 사이트보다 웹 2.0 사이트에서 예측**불가능**한 일이 훨씬 더 많이 발생함을 말해준다. 이베이화와 마찬가지로, 많은 웹 2.0 사이트도 근본적인 구조는 (예를 들어 페이스북 페이지도 본질적으로는) 예측가능하다. 그러나 특정 페이지에 도달하는 길은 대체로 불규칙적이고 예측불가능하다. 한계가 있기는 해도 사이트마다 다르고 대체로 범위가 너무 넓어서, 사용자가 웹 2.0 사이트에 접속할 때 무엇을 보게 될지를 예측하기란 대개 불가능하다.

웹 2.0 사이트에서 일어나고 있는 일을 정확하게 양적으로 계산해내기도 매우 어렵다. 너무나 많은 일이 일어나고 있고, 그 형태 또한 매우 다양하다는 점도 부분적인 원인이다. 더구나 웹 1.0 사이트에서 일어나는 일이 객관적인 사안(누군가가 무엇을 주문했다거나, 지불 금액이 얼마라는 등)에 한정되어 있는 반면 웹 2.0에서는 개인적인 메시지나 사진처럼 훨씬 더 주관적인 정보가 허용되고, 사실상 그 웹사이트의 본질 자체가 그러한 주관적 정보 교류인 경우도 있다. 그런 사안들을 수량화할 수 없다고까지는 말할 수 없겠지만, 수량화가 훨씬 더 힘든 것은 사실이다.

웹 2.0에도 분명 컴퓨터 같은 무인 테크놀로지가 동원되며, 웹사이트 자체도 일종의 무인 테크놀로지다. 그러나 인간 사용자가 직접 콘텐츠를 다룰 수 있는 여지는 웹 1.0보다 웹 2.0에서 훨씬 더 크며, 그러한 인간 사용자의 역할이 웹 2.0의 핵심 요소이기도 하다. 웹 1.0 사이트는 중앙에서 고안하고 사전에 구조화하며 사용자에 의한 조작과 변경의 영향을 거의 받지 않지만, 웹 2.0 사이트는 사용자가 수많은 방법으로 사이트를 조작하고 변경할 수 있고, 사실상 그렇게 해야만 한다는 생각에 기초한다. 다시 말해 웹 1.0에서는 테크놀로지가 인간을 완전히 통제했던 반면, 웹 2.0에서는 인간이 테크놀로지에 대한 통제권의 일부를 되찾아왔다.

이 점은 합리성의 불합리성이라는 쟁점을 다시 제기하며, (패스트푸드점 같은 물리적 현실에서 나타나는 불합리성은 말할 것도 없고) 웹 1.0과 비교할 때 웹 2.0이 그러한 불합리성, 특히 비인간화 경향을 줄이거나 제거하는 데 기여했다는 결론에 이르게 한다. 웹 2.0은 분명 웹 1.0에 비해 훨씬 더 인간적인 테크놀로지다. 사용자의 기술과 역량을 충분히 활용한다는 점에서 웹 2.0이 웹 1.0보다 훨씬 더 '이성적인' 시스템이라고 주장할 수도 있다. 사용자의 행동이 웹 1.0에서처럼 사전에 결정되어 있지도 않고, 더 창의적인 행동도 가능하다.

그렇다면, 최소한 웹 1.0과 비교해볼 때, 전반적으로 웹 2.0은 인터넷의 **탈맥도날드화**를 일으키고 있다고 볼 수 있다. 이는 맥도날드화가 끝없이 확대될 것이라는 주장과 배치된다. 사용자 생성 콘텐츠 때문에 웹 2.0은 계산가능성, 효율성, 예측가능성, 무인 테크놀로지를 통한 통제력을 일정 정도는 상실했다. 그러나 이러한 특성들, 그리고 더 일반적으로 맥도날드화가 웹 2.0에서 완전히 사라진 것은 아니다. 이베이나 페이스북 같은 웹 2.0 사이트에서 콘텐츠는 개인화되고 창의적으로 생산될 수 있을지 몰라도, 그 사이트들, 특히 그 근본적인 구조에는 맥도날드화 현상이 (앞에서 이베이의 사례에 관해 살펴보았듯이) 여전히 남아 있다. 예를 들어 무보수 프로슈머들이 창출하는 가치의 활용을 기반으로 한 페이스북의 숨겨진 수익 모델은 그 효율성을 보여준다.

페이스북은 무인 테크놀로지를 통해 통제권을 행사하며, 인간관계와 자아에까지 전례 없이 테크놀로지를 침투시킨다. 일례로 페이스북은 프로필 형식을 통해 사회적 관계망을 구조화한다. 누군가의 '담벼락'에 글을 쓰고, 페이스북 '친구들'이 프로필을 수정할 때마다 업데이트 알림을 받는 등 페이스북에서의 상호작용은 사전에 정해져 있는 원칙과 구조에 따라 이루어지며 그 원칙과 구조는 중앙에서 통제한다. 페이스북이 정해 놓은 체크박스 중 하나를 선택하면 그것이 나의 정체성이 된다. 따라서 모든 사람의 프로필 페이지가 비슷해진다. 페이스북에 접속하면 처음에 보게 되는 '뉴스피드'는 더 중요하다. 뉴스피드는 각 사용자가 '좋아요'를 누를 만한 게시물을 예측하는 알고리즘에 따라 화면에 나타나며, 사용자들이 페이스북에 오래 머물게 만든다. 페이스북이 등장하기 전 인기 있는 소셜네트워크사이트였던 마이스페이스^Myspace는 (역시 웹 2.0의 특징을 많이 가지고 있었지만) 페이스북과 달리 웹디자인 전문가가 아닌 사용자들에게 각자 페이지를 임의대로 디자인할 재량을 부여했기 때문에 페이스북에 시장의 대부분을 빼앗겼다. 다시 말해 마이스페이스의 구조는 페이스북만큼 맥도날드화되어 있지 않았고, 그 결과 마이스페이스의 프로필은 검색하기 어려운 경우가 많았던 것이다. 이에 반해 페이스북의 프로필은 훨씬 더 통일된 모습을 띤다. 페이스북은 더 많은 구조를 부과해 깔끔하고 사용자 친화적인 인터페이스를 제공하고, 더 많은 콘텐츠를 게시하도록 고무한다. 온라인 소셜네트워킹과 디지털화된 자아 표출 과정을 구조화한다는 점에서, 페이스북에서 사람들 사이의 교류는 맥도날드화되었다.

그렇다고 해서 페이스북이 허용하는 사용자 설정 기능의 중요성을 폄하하려는 것은 아니다. 페이스북은 인간관계를 맥도날드화하기도 하지만, 인터넷에서의 경험을 탈맥도날드화하기도 한다. 페이스북은 사회적 상호작용을 증가시켜 웹을 더 인간적으로 만든다. (예측불가능한) 사람들 사이의 상호작용이므로 그 경험은 고도로 예측불가능하다. 페이스북은 '좋아요'와 '공유' 횟수를 가지고 그러한 상호작용의 수량화를 시도하지만, 사실상 인간 사이의 상호작용을 수량화하기란 거의 불가능하다. 페이스북은 멀리 사는 친구들과 효율적으로 연락할 수 있게 해준다. 그러나 예전 같으면 잃어버렸을 사회적 관계를 유지할 수 있게 되면 더 많은 사람과 교류해야 한다는 점에서 고도로 비효율적이라고 볼 수도 있다. 페이스북에 사진을 업로드하고 사람들과 교류하는 데 엄청난 시간과 에너지를 쓰게 된다는 점 또한 비효율적이다.

이제까지의 논의에서 명확해진 점 중 하나는 변화된 인터넷 환경에서도 맥도날드화된 요소가 사라지지는 않았지만 웹 2.0이 웹 1.0보다는 덜 맥도날드화되었다는 것이다. 또 한 가지, 웹 2.0이 단일 현상인 것처럼 논의되어왔지만 웹사이트들(예를 들어 페이스북과 마이스페이스) 사이에 큰 차이가 있다는 점도 분명하다.

웹 1.0과 웹 2.0에 관한 이 같은 분석은 '거대 담론'으로서의 맥도날드화, 그리고 우리가 사회의 맥도날드화 현상을 앞으로도 계속해서 보게 될 것이라는 생각에 대한 일종의 검증 작업이다. 웹 2.0이 웹 1.0보다 최근에 나타난 현상이며 전반적으로 사회에 미치고 있는 영향이 커가고 있는 만큼, 논리적으로는 웹 2.0이 웹 1.0보다 더 맥도날드화되었어야 한다. 그런데 실제로는 (적어도 표면상) 웹 2.0이 웹 1.0보다 훨씬 덜 맥도날드화되었다는 사실은 맥도날드화 명제에 문제를 제기한다.

이는 이 책의 결론, 그리고 맥도날드화와 탈맥도날드화에 관한 이 논의의 결론을 더 섬세하게 만든다. 이베이화의 사례에서 보았듯이, 맥도날드화 과정은 웹 2.0의 기본 구조에서 더 급속히 일어나고 있다. 역설적이게도, 그러한 맥도날드화가 표면적으로는 탈맥도날드화로 나타난다. 단순히 모든 층위에서 맥도날드화가 끊임없이 확대되고 강화된다는 하나의 거대 담론이 아니라 그보다 더 복잡한 결론에 이르게 되는 것이다. 맥도날드화는 패스트푸드점과 같은 물질 세계를 분석하기 위해 개발된 명제인데 디지털 세계, 특히 웹 2.0이 만들어낸 더 진보된 디지털 세계는 물질 세계와 매우 다른 공간이므로, 이러한 변화는 놀랍지 않다. 새로운 맥락 속에서 맥도날드화 명제가 수정되어야 하는 것은 당연하다. 오히려 수정이 필요 없다면 놀라울 일이다. 표면에서의 탈맥도날드화와 그 이면의 맥도날드화의 구별이 특히 인터넷의 미래(웹 3.0, 혹은 다른 어떤 이름으로 불리든 간에), 더 일반적으로 이 사회의 미래를 설명하는 데에도 유용할지는 입증되어야 할 과제다.

## 1장

1 이와 유사하지만 여기서보다 좁은 영역을 다룬 Benjamin R. Barber. "Jihad vs. McWorld." *The Atlantic Monthly*, March 1992, pp. 53-63와 Barber, *Jihad vs. McWorld*. New York: Times Books, 1995(국역본《지하드 대 맥월드》, 문화디자인, 2003)를 참고하라. 또한 바버가 논의한 갈등에 관한 더 대중적인 논의를 Thomas L. Friedman. *The Lexus and the Olive Tree: Understanding Globalization*. New York: Farrar, Straus, and Giroux, 1999(국역본《렉서스와 올리브나무》, 21세기북스, 2009)에서도 볼 수 있다.

2 이 점에서 이 책은 패스트푸드 산업에 관한 논의를 위해 맥도날드에 주목한 Eric Schlosser (2001)의 베스트셀러 *Fast Food Nation*(Boston: Houghton Mifflin)(국역본《패스트푸드의 제국》, 에코리브르, 2001)과 대조된다.

3 1993년에 이 책의 초판이 발행된 이후 맥도날드화라는 용어는 어느 정도 학문적 그리고 대중적인 용어가 되었다. 예를 들어 학술적 저술로는 Dennis Hayes and Robin Wynyard, eds. *The McDonaldization of Higher Education*. Westport, CT: Bergin and Garvey, 2002; John Drane. *The McDonaldization of the Church: Consumer Culture and the Church's Future*. London: Smyth and Helwys, 2012; C. Christopher Smith, John Pattison, and Jonathan Wilson-Hartgrove. *Slow Church*. Downers Grove, IL: Inter Varsity Press, 2014(국역본《슬로처치》, 새물결플러스, 2015); John Drane. *After McDonaldization: Mission, Ministry, and Christian Discipleship in an Age of Uncertainty*. Grand Rapids, MI: Baker Academic, 2008; Bridgette Jackson. *Drive Thru Teachers: The McDonaldization of the Classroom Teacher*. Suwanee, GA: Faith Books and More, 2012; Donna Dustin. *The McDonaldization of Social Work*. Farnham, Surrey, UK: Ashgate, 2008; Robert Dirks. *Come and Get it: McDonaldization and the Disappearance of Local Food From a Central Illinois Community*. Bloomington, IL: McLean County Historical Society, 2011; Barry Smart, ed. *Resisting McDonaldization*. London: Sage, 1999; Mark Alfino, John Caputo,

and Robin Wynyard, eds. *McDonaldization Revisited*. Westport, CT; Greenwood, 1998; 맥도날드화를 특집으로 다룬 네덜란드 저널 *Sociale Wetenschappen* vol.4, 1996; 필자가 편집한 *McDonaldization: The Reader*, 3rd ed. Thousand Oaks, CA: Sage, 2010에 실린 논문들; 역시 필자가 편집한 *Amirican Behavioral Scientist*의 "맥도날드화: 시카고, 미국, 세계"라는 제목의 특별호(October, 2003) 등에서 맥도날드화를 다루고 있다. 대중매체에서도 맥도날드화가 언급되는 경우가 많다. 가장 최근의 예를 www.huffingtonpost.com/2014/04/24/mcdonalds-protest-art_n_4981799.html?utm_hp_ref=food&ir-Food에서 볼 수 있다.

4   알란 브라이먼은 디즈니화Disneyization라는 용어를 제시하면서 맥도날드화와 동일한 방식으로 "디즈니화란 디즈니 테마파크의 원리가 미국 사회와 전 세계의 점점 더 많은 부문을 지배하게 되는 과정"이라고 정의했다(26쪽). Alan Bryman. "The Disneyization of Society." *Sociological Review* 47 (February 1999): 25-47; Alan Bryman. *The Disneyization of Society*. London: Sage, 2004 참조.

5   George Ritzer, ed. *McDonaldization: The Reader*, 3rd ed. Thousand Oaks, CA: Sage, 2010 참조.

6   Nancy Folbre. "The 300 Billionth Burger." *New York Times*, July 22, 2013.

7   위의 글.

8   www.aboutmcdonalds.com/content/dam/AboutMcDonalds/Investors/McDs2013 AnnualReport.pdf

9   위의 글.

10  www.datapointed.net/2010/10/the-farthest-place-from-mcdonalds-lower-48-states/

11  Martin Plimmer. "This Demi-Paradise: Martin Plimmer Finds Food in the Fast Lane Is Not to His Taste." *Independent* (London), January 3, 1998.

12  www.aboutmcdonalds.com/content/dam/AboutMcDonalds/Investors/McDs2013 AnnualReport.pdf

13  McDonald's 2008 Annual Report.

14  www.statista.com/statistics/190317/

15  International Franchise Association: www.franchise.org

16  2008년, 맥도날드는 1571개의 회사 소유 매장을 개발라이선스 보유자들에게 매각했다. 또한 2010년까지 1000~1500개를 리프랜차이징한다는 목표 아래 2008년에만 675개의 매장을 리프랜차이징하기로 했다(나머지는 회사 소유 매장 또는 계열사 형태다. 맥도날드 2008년 연차 보고서 참조). 맥도날드는 1998년 덴버를 근거지로 한 치폴레(1993년에 시작된 멕시코풍 패스트푸드점-옮긴이) 체인에 투자했으며, 2001년에 최대 투자자가 되었다. 당시 치폴레는 15개 점포를 가지고 있었는데 맥도날드가 지분을 처분한 2006년 10월 13일에는 점포 수가 500개 이상이 되었다. 2008년 맥도날드는 보스턴마켓(1984년 보스턴치킨이라는 이름으로 창업한 미국 패스트 캐주얼 레스토랑 체인-옮긴이), 프레타망제(영국 홈메이드 스타일 샌드위치 체인-옮긴이), 레드박스(DVD, 게임 대여 자동판매기 서비스 업체-옮긴이)의 지분도 처분했다.

17  얌브랜즈 웹사이트: www.yum.com

18  얌브랜즈 20013 연차 보고서: www.yum.com/annualreport

19  서브웨이 웹사이트: www.world.subway.com

20  서브웨이 보도자료: "Subway Restaurants Named Number One Franchise." January, 2003.

21  Janet Adamy. "For Subway, Anywhere Is Possible Franchise Site." *Wall Street Journal Online*, September 1, 2006.

22  Alex Vadukul. "Cashing in on Halal Street-Food Cred, All the Way to the Strip Mall." *New York Times*, June 15, 2014.

23  http://finance.yahoo.com/blogs/daily-ticker/1-500-people-waited-in-a-seven-hour-line-

to-get-a-shake-shack-burger--would-you

24  Glenn Collins. "A Big Mac Strategy at Porterhouse Prices." *New York Times*, August 13, 1996.

25  위의 글.

26  위의 글.

27  모턴스와 유사한 고가 스테이크 전문점 체인인 루스 크리스**Ruth's Chris**는 다소 지나친 자의식으로 "우리는 맥도날드 방식을 따르지 않는다"고 부르짖는다(Glenn Collins. "A Big Mac Strategy at Porterhouse Prices." *New York Times*, August 13, 1996). (의심스럽기는 하지만) 설사 그 말이 사실이라 할지라도, 그렇게 주장한다는 것 자체가 이런 종류의 식당들이 모두 긍정적으로든 부정적으로든 맥도날드가 설정한 기준에 따라 스스로를 규정하려 한다는 사실을 분명히 보여준다.

28  Timothy Egan. "Big Chains Are Joining Manhattan's Toy Wars." *New York Times*, December 8, 1990.

29  Stacey Burling. "Health Club...for Kids." *Washington Post*, November 21, 1991.

30  Andrew Adam Newman. "A Place to Camp, and Make Memories." *New York Times*, June 18. 2014.

31  Tamar Lewin. "Small Tots, Big Biz." *New York Times Magazine*, January 19, 1989.

32  www.curves.com/about-curves; Lauren L. O'Toole. "McDonald's at the Gym? A Tale of Two Curves." *Qualitative Sociology* 32 (2009): 75-91.

33  Maik Huttinger and Vincentas Rolandas Giedraitis. "Ryanization: How One European Airline Exemplifies the 'McDonaldization' Model." *Ekonomika/Economics* 89 (2010): 123-132.

34  www.aboutmcdonalds.com/content/dam/AboutMcDonalds/Investors/McDs2013 AnnualReport.pdf

35  www.aboutmcdonalds.com/content/dam/AboutMcDonalds/Investors/McDs2013 AnnualReport.pdf

36  Mike Ives. "McDonald's Opens in Vietnam, Bringing Big Mac to Fans of Banh Mi." *New York Times*, February 8, 2014.

37  www.mcdonalds.co.jp

38  http://www.chinaretailnews.com/2014/04/21/7055-fast-growth-equals-more-fast-food-for-mcdonalds-in-china/; www.reuters.com/article/2013/10/28/us-china-fastfood-idUSBRE99Q0CC20131028

39  www.yum.com/brands/china.asp

40  www.bloomberg.com/news/2011-01-26/mcdonald-s-no-match-for-kfc-in-china-where-colonel-sanders-rules-fast-food.html

41  Michael Steinberger. "Can Anyone Save French Food?" *New York Times*, March 28, 2014.

42  www.mcdonalds.ru

43  Andrew E. Kramer. "Delivering on Demand: American Fast Food Meets a Warm Reception in Russia." *New York Times*, August 4, 2011.

44  Robin Young. "Britain Is Fast-Food Capital of Europe." *The Times* (London), April 25, 1997. 그러나 최근 맥도날드는 영국에서 부진을 겪고 있다.

45  Ilene R. Prusher. "McDonaldized Israel Debates Making Sabbath 'Less Holy.'" *Christian Science Monitor*, January 30, 1998; Uri Ram. "Glocommodification: How the Global Consumes the Local McDonald's in Israel." *Current Sociology* 52 (2004): 11-31도 참조하라.

46  http://corporate.walmart.com/our-story/

47  위의 글.

48  www.timhortons.com/ca/en/about/the-story-of-tim-hortons.php; Les Whittington. "Tim Hortons: Canada Success Story." *Gazette* (Montreal), October 17, 1997.

49  www.bloomberg.com

50  Eric Margolis. "Fast Food: France Fights Back." *Toronto Sun*, January 16, 1997.

51  Liz Alderman. "France, of all Places, Finds Itself in a Battle Against Processed Food." *New York Times*, January 30, 2014.

52  Valerie Reitman. "India Anticipates the Arrival of the Beefless Big Mac." *Wall Street Journal*, October 20, 1993.

53  www.mosburger.com.sg/global_network.php

54  모스 푸드서비스 웹사이트: http://www.mos.co.jp; 모스 버거 2008 사업보고서.

55  Alison Leigh Cowan. "Unlikely Spot for Fast Food." *New York Times*, April 29, 1984.

56  Peter S. Goodman. "Familiar Logo on Unfamiliar Eateries in Iraq." *Washington Post*, May 26, 2003.

57  www.thebodyshop.com/_en/_ww/services/aboutus_company.aspx [http://franchise.thebodyshop.com/our-brand/-옮긴이]]

58  Philip Elmer-Dewitt. "Anita the Agitator." *Time*, January 25, 1993; Eben Shapiro. "The Sincerest Form of Rivalry." *New York Times*, October 19, 1991; 배스 앤 바디 웍스 웹사이트: www.bathandbodyworks.com

59  Stephanie Clifford. "With an Offbeat Take on Fast-Food Service, Pret A Manger Is Gaining a U.S. Foothold." *New York Times*, 2011, Sunday Business; www.pret.com/about/

60  www.campero.com/about-us.aspx; "Pollo Campero Refreshes Brand Logo Getting Ready for Expansion." *Business Wire*, June 16, 2006.

61  www.jollibee.com.ph/international/usa/store-locator

62  http://pollotropical.com/franchising/markets/; Hugh Morley. "A Hunger for the Hispanic: Combining Fast Food, Ethnic Cuisine." *The Record* (Bergen County, NJ), March 22, 2006; www.pollotropical.com

63  Jonathan Hutchison. "High Octane Burger Chain From New Zealand Aims at the U.S." *New York Times*, May 12, 2014.

64  Lauren Collins. "House Perfect: Is the IKEA Ethos Comfy or Creepy?" *New Yorker*, October 3, 2011.

65  위의 글.

66  "Stylish, Swedish, 60-ish; IKEA's a Global Phenomenon." *Western Mail*, May 20, 2003.

67  http://franchisor.ikea.com/Whoweare/Documents/Facts%20and%20Figures%202013.pdf

68  Lauren Collins. "House Perfect: Is the IKEA Ethos Comfy or Creepy?" *New Yorker*, October 3, 2011.

69  http://about.hm.com

70  http://about.hm.com; H&M 2013-2014 Three-Month Report.

71  www.inditex.com

72  위의 글.

73  Michael Arndt. "McDonald's Goes 24/7," www.msnbc.msn.com/id/16828944; McDonald's 2008 Annual Report.

74  Marshall Fishwick, ed. *Ronald Revisited: The World of Ronald McDonald*. Bowling Green, OH: Bowling Green University Press, 1983.

75 John F. Harris. "McMilestone Restaurant Opens Doors in Dale City." *Washington Post*, April 7, 1988.

76 E. R. Shipp. "The McBurger Stand That Started It All." *New York Times*, February 27, 1985.

77 http://news.mcdonalds.com/

78 Bill Keller. "Of Famous Arches, Beeg Meks and Rubles." *New York Times*, January 28, 1990.

79 "Wedge of Americana: In Moscow, Pizza Hut Opens 2 Restaurants." *Washington Post*, September 12, 1990.

80 Jeb Blount. "Frying Down to Rio." *Washington Post/Business*, May 18, 1994.

81 Thomas L. Friedman. *The Lexus and the Olive Tree: Understanding Globalization*. New York: Farrar, Straus, and Giroux, 1999(국역본《렉서스와 올리브나무》, 21세기북스, 2009), p.235.

82 Thomas Friedman. "A Manifesto for the Fast World." *New York Times Magazine*, Marh 28, 1999, pp. 43-44.

83 bigmacindex.org/2013; "Cheesed Off," *The Economist*, February 16, 2009.

84 호주의 한 은행은 빅맥 지수처럼 풍자적으로, 그러나 더 최근의 세계적인 아이콘 출현을 반영하여, '아이팟 지수'를 개발했다(http://www.smh.com.au/news/technology/ipod-index-trumps-the-bigmac-one/2007/01/18/1169095897045.html 참조).

85 "An Alternative Big Mac Index." *The Economist*, August 29, 2009; www.economist.com/daily/chartgallery/displaystory.cfm?story_id=14288808

86 Thomas Friedman. "A Manifesto for the Fast World." *New York Times Magazine*, March 28, 1999, p. 84.

87 Conrad Kottak. "Rituals at McDonald's." In Marshall Fishwick, ed. *Ronald Revisited: The World of Ronald McDonald*. Bowling Green, OH: Bowling Green University Press, 1983.

88 Bill Keller. "Of Famous Arches, Beeg Meks and Rubles." *New York Times*, January 28, 1990.

89 William Severini Kowinski. *The Malling of America: An Inside Look at the Great Consumer Paradise*. New York: William Morrow, 1985, p. 218.

90 Stephen M. Fjellman. *Vinyl Leaves: Walt Disney World and America*. Boulder, CO: Westview, 1992.

91 Bob Garfield. "How I Spent (and Spent and Spent) My Disney Vacation." *Washington Post/Outlook*, July 7, 1991. Margaret J. King. "Empires of Popular Culture: McDonald's and Disney." In Marshall Fishwick, ed. *Ronald Revisited: The World of Ronald McDonald*. Bowling Green, OH: Bowling Green University Press, 1983, pp. 106-119도 참조하라.

92 Steven Greenhouse. "The Rise and Rise of McDonald's." *New York Times*, June 8, 1986.

93 Richard L. Papiernik. "Mac Attack?" *Financial World*, April 12, 1994.

94 Laura Shapiro. "Ready for McCatfish?" *Newsweek*, October 15, 1990; N. R. Kleinfeld. "Fast Food's Changing Landscape." *New York Times*, April 14, 1985.

95 Gilbert Chan. "Fast Food Chains Pump Profits at Gas Stations." *Fresno Bee*, October 10, 1994.

96 Cynthia Rigg. "McDonald's Lean Units Beef Up NY Presence." *Crain's New York Business*, October 31, 1994.

97 Anthony Flint. "City Official Balks at Placement of McDonald's at New Courthouse." *Boston Globe*, March 9, 1999.

98  Henry Samuel. "McDonald's Restaurants to Open at the Louvre." *Daily Telegraph.* www.telegraph.co.uk/news/worldnews/europe/france/6259044/McDonalds-restaurants-to-open-at-the-Louvre.html

99  Louis Uchitelle. "That's Funny, Those Pickles Don't Look Russian." *New York Times,* February 27, 1992.

100 국방정보센터Center for Defense Information 웹사이트: www.cdi.org/russia

101 Nicholas D. Kristof. "Billions Served (and That Was Without China)." *New York Times,* April 24, 1992.

102 Anita Kumar. "A New Food Revolution on Campus." *St. Petersburg Times,* May 11, 2003.

103 Carole Sugarman. "Dining Out on Campus." *Washington Post/Health,* February 14, 1995.

104 Edwin McDowell. "Fast Food Fills Menu for Many Hotel Chains." *New York Times,* January 9, 1992.

105 Dan Freedman. "Low Fat? The Kids Aren't Buying; Districts Struggle to Balance Mandates for Good Nutrition With Reality in the Cafeteria." *The Times Union,* September 22, 2002.

106 "Back to School: School Lunches." *Consumer Reports,* September 1998.

107 Mike Berry. "Redoing School Cafeterias to Favor Fast-Food Eateries." *Orlando Sentinel,* January 12, 1995.

108 "Pediatric Obesity: Fast-Food Restaurants Cluster Around Schools." *Obesity, Fitness and Wellness Week,* September 24, 2005.

109 "Grade 'A' Burgers." *New York Times,* April 13, 1986.

110 Jennifer Curtis. "McDonald's Attacked for Toys That Push Its Fatty Fast Food." *The West Australian* (Perth), January 16, 2007.

111 Lindsey Tanner. "Pediatric Hospitals That Serve Fast Food Raise More Alarm." *Houston Chronicle,* December 28, 2006.

112 Gloria Pitzer. *Secret Fast Food Recipes: The Fast Food Cookbook.* Marysville, MI: Author, 1995.

113 이에 관한 논의는 George Ritzer. "Revolutionizing the World of Consumption." *Journal of Consumer Culture* 2 (2002): 103-118에서 끌어왔다.

114 George Anders. "McDonald's Methods Come to Medicine As Chains Acquire Physicians' Practices." *Wall Street Journal,* August 24, 1993.

115 Peter Prichard. *The Making of McPaper: The Inside Story of* USA TODAY. Kansas City, MO: Andrews, McMeel and Parker, 1987.

116 Terri Deshotels, Mollie Tinney, and Craig J. Forsyth. "McSexy: Exotic Dancing and Institutional Power." *Deviant Behavior* 33 (2012): 140-148.

117 이 사례(와 메뉴판)에 주목하게 해준 리 마틴Lee Martin에게 감사한다.

118 Peter Prichard. *The Making of McPaper: The Inside Story of* USA TODAY. Kansas City, MO: Andrews, McMeel and Parker, 1987, pp. 232-233.

119 Howard Kurtz. "Slicing, Dicing News to Attract the Young." *Washington Post,* January 6, 1991.

120 Kathryn Hausbeck and Barbara G. Brents. "McDonaldization of the Sex Industries? The Business of Sex." In George Ritzer, ed. *McDonaldization: The Reader,* 3rd ed. Thousand Oaks, CA: Sage, 2010, pp. 102-117.

121 Martin Gottlieb. "Pornography's Plight Hits Times Square." *New York Times,* October 5, 1986.

122 http://sociologycompass.wordpress.com/2009/11/02/augmented-reality-going-the-way-of-the-dildo/

123 Jean Sonmor. "Can We Talk Sex: Phone Sex Is Hot-Wiring Metro's Lonely Hearts." *Toronto Sun, January* 29, 1995.

124 위의 글.

125 이 논문들 중 일부가 George Ritzer, ed. *McDonaldization: The Reader*, 3rd ed. Thousand Oaks, CA: Sage, 2010에 실려 있다.

126 Sera J. Zegre et al. "McDonalization and Commercial Outdoor Recreation and Tourism in Alaska." *Managing Leisure* 17 (2012): 333-348.

127 Ian Heywood, "Urgent Dream: Climbing, Rationalization, and Ambivalence." In George Ritzer, ed. *McDonaldization: The Reader*, 3rd ed. Thousand Oaks, CA: Sage, 2010, pp. 65-69.

128 Tan Zhi-wu. "McDonaldization of International Top-level Golf Professional Tournament." *Journal of Guangzhou Sport University*, 2010.

129 Richard Heslop. "The British Police Service: Professionalisation or 'McDonaldization'?" *International Journal of Police Science & Management* 13 (2011): 312-321.

130 David Wood. "Swift and Sure: McJustice for a Consumer Society." *Criminal Justice Matters* 91 (2013): 10-11; Matthew B. Robinson. "Mcdonaldization of America's Police, Courts, and Corrections." In George Ritzer, ed. *McDonaldization: The Reader*, 3rd ed. Thousand Oaks, CA: Sage, 2010, pp. 85-100.

131 Sara Raley. "McDonaldization and the Family." In George Ritzer, ed. *McDonaldization: The Reader*, 3rd ed. Thousand Oaks, CA: Sage, 2010, pp. 138-148.

132 Gary Wilkinson. "McSchools for McWorld: Mediating Global Pressures With a McDonaldizing Education Policy Response." In George Ritzer, ed. *McDonaldization: The Reader*, 3rd ed. Thousand Oaks, CA: Sage, 2010, pp. 150-157.

133 Philip G. Altbach. "Franchising: The McDonaldization of Higher Education." *Global Perspective on Higher Education* 2013: 111-113; Andrew Nadolny and Suzanne Ryan. "McUniversities Revisited: A Comparison of University and McDonald's Casual Employee Experiences in Australia." *Studies in Higher Education*, published online July 2013.

134 Noel Carroll. "E-Learning: The McDonaldization of Education." *European Journal of Higher Education* 3 (2013): 342-356.

135 Jason Lane and Kevin Kinser. "MOOC's and the McDonaldization of Global Higher Education." *Chronicle of Higher Education*, September 28, 2012; http://chronicle.com/blogs/worldwise/moocs-mass-education-and-the-mcdonaldization-of-higher-education/30536

136 David L. Andrews et al. "McKinesiology." *Review of Education, Pedagogy, and Cultural Studies* 35 (2013): 335-356.

137 Justin Waring and Simon Bishop. "McDonaldization or Commercial Restratification: Corporatization and the Multimodal Organisation of English Doctors." *Social Science and Medicine 82* (2013): 147-155.

138 Zafar Iqbal. "McDonalization, Islamic Teachings, and Funerary Practices in Kuwait." *OMEGA: Journal of Death and Dying 63* (2011): 95-112.

139 Lee F. Monaghan. "McDonaldizing Men's Bodies? Slimming, Associated (Ir)Rationalities and Resistances." In George Ritzer, ed. *McDonaldization: The Reader*, 3rd ed. Thousand Oaks, CA: Sage, 2010, pp. 119-136.

140 Nathan Jurgenson. "The De-McDonaldization of the Internet." In George Ritzer, ed. *McDonaldization: The Reader*, 3rd ed. Thousand Oaks, CA: Sage, 2010, pp. 159-170.

141 Andrew J. Knight. "Supersizing Farms: The McDonaldization of Agriculture." In George Ritzer, ed. *McDonaldization: The Reader*, 3rd ed. Thousand Oaks, CA: Sage, 2010, pp. 192-205.

142 John Drane. *The McDonaldization of the Church: Consumer Culture and the Church's Future*. London: Smyth and Helwys, 2012; John Drane. "From Creeds to Burgers: Religious Control, Spiritual Search, and the Future of the World." In George Ritzer, ed. *McDonaldization: The Reader*, 3rd ed. Thousand Oaks, CA: Sage, 2010, pp. 222-227.

143 Emeka W. Dumbili. "McDonaldization of Nigerian Banking Industry in the Post-consolidatioed Era: An Exploration of the Unavoidable Consequences." *Mediterranean Journal of Social Sciences* 4 (2013): 343-352.

144 Jos Gamble. "Multinational Retailers in China: Proliferating 'McJobs' or Developing Skills?" In George Ritzer, ed. *McDonaldization: The Reader*, 3rd ed. Thousand Oaks, CA: Sage, 2010, pp. 172-190.

145 Bryan Turner. "McCitizens: Risk, Coolness and Irony in Contemporary Policy." In George Ritzer, ed. *McDonaldization: The Reader*, 3rd ed. Thousand Oaks, CA: Sage, 2010, pp. 229-232.

146 Svend Brinkmann. "Qualitative Research Between Craftsmanship and McDonaldization: A Keynote Address From the 17th Qualitative Health Research Conference." *Qualitative Studies* 3 (2012): 56-68.

147 Arthur Asa Berger. *Signs in Contemporary Culture: An Introduction to Semiotics*, 2nd ed. Salem, WI: Sheffield, 1999.

148 Max Weber. *Economy and Society*. Totowa, NJ: Bedminster Press, 1921/1968; Stephen Kalberg. "Max Weber's Types of Rationality: Cornerstones for the Analysis of Rationalization Processes in History." *American Journal of Sociology* 85 (1980): 1145-1179.

149 Ian Mitroff and Warren Bennis. *The Unreality Industry: The Deliberate Manufacturing of Falsehood and What It Is Doing to Our Lives*. New York: Birch Lane, 1989, p. 142.

150 Melanie Warner. "McDonald's Revival Has Hidden Health Costs." *International Herald Tribune*, April 20, 2006.

151 Melanie Warner. "U.S. Restaurant Chains Find There Is No Too Much." *New York Times*, July 28, 2006.

152 Martin Plimmer. "This Demi-Paradise: Martin Plimmer Finds Food in the Fast Lane Is Not to His Taste." *Independent* (London), January 3, 1998.

153 4장과 6장에서 다루겠지만, 이러한 통제의 증대는 인간 테크놀로지를 무인 테크놀로지로 대체하는 데 기인한다.

154 여기서나 이 책 전체에서 합리적rational, 합리성rationality, 합리화rationalization라는 용어는 일상적으로 쓰일 때와 다르게 사용된다는 점을 언급하고자 한다. 첫째, 사람들은 보통 이들 용어를 긍정적으로 생각하며, 합리적인 것을 대개 좋은 것으로 간주한다. 그러나 여기서는 이들 용어가 대체로 부정적인 의미로 사용된다. 본 분석에서 긍정적인 의미로 쓰이는 용어는 진정한 인간의 이성reason이다. (예를 들어 창의적으로 행위하거나 업무를 수행할 수 있는 능력은 이성이다.) 패스트푸드점과 같은 비인간적인, 즉 합리화된 시스템은 이러한 인간의 이성을 부정하는 것으로 보인다. 둘째, 합리화라는 용어는 보통 어떤 행동을 설명하는 데 대한 프로이트 이론과 연관되지만, 여기서는 사회 전반에 걸쳐 합리성이 점차 확산되는 현상을 말한다. 따라서 이 책을 읽는 독자들은 이들 용어를 평소와 달리 주의해서 해석해야 한다.

155 Alan Riding. "Only the French Elite Scorn Mickey's Debut." *New York Times*, April 13, 1992.

156 George Stauth and Bryan S. Turner. "Nostalgia, Postmodernism and the Critique of Mass Culture." *Theory, Culture and Society* 5 (1988): 509-526; Bryan S. Turner. "A Note on Nostalgia." *Theory, Culture and Society* 4 (1987): 147-156.

157 Lee Hockstader. "No Service, No Smile, Little Sauce." *Washington Post,* August 5, 1991.

158 Douglas Farah. "Cuban Fast Food Joints Are Quick Way for Government to Rally Economy." *Washington Post*, January 24, 1995.

159 이 점에서 마르크스의 자본주의 비판과 유사하다. 마르크스가 꿈꾼 것은 자본주의 이전 사회가 아니라 자본주의가 제공한 토대 위에 진정 인간적인(공산주의) 사회를 건설하는 것이었다. 이러한 마르크스주의 이론Marxist theory과의 구체적인 유사성에도 불구하고, 앞으로 보게 되겠지만, 이 책은 기본적으로 막스 베버의 이론에 근거를 두고 있다.

160 이 개념들은 사회이론가 앤서니 기든스Anthony Giddens의 이론과 관련된다. 예를 들어 그의 책 *The Constitution of Society*. Berkeley: University of California Press, 1984(국역본《사회구성론》, 간디서원, 2012)를 참조하라.

161 Jon Ortiz. "Customers Drawn to Ikea Experience." *Sacramento Bee*, February 26, 2006.

162 Tod Hartman. " On the Ikeaization of France." *Public Culture* 19 (2007): 483-498.

163 Stephanie Irwin. "It's a Destination...It's a Lifestyle...It's a Furniture Store." *Dayton Daily News*, August 2, 2006.

164 Lauren Collins. "House Perfect: Is the IKEA Ethos Comfy or Creepy?" *New Yorker*, October 3, 2011.

165 Stephanie Irwin. "It's a Destination...It's a Lifestyle...It's a Furniture Store." *Dayton Daily News*, August 2, 2006.

166 Jon Ortiz. "Customers Drawn to Ikea Experience." *Sacramento Bee*, February 26, 2006.

167 위의 글.

168 Lauren Collins. "House Perfect: Is the IKEA Ethos Comfy or Creepy?" *New Yorker*, October 3, 2011.

169 Stephanie Irwin. "It's a Destination...It's a Lifestyle...It's a Furniture Store." *Dayton Daily News*, August 2, 2006.

170 Robert J. Samuelson. "In Praise of McDonald's." *Washington Post*, November 1, 1989.

171 Edwin M. Reingold. "America's Hamburger Helper." *Time*, June 29, 1992.

172 이런 식으로 맥도날드의 이점들을 열거해보라고 제안한 동료 교수 스탠리 프레서에게 고마움을 전한다.

173 George Ritzer and Seth Ovadia. "The Process of McDonaldization Is Not Uniform, nor Are Its Settings, Consumers, or the Consumption of Its Goods and Services." In Mark Gottdiener, ed. *New Forms of Consumption: Consumer, Cultures and Commodification.* Lanham, MD: Rowman and Littlefield, 2000, pp. 33-49.

174 Meredith Hoffman. "Battling for Street Fare Honors." *New York Times*, September 20, 2011.

175 Stacy Perman. *In-N-Out Burger: Behind-the-counter Look at the Fast-food Chain That Breaks All the Rules*. New York: Collins Business, 2009, p. 26.

176 위의 책, p. 42.

177 위의 책. p. 39.

178 위의 책, p. 96.

179 위의 책, p. 89.

180 위의 책, p. 127.

181 위의 책, p. 129.

182 위의 책, p. 139.

183 위의 책, p. 140.

184 위의 책, p. 242; Tom McNichol. "The Secret Behind Burger Cult." *New York Times*, August 13, 2002.

185 Stacy Perman. *In-N-Out Burger: Behind-the-counter Look at the Fast-food Chain That Breaks All the Rules*. New York: Collins Business, 2009, p. 168.

186 Stephanie Clifford. "Would You Like a Smile With That?" *New York Times*, August 6, 2011.

187 www.pret.com/about

188 Stephanie Clifford. "Would You Like a Smile With That?" *New York Times*, August 6, 2011.

189 위의 글.

190 위의 글.

191 위의 글.

192 Suzanne Kapner. "Business; From a British Chain, Lunch in a New York Minute." *New York Times*, July 29, 2001.

193 Stephanie Clifford. "Would You Like a Smile With That?" *New York Times*, August 6, 2011.

194 www.dailymail.co.uk/femail/article-1375525/pret-A-Manger-The-alarming-truth-fresh-healthy-lunch.html#ixzz1Yt2SeKX3

**2장**

1  이 장에서 다루는 선례들이 맥도날드 이전에 있던 합리화된 제도들을 모두 포괄하는 것은 아니다. 여기에서는 맥도날드와 맥도날드화를 이해하는 데 가장 중요한 점들만 다룰 것이다.

2  베버의 사상에 관한 이 부분의 내용은 Max Weber. *Economy and Society*. Totowa, NJ: Bedminster Press, 1921/1968에 의거한다.

3  패스트푸드점도 관료제 시스템의 한 부분으로 볼 수 있다. 실제로 현재 많은 패스트푸드 체인은 거대 복합기업들(예를 들어 얌브랜즈 같은)이 소유하고 있다.

4  베버는 후자를 형식합리성과 구분하기 위해 실질합리성substantive rationality이라고 불렀다.

5  Ronald Takaki. *Iron Cages: Race and Culture in 19th-Century America*, New York: Oxford University Press, 1990, p. ix.

6  Harvey Greisman. "Disenchantment of the World." *British Journal of Sociology* 27 (1976): 497-506.

7  "소비의 대성당"으로서의 크루즈 선박에 관한 논의를 George Ritzer. *Enchanting a Disenchanted World: Revolutionizing the Means of Consumption*, 3rd ed. Thousand Oaks, CA: Sage, 2010에서 볼 수 있다.

8  Zygmunt Bauman. *Modernity and The Holocaust*. Ithaca, NY: Cornell University Press, 1989(국역본《현대성과 홀로코스트》, 새물결, 2013), p. 149.

9  위의 책, p. 8.

10  근래에[1994년-옮긴이] 르완다에서 후투족과 투치족 간의 내전으로 100일 동안 약 80만 명(유대인 대학살 당시 동일한 기간에 살해된 수의 3배)이 학살당했다. 그러나 이때 사용된 방법(주로 칼)은 전혀 합리화되었다고 볼 수 없다. Philip Gourevitch. *We Wish to Inform You That Tomorrow We Will Be Killed With Our Families: Stories From Rwanda*. New York: Farrar, Straus, Giroux, 1998(국역본《내일 우리 가족이 죽게 될 거라는 걸 제발 전해주세요: 아프리카의 슬픈 역사 르완다 대학살》, 갈라파고스, 2011)를 참조하라.

11  3장에서 보게 되겠지만, 패스트푸드점은 고객들에게 (무보수로) 다양한 일을 하게 함으로써

효율성을 높인다.

12  Zygmunt Bauman. *Modernity and The Holocaust*. Ithaca, NY: Cornell University Press, 1989(국역본《현대성과 홀로코스트》, 새물결, 2013), p. 103.

13  위의 책, p. 89.

14  위의 책, p. 8.

15  위의 책, p. 102.

16  Feingold, 위의 책, p. 136에서 재인용.

17  Frederick W. Taylor. *The Principles of Scientific Management*. New York: Harper & Row, 1947(국역본《과학적 관리법》, 21세기북스, 2010); Robert Kanigel. *One Best Way: Fredrick Winslow Taylor and Enigma of Efficiency*. New York: Viking, 1997.

18  Frederick W. Taylor. 위의 책, pp. 6-7.

19  위의 책, p. 11.

20  Henry Ford. *My life and Work*. Garden City, NY: Doubleday, 1922(국역본《헨리 포드: 고객을 발명한 사람》, 21세기북스, 2006); James T. Flink. *The Automobile Age*. Cambridge, MA: MIT Press, 1988.

21  Henry Ford. 위의 책, p. 80.

22  Jerry Newman. *My Secret Life on the McJob*. New York: McGraw-Hill, 2007, pp. 168-169.

23  Bruce A. Lohof. "Hamburger Stand: Industrialization and the Fast-Food Phenomenon." In Marshall Fishwick. ed. *Ronald Revisited: The World of Ronald McDonald*. Bowling Green, OH: Bowling Green University Press, 1983, p. 30; Ester Reiter. *Making Fast Food*. Montreal: McGill-Queen's University Press, 1991, p. 75도 참조하라.

24  Justine Griffin. "Sushi to Be Served Differently in Mall." *Sarasota Herald Tribune*, June 12, 2014.

25  Marshall Fishwick. "Cloning Clowns: Some Final Thoughts." In Marshall Fishwick, ed. *Ronald Revisited: The World of Ronald McDonald*, Bowling Green, OH: Bowling Green University Press, 1983, pp. 148-151. 자동차와 관광산업의 성장의 관계에 대한 또 다른 논의로는 James T. Flink. *The Automobile Age*. Cambridge, MA: MIT Press, 1988을 참조하라.

26  제너럴 모터스General Motors, 특히 앨프레드 슬론Alfred Sloan은 자동차 산업의 관료제를 더욱 합리화했다. 그는 본부가 장기적인 의사결정권을 갖되 일상적인 의사결정은 각 부문에 맡기도록 한 사업부제(multidivisional system)의 도입으로 유명하다. 이러한 혁신은 당시 대단한 성공을 거두었고, 자동차 회사들뿐만 아니라 다른 많은 회사들도 이 방식을 채택했다. James T. Flink. *The Automobile Age*. Cambridge, MA: MIT Press, 1988 참조.

27  "Levitt's Progress." *Fortune*, October 1952.

28  Richard Perez-Pena. "William Levitt, 86, Suburb Maker, Dies." *New York Times*, January 29, 1994.

29  "The Most House for the Money." *Fortune*, October, 1952.

30  위의 글, p. 153.

31  Herbert Gans. *The Levittowners: Ways of Life and Politics in a New Suburban Community*. New York: Pantheon, 1967, p. 13.

32  Patricia Dane Rogers. "Building…" *Washington Post/Home*, February 2, 1995; Rebecca Lowell. "Modular Homes Move Up." *Wall Street Journal*, October 23, 1998.

33  Richard E. Gordon, Katherine K. Gordon, and Max Gunther. *The Split-Level Trap*. New York: Gilbert Geis Associates, 1960.

34  Georgia Dullea. "The Tract House as Landmark." *New York Times*, October 17, 1991.

35  Herbert Gans. *The Levittowners: Ways of Life and Politics in a New Suburban*

*Community*. New York: Pantheon, 1967, p. 432.

36  William Severini Kowinski. *The Malling of America: An Inside Look at the Great Consumer Paradise*. New York: William Morrow, 1985.

37  www.bloomingtonmn.org/page/1/mall-of-america.jsp

38  http://theseoultimes.com/ST/db/read.php?idx=1962

39  Janice L. Kaplan. "The Mall Outlet for Cabin Fever." *Washington Post/Weekend*, Febuary 10, 1995.

40  William Severini Kowinski. *The Malling of America: An Inside Look at the Great Consumer Paradise*. New York: William Morrow, 1985, p. 25. 소비의 역사에서 쇼핑몰이 갖는 중요성에 관해서는 Lizabeth Cohen. *Consumer's Republic: The Politics of Mass Consumption in Postwar America*. New York: Knopf, 2003, 특히 6장의 논의를 참조하라.

41  David Segal. "Our Love Affair With Malls Is on the Rocks." *New York Times*, January 31, 2008.

42  Ray Kroc. *Grinding It Out*. New York: Berkeley Medallion Books, 1977(국역본《성공은 쓰레기통 속에 있다: 맥도날드 창업자 레이 크록 자서전》, 황소북스, 2011); Stan Luxenberg. *Roadside Empires: How the Chains Franchised America*. New York: Viking, 1985; John F. Love. *McDonald's: Behind The Arches*. Toronto, ON: Bantam, 1986(국역본《맥도날드》, 삼성출판사, 1987).

43  John F. Love. 위의 책, p. 18.

44  위의 책, p. 20.

45  Thomas S. Dicke. *Franchising in America: The Development of a Business Method, 1840-1980*. Chapel Hill: University of North Carolina Press, 1992, pp. 2-3.

46  타코벨 웹사이트: www.tacobell.com

47  Ray Kroc. *Grinding It Out*. New York: Berkeley Medallion Books, 1977, p. 8.

48  Max Boas and Steve Chain. *Big Mac: The Unauthorized Story of McDonald's*. New York: E. P. Dutton, 1976, pp. 9-10.

49  위의 책.

50  Ray Kroc. *Grinding It Out*. New York: Berkeley Medallion Books, 1977, pp. 96-97.

51  www.washingtonpost.com/lifestyle/magazine/whos-lovin-it/2011/08/12/gIQAoOVRuJ_story.html

52  John Vidal. *McLibel: Burger Culture on Trial*. New York: New Press, 1997, p. 34.

53  비디오 업계에서는 웨인 후이젠가**Wayne Huizenga**가 비슷한 역할을 했는데, 그는 댈러스의 한 기업가가 개발한 체인을 인수하여 '블록버스터'(비디오 대여점-옮긴이) 제국을 건설했다. David Altaner. "Blockbuster Video: 10 Years Running Family-Oriented Concept Has Changed Little Since 1985, When Chain Was Founded by a Dallas Businessman." *Sun-Sentinel* (Fort Lauderdale, FL), October 16, 1995를 참조하라.

54  John F. Love. *McDonald's: Behind The Arches*. Toronto, ON: Bantam, 1986, pp. 68-69.

55  www.aboutmcdonalds.com/mcd/corporate_careers/training_and_development/hamburger_university/our_faculty.html

56  맥도날드의 햄버거 대학교처럼, 버거킹도 1978년에 버거킹 대학교를 설립했다. 이에 대해서는 Ester Reiter. *Making Fast Food*. Montreal, QC: McGill-Queen's University Press, 1991, p.68을 참조하라.

57  John F. Love. *McDonald's: Behind The Arches*. Toronto, ON: Bantam, 1986, pp. 141-142.

58  Mark Bittman. "Is Junk Food Really Cheaper?" *New York Times-Sunday Review*, September 21, 2011.

59  Joe Kincheloe. "The Complex Politics of McDonald's and the New Childhood: Colonizing Kidworld." In Gaile S. Cannella and Joe L. Kincheloe, eds. *Kidworld: Childhood Studies, Global Perspectives, and Education*. New York: Peter Lang, 2002, pp. 75-122.

60  아이러니하고 역설적이게도, 맥도날드화 과정의 일부 측면(예컨대 인터넷과 인터넷쇼핑)은 사람들이 집에서 더 많은 일을 할 수 있게 해주며, 이는 사회의 다른 합리화된 측면(예를 들면 쇼핑몰)을 위협한다.

61  Ester Reiter. *Making Fast Food*. Montreal, QC: McGill-Queen's University Press, 1991, p. 165.

62  Don Slater. "'You Press the Button, We Do the Rest': Some Thoughts on the McDonaldization of the Internet." 1999년 3월에 보스턴에서 개최된 동부사회학회Eastern Sociological Society 학술회의에서 발표된 논문.

63  Daniel Bell. *The Coming of Post-Industrial Society: A Venture in Social Forecasting*. New York: Basic Books, 1973(국역본《탈산업사회의 도래》, 아카넷, 2006).

64  Jerald Hage and Charles H. Powers. *Post-Industrial Lives: Roles and Relationships in The 21st Century*. Newbury Park, CA: Sage, 1992.

65  위의 책, p. 10.

66  그러나 앞에서 살펴본 것처럼 자동화하려는 노력은 존재한다.

67  Jerald Hage and Charles H. Powers. *Post-Industrial Lives: Roles and Relationships in The 21st Century*. Newbury Park, CA: Sage, 1992, p. 50.

68  Pierre Bourdieu. *Distinction: A Social Critique of the Judgment of Taste*. Cambridge, MA: Harvard University Press, 1984(국역본《구별짓기: 문화와 취향의 사회학(상/하)》, 새물결, 2005).

69  포스트모더니즘에 관한 더 많은 논의를 보려면 George Ritzer. *Postmodern Social Theory*. New York: McGraw-Hill,1997; Jean Baudrillard. *Symbolic Exchange and Death*. London: Sage, 1976/1993; Fredric Jameson, "Post-modernism, or the Cultural Logic of Late Capitalism." *New Left Review* 146 (1984): 53-92; Fredric Jameson. *Postmodernism, or The Cultural Logic of Late Capitalism*. Durham, NC: Duke University Press, 1991; Jean-Francois Lyotard. *The Postmodern Condition: A Report on Knowledge*. Minneapolis, MN: University of Minnesota Press, 1984(국역본《포스트모던의 조건》, 민음사, 1992); Steven Best and Douglas Kellner. *Postmodern Theory: Critical Interrogations*. New York: Guilford, 1991(국역본《탈현대의 사회이론》, 현대미학사, 1995)을 참조하라.

70  배리 스마트는 모더니즘과 포스트모더니즘을 시대 구분으로 보지 않고 탈근대성이 근대성의 한계를 끊임없이 지적하는 가운데 그 두 가지가 장기적이고 지속적인 관계를 가진다고 볼 수 있다고 주장한다. 이에 대해서는 Barry Smart. *Postmodernity*. London: Routledge, 1993(국역본《탈현대성의 개념》, 현대미학사, 1995)을 참조하라.

71  David Harvey. *The Condition of Postmodernity: An Enquiry Into the Origins of Cultural Change*. Oxford, UK: Basil Blackwell, 1989(국역본《포스트모더니티의 조건》, 한울, 1995), p. 189.

72  Fredric Jameson. "Postmodernism, or the Cultural Logic of Late Capitalism." *New Left Review* 146 (1984): 53-92; Fredric Jameson. *Postmodernism, or The Cultural Logic of Late Capitalism*. Durham, NC: Duke University Press, 1991.

73  Fredric Jameson. "Postmodernism, or the Cultural Logic of Late Capitalism." *New Left Review* 146 (1984): 64.

74  Ian Heywood. "Urgent Dreams: Climbing, Rationalization and Ambivalence." *Leisure Studies* 13 (1994): 179-194.

75   Jon Krakauer. *Into Thin Air*. New York: Anchor, 1997(국역본《희박한 공기 속으로》, 황금가지, 2007), p. xvii.

76   위의 책, pp. 39, 353.

77   위의 책, p. 320.

78   위의 책.

79   위의 책, p. 100.

80   위의 책, p. 86.

81   위의 책.

82   Sean Patrick Farrell. "New Toll for Mountain Climbers: A Stopwatch." *New York Times*, October 16, 2011.

83   위의 글.

84   위의 글.

## 3장

1   Jeremy Rifkin. *The Zero Marginal Cost Society: The Internet of Things, The Colaborative Commons, and the Collapse of Capitalism*. New York: Palgrave Macmillan, 2014(국역본 《한계 비용 제로 사회: 사물인터넷과 공유경제의 부상》, 민음사, 2014); George Ritzer and Nathan Jurgenson. "Production, Consumption, Prosumption: The Nature of Capitalism in the Age of the Digital Prosumer." *Journal of Consumer Culture* 10 (2010): 13-36; George Ritzer. "Prosumption: Evolution, Revolution or Eternal Return of the Same?" *Journal of Consumer Culture* 14 (2014): 3-24.

2   Herbert Simon. *Administrative Behavior*, 2nd ed. New York: Free Press, 1957(국역본《관리행동론: 조직의 의사결정과정연구》, 금정, 2005).

3   Arthur Kroker, Marilouise Kroker, and David Cook. *Panic Encyclopedia: The Definitive Guide to the Postmodern Scene*. New York: St. Martin's, 1989, p. 119.

4   Michael Lev. "Raising Fast Food's Speed Limit." *Washington Post*, August 7, 1991.

5   www.cnet.com/news/mcdonalds-hires-7000-touch-screen-cashiers/

6   Jim Kershner. "Trays of Our Lives: Fifty Years After Swanson Unveiled the First TV Dinner, Meals-in-a-Box Have Never Been Bigger." *Spokesman Review*, March 19, 2003.

7   "The Microwave Cooks Up a New Way of Life." *Wall Street Journal*, September 19, 1989; "Microwavable Foods: Industry's Response to Consumer Demands for Convenience." *Food Technology* 41 (1987): 52-63.

8   "Microwavable Foods: Industry's Response to Consumer Demands for Convenience." *Food Technology* 41 (1987): 54.

9   Eben Shapiro. "A Page From Fast Food's Menu." *New York Times*, October 14, 1991.

10   뉴트리시스템에 관한 통찰을 제공해준 도라 기엠자**Dora Giemza**에게 감사를 전한다. "Big People, Big Business: The Overweight Numbers Rising, Try NutriSystem." *Washington Post/Health*, October 10, 1989도 참조하라.

11   Lisa Schnirring. "What's Behind the Women-Only Fitness Center Boom?" *Physician and Sports Medicine* 30 (November 2002): 15.

12   William Severini Kowinski. *The Malling of America: An Inside Look at the Great Consumer Paradise*. New York: William Morrow, 1985, p. 61.

13   http://corp.7-eleven.com/aboutus/funfacts/tabid/77/default.aspx [http://corp.7-eleven.com/corp/fun-facts]

14   Brew Thru website: www.brewthru.com

15 Wendy Tanaka. "Catalogs Deck Halls to Tune of Billions: Mail Order Called 'Necessity' for Consumers." *Arizona Republic*, December 9, 1997.

16 www.amazon.com/gp/help/customer/display.html/ref=help_search_1-5?ie=UTF8&node Id=14101911&qid=1258841029&sr=1-5

17 http://phx.corporate-ir.net/phoenix.zhtml?ID=1565581&c=176060&p=irol-newsArticle

18 Robin Herman. "Drugstore on the Net." *Washington Post/Health*, May 4, 1999.

19 Doris Hajewski. "Employees Save Time By Shopping Online at Work." *Milwaukee Journal Sentinel*, December 16, 1998.

20 Bruno Giussani. "This Development Is One for the Books." *Chicago Tribune*, September 22, 1998.

21 Leslie Walker. "Google Turns Its Gaze on Online Shopping." *Washington Post*, December 15, 2002.

22 Dennis Hayes and Robin Wynyard, eds. *The McDonaldization of Higher Education*. Westport, CT: Bergin & Garvey, 2002; Martin Parker and David Jary. "The McUniversity: Organization, Management and Academic Subjectivity." *Organization* 2 (1995): 1-19.

23 예를 들어 www.12000papers.com이나 http://myessayservices.com/research_paper_for_ sale을 보라.

24 www.exclusivepapers.com/essays/Informative/mcdonaldization-of-society

25 www.turnitin.com을 참조하라.

26 www.drwalkin.com/home

27 http://munuteclinic.com/en/USA/; www.forbes.com/sites/greatspeculations/2014/07/11/ cvs-continues-to-expand-its-minuteclinic-footprint/

28 Mark Potts. "Blockbuster Struggles With Merger Script." *Washington Post/Washington Business*, December 9, 1991; Eben Shapiro. "Market Place: A Mixed Outlook for Blockbuster." *New York Times*, February 21, 1992.

29 www.hulu.com/about

30 Stephen Fjellman. *Vinyl Leaves: Walt Disney World and America*. Boulder, CO: Westview, 1992.

31 https://disneyworld.disney.go.com/plan/my-disney-experience/fastpass-plus/

32 Michael Harrington. "To the Disney Station." *Harper's*, January 1979, pp. 35-39.

33 Lynn Darling. "On the Inside at Parks à la Disney." *Washington Post*, August 28, 1978.

34 www.eHarmony.com; www.match.com

35 www.adultfriendfinder.com; http://sfbay.craigslist.org/i/personals?category=cas

36 맥도날드화와 헬스클럽에 관해 시사점을 제시해준 스티브 랭커나우Steve Lankenau에게 고마움을 전한다.

37 거리, 난이도, 소모 열량을 입력할 수 있게 되어 있는 운동기구들은 맥도날드화의 또 한 가지 특성인 계산가능성도 높인다.

38 Jeffrey Hadden and Charles E. Swann. *Prime Time Preachers: The Rising Power of Televangelism*. Reading, MA: Addison-Wesley, 1981.

39 John Drane. *The McDonaldization of the Church*. London: Darton, Longman, and Todd, 2001, p. 36.

40 Don Slater. "'You Press the Button, We Do the Rest': Some Thoughts on the McDonaldization of the Internet." 1999년 3월에 보스턴에서 개최된 동부사회학회Eastern Sociological Society 학술회의에서 발표된 논문.

41 JoAnna Daemmrich. "Candidates Increasingly Turn to Internet." *Baltimore Sun*, October

21, 1998.

42  Glenn Kessler and James Rowell. "Virtual Medical Symposia: Communicating Globally, Quickly and Economically; Use of Internet." *Medical Marketing and Media*, September, 1998.

43  Russell Blinch. "Instant Message Programs Keep Million Ecstatic." *Denver Rocky Mountain News*, May 11, 1998.

44  Jennifer Lenhart. "'Happy Holidays,' High-Tech Style." *Washington Post*, December 20, 1998.

45  이들은 이미 부화, 사육, 도축 과정을 맥도날드화했다(6장 참조).

46  Janet Adamy. "For McDonald's, It's a Wrap." *Wall Street Journal*, January 30, 2007.

47  Henry Ford. *My life and Work*. Garden City, NY: Doubleday, 1922(국역본《헨리 포드: 고객을 발명한 사람》, 21세기북스, 2006), p. 72.

48  Farhad Manjoo. "The Soylent Revolution Will Not Be Pleasurable." *New York Times*, May 28, 2014; http://nyti.ms/1msOjv3

49  www.hrblock.com/company/index.html [https://www.hrblock.com/corporate/our-company/- 옮긴이]]

50  George Ritzer and Nathan Jurgenson. "Production, Consumption, Prosumption: The Nature of Capitalism in the Age of the Digital Prosumer." *Journal of Consumer Culture* 10 (2010): 13-36; George Ritzer, Paul Dean, and Nathan Jurgenson. "The Coming of Age of Prosumption and the Prosumer"(Special double issue). *American Behavioral Scientist* 56 (April 2010); George Ritzer. "Prosumption: Evolution, Revolution or Eternal Return of the Same?" *Journal of Consumer Culture* 14 (2014): 3-24; Daniel Bell. *The Coming of Post-Industrial Society: A Venture in Social Forecasting*. New York: Basic Books, 1973(국역본《탈산업사회의 도래》, 아카넷, 2006).

51  Kirsten Rieder and G. Gunter Voss. "The Working Customer: An Emerging New Type of Consumer." *Journal Psychologie des Alltagshandelns / Psychology of Everyday Activity* 3, no. 2 (2010): 2-10.

52  Marie-Anne Dujarier. "The Three Sociological Types of Consumer Work." *Journal of Consumer Culture*, 2014년 4월 온라인으로 발간됨.

53  Thomas R. Ide and Arthur J. Cordell. "Automating Work." *Society* 31 (1994): 68.

54  www.steaknshakefranchise.com

55  www.worldwidepartners.com/newsletter?newsletter=21305

56  www.sweettomatoes.com/ourcompany

57  www.souplantation.com/pressroom/companyfacts.asp

58  www.fuddruckers.com/franchising

59  한때 600개 이상의 매장을 가질 만큼 번창했으나 지금은 북동부 지방에 독립적으로 운영되는 소수(약 15개)의 매장만 남아 있다. Sandra Evans. "Roy Rogers Owners Hope for Happy Trails." *Washington Post*, August 4, 1997; www.royrogersrestaurants.com 참조.

60  www.supermarketguru.com/page.cfm/25603 참조.

61  www.nextepsystems.com/Home/tabid/36/Default.aspx

62  Eric Palmer. "Scan-Do Attitude: Self-Service Technology Speeds Up Grocery Shopping." *Kansas City Star*, April 8, 1998.

63  리테일 뱅킹 리서치(Retail Banking Research 사의 "Global EPOS and Self-Checkout 2009" 관련 보도자료.

64  Eben Shapiro. "Ready, Set, Scan That Melon." *New York Times*, June 14, 1990.

65 위의 글.

66 Chris Woodyard. "Grocery Shoppers Can Be Own Cashiers." *USA TODAY*, March 9, 1998.

67 Robert Kisaberth, Anne C. Pontius, Bernard E. Statland, and Charlotte Galper. "Promises and Pitfalls of Home Test Devices." *Patient Care* 31 (October 15, 1997): 125ff.

68 Barry Meier. "Need a Teller? Chicago Bank Plans a Fee." *Washington Post*, April 27, 1995.

69 James Barron. "Please Press 2 for Service; Press ? for an Actual Human." *New York Times*, February 17, 1989.

70 Michael Schrage. "Calling the Technology of Voice Mail into Question." *Washington Post*, October 19, 1990.

71 www.census.gov/2010census/news/releases/operations/new-interactive-maps-showing-participation-rates. html; http://usatoday30.usatoday.com/news/nation/census/census-participation.htm

72 마이크 라이언**Mike Ryan**(필자의 연구조교)이 상무부 센서스 국의 로스 카원**Rose Cowan**을 인터뷰.

73 질은 양과 동일시될 뿐 아니라 '표준화와 예측가능성' 같은 맥도날드화의 다른 특성과도 동일시된다. Ester Reiter. *Making Fast Food*. Montreal: McGill-Queen's University Press, 1991, p. 107을 참조하라.

74 Shoshana Zuboff. *In The Age of the Smart Machine: The Future of Work and Power*. New York: Basic Books, 1988.

75 Bruce Horovitz. "Fast-Food Chains Bank on Bigger-Is-Better Mentality." *USA TODAY*, September 12, 1997.

76 야단스러운 간판에 대한 항의 때문에 그렇게 큰 간판은 거의 없어졌다.

77 "Taco Bell Delivers Even Greater Value to Its Customers by Introducing Big Fill Menu." *Business Wire*, November 2, 1994.

78 Melanie Warner. "U.S. Restaurant Chains Find There Is No Too Much." *New York Times*, July 28, 2006.

79 위의 글.

80 Philip Elmer-DeWitt. "Fat Times." *Time*, January 16, 1995.

81 Jane Wells. "Supersizing It: Mcdonald's Tests Bigger Burger." *CNBC*, March 23, 2007; www.msnbc.msn.com/id/17757931/fromET

82 Barbara W. Tuchman. "The Decline of Quality." *New York Times Magazine*, November 2, 1980. 예컨대 유나이티드 항공은 비행기가 정시에 도착하는 비율과 같은 비행의 '질'에 관해 말하지 않는다.

83 Marion Clark. "Arches of Triumph." *Washington Post/Book World*, June 5, 1977.

84 A. A. Berger. "Berger vs. Burger: A Personal Encounter." In Marshall Fishwick, ed. *Ronald Revisited: The World of Ronald McDonald*. Bowling Green, OH: Bowling Green University Press, 1983, p.126.

85 Max Boas and Steve Chain. *Big Mac: The Unauthorized Story of McDonald's*. New York: Dutton, 1976, p. 121.

86 위의 책, p. 117.

87 A. C. Stevens. "Family Meals: Olive Garden Defines Mediocrity." *Boston Herald*, March 2, 1997.

88 "The Cheesecake Factory Restaurants Celebrate 25th Anniversary." *Business Wire*, February 25, 2003.

89 Michael D. Shear. "College Rattled as Obama Presses Rating System." *New York Times*, May 26, 2014.

90 "Weekly Prompts From a Mentor." *New York Times*, August 21, 2011.

91  "A Way to Speed the Pace." *New York Times*, August 21, 2011.

92  Susan Gervasi. "The Credentials Epidemic." *Washington Post*, April 30, 1990.

**4장**

1  W. Baldamus. "Tedium and Traction in Industrial Work." In David Weir, ed. *Men and Work in Modern Britain*. London: Fontana, 1973, pp. 78-84.

2  www.bestwestern.com/newsroom/fastsheet_countrydetail.asp [https://www.bestwestern.com/en_US/about/press-media/best-western-overview.html]

3  인터컨티넨탈 호텔 그룹 웹사이트: www.ihgplc.comfiles/pdf/factsheets/ihg_at_a_glance.pdf

4  http://hotelfranchise.wyndhamworldwide.com/portfolio/howard_johnson/ (www.timesunion.com/local/article/Restaurants-served-a-slice-of-Americana-3694523.php도 참조하라.)

5  앙트러프러너 웹사이트: www.entrepreneur.com

6  Robin Leidner. *Fast Food, Fast Talk: Service Work and the Routinization of Everyday Life*. Berkeley: University of California Press, 1993, pp. 45-47, 54.

7  위의 책, p.82에서 재인용.

8  Margaret King. "McDonald's and the New American Landscape." *USA TODAY*, January, 1980.

9  Duke Helfand. "A Super-Sized Way to Worship; California Has More Megachurches Than Any Other State, With the Majority in Surburgs Between Los Angeles and San Diego." *Los Angeles Times*, October 11, 2009.

10  http://hirr.hartsem.edu/cgi-bin/mega/db.pl?db=default&uid=default&view_records=1&ID=*&sb=3&so=descend

11  Jacqueline L. Salmon and Hamil R. Harris. "Reacting Out With the Word—And Technology." *Washington Post*, February 4, 2007.

12  말비나 레이놀즈**Malvina Reynolds**가 작사, 작곡한 〈작은 상자들*Little Boxes*〉 가사 (Copyright 1962, Schroder Music Co. (ASCAP). Renewed 1990. Used by permission. All right reserved.)

13  Marcus Palliser. "For Suburbia Read Fantasia: Disney Has Created the American Dream Town in Sunny Florida." *Daily Telegraph*, November 27, 1996.

14  www.haircuttery.com/about-us/history.html [http://www.haircuttery.com/about-us/index.html—옮긴이]

15  Robin Leidner. *Fast Food, Fast Talk: Service Work and the Routinization of Everyday Life*. Berkeley: University of California Press, 1993, p. 58.

16  Henry Mitchell. "Wonder Bread, Any Way You Slice It." *Washington Post*, March 22, 1991.

17  William Serrin. "Let Them Eat Junk." *Saturday Review*, February 2, 1980.

18  Matthew Gilbert. "In McMovieworld, Franchises Taste Sweetest." *Commercial Appeal*(Memphis), May 30, 1997.

19  John Powers. "Tales of Hoffman." *Washington Post*, Sunday Arts, March 5, 1995.

20  Marthew Gilbert. "TV's Cookie-Cutter Comedies." *Boston Globe*, October 19, 1997.

21  위의 글.

22  위의 글.

23  이와 마찬가지로 부시 가든은 고객들이 예측가능한 미국의 영토를 벗어나지 않음은 물론, 예측가능한 근대적 놀이공원 밖으로 나가지 않고도 독일식 비어 홀 같은 유럽풍 위락 시설을 즐길 수 있게 한다.

24  이스탄불의 힐튼호텔 개관식에서 콘래드 힐튼**Conrad Hilton**은 "우리의 호텔 하나하나는 … '작은 미국'이다"라고 말했다. Daniel J. Boorstin. *The Image: A Guide to Pseudo-Events in*

*America*. New York: Harper Colophon, 1961, p. 98에서 재인용.

25  John Urry. *The Tourist Gaze: Leisure and Travel in Contemporary Societies*. London: Sage, 1990.

26  William Severini Kowinski. *The Malling of America: An Inside Look at the Great Consumer Paradise*. New York: William Morrow, 1985, p.27.

27  Iver Peterson. "Urban Dangers Send Children Indoors to Play: A Chain of Commercial Playgrounds Is One Answer for Worried Parents." *New York Times*, January 1, 1995.

28  Jan Vertefeuille. "Fun Factory: Kids Pay to Play at the Discovery Zone and While That's Just Fine With Many Parents, It Has Some Experts Worried." *Roanoke Times & World News*, December 8, 1994.

29  Stephen J. Fjellman. *Vinyl Leaves: Walt Disney World and America*. Boulder, CO: Westview, 1992, p. 226에서 재인용.

30  Dirk Johnson. "Vacationing at Campgrounds Is Now Hardly Roughing It." *New York Times*, August 28, 1986.

31  http://koa.com/find-a-koa/; "CountryClub Campgrounds." *Newsweek*, September 24, 1984.

32  Andrew Adam Newman. "A Place to Camp, And Make Memories." *New York Times*, June 18, 2014.

33  Dirk Johnson. "Vacationing at Campgrounds Is Now Hardly Roughing It." *New York Times*, August 28, 1986.

34  Kristin Downey Grimsley. "Risk of Homicide Is Higher in Retail Jobs: Half of Workplace Killings Sale-Related." *Washington Post*, July 13, 1997.

35  Robin Leidner. *Fast Food, Fast Talk: Service Work and the Routinization of Everyday Life*. Berkeley: University of California Press, 1993.

36  L. B. Diehl and M. Hardart. *The Automat: The History, Recipes, and Allure of Horn and Hardart's Masterpiece*. New York: Clarkson Potter, 2002.

37  Stacy Torres. "Old McDonald's." *New York Times*, January 21, 2014.

38  Stan Luxenberg. *Roadside Empires: How the Chains Franchised America*. New York: Viking, 1985.

39  Martin Plimmer. "This Demi-Paradise: Martin Plimmer Finds Food in the Fast Lane Is Not to His Taste." *Independent* (London), January 3, 1998.

40  Harold Gracey. "Learning the Student Role: Kindergarten as Academic Boot Camp." In Dennis Wrong and Harold Gracey, eds. *Readings in Introductory Sociology*. New York: Macmillan, 1967, pp. 243-254.

41  Charles E. Silberman. *Crisis in the Classroom: The Remaking of American Education*. New York: Random House, 1970(국역본 《교실의 위기》, 배영사, 1977), p. 122.

42  위의 책, p. 137.

43  위의 책, p. 125.

44  William Severini Kowinski. *The Malling of America: An Inside Look at the Great Consumer Paradise*. New York: William Morrow, 1985, p. 359.

45  L. Mamo and J. R. Fishman. "Potency in All the Right Places: Viagra as a Technology of the Gendered Body." *Body & Society* 7 (2001): 13. 비아그라가 여러모로 섹스를 맥도날드화하는 데 기여했다는 점은 분명하다. 비아그라는 미국뿐 아니라 전 세계적으로 유행처럼 번지고 있으며 우려(그리고 유머)의 대상이 되었다. 스페인에서는 약국에서 비아그라만 집중적으로 갈취하는 강도도 나타났다. 스페인에서 비아그라는 젊은 사람들도 이용하는 일종의 기

분전환용 약물이 되어, 높은 소매 가격(8개들이 한 상자에 104달러)에도 불구하고 엄청난 양이 판매되고 있으며, 디스코텍 같은 곳에서 1정당 80달러까지 주고 불법으로 사는 사람도 있다. 어떤 사회에서 이렇게 높은 수요가 나타나는 것은 그 사회의 마초 문화 때문인 것일까? 비아그라 제조사인 화이자 사 대변인은 이러한 현상이 맥도날드화와 연관된다고 말한다. "예전에는 시에스타가 있어서 오후 내내 낮잠을 잤었다. … 하지만 지금은 패스트푸드 제국이 되어 스트레스가 만연해졌고, 이는 남성의 성기능에 문제를 일으킨다". Dan Bilefsky. "Spain Says Adios Siesta and Hola Viagra." *New York Times*, February 11, 2007.

46  Leonore Tiefer. "The Medicalization of Impotence: Normalizing Phallocentrism." *Gender & Society* 8 (1994): 363-377.

47  Cheryl Jackson. "Impotence Clinic Grows Into Chain." *The Tampa Tribune-Business and Finance*, February 18, 1995.

48  Annette Baran and Reuben Pannor. *Lethal Secrets: The Shocking Consequences and Unresolved Problems of Artificial Insemination*. New York: Warner, 1989.

49  Paula Mergenbagen DeWitt. "In Pursuit of Pregnancy." *American Demographics*, May, 1993.

50  Eric Adler. "The Brave New World: It's Here Now, Where In Vitro Fertilization Is Routine and Infertility Technology Pushes Back All the Old Limitations." *Kansan City Star*, October 25, 1998.

51  클리어 패시지 웹사이트: www.clearpassage.com/about_infertility_therapy.htm

52  *Drug Week*, October 24, 2008.

53  "No Price for Little Ones." *Financial Times*, September 28, 1998.

54  Diederika Pretorius. *Surrogate Motherhood: A Worldwide View of the Issues*. Springfield, IL: Charles C Thomas, 1994.

55  Korky Vann. "With In-Vitro Fertilization, Late-Life Motherhood Becoming More Common." *Hartford Courant*, July 7, 1997.

56  http://news.bbc.co.uk/2/hi/europe/4199839.stm; www.nbcnews.com/id/28112285/ns/health-pregnancy/t/another--year-old-india-has-ivf-baby/

57  Angela Cain. "Home-Test Kits Fill an Expanding Health Niche." *The Times Union-Life and Leisure* (Albany, NY), February 12, 1995.

58  Neil Bennett, ed. *Sex Selection of Children*. New York: Academic Press, 1983.

59  www.microsort.com/?page_id=453

60  Janet Daley. "Is Birth Ever Natural?" *The Times* (London), March 16, 1994.

61  Matt Ridley. "A Boy or a Girl: Is It Possible to Load the Dice?" *Smithsonian* 24 (June 1993): 123.

62  Roger Gosden. *Designing Babies: The Brave New World of Reproductive Technology*. New York: W. H. Freeman, 1999, p. 243.

63  Rayna Rapp. "The Power of 'Positive' Diagnosis: Medical and Maternal Discourses on Amniocentesis." In Donna Bassin, Margaret Honey, and Meryle Mahrer Kaplan, eds. *Representations of Motherhood*. New Haven, CT: Yale University Press, 1994, pp. 204-219.

64  Aliza Kolker and B. Meredith Burke. *Prenatal Testing: A Sociological Perspective*. Westport, CT: Bergin & Garvey, 1994, p. 158.

65  Jeffrey A. Kuller and Steven A. Laifer. "Contemporary Approaches to the Prenatal Diagnosis." *American Family Physician* 52 (December 1996): 2277ff.

66  Aliza Kolker and B. Meredith Burke. *Prenatal Testing: A Sociological Perspective*. Westport, CT: Bergin & Garvey, 1994; Ellen Domke and Al Podgorski. "Testing the

Unborn: Genetic Test Pinpoints Defects, but Are There Risks?" *Chicago Sun-Times*, April 17, 1994.

67 그러나 일부 부모들은 태아 검사 기술에 의한 합리화에 반발한다. 이에 대해서는 Shirley A. Hill. "Motherhood and the Obfuscation of Medical Knowledge." *Gender & Society* 8 (1994): 29-47을 참조하라.

68 Mike Chinoy. CNN, February 8, 1994.

69 Joan H. Marks. "The Human Genome Project: A Challenge in Biological Technology." In Gretchen Bender and Timothy Druckery, eds. *Culture on The Brink: Ideologies of Technology*. Seattle, WA: Bay Press, 1994, pp. 99-106; R. C. Lewontin. "The Dream of the Human Genome." In Gretchen Bender and Timothy Druckery, eds. *Culture on The Brink: Ideologies of Technology*. Seattle, WA: Bay Press, 1994, pp. 107-127.

70 "Genome Research: International Consortium Completes Human Genome Project." *Genomics & Genetics Weekly*, May 9, 2003.

71 Matt Ridley. "A Boy or a Girl: Is It Possible to Load the Dice?" *Smithsonian* 24 (June 1993): 123.

72 Jessica Mitford. *The American Way of Birth*. New York: Plume, 1993.

73 합리화의 관점에서 조산사를 비판한 입장을 보려면 Charles Krauthammer. "Pursuit of a Hallmark Moment Costs a Baby's Life." *Tampa Tribune*, May 27, 1996을 참조하라.

74 American College of Nurse-Midwives, 2008 Report; Judy Foreman. "The Midwives' Time Has Come—Again." *Boston Globe*, November 2, 1998.

75 www.allnursingschools.com/faqs/cnm.php

76 Jessica Mitford. *The American Way of Birth*. New York: Plume, 1993, p. 13.

77 Catherine Kohler Riessman. "Women and Medicalization: A New Perspective." In P. Brown ed. *Perspectives in Medical Sociology*. Prospect Heights, IL: Waveland, 1989, pp. 190-220.

78 Michelle Harrison. *A Woman in Residence*. New York: Random House, 1982, p. 91.

79 Judith Walzer Leavitt. *Brought to Bed: Childbearing in America, 1750-1950*. New York: Oxford University Press, 1986, p. 190.

80 위의 책.

81 Paula A. Treichler. "Feminism, Medicine, and the Meaning of Childbirth." In Mary Jacobus, Evelyn Fox Keller, and Sally Shuttleworth, eds. *Body Politics: Women and the Discourses of Science*. New York: Routledge, 1990, pp. 113-138.

82 Jessica Mitford. *The American Way of Birth*. New York: Plume, 1993, p. 59.

83 아이가 나오는 입구를 넓히기 위해 질에서 항문 쪽으로 절개하는 시술.

84 Jessica Mitford. *The American Way of Birth*. New York: Plume, 1993, p. 61.

85 위의 책, p. 143.

86 Michelle Harrison. *A Woman in Residence*. New York: Random House, 1982, p. 86.

87 www.ncbi.nlm.nih.gov/pmc/articles/PMC420176/

88 Michelle Harrison. *A Woman in Residence*. New York: Random House, 1982, p. 113.

89 Jeanne Guillemin. "Babies by Cesarean: Who Chooses, Who Controls?" In P. Brown ed. *Perspectives in Medical Sociology*. Prospect Heights, IL: Waveland, 1989, pp. 549-558.

90 L. Silver and S. M. Wolfe. *Unnecessary Cesarean Sections: How to Cure a National Epidemic*. Washington, DC: Public Citizen Health Research Group, 1989.

91 Joane Kabak. "C Sections." *Newsday*, November 11, 1996.

92 www.cdc.gov/nchs/fastats/delivery.htm; www.cdc.gov/nchs/data/databriefs/db35.pdf;

Denise Grady. "Caesarean Births Are at a High in U.S." *New York Times*, March 23, 2010.

93  Susan Brink. "Too Posh to Push?" *U.S. News & World Report*, August 5, 2002.

94  Randall S. Stafford. "Alternative Strategies for Controlling Rising Cesarean Section Rates." *JAMA* 263 (1990): 683-687.

95  Jeffrey B. Gould, Becky Davey, and Randall S. Stafford. "Socioeconomic Differences in Rates of Cesarean Sections." *The New England Journal of Medicine* 321 (1989): 233-239; F. C. Barros, J. P. Vaughan, C. G. Victora, and S. R. Hurrly. "Epidemic of Caesarean Sections in Brazil." *The Lancet* 338 (1991): 167-169.

96  Randall S. Stafford. "Alternative Strategies for Controlling Rising Cesarean Section Rates." *JAMA* 263 (1990): 683-687.

97  그럼에도 불구하고 최근에는 보험회사와 병원의 관행 때문에 더 많은 사람들이 요양원이나 집에서 죽음을 맞이하고 있기는 하다.

98  Sherwin B. Nuland. *How We Die: Reflections on Life's Final Chapter*. New York: Knopf, 1994(국역본《사람은 어떻게 죽음을 맞이하는가: 삶의 마지막 순간에서의 가르침》, 세종서적, 2016); National Center for Health Statistics. *Vital Statistics of the United States, 1992-1993, Vol. 2, Mortality, Part A*. Hyattsville, MD: Public Health Service, 1995; www.cdc.gov/nchs/data/databriefs/db118.htm; www.ncbi.nlm.nih.gov/pubmed/18043014; www.nhpco.org/sites/default/files/public/Statistics_Research/2012_Facts_Figures.pdf

99  Derek Humphry. *Final Exit: The Practicalities of Self-Deliverance and Assited Suicide for the Dying*, 3rd ed. New York: Delta, 2002(국역본《마지막 비상구: 안락사를 말하다》, 지상사, 2007).

100 Richard A. Knox. "Doctors Accepting of Euthanasia, Poll Finds: Many Would Aid in Suicide Were It Legal." *Boston Globe*, April 23, 1998.

101 A. Gruneir, V. Mor, S. Weitzen, R. Truchil, J. Teno, and J. Roy. "Where People Die: A Multilevel Approach to Understanding Influences on Site of Death in America." *Medical Care Research and Review* 64 (2007): 351; Katie Zezima. "Home Burials Offering an Intimate Alternative, at a Lower Cost." *New York Times*, July 21, 2009.

102 Ellen Goodman. "Kevorkian Isn't Helping 'Gentle Death.'" *Newsday*, August 4, 1992.

103 Lance Morrow. "Time for the Ice Floe, Pop: In the Name of Rationality, Kevorkian Makes Dying- and Killing-Too Easy." *Time*, December 7, 1998.

**5장**

1  Amitai Etzioni. "McJobs Are Bad for Kids." *Washington Post*, August 1986.

2  Dharma Raju Bathini. "Fastfood Work: McJobs in India." 3rd Biennial Conference of the Indian Academy of Management, December 2013; Pan Iianshu. "An Ethnographic Interpretation of 'McJobs' in Urban Shanghai: Insights From the Field." *Chinese Journal of Sociology* 5 (2011).

3  Jerry Newman. *My Secret Life on the McJob: Lessons From Behind the Counter Guaranteed to Supersize Any Management Style*. New York: McGraw-Hill, 2007.

4  George Ritzer. "McJobs." In Rich Feller and Garry Walz, eds. *Optimizing Life Transitions in Turbulent Times: Exploring Work, Learning and Careers*. Greensboro, NC: ERIC/CASS Publications, 1996; "McJobs: McDonaldization and Its Relationship to the Labor Process." In George Ritzer, ed. *The McDonaldization Thesis*. London: Sage, 1998; 이탈리아어로 쓴 학술서까지 나왔다. Filippo Di Nardo. *McJob: Il Lavoro da McDonald's Italia*. Rubberrino, 2011.

5  Anthony M. Gould. "Working at McDonald's: Some Redeeming Features of McJobs."

Work, Employment and Society 24 (2010): 780-802.

6  Jerry Newman. *My Secret Life on the McJob: Lessons From Behind the Counter Guaranteed to Supersize Any Management Style*. New York: McGraw-Hill, 2006, p. 53.

7  Jill Lawrence. "80 Pizzas Per Hour." *Washington Post*, June 9, 1996.

8  Linda Perlstein. "Software's Essay Test: Should It Be Grading?" *Washington Post*, October 13, 1998.

9  Julia Wallace. "Dr. Denton Cooley: Star of 'the Heart Surgery Factory.'" *Washington Post*, July 19, 1980.

10  www.eng.cvz.ru

11  "Moving Right Along." *Time*, July 1, 1985, p. 44.

12  www.teleroboticsurgeons.com/davinci.htm

13  Ester Reiter. *Making Fast Food*. Montreal, QU: McGill-Queen's University Press, 1991, p. 85.

14  Jill Lawrence. "80 Pizzas Per Hour." *Washington Post*, June 9, 1996.

15  Stan Luxenberg. *Roadside Empires: How the Chains Franchised America*. New York: Viking, 1985, pp. 73-74.

16  www.washingtonpost.com/lifestyle/magazine/whos-lovin-it/2011/08/12/gIQAoOVRuJ_story.html

17  위의 글.

18  Stan Luxenberg. *Roadside Empires: How the Chains Franchised America*. New York: Viking, 1985, p. 80.

19  위의 책, pp. 84-85.

20  Robin Leidner. *Fast Food, Fast Talk: Service Work and the Routinization of Everyday Life*. Berkeley: University of California Press, 1993, p. 60.

21  Stuart Flexner. *I Hear America Talking*. New York: Simon & Schuster, 1976, p.142.

22  Frederick W. Taylor. *The Principles of Scientific Management*. New York: Harper & Row, 1947(국역본《과학적 관리법》, 21세기북스, 2010), p. 42.

23  위의 책, p.138.

24  Iver Peterson. "Let That Be a Lesson: Rutgers Bumps a Well-Liked but Little-Published Professor." *New York Times*, May 9, 1995.

25  http://docear.org/papers/Google%20Scholar's%20Ranking%20Algorithm%20--%20An%20Introductory%20Overview%20--%20preprint.pdf

26  http://code.google.com/p/citations-gadget/

27  위의 글.

28  Kenneth Cooper. "Stanford President Sets Initiative on Teaching." *Washington Post*, March 3, 1991, p. A12.

29  위의 글.

30  Dennis Hayes and Robin Wynyard. "Introduction." In Dennis Hayes and Robin Wynyard, eds. *The McDonaldization of Higher Education*. Westport, CT: Bergin & Garvey, 2002, p.11.

31  수백 가지 DRG 중 하나만 예로 들어보자면, DRG 236은 '둔부 골반 골절'이다. 메디케어는 DRG마다 정해져 있는 의료적 처치에 대해 규정대로 금액을 보전해준다.

32  Dan Colburn. "Unionizing Doctors: Physicians Begin Banding Together to Fight for Autonomy and Control over Medical Care." *Washington Post/Health*, June 19, 1985.

33  스포츠만 해당되는 것은 아니다. 정당들도 텔레비전의 필요와 요구에 부응하여 전당대회 시간을 단축하고 절차를 간소화했다.

34  Allen Guttmann. *From Ritual to Record: The Nature of Modern Sports*. New York: Cambridge University Press, 1978(국역본 《근대스포츠의 본질: 제례의식에서 기록추구로》, 나남, 2008), p. 47.

35  위의 책, p. 51.

36  야구에 익숙하지 않은 사람들을 위해 설명하자면, 지명타자는 한 팀의 선발선수에 속하며 전 경기 동안 정규 타순에 의해 타석에 선다. 반면 대타는 게임 중간에 투입되며, 경기에 참여하고 있는 사람 중 한 명을 대신해서 타석에 선다. 대타는 한 경기에서 한 번만 타석에 서는 경우가 대부분이다.

37  그러나 야구에서 선수들의 역할이 더 전문화됨에 따라 이 점에 관해서는 상황이 역전되었다. 요즘은 분명히 예전보다 구원투수의 기용이 오히려 더 많아졌다. 요즘은 경기의 초반에 투입되는 '롱 릴리프', 팀이 앞선 가운데 게임을 매듭짓는 '마무리 투수', 좌타자 또는 우타자를 전문적으로 상대하기 위한 '원포인트 릴리프' 등 '구원'의 역할이 더 세분화되었다.

38  www.cbc.ca/archives/categories/sports/exploits/extreme-sports-faster-riskier-more-outrageous/topic---extreme-sports-faster-more-outrageous.html [http://www.cbc.ca/archives/topic/extreme-sports-faster-riskier-more-outrageous]

39  Carl Schoettler. "Examining the Pull of the Poll." *Sun* (Baltimore), October 11, 1998.

40  Kathleen Jamieson. *Eloquence in an Electronic Age: The Transformation of Political Speechmaking*. New York: Oxford University Press, 1988, p. 11.

41  위의 책; Marvin Kalb. "TV, Election Spoiler." *New York Times*, November 28, 1988도 참조하라.

42  www.youtube.com/profile?user=BarackObamadotcom#g/u

**6장**

1  라이드너에 따르면 패스트푸드점들은 종업원들에게 고객들이 인격적으로 대접받지 못한다는 느낌을 받지 않도록 여러 방법을 활용하라고 장려한다. 그러나 그녀가 일했던 프랜차이즈에서는 이마저도 제한이 있었다.

2  Robin Leidner. *Fast Food, Fast Talk: Service Work and the Routinization of Everyday Life*. Berkeley: University of California Press, 1993, p. 25.

3  위의 책.

4  Harrison M. Trice and Janice M. Beyer. *The Cultures of Work Organizations*. Englewood Cliffs, NJ: Prentice Hall, 1993.

5  Mary-Angie Salva-Ramirez. "McDonald's: A Prime Example of Corporate Culture." *Public Relations Quarterly*, December 22, 1995.

6  www.washingtonpost.com/lifestyle/magazine/whos-lovin-it/2011/08/12/gIQAoOVRuJ_story.html

7  Robin Leidner. *Fast Food, Fast Talk: Service Work and the Routinization of Everyday Life*. Berkeley: University of California Press, 1993, p. 82.

8  위의 책.

9  위의 책, pp. 220, 230.

10  위의 책.

11  맥도날드화가 갖는 이러한 측면에 관해서는 7장에서 다시 한 번 다룰 것이다.

12  www.aboutmcdonalds.com/mcd/corporate_careers/training_and_development/hamburger_university/our_faculty.html; Dick Schaaf. "Inside Hamburger University." *Training*, December 1994, pp. 18-24.

13  Robin Leidner. *Fast Food, Fast Talk: Service Work and the Routinization of Everyday*

*Life*. Berkeley: University of California Press, 1993, p. 58.

14 위의 책, pp. 107, 108.

15 Elspeth Probyn. "McIdentities: Food and the Familial Citizen." *Theory, Culture and Society* 15 (1998): 155-173.

16 Robin Leidner. *Fast Food, Fast Talk: Service Work and the Routinization of Everyday Life*. Berkeley: University of California Press, 1993, p. 10.

17 http://wdw.disneycareers.com/en/working-here/the-disney-look

18 Lynn Darling. "On the Inside at Parks à la Disney." *Washington Post*, August 28, 1978.

19 위의 글.

20 Andrew Beyer. "Lukas Has a Franchise on Almighty McDollar." *Washington Post*, August 8, 1990.

21 Richard Edwards. *Contested Terrain: The Transformation of the Workplace in the Twentieth Century*. New York: Basic Books, 1979.

22 Erik Brynjolfsson and Andrew McAfee. *Race Against the Machine: How the Digital Revolution Is Accelerating Innovation, Driving Productivity, and Irreversibly Transforming Employment and the Economy*. Kindle Books, 2011(국역본《기계와의 경쟁: 진화하는 기술, 사라지는 일자리, 인간의 미래는?》, 틔움, 2013).

23 Frederick W. Taylor. *The Principles of Scientific Management*. New York: Harper & Row, 1947(국역본《과학적 관리법》, 21세기북스, 2010), p. 59.

24 Henry Ford. *My life and Work*. Garden City, NY: Doubleday, 1922(국역본《헨리 포드: 고객을 발명한 사람》, 21세기북스, 2006), p. 103.

25 Robin Leidner. *Fast Food, Fast Talk: Service Work and the Routinization of Everyday Life*. Berkeley: University of California Press, 1993, p. 105.

26 Richard Edwards. *Contested Terrain: The Transformation of the Workplace in the Twentieth Century*. New York: Basic Books, 1979.

27 Jerry Newman. *My Secret Life on the McJob: Lesson From Behind the Counter Guaranteed to Supersize Any Management Style*. New York: McGraw-Hill, 2007, p. 52.

28 http://wearemjr.com/2011/06/06/the-burger-that-ate-britain/ [www.thesundaytimes. co.uk/sto/Magazine/Features/article635826.ece-옮긴이]]

29 Michael Lev. "Raising Fast Food's Speed Limit." *Washington Post*, August 7, 1991.

30 Ray Kroc. *Grinding It Out*. New York: Berkeley Medallion, 1977(국역본《성공은 쓰레기통 속에 있다: 맥도날드 창업자 레이 크록 자서전》, 황소북스, 2011), pp. 131-132.

31 Eric A. Taub. "The Burger Industry Takes a Big Helping of Technology." *New York Times*, October 8, 1998.

32 William R. Greer. "Robot Chef's New Dish: Hamburgers." *New York Times*, May 27, 1987.

33 위의 글.

34 Michael Lev. "Taco Bell Finds Price of Success (59 cents)." *New York Times*, December 17, 1990.

35 Calvin Sims. "Robots to Make Fast Food Chains Still Faster." *New York Times*, August 24, 1988.

36 Chuck Murray. "Robots Roll From Plant to Kitchen." *Chicago Tribune-Business*, October 17, 1993.

37 Eric A. Taub. "The Burger Industry Takes a Big Helping of Technology." *New York Times*, October 8, 1998.

38 www.kueducation.com/us

39  위의 글.

40  www.kindercare.com/about

41  "The McDonald's of Teaching." *Newsweek,* January 7, 1985.

42  http://www.sylvanlearning.com/locations

43  "The McDonald's of Teaching." *Newsweek,* January 7, 1985.

44  William Stockton. "Computers That Think." *New York Times Magazine,* December 14, 1980.

45  Bernard Wysocki Jr. "Follow the Recipe: Children's Hospital in San Diego Has Taken the Standardization of Medical Care to an Extreme." *Wall Street Journal,* April 22, 2003.

46  Virginia A. Welch. "Big Brother Flies United." *Washington Post/Outlook,* March 5, 1995.

47  위의 글.

48  www.stopjunkcalls.com/convict.htm

49  Gary Langer. "Computers Reach Out, Respond to Human Voice." *Washington Post,* February 11, 1990.

50  Carl H. Lavin. "Automated Planes Raising Concerns." *New York Times,* August 12, 1989.

51  Jerry Newman. *My Secret Life on the McJob: Lesson From Behind the Counter Guaranteed to Supersize Any Management Style.* New York: McGraw-Hill, 2007, p. 21. 그러나 뉴먼에 따르면 인사규정(채용, 훈련, 인센티브 등)의 경우에는 점포에 따라 매우 다르다.

52  William Serrin. "Let Them Eat Junk." *Saturday Review,* February 2, 1980.

53  www.fishfarming.com

54  Juliet Eilperin. "Farm-Fresh Fish-With a Catch; Aquaculture Boom Raises Concerns." *Washington Post,* September 20, 2009; Cornelia Dean, "Rules Guiding Fish Farming in the Gulf Are Readied." *New York Times,* September 4, 2009; Martha Duffy. "The Fish Tank on the Farm." *Time,* December 3, 1990.

55  Peter Singer. *Animal Liberation: A New Ethic for Our Treatment of Animals.* New York: Avon, 1975(국역본《동물해방》, 연암서가, 2012).

56  위의 책, pp. 96-97.

57  위의 책, pp. 105-106.

58  위의 책, p. 123.


**7장**

1  인종차별이나 성차별 등 여기서 논의한 것 외의 부정적인 영향은 이 과정으로 설명될 수 없다. Ester Reiter. *Making Fast Food.* Montreal, QU: McGill-Queen's University Press, 1991, p. 145를 참조하라.

2  예를 들어 Martin Jay. *The Dialectical Imagination.* Boston: Little, Brown, 1973와 같은 비판 이론가들처럼.

3  Julie Jargon. "McD's Service Stalls at Drive-Thru." *Crain's Chicago Business,* January 2, 2006.

4  www.qsrmagazine.com/reports/drive-thru-performance-study

5  Julie Jargon. "McD's Service Stalls at Drive-Thru." *Crain's Chicago Business,* January 2, 2006.

6  위의 글.

7  Mike Comerford. "The Forbidden Kitchen Technology and Testing Help: McDonald's Grow Around the Globe." *Chicago Daily Herald-Business,* December 11, 2006.

8  http://nerdynerdnerdz.com/2228/mcdonalds-restaraunts-launch-new-drive-thru-tablets/

9  Michael Schrage. "The Pursuit of Efficiency Can Be an Illusion." *Washington Post,* March 20, 1992.

10   Richard Cohen. "Take a Message—Please!" *Washington Post Magazine*, August 5, 1990, p. 5.

11   Peter Perl. "Fast Is Beautiful." *Washington Post Magazine*, May 24, 1992.

12   Mark Bittman. "Is Junk Food Really Cheaper?" *New York Times Sunday Review*, September 25, 2011.

13   http://opinionator.blogs.nytimes.com/2011/02/22/how-to-make-oatmeal-wrong/?emc=etal

14   Melanie Warner. "Salads or No: Cheap Burgers Revive McDonald's." *New York Times*, April 19, 2006.

15   Bob Garfield. "How I Spent (and Spent and Spent) My Disney Vacation." *Washington Post/Outlook*, July 7, 1991.

16   위의 글.

17   Ester Reiter. *Making Fast Food*. Montreal, QU: McGill-Queen's University Press, 1991, p. 95.

18   Jill Smolowe. "Read This!!!!" *Time*, November 26, 1990.

19   Michael Schrage. "Personalized Publishing: Confusing Information With Intimacy." *Washington Post*, November 23, 1990.

20   Mark A. Schneider. *Culture and Enchantment*. Chicago: University of Chicago Press, 1993, p. ix. 베버는 이 개념을 프리드리히 실러**Friedrich Schiller**로부터 가져왔다.

21   Hans Gerth and C. Wright Mills. "Introduction." In Hans Gerth and C. Wright Mills, eds. *From Max Weber*. New York: Oxford University Press, 1958, p. 51.

22   Mark A. Schneider. *Culture and Enchantment*. Chicago: University of Chicago Press, 1993, p. ix.

23   Victoria Stagg Elliott. "Fast-Food Sellers Under Fire for Helping Supersize People." *American Medical News*, April 21, 2003.

24   Mark Bittman. "Is Junk Food Really Cheaper?" *New York Times Sunday Review*, September 25, 2011.

25   Jeremy Laurance. "Slow Killer on the March." *Toronto Star*, March 4, 2006.

26   David A. Alter and Karen Eny. "The Relationship Between the Supply of Fast-Food Chains and Cardiovascular Outcomes." *Canadian Journal of Public Health* 96 (May 2001): 173-177; Sharon Kirkey. "Nutrition: New Study Links Fast-Food Spots, Death Rates." *National Post*, May 12, 2005.

27   Maryellen Spencer. "Can Mama Mac Get Them to Eat Spinach?" In Marshall Fishwick, ed. *Ronald Revisited: The World of Ronald McDonald*. Bowling Green, OH: Bowling Green University Press, 1983, pp. 85-93.

28   Donald J. Hernandez and Evan Carney, eds. *From Generation to Generation: The Health and Well-Being of Children in Immigrant Families*. Washington, DC: National Academy Press, 1998.

29   Rachel Abramowitz. "Disney Loses Its Appetite for Happy Meal Tie-Ins." *Los Angeles Times*, May 8, 2006. 그러나 디즈니 공원에서 맥도날드가 사라지지는 않을 것이고, 성인을 대상으로 하는 제휴 행사를 할 가능성은 여전히 열려 있다.

30   Patty Lanoue Stearns. "Double-Sized Fast Foods Means Double the Trouble." *Pittsburgh Post-Gazette*, October 10, 1996.

31   www.mcdonalds.com/us/en/full_menu_explorer.html

32   http://www.bk.com/cms/en/us/cms_out/digital_assets/files/pages/Nutrition%20MARCH%202014.pdf

33   http://opinionator.blogs.nytimes.com/2011/02/22/how-to-make-oatmeal-wrong/

?emc=etal

34  위의 글.

35  위의 글.

36  위의 글.

37  "At 42, Ronald McDonald Reborn as Fitness Fanatic." *Charleston Daily Mail*, June 10, 2005.

38  Regina Schrambling. "The Curse of Culinary Convenience." *New York Times*, September 10, 1991.

39  위의 글.

40  "*E. coli* Outbreak Forces Closure of Meat Plant." *Independent* (London), August 22, 1997.

41  Erin Allday. "Technology, Eating Habits Help to Spread *E. coli*." *San Francisco Chronicle*, September 23, 2006.

42  http://abcnews.go.com/GMA/HealthyLiving/coli-spinach-salad-safe/story?id=9034833

43  www.awkolaw.com/poisoning/taco-bell/; www.nytimes.com/2006/12/05/ nyregion/05coli.htm?pagewanted=all; www.foodsafetynews.com/2014/05/raw-clover-sprouts-linked-to-e-coli-illness-outbreak-in-washington-a nd-idaho/; www.kirotv.com/ news/news/e-coli-outbreak-linked-raw-clover-sprouts-served-j/nf476/

44  Standord E. DeVoe. "Big Mac, Thin Wallet." *New York Times Sunday Review*, June 1, 2014; Chen Bo-Zhong and Sanford E. DeVoe. "You Are How You Eat: Fast Food and Impatioence." *Psychological Science* 21 (2010): 619-622.

45  www.worldwatch.org/node/5443

46  Arthur Beesley. "China's Diet Revolution Threatens the Environment." *Irish Times*, December 28, 2006.

47  Bill Bell, Jr. "Environmental Groups Seeking Moratorium on New or Expanded 'Animal Factories.'" *St. Louis Post-Dispatch*, December 4, 1998.

48  Tim O'Brien. "Farming: Poison Pens." *Guardian* (London), April 29, 1998.

49  Olivia Wu. "Raising Questions: Environmentalists Voice Concerns Over Booming Aquaculture Industry." *Chicago Tribune*, September 9, 1998; Colin Woodard. "Fish Farms Get Fried for Fouling." *Christian Science Monitor*, September 9, 1998.

50  Timothy Egan. "In Land of French Fry, Study Finds Problems." *New York Times*, February 7, 1994.

51  Max Boas and Steve Chain. *Big Mac: The Unauthorized Story of McDonald's*. New York: E. P. Dutton, 1976.

52  Al Gore. *An Inconvenient Truth: The Planeraty Emergency of Global Warming and What We Can Do About It*. New York: Rodale Press, 2006(국역본《불편한 진실: 앨 고어의 긴급환경 리포트》, 좋은생각, 2006).

53  많은 지역에서 동시다발적으로 합리화된 각국 음식 전문점이 늘어나고 있다.

54  "The Grand Illusion." *The Economist*, June 5, 1999.

55  Ellen Goodman. "Fast-Forwarding Through Fall." *Washington Post*, October 5, 1991. 여기에는 또 다른 불합리성이 있다. 카탈로그를 통해 물건을 사는 경우 배달이 늦어지거나 아예 물건이 도착하지 않을 때도 있다. 뉴욕 시 상거래개선협회 회장도 "우편 주문의 가장 큰 문제점은 배송, 특히 배송 지연에 있다"고 말했다. Leonard Sloane. "Buying by Catalogue Is Easy: Timely Delivery May Not Be." *New York Times*, April 25, 1992.

56  www.washingtonpost.com/lifestyle/magazine/whos-lovin-it/2011/08/12/gIQAoOVRuJ_ story.html

57  Robin Leidner. *Fast Food, Fast Talk: Service Work and the Routinization of Everyday*

*Life*. Berkeley: University of California Press, 1993, p. 30.

58  Bob Garfield. "How I Spent (and Spent and Spent) My Disney Vacation." *Washington Post/Outlook*, July 7, 1991.

59  Ray Oldenburg. *The Great Good Place*. New York: Paragon, 1987.

60  패스트푸드점 이용자는 오래 머물지 않는다는 일반적인 법칙의 한 예외로 은퇴한 노인들이 아침 식사를 하거나 커피를 마시면서 맥도날드를 사교의 장처럼 이용하는 것을 들 수 있다. 일부 맥도날드 매장에서는 노인들의 빙고게임도 허용한다.

61  Sarah Maslin Nir. "The Food May Be Fast, but These Customers Won't Be Rushed." *New York Times*, January 28, 2014.

62  William R. Mattox Jr. "The Decline of Dinnertime." *Ottawa Citizen*, April 30, 1997.

63  Nicholas von Hoffman. "The Fast-Disappearing Family Meal." *Washington Post*, November 23, 1978, p. C4.

64  www.nytimes.com/2009/05/27/dining/27text.html?pagewanted=ali; www.dailymail. co.uk/news/article-2049255/Switch-TVs-computers-improve-family-life-say-experts.html

65  Margaret Visser. "A Meditation on the Microwave." *Psychology Today* 23 (December 1989): 38-42.

66  위의 글, p. 38.

67  "The Microwave Cooks Up a New Way of Life." *Wall Street Journal*, September 19, 1989.

68  Margaret Visser. "A Meditation on the Microwave." *Psychology Today* 23 (December 1989): 38-42.

69  위의 글, p. 42.

70  Peggy Gisler and Marge Eberts. "Reader Disagrees With Advice for Mom Too Tired to Read." *Star Tribune* (Minneapolis), July 3, 1995.

71  Doug Mann. "Will You Have Fries With Your Metaphysics? The McDonaldization of Higher Learning May Make People Feel Good, but It Is Death to Education." *London Free Press* (Ontario), February 19, 2005; Dennis Hayes. "Diploma? Is That With Fries?" *The Times Educational Supplement*, June 10, 2005.

72  Tamar Lewin. "Online Enterprises Gain Foothold as Path to a College Degree." *New York Times*, August 25, 2011.

73  위의 글, p. A18.

74  www.coursera.org

75  Tamar Lewin. "College of Future Could Be Come One, Come All." *New York Times*, November 19, 2012.

76  위의 글.

77  Mitchell Duneier. *Sidewalk*. New York: Farrar, Straus and Giroux, 2000.

78  Tamar Lewin. "College of Future Could Be Come One, Come All." *New York Times*, November 19, 2012.

79  Gary Wilkinson. "McSchools for McWorld? Mediating Global Pressures With a McDonaldizing Education Policy Response." In George Ritzer, ed. *McDonaldization: The Reader*, 3rd ed. Thousand Oaks, CA: Sage, 2010: 149-157.

80  위의 글, p. 157.

81  Tamar Lewin. "Students Rush to Web Classes, But Profits May Be Much Later." *New York Times*, January 7, 2013.

82  위의 글.

83  위의 글.

84 위의 글.

85 Jerry Useem. "B-School, Disrupted." *New York Times: Sunday Business*, June 1, 2014.

86 www.uapd.com

87 Kris Hundley. "The Inpatient Physician." *St. Petersburg Times*, July 26, 1998.

88 Sherwin B. Nuland. *How We Die: Reflections on Life's Final Chapter*. New York: Knopf, 1994(국역본《사람은 어떻게 죽음을 맞이하는가: 삶의 마지막 순간에서의 가르침》, 세종서적, 2016), p. 149.

89 Philippe Aries. *The Hour of Our Death*. New York: Knopf, 1981(국역본《죽음 앞의 인간》, 새물결, 2004).

90 Sherwin B. Nuland. *How We Die: Reflections on Life's Final Chapter*. New York: Knopf, 1994, p. xv.

91 Jean Baudrillard. *Symbolic Exchange and Death*. London: Sage, 1976/1993, p. 180

92 Nancy Gibbs. "Rx for Death." *Time*, May 31, 1993.

93 Sherwin B. Nuland. *How We Die: Reflections on Life's Final Chapter*. New York: Knopf, 1994, p. 254.

94 라이드너는 이 견해에 동의하지 않는다. 그는 맥도날들의 "노동자들은 극도로 관례화된 업무에 대한 불만을 토로하는 일이 거의 없다"고 주장한다. 이에 대해서는 Robin Leidner. *Fast Food, Fast Talk: Service Work and the Routinization of Everyday Life*. Berkeley: University of California Press, 1993, p. 134를 참조하라. 하지만 이것이 맥도날드화된 사회에서 사람들이 맥도날드화된 업무 처리 절차에 익숙해지고 단순히 불가피한 업무 속성으로 받아들이게 된다는 점을 보여주는지에 관해서는 의문이 제기될 수 있다.

95 이직률은 200%~250%로 추정되기도 한다. Jerry Newman. *My Secret Life on the McJob: Lessons From Behind the Counter Guaranteed to Supersize Any Management Style*. New York: McGraw-Hill, 2007, p. 167을 참조하라.

96 www.washingtonpost.com/lifestyle/magazine/whos-lovin-it/2011/08/12/gIQAoOVRuJ_story.html

97 Henry Ford. *My life and Work*. Garden City, NY: Doubleday, 1922(국역본《헨리 포드: 고객을 발명한 사람》, 21세기북스, 2006), pp. 105, 106.

98 Studs Terkel. *Working*, New York: Pantheon, 1974(국역본《일: 누구나 하고 싶어하지만 모두들 하기 싫어하고 아무나 하지 못하는》, 이매진, 2007), p. 159.

99 Barbara Garson. *All the Livelong Day*. Harmondsworth, UK: Penguin, 1977, p. 88.

100 Studs Terkel. *Working*, New York: Pantheon, 1974, p. 175.

101 George Ritzer and David Walczak. *Working: Conflict and Change*, 3$^{rd}$ ed. Englewood Cliffs, NJ: Prentice Hall, 1986, pp. 328-372에서 이 쟁점에 관한 문헌들을 검토했다.

102 Eric Schlosser. *Fast Food Nation: The Dark Side of the All-American Meal*. Boston: Houghton Mifflin, 2001(국역본《패스트푸드의 제국》, 에코리브르, 2001).

## 8장

1 Vic Sussman. "The Machine We Love to Hate." *Washington Post Magazine*, June 14, 1987.

2 위의 글.

3 Tanya Wenman Steel. "Have Time to Bake? What a Luxury!" *New York Times*, February 8, 1995.

4 Weber, Hans Gerth and C. Wright Mills, eds. *From Max Weber*. New York: Oxford University Press, 1958, p. 128에서 재인용.

5 이 세 가지 유형이 전부를 다 망라하는 것은 아니다. 맥도날드화된 체계를 놀이터의 '구름다

리'로 볼 수도 있다. 이 관점에서 보면 쇠 감옥은 사람들이 원하는 대로 놀 수 있는 놀이기구일 뿐이다. 이때 맥도날드화된 체계는 사람들이 원하는 데 따라 벨벳, 고무, 쇠 감옥 무엇으로도 만들어질 수 있다. 이러한 관점은 장점도 있지만, 인간의 힘을 과대 평가한다는 문제가 있다. 감옥은 그것이 무엇으로 만들어졌든 '구조'이므로 변화하지 않으려는 경향이 있고, 그러한 체계를 지지하는 사람들도 마찬가지이기 때문이다. Jay Klagge. "Approaches to the Iron Cage: Reconstructing the Bars of Weber's Metaphor." *Administration & Society* 29 (1997): 63-77을 참조하라.

6  Andrew Malcolm. "Bagging Old Rules to Keep a Food Co-op Viable." *New York Times*, November 8, 1991.

7  다른 예로는 메릴랜드 주의 세인트 메리 대학<sup>St. Mary's College</sup>, 워싱턴 주의 에버그린 주립 대학<sup>Evergreen State College</sup>을 들 수 있다.

8  www.hampshire.edu/discover-hampshire/our-academic-philosophy

9  www.airbnb.com

10  June R. Herold. "B&Bs Offer Travelers Break From McBed, McBreakfast." *Business First-Columbus*, May 15, 1991.

11  Betsy Wade. "B&B Book Boom." *Chicago Tribune*, July 28, 1991.

12  Paul Avery. "Mixed Success for Bed-Breakfast Idea." *New York Times*, July 28, 1991.

13  Eric N. Berg. "The New Bed and Breakfast." *New York Times*, October 15, 1989.

14  Harvey Elliott. "All Mod Cons and Trouser Presses 'Ruining B&Bs.'" *The Times* (London), April 3, 1996.

15  Mark Sawyer. "Avoiding Fast Foods Is Key to Fight Against Artery-Clogging Fat." *Today's Health*, June 16, 2006.

16  www.nytimes.com/2006/12/06/nyregion/06fat.html?_r=0

17  www.dietsinreview.com/diet_column/01/trans-fat-ban-starts-in-california/

18  Julie Deardorff. "If McDonald's Is Serious, Menu Needs a Makeover." *Chicago Tribune*, June 16, 2006.

19  Bruce Horovitz. "McDonald's Tinkers With Beloved Fries." *USA TODAY*, June 30, 2007.

20  John Vidal. *McLibel: Burger Culture on Trial*. New York: New Press, 1997.

21  www.mcspotlight.org

22  위의 웹사이트.

23  Danny Penman. "Judgement Day for McDonald's." *Independent* (London), June 19, 1997.

24  www.mcspotlight.org

25  위의 웹사이트.

26  Phyllis C. Richman. "Savoring Lunch in the Slow Lane." *Washington Post*, November 22, 1998.

27  위의 글.

28  *Slow*, July-September 1998.

29  www.slowfood.com/international/1/about-us?-session=query_session:AD4F3512163 e72CF35002AC0746A; Corby Kummer. *The Pleasures of Slow Food*. San Francisco: Chronicle Books, 2002, p. 26.

30  Corby Kummer. 위의 책, p. 23.

31  위의 책.

32  위의 책, p. 25.

33  위의 책.

34  www.slowfood.com/international/155/terra-madre-network

35  위의 글.

36  http://abcnews.go.com/International/story?id=83085&page=1

37  위의 글.

38  Janet Dickinson and Les Lumsdon. *Slow Travel and Tourism*. London: Earthscan, 2010.

39  Al Norman. *Slam-Dunking Walmart: How You Can Stop Superstore Sprawl in Your Hometown*. Saint Johnsbury, VT: Raphael Marketing, 1999를 참조하라.

40  www.sprawl-busters.com

41  www.sprawl-busters.com/victoryz.html

42  Lisa Baertlein. "McDonald's Workers Protest Low Wages, More Than 100 Arrested." *Yahoo Finance*, May 21, 2014. www.finance.yahoo.com/news/mcdonalds-workers-protest-low-wages-180218777:html

43  Stacy Perman. "As Minimum Wages Rise, Business Grapple With Consequences." *New York Times*, February 5, 2014.

44  Teresa Tritch. "The Minimum Minimum Wage." *New York Times*, February 18, 2014.

45  Mark Landler. "With Eye on Midterms, Obama Pushes Rise in Minimum Wage." *New York Times*, March 5, 2014.

46  Steven Greenhouse. "THE NATION; Minimum Wage, Maximum Debate." *New York Times*, March 31, 1996.

47  Steven Greenhouse. "McDonald's Workers File Wage Suits in 3 States." *New York Times*, March 13, 2014.

48  Tiffany Hsu. "Fast-Food Worker's Minimum-Wage Protests Go Global." *Los Angeles Times*, May 15, 2014.

49  Steven Greenhouse. "Fast-Food Protests Spread Overseas." *New York Times*, May 15, 2014.

50  Steven Greenhouse. "A Drive to Unionize Fast-Food Workers." *New York Times*, November 16, 1998; Steven Greenhouse. "Fast-Food Employees Reject Union Effort in a Narrow Vote." *New York Times*, October 22, 2010; Steven Greenhouse. "A Day's Strike Seeks to Raise Fast-Food Pay." *New York Times*, July 31, 2013.

51  Ester Reiter. *Making Fast Food*. Montreal, QU: McGill-Queen's University Press, 1991.

52  http://workers.labor.net.au/latest

53  David Barboza. "McDonald's in China Agrees to Unions." *New York Times*, April 10, 2007.

54  Steven Greenhouse. "McDonald's Workers File Wage Suits in 3 States." *New York Times*, March 13, 2014.

55  Mike Sauter, Thomas C. Frohlich, and Alexander E. M. Hess. "Fast-Food Chains Costing Taxpayers the Most Money." *Yahoo Finance*, October 23, 2013. http://finance.yahoo.com/news/fast-food-chains-costing-taxpayers-173510741.html

56  Sylvia Allegretto, et al. *Fast Food, Poverty Wages: The Public Cost of Low-Wage Jobs in the Fast Food Industry*. University of Illinois and UC Berkeley Labor Center, October 15, 2013; Michael A. Fletcher. "Studies Track High Cost of Fast-Food Pay." *The Washington Post*, October 16, 2013.

57  Laura D'Andrea Tyson. "Raising the Minimum Wage: Old Shibboleths, New Evidence." *New York Times*, December 13, 2013.

58  Michael A. Fletcher. "Studies Track High Cost of Fast-Food Pay." *The Washington Post*, October 16, 2013.

59  위의 글.

60  David Gelles. "Doubling Down on C.E.O. Pay." *New York Times*, May 15, 2014.

61 Lisa Baertlein. "McDonald's Workers Protest Low Wages, More Than 100 Arrested." *Yahoo Finance*, May 21, 2014. www.finance.yahoo.com/news/mcdonalds-workers-protest-low-wages-180218777:html

62 Thomas Piketty. *Capital in the Twenty-First Century*. Cambridge, MA: Belknap Press, 2014(국역본《21세기 자본》, 글항아리, 2014).

63 Annie Lowrey. "Even Among the Riches of the Rich, Fortunes Diverge." *New York Times*, February 10, 2014.

64 Bruce Bartlett. "How to Help the Working Poor." *New York Times*, March 11, 2014.

65 Annie Lowrey. "The Wealth Cap in America is Growing, Too." *New York Times*, April 2, 2014.

66 Annie Lowrey. "Study Finds Greater Income Inequality in Nation's Thriving Cities." *New York Times*, February 20, 2014.

67 Annie Lowrey. "Income Gap, Meet the Longevity Gap." *New York Times*, March 16, 2014.

68 Robert Greebwald. *Walmart: The High Cost of Low Price*. Documenraty movie, 2005.

69 Mark Landler. "With Eye on Midterms, Obama Pushes Rise in Minimum Wage." *New York Times*, March 5, 2014.

70 Bruce Bartlett. "How to Help the Working Poor." *New York Times*, March 11, 2014.

71 Candice Choi and Tammy Webber. "McDonald's CEO: Fast Food Leads to 'Real Careers.'" *Yahoo Finance*, May 22, 2014. http://finance.yahoo.com/news/mcdonalds-ceo-fast-food-leads-152227035.html

72 Annie Lowrey. "Recovery Has Created Far More Low-Wage Jobs than Better-Paid Ones." *New York Times*, April 28, 2014.

73 Alan Feuer. "Life on $7.25 an Hour." *New York Times*, November 28, 2013.

74 Annie Lowrey. "Recovery Has Created Far More Low-Wage Jobs than Better-Paid Ones." *New York Times*, April 28, 2014.

75 Jim Merkel. "50 Demonstrate Against McDonald's Restaurant Plan." *St. Louis Post-Dispatch*, April 14, 2006; Hawke Fracassa. "Sterling Hts. Stops Burger king." *Detroit News*, August 14, 1998.

76 Isabel Wilkerson. "Midwest Village; Slow-Paced, Fights Plan for Fast-Food Outlet." *New York Times*, July 19, 1987.

77 Mary Davis Suro. "Romans Protest McDonald's." *New York Times*, May 5, 1986.

78 Jane Perlez. "A McDonald's? Not in Their Medieval Square." *New York Times*, May 23, 1994.

79 Dominic Kennedy. "Welcome to Burger-Free Heaven." *The Times* (London), January 3, 1998.

80 위의 글.

81 Peter Pae. "Retail Giant Rattles the Shops on Main Street." *Washington Post*, February 12, 1995.

82 Peter Kilborn. "When Walmart Pulls Out, What's Left?" *New York Times/Business*, March 5, 1995.

83 주목할 만한 예외로, 버몬트 주에는 1990년대 중반까지 월마트 매장이 하나도 들어오지 못했다. Paul Gruchow. "Unchaining America: Communities Are Finding Ways to Keep Independent Entrepreneurs in Business." *Utne Reader*, January-February, 1995를 참조하라. 맥도날드화 과정이 더 진행되었음을 보여주듯, 지금은 버몬트 주에도 많은 월마트 매장이 있다.

84  "Eating Out Is In, and the Chains Add Variety to Lure New Diners." *Time*, August 26, 1985.

85  Anthony Ramirez. "In the Orchid Room... Big Macs." *New York Times*, October 30, 1990.

86  Jane Perlez. "A McDonald's? Not in Their Medieval Square." *New York Times*, May 23, 1994.

87  Kate Connolly. "McCafe in Vienna? Grounds for War." *Observer*, August 30, 1998.

88  John Holusha. "McDonald's Expected to Drop Plastic Burger Box." *Washington Post*, November 1, 1990; John Holusha. "Packaging and Public Image: McDonald's Fills a Big Order." *New York Times*, November 2, 1990.

89  "Michigan McDonald's: McNews You Can Use." *PR Newswire*, June 20, 2003.

90  Warren Brown. "Hardee's to Introduce Recycled Plastic in Area." *Washington Post*, March 22, 1991.

91  www.aboutmcdonalds.com/mcd/sustainability/signature_programs/best_practices.html

92  Ron Alexander. "Big Mac With Chopin, Please." *New York Times*, August 12, 1990.

93  Melena Ryzik. "A New Wave Now Knits for the Rebellion of It." *New York Times*, January 27, 2007.

94  위의 글.

95  Thomas J. Peters and Robert H. Waterman. *In Search of Excellence: Lessons From America's Best-Run Companies*. New York: Harper & Row, 1982(국역본《초우량 기업의 조건》, 더난출판사, 2005).

96  Jerry Newman. *My Secret Life on the McJob: Lessons From Behind the Counter Guaranteed to Supersize Any Management Style*. New York: McGraw-Hill, 2007, pp. 94-95.

97  www.uber.com

98  Thomas J. Peters and Robert H. Waterman. *In Search of Excellence: Lessons From America's Best-Run Companies*. New York: Harper & Row, 1982(국역본《초우량 기업의 조건》, 더난출판사, 2005).

99  위의 책, p. 201.

100  Robert Nelson. "Chain Reaction Franchise Have Taken a Big Bite Out of Omaha's Sit-Down Restaurant Market. But There Is Still Room for the Savvy Independent Owner." *Omaha World-Herald*, March 1, 1998.

101  위의 글.

102  Jim Dwyer. "Evicted for Manhattan Starbucks No. 188, but Defying the Coffee Octopus." *New York Times*, September 14, 2011.

103  www.yelp.com

104  이와 유사한 대응 방안을 Neil Postman. *Technopoly*. New York: Knopf, 1992(국역본《테크노폴리: 기술에 정복당한 오늘의 문화》, 민음사, 2001)에서도 볼 수 있다.

105  www.in-n-out.com/history.aspx

106  Peter Perl. "Fast Is Beautiful." *Washington Post Magazine*, May 24, 1992; Allen Shelton. "Writing McDonald's, Eating the Past: McDonald's as a Postmodern Space." (미간행), p. 47; Eileen Schulte. "Breakfast Club Marks Member's 99th Birthday." *St. Petersburg Times*, November 22, 1998.

107  Sarah Maslin Nir. "The Food May Be Fast, but These Customers Won't Be Rushed." *New York Times*, January 28, 2014.

108  Regina Schrambling. "The Curse of Culinary Convenience." *New York Times*, September 10, 1991.

109  이 단락에 있는 모든 인용문은 위의 글에서 인용되었다.

110 Warren Leary. "Researchers Halt Ripening of Tomato." *New York Times*, October 19, 1991.

111 John Tierney. "A Patented Berry Has Sellers Licking Their Lips." *New York Times*, October 14, 1991.

112 James Hamilton. "Fast Food Chains Playing Pie' Piper With Mr Men and Pokemon Freebies." *The Sunday Herald* (Scotland), August 19, 2001.

113 Eric Schmuckler. "Two Action Figures to Go, Hold the Burger." *Brandweek*, April 1, 1996.

114 Chris Rojek. *Ways of Escape: Modern Transformation in Leisure and Travel*. London: Routledge, 1993.

115 위의 책, p. 188.

116 Stanley Cohen and Laurie Taylor. *Escape Attempts: The Theory and Practice of Resistance to Everyday Life*, 2nd ed. London: Routledge, 1992.

117 James Miller. *The Passion of Michel Foucault*. New York: Anchor, 1993.

118 Stanley Cohen and Laurie Taylor. *Escape Attempts: The Theory and Practice of Resistance to Everyday Life*, 2nd ed. London: Routledge, 1992, p. 197.

119 Roger Cohen. "Faux Pas by McDonald's in Europe." *New York Times*, February 18, 1992.

120 두 구절 모두 Sharon Waxman. "Paris's Sex Change Operation." *Washington Post*, March 2, 1992에서 인용했다.

121 딜런 토머스Dylan Thomas의 "Do Not Go Gentle Into That Good Night"(발췌). *The Poems of Dylan Thomas*, ⓒ 1952 by Dylan Thomas. New Directions Publishing Corp.의 허락 하에 게재했다.


## 9장

1 George Ritzer, ed. *McDonaldization: The Reader*, 3rd ed. Thousand Oaks, CA: Sage, 2010.

2 George Ritzer. *The Globalization of Nothing*, 2nd ed. Thousand Oaks, CA: Pine Forge Press, 2007.

3 Elif Izberk-Bilgin and Aaron Ahuvia. "eBayization." In George Ritzer, ed. *McDonaldization: The Reader*, 3rd ed. Thousand Oaks, CA: Sage, 2010.

4 그 외에 글로벌라이제이션과 관련된 현상으로 세계의 상호연결성 증가, 국경 없는 세계로 나아가게 만드는 무역, 자본 등의 자유화 정책 확산, 빈부 격차를 심화하는 양극화, 미국화, 점점 더 혼종 사회hybrid society로 이행하게 만드는 혼성화, 초국가화 및 초국적 공간 창출, 집단이나 문화권들 사이의 충돌이 늘어나는 발칸화 등이 있다. Darren O'Byrne and Alexander Hensby. *Theorizing Global Studies*. New York: Palgrave Macmillan, 2011을 참조하라.

5 George Ritzer. *Globalization: A Basic Text*. Malden, MA: Wiley-Blackwell, 2010, p. 2.

6 Neha Thirani Bagri. "A Growing Taste for Fast Food in India." *New York Times*, January 8, 2014.

7 George Ritzer. *The Globalization of Nothing*, 2nd ed. Thousand Oaks, CA: Pine Forge Press, 2007.

8 George Ritzer. *The Globalization of Nothing*. Thousand Oaks, CA: Pine Forge Press, 2004, p. 3. 이 정의에서 '일반적으로'라는 단어를 사용하기는 했지만, 무의미한 형식 중에는 지역별 또는 지사별로(locally) 고안하거나 통제하는 경우도 있다. 여기서 말하는 '중앙'은 다국적기업의 본사나 국가의 중앙정부 등을 말한다.

9 앞서 살펴보았듯이 통제는 맥도날드화의 기본 특성 중 하나이기도 하다.

10 George Ritzer. *The Globalization of Nothing*. Thousand Oaks, CA: Pine Forge Press, 2004, p. 7. 앞서 무의미한 것에 대한 정의를 제시하면서 '일반적으로'라는 표현과 관련하여 단서를 달았던 것과 마찬가지로, 의미 있는 형식 중에는 중앙에서 고안하거나 통제하는 경우

도 있다.

11 이분법적 사고에 대한 비판에 관해서는, Elisabeth Mudimbe-Boyi, ed. *Beyond Dichotomies: Histories, Identities, Cultures, and the Challenge of Globalization*. Albany: State University of New York Press, 2002를 참조하라.

12 Peter Berger and Samuel Huntington, eds. *Many Globalizations: Cultural Diversity in the Contemporary World*. Oxford, UK: Oxford University Press, 2001(국역본《진화하는 세계화: 현대 세계의 문화적 다양성》, 아이필드, 2005); Roland Robertson. "Globalisation or Glocalisation?" *Journal of International Communication* 1 (1994): 33-52; Roland Robertson. "Globalization Theory 2000+: Major Problematics." In George Ritzer and Barry Smart, eds. *Handbook of Social Theory*. London: Sage, 2001, pp. 458-471을 참조하라. 글로컬라이제이션은 로버트슨을 비롯한 많은 학자들의 이론에서 핵심 개념이다. 그 중에서도 아파두라이의 "새로운 글로벌 문화 경제는 복잡하고, 중층적이며, 탈구된 질서로 간주되어야 한다"는 견해가 가장 눈에 띈다(Arjun Appadurai. *Modernity at Large: Cultural Dimensions of Globalization*. Minneapolis: University of Minnesota Press, 1996(국역본《고삐 풀린 현대성》, 현실문화, 2004), p. 32 참조). 존 톰린슨은 (다른 용어를 사용하지만) 글로컬라이제이션이 자신이 지향하는 바에 '친화적'인 개념이라고 본다(John Tomlinson. *Globalization and Culture*. Chicago: University of Chicago Press, 1999(국역본《세계화와 문화》, 나남출판, 2004) 참조).

13 이미 현학적인 용어가 난무하는 학계에 특히나 어색하기까지 한 신조어를 또 하나 추가하는 데 대해 유감스럽게 생각한다. 그러나 글로컬라이제이션이라는 용어가 존재하고 이미 많이 알려져 있기 때문에, 그 개념이 무시하거나 경시하고 있는 바를 강조하기 위해 그에 상응하는 또 다른 개념을 만들 필요가 있다.

14 이 절에서 서로 다른 여러 행위 주체들(국가, 기업, 여러 조직들)을 한데 묶어 설명하고 있기는 하지만, 글로벌라이제이션을 추구하는 정도와 방식에서 근본적인 차이가 있다는 점은 분명히 인지해야 한다.

15 이 책의 개념 정의에 따르면 구찌 핸드백은 무의미하지만 분명 비싸다. 값비싼 고급 제품을 다루는 시장에서도 그로벌라이제이션 현상을 볼 수 있다. 예를 들어 구찌 핸드백, 베네통 스웨터, 프라다 구두는 모두 분명 무의미한 것들이지만 대부분의 사람들에게 비싸게 여겨지는 것 또한 사실이다. 이와 같이 무의미한 것의 그로벌라이제이션을 가격으로만 볼수 있는 것은 아니다. 그러나 감당할 수 있는 가격의 상품들의 그로벌라이제이션에 대한 선택적 친화력이 그렇지 못한 상품들보다 더 크다.

16 Janet Adamy. "Starbucks Bets on China's New Social Mobility." *Associated Press Financial Wire*, November 29, 2006.

17 위의 글.

18 Bruce Horovitz. "Starbucks Aims Beyond Lattes to Extend Brand." *USA TODAY*, May 19, 2006.

19 Janet Adamy. "Starbucks Bets on China's New Social Mobility." *Associated Press Financial Wire*, November 29, 2006.

20 Marc Lacey. "In Legendary Birthplace of Coffee, an Un-Starbucks." *International Herald Tribune*, July 22, 2005.

21 "The Starbucks Index: Burgers or Beans?" *The Economist*, January 15, 2004.

22 Jacqueline L. Salmon and Hamil R. Harris. "Reaching Out With the Word-And Technology." *Washington Post*, February 4, 2007.

23 Joseph A. Michelli. *The Starbucks Experience: 5 Principles for Turning Ordinary Into Extraordinary*. New York: McGraw-Hill, 2007(국역본《스타벅스 사람들: 세계 최고의 브랜드를 만든 스타벅스 리더십의 결정체》, 명진출판사, 2007).

24 Howard Schultz. *Pour Your Heart Into It: How Starbucks Built a Company One Cup at a Time*. New York: Hyperion, 1999, p. 120(국역본《스타벅스: 커피 한잔에 담긴 성공신화》, 김영사, 1999). www.cbsnews.com/stories/2006/04/21/60minutes/printable1532246.shtml

25 위의 책.

26 Monica Soto Quichi. "Opportunity Brewing for Starbucks in China; Starbucks in China-Q & A With Chairman Howard Schultz." *Seattle Times*, October 9, 2005.

27 John Simmons. *My Sister's a Barista: How They Made Starbucks a Home Away From Home*. London: Cyan Books, 2005, p. 93.

28 위의 책.

29 CBS 앵커 스콧 펠리에 따르면, "그것은 커피 이상의 무언가가 되었다. 스타벅스는 연극이다." *60 Minutes*, April 23, 2006.

30 L. Forlano. "WiFi Geographies: When Code Meets Place." *Information Society* 25 (2009): 344-352.

31 Dave Simanoff. "A Perfect Blend." *Tampa Tribune-Business*, October 29, 2006.

32 Howard Schultz. *Pour Your Heart Into It: How Starbucks Built a Company One Cup at a Time*. New York: Hyperion, 1999(국역본《스타벅스: 커피 한잔에 담긴 성공신화》, 김영사, 1999); http://money.cnn.com/magazines/fortune/bestcompanies/2010/snapshots/93.html

33 위의 책, p. 135.

34 미첼리는 스타벅스의 예측가능성 문제를 중점적으로 다루었다. Joseph A. Michelli. *The Starbucks Experience: 5 Principles for Turning Ordinary Into Extraordinary*. New York: McGraw-Hill, 2007(국역본《스타벅스 사람들: 세계 최고의 브랜드를 만든 스타벅스 리더십의 결정체》, 명진출판사, 2007), pp. 99-103을 참조하라.

35 그러나 매장마다 여러 가지 특징적인 요소를 가미하기도 했다. John Simmons. *My Sister's a Barista: How They Made Starbucks a Home Away From Home*. London: Cyan Books, 2005, p. 112를 참조하라.

36 www.cbsnews.com/stories/2006/04/21/60minutes/printable1532246.shtml

37 적어도 던킨 도너츠의 커피 이윤은 이렇게 보고된 바 있다. Stephen Rodrick. "New York Is Suddenly Brimming With Dunkin's Donuts Stores. And With a Starbucks on Every Corner, a Coffee Class War Is Brewing." *New York Magazine*, November 28, 2005. 로드릭은 던킨 도너츠가 "커피를 맥도날드화"(속도, 효율성, 무인 테크놀로지 사용의 측면에서)했다고 비난하지만, 스타벅스도 던킨 도너츠만큼 뻔뻔스럽게 하지 않았을지는 몰라도 결국 같은 일을 했다는 사실을 간과하고 있다.

38 "United States of Starbucks." *Global News Wire*, December 1, 2005.

39 Howard Schultz. *Pour Your Heart Into It: How Starbucks Built a Company One Cup at a Time*. New York: Hyperion, 1999(국역본《스타벅스: 커피 한잔에 담긴 성공신화》, 김영사, 1999), p. 172.

40 John Simmons. *My Sister's a Barista: How They Made Starbucks a Home Away From Home*. London: Cyan Books, 2005, p. 85.

41 www.starbucks.com.cn

42 Monica Soto Quichi. "Opportunity Brewing for Starbucks in China; Starbucks in China-Q & A With Chairman Howard Schultz." *Seattle Times*, October 9, 2005; http://seattletimes.com/html/businesstechnology/2002549236_schultz09.html

43 Peter Enav. "Taiwan Tea Culture's Vitality Slipping Away." *China Post*, September 19, 2006, p. 19.

44  Edward Iwata. "Owner of Small Coffee Shop Takes on Java Titan Starbucks: Lawsuit Could Clarify Cloudy Antitrust Issues." *USA TODAY*, December 20, 2006.

45  Alison Linn. "In Starbucks' Shadow, Smaller Coffeehouses Thrive." *Associated Press Financial Wire*, September 8, 2006.

46  Howard Schultz. *Pour Your Heart Into It: How Starbucks Built a Company One Cup at a Time*. New York: Hyperion, 1999(국역본 《스타벅스: 커피 한잔에 담긴 성공신화》, 김영사, 1999), p. 208.

47  Janet Adasmy. "Getting the Kids Hooked on Starbucks." *Associated Press Financial Wire*, June 27, 2006.

48  Benjamin Barber. *Consumed: How Markets Corrupt Children, Infantilize Adults, and Swallow Citizens Whole*. New York: Norton, 2007.

49  Elif Izberk-Bilgin and Aaron Ahuvia. "eBayization." In George Ritzer, ed. *McDonaldization: The Reader*, 3$^{rd}$ ed. Thousand Oaks, CA: Sage, 2010.

50  George Ritzer. *Enchanting a Disenchanted World: Continuity and Change in the Cathedrals of Consumption*, 3$^{rd}$ ed. Thousand Oaks, Sage, 2010.

51  Elif Izberk-Bilgin and Aaron Ahuvia. "eBayization." In George Ritzer, ed. *McDonaldization: The Reader*, 3$^{rd}$ ed. Thousand Oaks, CA: Sage, 2010, p. 429.

52  Nathan Jurgenson and George Ritzer. "Efficiency, Effectiveness, and Web 2.0." In Sharon Kleinman, ed. *The Culture of Efficiency: Technology in Everyday Life*. New York: Peter Lang, 2009, pp. 51-67.

참고문헌

여기서는 주석에 실었던 문헌 제목을 반복하기보다는 이 책의 학문적 자원이 된 주요 문헌들의 목록을 제공하고자 한다. 이러한 자원은 세 가지 범주로 나뉜다. 첫 번째는 막스 베버의 저작이다. 그중에서도 특히 합리화를 다룬 문헌들이 이 책의 바탕이 되었다. 두 번째는 베버의 사상을 수정하거나 확장한 신 베버주의 저술들이다. 마지막으로, 맥도날드화의 특정 측면에 주목한 일련의 문헌들이 있다.

## 막스 베버의 저작

*Economy and Society: An Outline of Interpretive Sociology*, edited by Guenther Roth and Claus Wittich, translated by Ephraim Fischoff et al. Berkeley: University of California Press, 1978. (국역본. 박성환 옮김,《경제와 사회 1》, 문학과지성사, 2003)

*General Economic History*, translated by Frank H. Knight. Mineola, NY: Dover, 1927/2003.

*The Protestant Ethic and the Spirit of Capitalism*, new introduction and translation by Stephen Kalberg, 3$^{rd}$ Roxbury ed. Los Angeles, CA: Roxbury, 2002. (국역본. 김현욱 옮김, 《프로테스탄티즘 윤리와 자본주의 정신》, 동서문화동판, 2016)

*The Rational and Social Foundations of Music.* Carbondale: Southern Illinois University Press, 1921/1958.

*The Religion of China: Confucianism and Taoism.* New York: Macmillan, 1916/1964. (국역본. 이상률 옮김, 《유교와 도교》, 문예출판사, 1990)

*The Religion of India: The Sociology of Hinduism and Buddhism.* Glencoe, IL: Free Press, 1916-1917/1958.

"Religious Rejections of the World and Their Directions." In H. H. Gerth and C. W. Mills, eds., *From Max Weber: Essays in Sociology.* New York: Oxford University Press, 1915/1958, pp. 323-359.

"The Social Psychology of the World Religions." In H. H. Gerth and C. W. Mills, eds., *From Max Weber: Essays in Sociology.* New York: Oxford University Press, 1915/1958, pp. 267-301.

## 신 베버주의 저작

Rogers Brubaker. *The Limits of Rationality: An Essay on the Social and Moral Thought of Max Weber.* London: Allen & Unwin, 1984.

Randall Collins. *Weberian Sociological Theory.* Cambridge, UK: Cambridge University Press, 1985.

Randall Collins. "Weber's Last Theory of Capitalism: A Systematization." *American Sociological Review* 45 (1980): 925-942.

Arnold Eisen. "The Meanings and Confusions of Weberian 'Rationality.'" *British Journal of Sociology* 29 (1978): 57-70.

Harvey Greisman. "Disenchantment of the World." *British Journal of Sociology* 27 (1976): 497-506.

Harvey Greisman and George Ritzer. "Max Weber, Critical Theory and the Administered World." *Qualitative Sociology* 4 (1981): 34-55.

Jürgen Habermas. *The Theory of Communicative Action* Vol. 1, Reason and the

Rationalization of Society. Boston: Beacon, 1984. (국역본. 장춘익 옮김, 《의사소통행위이론 1》, 나남출판, 2006)

Stephen Kalberg. "Max Weber." In George Ritzer, ed., *The Blackwell Companion to Major Social Theorists*. Oxford, UK: Blackwell, 2000, pp. 144-204.

Stephen Kalberg. *Max Weber's Comparative Historical Sociology*. Chicago: University of Chicago Press, 1994.

Stephen Kalberg. "Max Weber's Types of Rationality: Cornerstones for the Analysis of Rationalization Processes in History." *American Journal of Sociology* 85 (1980): 1145-1179.

Stephen Kalberg. "The Rationalization of Action in Max Weber's Sociology of Religion." *Sociological Theory* 8 (1990): 58-84.

Donald Levine. "Rationality and Freedom: Weber and Beyond." *Sociological Inquiry* 51 (1981): 5-25.

Arthur Mitzman. *The Iron Cage: An Historical Interpretation of Max Weber*, with a new introduction by the author, preface by Lewis A. Coser. New Brunswick, NJ: Transaction Books, 1985.

Wolfgang Mommsen. *The Age of Bureaucracy*. New York: Harper & Row, 1974.

George Ritzer. "Professionalization, Bureaucratization and Rationalization: The Views of Max Weber." *Social Forces* 53 (1975): 627-634.

George Ritzer and Terri LeMoyne. "Hyperrationality." In George Ritzer, ed., *Metatheorizing in Sociology*. Lexington, MA: Lexington Books, 1991, pp. 93-115.

George Ritzer and David Walczak. "Rationalization and the Deprofessionalization of Physicians." *Social Forces* 67 (1988): 1-22.

Guenther Roth and Reinhard Bendix, eds. *Scholarship and Partisanship: Essays on Max Weber*. Berkeley: University of California Press, 1971.

Lawrence Scaff. *Fleeing the Iron Cage: Culture, Politics, and Modernity in the Thought of Max Weber*. Berkeley: University of California Press, 1989.

Wolfgang Schluchter. *The Rise of Western Rationalism: Max Weber's*

*Developmental History*, translated, with an introduction, by Guenther Roth. Berkeley: University of California Press, 1981.

Mark A. Schneider. *Culture and Enchantment*. Chicago: University of Chicago Press, 1993.

Alan Sica. *Weber, Irrationality, and Social Order*. Berkeley: University of California Press, 1988.

Ronald Takaki. *Iron Cages: Race and Culture in 19th-Century America*, rev. ed. New York: Oxford University Press, 2000.

## 맥도날드화의 다양한 측면에 관한 저작

Mark Alfino, John Caputo, and Robin Wynyard, eds. *McDonaldization Revisited*. Westport, CT: Greenwood, 1998.

Benjamin Barber. *Consumed: How Markets Corrupt Children, Infantilize Adults, and Swallow Citizens Whole*. New York: Norton, 2007.

Benjamin Barber. *Jihad vs. McWorld*. New York: Times Books, 1995. (국역본. 박의경 옮김, 《지하드 대 맥월드》, 문화디자인, 2003)

Zygmunt Bauman. *Modernity and The Holocaust*. Ithaca, NY: Cornell University Press, 2000. (국역본. 정일준 옮김, 《현대성과 홀로코스트》, 새물결, 2013)

Daniel Bell. *The Coming of Post-Industrial Society: A Venture in Social Forecasting*, special anniversary edition, with a new foreword by the author. New York: Basic Books, 1999. (국역본. 박형신·김원동 옮김, 《탈산업사회의 도래》, 아카넷, 2006)

Max Boas and Steve Chain. *Big Mac: The Unauthorized Story of McDonald's*. New York: E. P. Dutton, 1976.

Daniel J. Boorstin. *The Image: A Guide to Pseudo-Events in America*, with a new foreword by the author and an afterword by George F. Will, 25th anniversary edition. New York: Atheneum, 1987.

Pierre Bourdieu. *Distinction: A Social Critique of the Judgment of Taste*. Cambridge, MA: Harvard University Press, 1984. (국역본. 최종철 옮김,

《구별짓기: 문화와 취향의 사회학(상/하)》, 새물결, 2005)

Alan Bryman. *Disney and His Worlds*. London: Routledge, 1995.

Alan Bryman. "The Disneyization of Society." *Sociological Review* 47 (1999): 25-47.

Alan Bryman. *The Disneyization of Society*. London: Sage, 2004.

Deborah Cameron. *Good to Talk? Living in a Communication Culture*. London: Sage, 2000.

Simon Clarke. "The Crisis of Fordism or the Crisis of Social Democracy?" *Telos* 83 (1990): 71-98.

Ben Cohen, Jerry Greenfield, and Meredith Mann. *Ben & Jerry's Double-Dip: How to Run a Values-Led Business and Make Money, Too*. New York: Fireside, 1998.

Stanley Cohen and Laurie Taylor. *Escape Attempts: The Theory and Practice of Resistance to Everyday Life*, 2nd ed. London: Routledge, 1992.

Greg Critser. *Fat Land*. Boston: Houghton Mifflin, 2004. (국역본. 노혜숙 옮김, 《비만의 제국》, 한스미디어, 2004)

Thomas S. Dicke. *Franchising in America: The Development of a Business Method, 1840-1980*. Chapel Hill: University of North Carolina Press, 1992.

Robert Dirks. *Come and Get it: McDonaldization and the Disappearance of Local Food From a Central Illinois Community*. Bloomington, IL: McLean County Historical Society, 2011.

John Drane. *After McDonaldization: Mission, Ministry, and Christian Discipleship in an Age of Uncertainty*. Grand Rapids, MI: Baker Academic, 2008.

John Drane. *The McDonaldization of the Church: Consumer Culture and the Church's Future*. London: Smyth and Helwys Publishers Inc., 2012.

Donna Dustin. *The McDonaldization of Social Work*. Farnham, Surrey, UK: Ashgate, 2008.

Richard Edwards. *Contested Terrain: The Transformation of the Workplace in the Twentieth Century*. New York: Basic Books, 1979.

Morten G. Ender. *American Soldiers in Iraq: McSoldiers or Innovative Professionals?* New York: Routledge, 2009.

Charles Fishman. *The Wal-Mart Effect: How the World's Most Powerful Company Really Work-And How It's Transforming the American Economy.* New York: Penguin, 2006. (국역본. 이미정 옮김,《월마트 이펙트: 시장경제를 파괴하는 거대 자본의 습격》, 이상, 2011)

Marshall Fishwick, ed. *Ronald Revisited: The World of Ronald McDonald.* Bowling Green, OH: Bowling Green University Press, 1983.

Stephen M. Fjellman. *Vinyl Leaves: Walt Disney World and America.* Boulder, CO: Westview, 1992.

James T. Flink. *The Automobile Age.* Cambridge, MA: MIT Press, 1988.

Henry Ford. *My life and Work.* Garden City, NY: Doubleday, 1922. (국역본. 공병호·송은주 옮김,《헨리 포드: 고객을 발명한 사람》, 21세기북스, 2006)

Thomas L. Friedman. *The World Is Flat: A Brief History of the 21st Century.* New York: Farrar, Straus, Giroux, 2005. (국역본. 이건식 옮김,《세계는 평평하다: 세계는 지금 어디로 가고 있는가?》, 21세기북스, 2013)

Thomas L. Friedman. *The Lexus and the Olive Tree,* rev. ed. New York: Farrar, Straus, and Giroux, 2000. (국역본. 장경덕 옮김,《렉서스와 올리브 나무》, 21세기북스, 2009)

Herbert J. Gans. *The Levittowners: Ways of Life and Politics in a New Suburban Community,* with a new preface by the author. New York: Columbia University Press, 1967/1982.

Barbara Garson. *All the Livelong Day: The Meaning and Demeaning of Routine Work,* rev. and updated ed. New York: Penguin, 1994.

Steven L. Goldman, Roger N. Nagel, and Kenneth Preiss. *Agile Competitors and Virtual Organizations: Strategies for Enriching the Customer.* New York: Van Nostrand Reinhold, 1995.

Richard E. Gordon, Katherine K. Gordon, and Max Gunther. *The Split-Level Trap.* New York: Gilbert Geis, 1960.

Roger Gosden. *Designing Babies: The Brave New World of Reproductive Technology.* New York: Freeman, 1999.

Harold Gracey. "Learning the Student Role: Kindergarten as Academic Boot Camp." In Dennis Wrong and Harold Gracey, eds., *Readings in Introductory*

*Sociology*. New York: Macmillan, 1967.

Allen Guttmann. *From Ritual to Record: The Nature of Modern Sports*. New York: Cambridge University Press, 1978. (국역본. 송형석 옮김,《근대스포츠의 본질: 제례의식에서 기록추구로》, 나남, 2008)

Jeffrey Hadden and Charles E. Swann. *Prime Time Preachers: The Rising Power of Televangelism*. Reading, MA: Addison-Wesley, 1981.

Jerald Hage and Charles H. Powers. *Post-Industrial Lives: Roles and Relationships in The 21ˢᵗ Century*. Newbury Park, CA: Sage, 1992.

David Harvey. *The Condition of Postmodernity: An Enquiry Into the Origins of Cultural Change*. Oxford, UK: Basil Blackwell, 1989. (국역본. 구동회·박영민 옮김,《포스트모더니티의 조건》, 한울, 1995)

Dennis Hayes and Robin Wynyard, eds. *The McDonaldization of Higher Education*. Westport, CT: Bergin & Garvey, 2002.

Elif Izberk-Bilgin and Aaron Ahuvia. "eBayization." In George Ritzer, ed., *McDonaldization: The Reader,* 3rd ed. Thousand Oaks, CA: Sage, 2010.

Bridgette Jackson. *Drive Thru Teachers: The McDonaldization of the Classroom Teacher.* Suwanee, GA: Faith Books and More, 2012.

Kathleen Jamieson. *Eloquence in an Electronic Age: The Transformation of Political Speechmaking*. New York: Oxford University Press, 1988.

Robert Kanigel. *One Best Way: Fredrick Winslow Taylor and the Enigma of Efficiency*. New York: Viking, 1997.

Joe L. Kincheloe. *The Sign of the Burger: McDonald's and the Culture of Power*. Philadelphia: Temple University Press, 2002.

Aliza Kolker and B. Meredith Burke. *Prenatal Testing: A Sociological Perspective*. Westport, CT: Bergin & Garvey, 1994.

William Severini Kowinski. *The Malling of America: An Inside Look at the Great Consumer Paradise*. New York: William Morrow, 1985.

Jon Krakauer. *Into Thin Air*. New York: Anchor, 1997. (국역본. 김훈 옮김,《희박한 공기 속으로》, 황금가지, 2007)

Ray Kroc. *Grinding It Out*. New York: Berkeley Medallion Books, 1977. (국역본. 장세현 옮김,《성공은 쓰레기통 속에 있다: 맥도날드 창업자 레이 크록 자

서전》, 황소북스, 2011)

Corby Kummer. *The Pleasures of Slow Food: Celebrating Authentic Traditions, Flavors, and Recipes.* San Francisco: Chronicle Books, 2002.

Raymond Kurzweil. *The Age of Intelligent Machines.* Cambridge, MA: MIT Press, 1990.

Fred "Chico" Lager. *Ben & Jerry's: The Indise Scoop.* New York: Crown, 1994.

Frank Lechner and John Boli, eds. *The Globalization Reader*, 2nd ed. Oxford, UK: Blackwell, 2004.

Robin Leidner. *Fast Food, Fast Talk: Service Work and the Routinization of Everyday Life.* Berkeley: University of California Press, 1993.

John F. Love. *McDonald's: Behind the Arches*, rev. ed. New York: Bantam Books, 1995. (국역본. 삼성출판사편집국 옮김,《맥도날드》, 삼성출판사, 1987)

Stan Luxenberg, *Roadside Empires: How the Chains Franchised America.* New York: Viking, 1985.

Jean-François Lyotard. T*he Postmodern Condition: A Report on Knowledge.* Minneapolis: University of Minnesota Press, 1984. (국역본. 이삼출 옮김, 《포스트모던의 조건》, 민음사, 1992)

Frank Mankiewicz and Joel Swerdlow. *Remote Control: Television and the Manipulation of American Life.* New York: Time Books, 1978.

Joseph A. Micheli. *The Starbucks Experience: 5 Principles for Turning Ordinary Into Extraordinary.* New York: McGraw-Hill, 2007. (국역본. 장성규 옮김, 《스타벅스 사람들: 세계 최고의 브랜드를 만든 스타벅스 리더십의 결정체》, 명진출판사, 2007)

Jessica Mitford. *The American Way of Birth.* New York: Plume, 1993.

Ian I. Mitroff and Warren Bennis. *The Unreality Industry: The Deliberate Manufacturing of Falsehood and What It Is Doing to Our Lives.* New York: Oxford University Press, 1993.

Jerry Newman. *My Secret Life on the McJob: Lesson From Behind the Counter Guaranteed to Supersize Any Management Style.* New York: McGraw-Hill, 2007.

Sherwin B. Nuland. *How We Die: Reflections on Life's Final Chapter.* New York:

Knopf, 1994. (국역본. 명희진 옮김,《사람은 어떻게 죽음을 맞이하는가: 삶의 마지막 순간에서의 가르침》, 세종서적, 2016)

Lauren L. O'Toole. "McDonald's at the Gym? A Tale of Two Curves." *Qualitative Sociology* 32 (2009): 75-91.

Martin Parker and David Jary. "The McUniversity: Organization, Management and Academic Subjectivity." *Organization* 2 (1995): 319-337.

Stacy Perman. *In-N-Out Burger.* New York: Collins Business, 2009.

Thomas J. Peters and Robert H. Waterman. *In Search of Excellence: Lessons From America's Best-Run Companies.* New York: Harper & Row, 1982. (국역본. 이동현 옮김,《초우량 기업의 조건》, 더난출판사, 2005)

Neil Postman. *Amusing Ourselves to Death: Public Discourse in the Age of Show Business.* New York: Viking, 1985. (국역본. 홍윤선 옮김,《죽도록 즐기기》, 굿인포메이션, 2009)

Neil Postman. *Technopoly: The Surrender of Culture to Technology.* New York: Knopf, 1992. (국역본. 김균 옮김,《테크노폴리: 기술에 정복당한 오늘의 문화》, 민음사, 2001)

Peter Prichard. *The Making of McPaper: The Inside Story of* USA TODAY. Kansas City, MO: Andrews, McMeel and Parker, 1987.

Stanley Joel Reiser. *Medicine and the Reign of Technology.* Cambridge, UK: Cambridge University Press, 1978.

Ester Reiter. *Making Fast Food: From the Frying Pan Into the Fryer*, 2nd ed. Montreal: McGill-Queen's University Press, 1997.

George Ritzer. *Enchanting a Disenchanted World: Revolutionizing the Means of Consumption*, 3rd ed. Thousand Oaks, CA: Sage, 2010.

George Ritzer. *Expressing America: A Critique of the Global Credit Card Society.* Newbury Park, CA: Sage, 1995.

George Ritzer. *The Globalization of Nothing*, 2nd ed. Thousand Oaks, CA: Sage, 2007.

George Ritzer, ed. "McDonaldization: Chicago, America, the World" (Special issue). *American Behavioral Scientist* 47 (October 2003).

George Ritzer, ed. *McDonaldization: The Reader*, 3<sup>rd</sup> ed. Thousand Oaks, CA: Sage, 2010.

George Ritzer. "The McDonaldization of Society." *Journal of American Culture* 6 (1983): 100-107.

George Ritzer. *The McDonaldization Thesis*. London: Sage, 1998.

George Ritzer. "Prosumption: Evolution, Revolution or Eternal Return of the Same?" *Journal of Consumer Culture*, (2014): 3-24.

Geroge Ritzer, Paul Dean, and Nathan Jurgenson. "The Coming of Age of the Prosumer" (Special issue). *American Behavioral Scientist* 56, no. 4 (2012): 379-398.

George Ritzer and Nathan Jurgenson. "Production, Consumption, Prosumption: The Nature of Capitalism in the Age of the Digital 'Prosumer.'" *Journal of Consumer Culture* 10, no. 1 (2010): 13-36.

George Ritzer and David Walczak. "The Changing Nature of American Medicine." *Journal of American Culture 9* (1987): 43-51.

Roland Robertson. *Globalization: Social Theory and Global Culture*. London: Sage, 1992. (국역본. 이정구 옮김,《세계화: 사회이론과 전 지구적 문화》, 한국문화사, 2013)

Chris Rojek. *Ways of Escape: Modern Transformation in Leisure and Travel*. London: Routledge, 1993.

Eric Schlosser. *Chew on This: Everything You Don't Want to Know About Fast Food*. Boston: Honghton Mifflin, 2007.

Eric Schlosser. *Fast Food Nation*. Boston: Houghton Mifflin, 2001. (국역본. 김은령 옮김,《패스트푸드의 제국》, 에코리브르, 2001)

Howard Schulz. *Pour Your Heart Into It: How Starbucks Built a Company One Cup at a Time*. New York: Hyperion, 1997. (국역본. 홍순명 옮김,《스타벅스: 커피 한잔에 담긴 성공신화》, 김영사, 1999)

Charles E. Silberman. *Crisis in the Classroom: The Remaking of American Education*. New York: Random House, 1970. (국역본. 배영사편집실 편역,《교실의 위기》, 배영사, 1977)

John Simmons. *My Sister's a Barista: How They Made Starbucks a Home Away*

*From Home.* London: Cyan Books, 2005.

Bryant Simon. *Everything but the Coffee: Learning About America From Starbucks.* Berkeley: University of California Press, 2009.

Peter Singer. *Animal Liberation*, 2nd ed. New York: New York Review of Books, 1990. (국역본. 김성한 옮김,《동물해방》, 연암서가, 2012)

Alfred P. Sloan Jr. *My Years at General Motors.* Garden City, NY: Doubleday, 1964.

Barry Smart, ed. *Resisting McDonaldization.* London: Sage, 1999.

C. Christopher Smith, John Pattison and Jonathan Wilson-Hartgrove. *Slow Church.* Downers Grove, IL: Inter Varsity Press, 2014. (국역본. 김윤희 옮김,《슬로처치》, 새물결플러스, 2015)

Morgan Spurlock. *Don't Eat This Book: Fast Food and the Supersizing of America.* New York: Putnam, 2005. (국역본. 노혜숙 옮김,《먹지 마, 똥이야!》, 동녘라이프, 2006)

Frederick W. Taylor. *The Principles of Scientific Management.* New York: Harper & Row, 1947. (국역본. 방영호 옮김,《과학적 관리법》, 21세기북스, 2010)

John Vidal. *McLibel: Burger Culture on Trial.* New York: New Press, 1997.

James L. Watson, ed. *Golden Arches East: McDonald's in East Asia.* Standord, CA: Stanford University Press, 1997.

David Wood. "Swift and Sure: McJustice for a Consumer Society." *Criminal Justice Matters* 91 (2013): 10-11.

Shoshana Zuboff. *In The Age of the Smart Machine: The Future of Work and Power.* New York: Basic Books, 1988.

# 색인

〈007〉(영화 시리즈) 158

〈13일의 금요일〉(영화 시리즈) 158

《1984》(조지 오웰의 장편소설) 340

1분 진료소 124

ATM(현금자동입출금기) 97, 128, 136,
　235~237

B&B(bed-and-breakfast) 280~281, 307

DRG(진단명 기준 환자군diagnostic-related
　group) 196, 221, 381주31

DVR(디지털비디오녹화기) 124

〈E.T.〉 154

H&M 28, 44

TV디너 117

TV 타임아웃 197

〈USA투데이(USA TODAY)〉 39~40, 132,
　160, 309

ㄱ

가정식(가정 요리) 116~117, 190, 325, 331

가족 식사 253~255

가필드, 밥(Bob Garfield) 238, 251

각본 205~209, 251, 269

간이 긴급 진료소(docs-in-a-box) 123

강의 평가 192

갠스, 허버트(Herbert Gans) 85

검색엔진 98, 128

계산대 직원 168, 204, 218, 236,
　252, 309

고무 감옥 277, 278

공장형 농장 227, 229

공적부조 292

공정무역 커피 338~339

과학적 관리 68, 78~80, 97, 99, 191,
　214~215

맥도날드 그리고 맥도날드화

관례화(routinization) 174, 207, 251, 388주94

관료제화(bureaucratization) 68, 80, 99, 174, 180

광고 우편물(광고성 메일) 239~240

교외 주택단지 83, 85, 112, 153~154

교회 128, 153, 335

구글 98, 121~122, 128~129, 194~195

규모의 경제 296, 331

글로벌 매스미디어(글로벌 미디어) 327, 329

금전등록기 189, 215, 218~219

《기계와의 경쟁》(에릭 브린욜프슨과 앤드루 매카피) 213

기든스, 앤서니(Anthony Giddens) 367주160

기후변화 247


ㄴ

냉동식품 37, 117~118, 157, 253

넷플릭스(Netflix) 124, 350

노동조합 38, 135, 196, 263, 270, 291~292

노먼, 앨(Al Norman) 289

놀이공원 125~126, 161, 184, 210~211, 376주23

눌랜드, 셔윈 B.(Sherwin B. Nuland) 265~266

뉴먼, 제리(Jerry Newman) 217, 384주51

느린 여행과 관광 288


ㄷ

다이어트 25, 53, 113, 118~119

다카키, 로널드(Ronald Takaki) 73

달러 메뉴(Dollar Menu) 43, 51, 237

대불황(Great Recession) 87, 114, 298

대장균 9, 246

대학교 6, 36, 41, 122, 143~144, 193, 195, 257~258, 262, 280

대형 할인점 283, 289

더네이어, 미첼(Mitchell Duneier) 258

더바디샵(The Body Shop) 27, 284

도미노피자 44~45, 185, 189, 268

《동물 해방(Animal Liberation)》(피터 싱어) 229

드 리, 조지프(Joseph DeLee) 175

디즈니 사 155, 161, 244

디즈니다운 용모 210

디즈니월드 34, 113, 125~126, 161, 238, 251~252, 313~314

디즈니화(Disneyization) 360주4

뜨개질 303


ㄹ

라이드너, 로빈(Robin Leidner) 151~152, 209~210, 382주1, 388주94

라이선스 22, 342, 360주16

레빗타운(Levittown) 68, 83~85

로날드맥도날드하우스 34, 52

로젝, 크리스(Chris Rojek) 313

링컨 대 더글러스 논쟁 201


ㅁ

마르크스주의 이론(Marxist theory) 367주159

《마지막 비상구(Final Exit)》(데릭 험프리) 180

말레이시아 32, 36

매카피, 앤드루(Andrew McAfee) 213

맥노동자(McWorker) 267~269, 329

맥(Mc)으로 시작하는 별칭 38

맥도날드 1호점 31

명예훼손 소송(맥도날드) 283

맥도날드 형제(Mac and Dick McDonald) 87~89

"맥도날드, 무엇이 문제인가?"(헬렌 스틸과 데이비드 모리스) 284

맥도날디즘(McDonaldism) 102~103

맥라이블(McLibel) 지지 운동 283

맥마스터(McMasters) 프로그램 52

맥맨션(McMansion) 85

맥스포트라이트(McSpotlight) 284

맥어린이집(McChild) 38~39, 220, 312

"맥잡은 아이들에게 해롭다"(아미타이 에치오니) 183

맥치과(McDentist) 38, 131~132, 308

맥카페(McCafé) 21, 300

맥훈련장(McStable) 39, 212

메디케이드(Medicaid) 177, 292, 293

모리스, 데이비드(David Morris) 283~284

모텔 체인 149~152, 314

무의미한 것(nothing) 323~325, 329~333, 393주10, 394주15

무인 주문 134

무크(대규모 공개 온라인 수업, MOOC(Massive Open Online Course) 9, 257~263

문자메시지 29, 53, 104, 129, 254

ㅂ

바우만, 지그문트(Zygmunt Bauman) 75, 77

반스앤노블(Barnes & Noble) 120, 342

백화점 35, 86, 119, 235, 239, 308

베버, 막스(Max Weber) 11~12, 68, 70~75, 78, 240~241, 276, 278, 316, 367주159, 368주2, 368주4, 385주20, 397

벨, 글렌(Glen Bell) 89

벨, 대니얼(Daniel Bell) 99

벨벳 감옥 276~278, 389주5

벼랑 끝으로의 여행 314

《보도(Sidewalk)》(미첼 더네이어) 258

보드리야르, 장(Jean Baudrillard) 265

보육 220

복잡화(complexification) 100

복제(cloning) 171

분만 174~178

분업 72, 84, 88, 99, 184

분쟁 예방의 황금 아치 이론(Golden Arches Theory of Conflict Prevention) 33

불임 169

뷔페 133~134

브린욜프슨, 에릭(Erik Brynjolfsson) 213

비디오 대여 124

비만 243~245

비밀 메뉴 57, 61

상황대비(just-in-case) 시스템 81

불법 이민자 31, 273

비아그라 30, 41, 169, 377주45

빅맥 지수(Big Mac index) 33, 335, 363주84

빈곤선(poverty line) 290, 293, 297

빈부 격차 294, 393주4

ㅅ

사운드바이트(sound bite) 202

사전 의료 지시서(advance directive)
179~180

사회공학 75

살모넬라(균) 245~246, 310

새뮤얼슨, 로버트(Robert Samuelson) 52

샌더스, 할랜드(Harland Sanders) 141~142

샐러드 바 133

생활임금(living wage) 294~296

생활협동조합(food co-op) 279

선다형 시험(선다형 문제) 185~186

성별 선택 170~171

세계 맥도날드 반대의 날(Worldwide Anti-
McDonald's Day) 284

세븐일레븐 6, 119~120, 140, 200

섹스 11, 40~41, 113, 126, 224, 265, 314,
377주45

셀러브레이션 타운(플로리다) 155

셀프 계산대 134, 216

셀프서비스 노동 132

소셜 미디어 350~351 (페이스북 항목도 참조)

소외(감) 263, 270~272

속편 9, 158, 310

쇠 감옥(iron cage) 74~75, 164, 207, 276,
278, 303, 316, 389주5

소비의 대성당(소비를 위한 현대판 대성당) 34,
368주7

쇼핑몰 시너지 효과 119

수산물 양식(해상 양식장) 227, 247

수직적 맥도날드화 37~38

슈나이더, 마크 A.(Mark A. Schneider) 240

슈램블링, 리자이나(Regina Schrambling)
245~246, 310~311

〈슈퍼사이즈미(Super Size Me)〉 141

슐로서, 에릭(Eric Schlosser) 37~38

슐츠, 하워드(Howard Schultz) 336, 338, 342

스마트폰 97, 119, 122, 127~128, 162, 254

스캐너 97, 168, 215, 236

스컹크 웍스(skunk works) 305~306

스틸, 헬렌(Helen Steel) 283~284

스포츠 30, 41, 144, 197~201,
381주33

스프롤버스터(Sprawl-Busters) 283, 289

스필버그, 스티븐(Steven Spielberg) 154

슬로시티 운동 288

슬로푸드 운동 283~288

슬론, 앨프레드(Alfred Sloan) 369주26

시간동작(time-and-motion) 연구 78~79

시간제 노동(시간제 근무) 60, 131, 252, 271,
290, 292~293, 338

시계의 횡포 167

시공간 압축 104

시먼스, 존(John Simmons) 337

시위 291~292, 299

시장매개통제(market-mediated control)
344~346

신용카드 116, 122, 128, 134, 236, 308

싱어, 피터 (Peter Singer) 228~229

〈싸이코(Psycho)〉 9, 150, 158

쓰레기 115~116, 126, 132~133, 141, 161, 165~166, 247, 301

ㅇ

아리에스, 필리프(Philippe Aries) 265
아마존(아마존닷컴) 120~122, 124, 353
아우슈비츠 76, 313
앱 119, 127
얌브랜즈(Yum! Brands, Inc.) 22~23, 25, 293, 360주17, 360주18, 368주3
어리, 존(John Urry) 160
에너지 음료 131
에너지 효율 301
에베레스트 등반(등정) 9, 69, 105~108
에치오니, 아미타이(Amitati Etzioni) 183
엑스터시(MDMA) 41
여가 11, 41, 74, 163~164
여론조사 34, 201
열량 64, 127, 140-141, 243~245, 343, 373주37
영양 9, 34, 37, 131, 157, 159, 237, 244~246, 284, 292, 343
오바마케어(Obamacare) 264
오웰, 조지(George Orwell) 340
온라인 대학 144 (무크 항목도 참조)
온라인 쇼핑(몰) 53, 121, 250, 350
올덴버그, 레이(Ray Oldenburg) 252, 336
요리책 117, 190, 222, 226, 325
월마트 24, 26, 282~283, 296, 300, 391 주83
《월마트의 슬램덩크(Slam-Dunking Wal-Mart)》(앨 노먼) 289
위키피디아 122, 350, 353
윌킨슨, 게리(Gary Wilkinson) 261
유나이티드 항공(United Airlines) 223, 375주82
유대인 대학살(Holocaust) 68, 75~77, 82, 368주10
유전적 결함 171~173
유튜브 29, 40, 128, 202, 350
은행 42, 116, 128, 134, 136, 235~236, 302
음식 공동체 287
의미 있는 것(something) 69, 323, 325, 329~330, 332~333
이민 가정 아동 244
이직률 60, 64, 190, 269~271, 309, 338, 388주95
이케아(IKEA) 28, 48~53, 104, 135, 321, 329~330, 332
〈이코노미스트(The Economist)〉 33, 335
익스트림 스포츠 30, 200
인간 게놈 프로젝트 173
인구 센서스 137
인도 26~27, 170, 183, 300, 320
인앤아웃 버거(In-N-Out Burger) 55~62, 64, 153, 290, 309, 332
일본 22, 25~27, 81, 93, 208, 235, 335
일차진료의사 168
일하러 가는 음식점(workaurant) 133
임금격차 294
임금 탈취(wage theft) 292, 297
입원 환자 전문의 263

맥도날드 그리고 맥도날드화

## ㅈ

자가 진단 135

자격증 144~145

자본주의 104, 281, 294, 341, 347, 367주159

자살 180

장난감 24, 37, 312, 343

적기공급생산(just-in-time) 81, 113, 235

전자레인지 37, 95, 97, 104, 117~118, 120, 236, 253~255, 308

전자책 121

전화 상담원 223~224, 236

정서적 몰입 96

정치 연설 201~202

제3의 장소(third place) 336

제너럴 모터스(General Motors) 369주26

제빵 225, 278

제왕절개 174, 176~179

제임슨, 프레드릭(Fredric Jameson) 104

조산사 174, 379주73

종교 21, 42, 71, 128, 153, 318

종합병원 37, 123

주유소 35, 83, 128, 135, 255

죽은 쇼핑몰(dead mall) 86~87

중국 6~7, 25~26, 33, 49, 86, 93, 173, 183, 208, 226, 292, 331, 342

진료 지침(pathway) 222~223

## ㅊ

최저임금 8, 60, 283, 289~293, 295~298

출납원 136, 215~216, 235~236

## ㅋ

카피캣(copycatting) 158

캠핑(장) 25, 74, 83, 162~163, 277, 314

커피 전쟁 22

케보키언, 잭(Jack Kevorkian) 180

코언, 리처드(Richard Cohen) 235, 237

코언, 스탠리(Stanley Cohen) 313~314

코윈스키, W. S.(W. S. Kowinski) 34, 87

쿨리, 덴턴(Denton Cooley) 186

크라우드소싱(crowdsourcing) 260

크라카우어, 존(Jon Krakauer) 105~106

크록, 레이(Ray Kroc) 20, 31, 68, 85, 88~92, 115, 142, 157, 188, 215, 218, 249

크루즈 여행 74, 159

## ㅌ

타코벨(Taco Bell) 23, 36, 89, 116, 130, 140, 153, 218~219, 246, 293, 370주46

탈근대성 103~104, 371주70

탈산업화(탈산업사회) 69, 98~100

탈숙련화 103, 128, 216, 224

탈주술화(disenchantment) 232~233, 240~242, 341, 346

탈출 74, 162, 277~278, 303, 313~315

《탈출 방법(Ways of Escape)》(크리스 로젝) 313

《탈출 시도(Escape Attempts)》(스탠리 코언과 로리 테일러) 313

테일러, 로리(Laurie Taylor) 313~314

테일러, 프레더릭 W.(Frederick W. Taylor) 68, 78~79, 191~192, 205, 214~215

텔레마케팅(텔레마케터) 209, 239

토머스, 딜런(Dylan Thomas) 316, 393주121

트랜스 지방 282~283


ㅍ

파머스 마켓(farmers' market) 310~311

파머, 패니(Fannie Farmer) 190

파업 196, 291

파워셀러(PowerSeller) 348

파워스, 찰스(Charles Powers) 99~100

판타지 251~252, 313~314

〈패스트푸드 네이션(Fast Food Nation)〉(영화)
31

《패스트푸드의 제국(Fast Food Nation)》(에릭
슐로서) 38, 359주2

패키지 여행사 159

퍼먼, 스테이시(Stacy Perman) 56, 60~61

페이스북 29, 66, 122, 350, 354~357

편당 요금 부과(pay-per-view) 방식 124

편의점 120, 235 (세븐일레븐 항목도 참조)

포괄수가제 196, 221

포드, 헨리(Henry Ford) 68, 80, 82, 84,
101~102, 131, 187, 215, 271

포디즘(Fordism) 98, 101~103, 344

포스트모더니즘 -〉탈근대성

포스트포디즘(Post-Fordism) 69, 98, 101~
102, 344

포크소노미(folksonomy) 128

폰헤드(phonehead) 223~224

표절 123

프랑스 21, 25~27, 46, 48, 249, 335

프레타망제(Pret A Manger) 27, 55, 62~64,
321, 360주16

프로슈머(prosumer) 9, 112, 132, 184, 260,
337, 350

프리드먼 곡선 175

프리드먼, 토머스(Thomas Friedman) 33

플리커(Flickr) 128~129, 350

피인용지수 194~195

핑거푸드 126, 129~130, 167, 309, 343


ㅎ

하버드 경영대학원 262

하비, 데이비드(David Harvey) 103~104

하워드 존슨(Howard Johnson) 88, 150, 299

학생식당 36

학습지도안의 횡포 167

한계 경험 314

합리화 과정(rationalization process) 68,
70~71, 78, 89, 123, 149, 212, 263, 303

합리화되지 않은 틈새 303, 306~307

해리슨, 미셸(Michelle Harrison) 174, 176

햄버거 대학교(Hamburger University)
92~93, 156, 208, 370주56

햄프셔 대학(Hampshire College) 279~280

험프리, 데릭(Derek Humphry) 180

헤이지, 제럴드(Jerald Hage) 99~100

헬스클럽 127, 373주36

형식합리성(formal rationality) 70~71, 73,
77, 82, 368주4

홈쇼핑 120

홀리데이 인(Holiday Inn) 54, 149~151, 160

화면 속 화면(picture-in-a-picture) 124

맥도날드 그리고 맥도날드화

황금 아치  27, 30, 32~34, 139, 151~152,
  278, 301
획일화(homogenization)  103, 232, 248, 281,
  284~285, 326, 328, 341
효율성 전문가  78~79
후이젠가, 웨인(Wayne Huizenga)  370주53
《희박한 공기 속으로(Into Thin Air)》(존 크라
  카우어)  105

최신 개정 8판

# 맥도날드 그리고 맥도날드화

The McDonaldization of Society

**초판 1쇄 발행** 2017년 4월 28일
**초판 3쇄 발행** 2023년 6월 19일

**지은이** 조지 리처
**옮긴이** 김종덕·김보영·허남혁
**펴낸이** 홍석 | **이사** 홍성우
**인문편집팀장** 박월 | **편집** 박주혜 | **디자인** 정계수·서은경
**마케팅** 이송희·이민재 | **관리** 최우리·김정선·정원경·홍보람·조영행·김지혜

**펴낸 곳** 도서출판 풀빛 | **등록** 1979년 3월 6일 제2021-000055호
**주소** 서울특별시 강서구 양천로 583 우림블루나인 A동 21층 2110호
**전화** 02-363-5995(영업), 02-364-0844(편집) | **팩스** 070-4275-0445
**홈페이지** www.pulbit.co.kr | **전자우편** inmun@pulbit.co.kr

ISBN 978-89-7474-418-2 04300
ISBN 978-89-7474-402-1 04080 (세트)

이 도서의 국립중앙도서관 출판예정도서목록(CIP)은 서지정보유통지원시스템 홈페이지(seoji.nl.go.kr)와
국가자료공동목록시스템(www.nl.go.kr/kolisnet)에서 이용하실 수 있습니다.
(CIP제어번호: CIP2017007768)